suhrkamp taschenbuch 2009

Dieser Teil der dreibändigen Materialsammlung zu den *Duineser Elegien* belegt zum ersten Mal umfassend und genau die krisenreiche äußere und innere Entstehungsgeschichte von Rilkes lyrischem Hauptwerk und enthält alle Selbstdeutungen des Dichters. Er gibt Aufschluß über die breite Verwurzelung und allseitige Bezogenheit der ›Elegien‹ innerhalb von Rilkes Leben und Dichtung; er läßt die kühnen Zielsetzungen ebenso klar erkennen wie den Konflikt zwischen Kunst und Leben, der sich, vertieft durch das Verhängnis des Weltkriegs, als tragischer Widerstand erwies.

Das reiche Material, neben den Briefen auch poetische Texte von der Vollendung des *Malte Laurids Brigge* (1910) bis zu Rilkes Tod, wird erschlossen und ergänzt durch eine Einleitung, Zwischentexte, Anmerkungen, Personen- und Sachregister sowie einen philologischen Anhang.

Die folgenden beiden Bände der *Materialien* dokumentieren die allgemeine und wissenschaftliche Rezeption der *Duineser Elegien* bis zur Gegenwart.

Rilkes ›Duineser Elegien‹

Herausgegeben von Ulrich Fülleborn
und Manfred Engel

ERSTER BAND
Selbstzeugnisse

suhrkamp taschenbuch materialien

Suhrkamp

suhrkamp taschenbuch 2009
Erste Auflage 1983

Satz: LibroSatz, Kriftel
Druck: Nomos Verlagsgesellschaft, Baden-Baden
Printed in Germany
Umschlag nach Entwürfen von
Willy Fleckhaus und Rolf Staudt

Inhalt

Einleitung 7

Selbstzeugnisse

I. Vor den ›Duineser Elegien‹ 23

II. Duino: Die ersten ›Elegien‹ 39

III. Die Krisenjahre 1912-1914 61

IV. Weltkrieg und Revolution 113

V. Das erste Schweizer Jahr 157

VI. Schloß Berg und Le Prieuré d'Étoy 181

VII. Muzot: Die Vollendung der ›Elegien‹ 209

VIII. Nach den ›Duineser Elegien‹ 249

Anhang

A Handschrift der 5. Elegie 333

B Handschriftenverzeichnis 365

C Tabelle zur Entstehung der ›Elegien‹ 375

Editorisches Nachwort 379

Personenregister 383

Sachregister 387

Abbildungsverzeichnis 395

Quellen- und Abkürzungsverzeichnis 396

Einleitung

Dem Leser wird mit diesem Band der erste Teil einer Materialiensammlung zu R. M. Rilkes ›Duineser Elegien‹ vorgelegt. Es handelt sich hierbei zunächst um die Selbstzeugnisse Rilkes. In den beiden nachfolgenden Bänden soll dann die Rezeption der ›Elegien‹ von den Anfängen bis zur Gegenwart, unter Einschluß der wissenschaftlichen Literatur, dokumentiert werden.

Mit dem Blick auf die große Zahl und die Inhalte von Rilkes Briefen, Gedichten und Gedichtfragmenten aus der Zeit von der Vollendung des ›Malte Laurids Brigge‹ in den Jahren 1909/10 bis zu seinem Tode mag man sich fragen, was davon den ›Duineser Elegien‹, die 1912 bis 1922 entstanden, zugerechnet werden muß, weil es irgendeine Beziehung zu ihnen hat. Und unwillkürlich stellt sich die rhetorische Gegenfrage: Was eigentlich nicht? Wir sind tatsächlich mit dem in der Literaturgeschichte wohl einmaligen Fall konfrontiert, daß ein schmales lyrisches Werk, ein Zyklus von zehn Elegien, über einen Zeitraum von eineinhalb Jahrzehnten hinweg so ausschließlich das Dasein seines Autors bestimmt, daß biographisch und literarisch kaum anderes daneben Eigengewicht zu erlangen vermochte. Alles, was Rilke in den langen und wechselvollen Jahren widerfuhr, besaß für ihn in erster Linie Wert oder Unwert in bezug auf die ›Elegien‹, die er als die größte Aufgabe seines Lebens verstand.

Doch die Rilkeschen Selbstzeugnisse haben nicht nur Erkenntniswert hinsichtlich des besonderen Lebens und Dichtens dieses einen Autors, die Dokumente zeigen darüber hinaus exemplarisch, was es für jene Generation, die ihre Maßstäbe Nietzsche und Kierkegaard verdankt, bedeutete, mit vollem Einsatz der Existenz zu schreiben und die Realisation eines dichterischen Planes zu einem Lebensschicksal werden zu lassen.

Gerade weil eine derartige Existenzform heute nicht mehr für jeden unmittelbar verständlich sein dürfte, ist es ein lohnendes Ziel, ihre Bedingungen begreiflich zu machen und ihre Problematik zu erklären. Damit wird Existentielles, das im allgemeinen als offenbares Geheimnis gilt, historisiert, wodurch zugleich Licht auf einen Abschnitt unserer jüngeren Geschichte fällt.

Solche Historisierung wird in unserm Fall dadurch erleichtert, daß es bei Rilke ja nicht um die existentielle Ermöglichung von Dichtung allgemein ging, sondern um die Vollendung eines bestimmten Werkes, das bereits Anfang 1912 im Konzept feststand. Es galt also, ein vorausentworfenes Ziel zu verwirklichen – ein Ziel, das uns in den ersten beiden Elegien und den frühen Elegienfragmenten sowie in weiteren reichen Zeugnissen deutlich erkennbar ist.

Das Ziel war hoch gesteckt. Formulieren wir es zunächst literaturgeschichtlich: Rilke wollte die beiden anspruchsvollsten Gattungen der abendländischen Lyrik, die Elegie und die Hymne, vereinigen, zuerst im Rückgriff auf Klopstock, dann auch in bewußtem Anschluß an Hölderlin. Dabei handelte es sich für ihn vordergründig um die Aneignung noch unerprobter, antikischer Formen und die Erarbeitung entsprechend neuer Stilmittel, verglichen mit denen des ›Stunden-Buchs‹, des ›Buchs der Bilder‹ und der ›Neuen Gedichte‹. Eine Aufgabe, die erstaunlicherweise überhaupt keine Schwierigkeiten zu bereiten schien und die schon 1912 gelöst war: Die ›Erste‹ und ›Zweite Elegie‹ bleiben nicht hinter dem Stilniveau und der formalen Meisterschaft des gesamten Zyklus zurück. Auch Elegie und Hymne waren damals bereits zusammengeführt; man denke nur an den Wechsel zwischen der Klage über die Hinfälligkeit menschlichen Daseins und der Rühmung der übermächtigen Engel in den beiden Elegien sowie an jene elegisch-hymnischen Verse, die die Liebenden und die jungen Toten zum Gegenstand haben.

Dennoch war hiermit noch nicht die vollgültige Realisation des Gesamtplans gesichert. Um das entscheidende Problem gleichfalls literarhistorisch zu kennzeichnen: Die Anknüpfung an Klopstock und Hölderlin, die Wiedergewinnung von Elegie und Hymne, mußte unter vollkommen veränderten geschichtlichen Bedingungen als möglich erwiesen werden, d. h. nach Baudelaire und Mallarmé und nach Nietzsche. Das mit diesen Namen abgesteckte Bezugsfeld vermag zu verdeutlichen, daß es bei der Vollendung der ›Elegien‹ nicht primär um ein formales Problem ging, sondern um etwas Fundamentaleres innerhalb des geschichtlichen Horizonts der Moderne. Der Zyklus sollte als Antwort auf den Verlust der positiven Glaubensinhalte (Nietzsches »Gott ist tot«) und die allgemeine metaphysische Krise der späten Neuzeit zu einer uneingeschränkten Bejahung des Daseins und einer umfassenden Rechtfertigung und Rühmung des Seins unter Einbeziehung des Schmerzes und des Todes gelangen. Man kann das Ziel eine universale Ontodizee nennen, aber nicht als bloße Deklamation, sondern als existentielle Bezeugung einer neuen Lebensmöglichkeit, auch unter den widrigsten Umständen und nicht nur für den Dichter. Das heißt, Rilke wollte mit seinen persönlichen Erfahrungen und seiner gesamten menschlichen Existenz für das, was zu verkünden war, eintreten können.

Die Korrelation von Leben und Dichtung, die hier vorliegt, läßt sich als eine Art Transzendentalismus bezeichnen, die es in dieser existentiellen Zuspitzung erst im 20. Jahrhundert gibt: Lebenkönnen wird als die Bedingung der Möglichkeit von Dichten und Dichtenkönnen als Bedingung der Möglichkeit von Leben erfahren. So verlangte die Vollendung der ›Elegien‹ von Rilke zuvor die ganz persönlich gewonnene Gewißheit, daß sinnerfülltes menschliches Dasein in der gegenwärtigen geschichtlichen Situation noch oder wieder zu erreichen sei. Und das Gelingen des Werks, das tatsächlich im Februar 1922 eintrat, war dann das Unterpfand dafür, daß dem Dasein wieder ein Sinn gegeben und die Dimension möglicher Zukunft eröffnet sei.

Ein solcher Transzendentalismus beansprucht, wie derjenige der Goethezeit, weltschaffend zu sein. Die sich durch ihn konstituierende Welt ist als Lebenswelt ebenso einseitig bezeichnet wie als geistige Welt. In ihr darf nichts Wirkliches, das dem Menschen widerfährt, geistig umgedeutet, aus ihr soll aber auch nichts Widerständiges auf spekulativem Wege ausgeschlossen werden. Der Dichter sucht die Wirklichkeit in einem Akt der »Verwandlung« als ein spannungsvolles, in sich bewegtes Ganzes dem Bewußtsein einzubilden und für die ästhetische Wahrnehmung zugänglich zu machen, wobei er stets gleichzeitig zum Ausdruck bringt, daß sie die menschliche Fassungskraft übersteigt. Die besondere Leistung der poetischen Sprache besteht hier also darin, daß sie aus allen Widersprüchen des Daseins und denjenigen Wirklichkeiten, die mehr sind als der einzelne Mensch, wie z. B. die Liebe, der Tod und die Zukunft als »kommende« Zeit, dennoch ein geschlossenes Werk erschafft.

Wenn demnach formal und gedanklich schon 1912 alle Voraussetzungen für die Vollendung des ›Elegien‹-Zyklus vorhanden waren, wie konnte es dann zu der zehnjährigen, notvollen Schaffenskrise kommen, von der die vorliegende Materialsammlung ein so beredtes Zeugnis ablegt? Das dem Band beigegebene Sachregister sucht den Komplex der Widerstände, der sich vor Rilke ausbreitete, aufzuschlüsseln und überschaubar zu machen. Hier sollen noch einige zusätzliche Verstehenshilfen geboten werden.

Auszugehen ist vom Verhältnis der ›Duineser Elegien‹ zum ›Malte Laurids Brigge‹, das gründlich dokumentiert wird. In jenem bedeutenden Prosawerk hat Rilke sich und dem Leser mit rigoroser Einseitigkeit ins Bewußtsein gerufen, daß menschliches Dasein in seinen überlieferten Formen angesichts der großen geistes- und gesellschaftsgeschichtlichen Umwälzungen der späten Neuzeit unmöglich geworden ist. Gleichzeitig hat er aber auch schon die Richtung angedeutet, in der die Negativität von Maltes Erfahrungen komplementär ergänzt werden sollte; und zwar zielt seine Intention auf eine radikale Veränderung des neuzeitlichen Ich sowie eine völlig neue Sprache und Dichtung. So enthalten die ›Aufzeichnungen des Malte Laurids Brigge‹ bereits, wie man nachträglich erkennt, einen ersten Entwurf der nächsten Werkstufe Rilkes, eben der ›Duineser Elegien‹. Das Prosabuch hat den Grund für den Zyklus gelegt, indem es dessen innere Spannweite ermöglichte, es hat aber auch dessen Vollendung ungemein erschwert, insofern sein Negatives aufgewogen und in die umfassende hymnische Zustimmung zum Dasein einbezogen werden mußte. Dabei konnte es nicht ausbleiben, daß immer dann, wenn Rilke an der Vollendungsmöglichkeit der ›Elegien‹ zweifelte, die Figur Maltes in ihm überhandnahm. Anderseits fühlte er sich ihr im Aushalten der Schwere des Daseins und der geschichtlichen Situation durchaus verpflichtet. Von Maltes negativen Erfahrungen, z. B. der anonymen Großstadtwirklichkeit und des Verlusts der alten familialen und sonstigen Gemeinschaften, hat Rilke nach 1910 keine widerrufen. Vielmehr kristallisieren sich ihnen noch andere Erschwerungen für die Verwirklichung einer uneingeschränkten Ontodizee in den ›Duineser Elegien‹ an. So weitet sich der Konflikt zwischen Kunst und Leben in mehreren Schüben stark aus und wird zu einem schier unüberwindlichen Hemmnis.

Dieser Konflikt, von Rilke und seinen Zeitgenossen allgemein bekannt, ist keineswegs eine leicht durchschaubare Erscheinung. Er bedarf in jedem Einzelfall einer genauen Analyse. Bei Rilke bricht er schon in seiner Ehe mit Clara Westhoff auf und führt zur Trennung; dargestellt findet er sich bereits im ›Malte‹. Für die Entstehungszeit der ›Duineser Elegien‹ gilt es eine ganze Reihe von Aspekten und Komponenten zu unterscheiden, die in einem sehr spannungsvollen Verhältnis zueinander stehen:

1. Zugrunde liegt auch hier der generelle Antagonismus zwischen Kunst und Gesellschaft in der Moderne. Der Künstler läßt sich nicht in das »gemeine« Leben ein, weder ins bürgerliche Erwerbsleben noch ins Geschäft der Politik, sondern wählt bewußt eine Außenseiterposition. Idealistische Tradition, L'art pour l'art-Erbe und die gegebenen gesellschaftlichen Verhältnisse bewirken gemeinsam ein Höchstmaß an Isolation und Entfremdung.

2. Im Gegensatz dazu befindet sich bei Rilke die nicht weniger fundamentale wechselseitige Bedingtheit von Leben und Dichten, wie wir sie kennengelernt haben. Um der Vollendung des Werkes willen sucht Rilke die Verbindung mit Menschen und »gewissen großartigen Welt-Orten« (Anm. zu Nr. 139) wie Venedig und Paris, sei es in wirklichen Begegnungen, sei es im bloß inneren Bezug über Bewußtsein und Gefühl. Diese Hinwendung zu Leben und Welt wird durch die äußeren, gesellschaftlich und politisch vermittelten Realitäten erschwert oder verhindert und vollzieht sich deshalb möglichst in einer Sphäre jenseits von ihnen – mit einer zentralen Rilkeschen Vokabel ausgedrückt: im »Offenen«.

3. Aber auch eine Hinwendung zum Leben in solcher Form birgt Konfliktstoff: Noch die freieste und beglückendste Liebesbeziehung kann sich plötzlich in eine schicksalhafte Bindung mit ethischer Verpflichtung wandeln (vgl. ›Das Testament‹, Nr. 154). Ja, es kann auch menschliches Schicksal als Wert erkannt werden, woraus sich die Aporie der ›Neunten Elegie‹ herleitet: »Warum [. . .] / Menschliches müssen –, und, Schicksal vermeidend, / sich sehnen nach Schicksal?« (V. 1 ff.)

4. Es kommt bei Rilke noch etwas hinzu, das für sich genommen fast banal anmutet, aber bei der Entstehung der ›Elegien‹ eine sehr gefährliche Kraft entfaltet. Grillparzer hätte es vielleicht seiner Selbstverständlichkeit wegen eine »Fiakeridee« genannt, wenngleich auch er darunter litt: daß nämlich, wer sich intensiv einem Erleben hingibt, nicht zur gleichen Zeit konzentriert an einem großen Werk arbeiten kann. Und umgekehrt: daß die volle Sammlung auf das Werk keinen Raum läßt, menschliche Kontakte im natürlichen Austausch von Geben und Nehmen zu pflegen. Aber die Konsequenz, sich für lange Zeit um des Werkes willen ganz ins Alleinsein zurückzuziehen, die Rilke mit großer Härte gegen sich und andere immer wieder durchsetzte, geht ebenfalls über menschliches Maß. Daher verspürte Rilke zunehmend das Bedürfnis nach einem nahen Menschen, der in solchen Zeiten einfach da wäre (Nr. 62), um ohne persönlichen Anspruch den Gefahren der Isolation zu wehren.

5. Kein Wunder, daß sich bei derartigen Spannungen und Widersprüchen in Rilke die Sehnsucht nach der Arbeit und die Sehnsucht nach dem Leben während der Entstehungszeit der ›Elegien‹ oft durchkreuzten. In exemplarischer Form erscheint dieser Konflikt in den Gedichten von 1912 bis 1914 als Kampf zwischen der »künftigen Geliebten« und dem »Engel«. Da der Konflikt für Rilke unlösbar war, konnten Neurosen und Psychosen als »natürliche« Folgen nicht ausbleiben. Sie drohten beides, Leben und Werk, unmöglich zu machen. Dennoch widerstand Rilke der Versuchung, sich einer tiefenpsychologischen Analyse zu unterziehen, weil er in ihr ebenfalls und mit Recht eine Gefahr für sein Werk sah (Nr. 23).

Zwei besondere Themen lassen sich wegen ihrer speziellen Bedeutung für die Entstehungsgeschichte der ›Duineser Elegien‹ aus dem Komplex des Leben-Kunst-Konflikts noch ausgliedern. Das ist zum einen Rilkes Suche nach dem »›Elegien‹-Ort« (Nr. 129), d. h. dem für die Hervorbringung des Zyklus geeigneten geographischen Platz, zum andern die Auswirkungen des Weltkrieges im Kontext der großen geschichtlichen Veränderungen, die dem ›Elegien‹-Dichter immer gegenwärtig waren.

Eine Anzahl von Briefen belegt, welch hohe Bedeutung Rilke

den äußeren Schaffensbedingungen, dem Auffinden einer »Retraite« (Nr. 26), die die Vollendung der ›Elegien‹ gewähren könnte, beimaß. Auf dem Hintergrund des bisher Gesagten ist das nicht unbegreiflich, ging es doch stets um die Möglichkeiten äußerster Konzentration in einem beschützten Alleinsein. Aber diese Suche nach dem idealen ›Elegien‹-Ort, die mit Duino, Schloß Berg und Muzot dreimal von höchstem Erfolg gekrönt war, ist nicht nur als Bemühung um vorübergehende Seßhaftigkeit, um ein abgeschiedenes Haus mit ungestörtem Arbeitsplatz, zu sehen. Als bedeutsamer noch hat der zugehörige Landschaftsraum zu gelten. Alle großgearteten Landschaften, die Rilke von der späten ›Malte‹-Zeit an entdeckte, waren ›Elegien‹-Landschaften, sichtbare Äquivalente für die Geräumigkeit der unsichtbaren »Landschaft«, die er in seinen zehn Gesängen erschaffen wollte. Rilkes Imaginationskraft steigerte sich, sein Bewußtsein weitete sich an den großen Vor-Bildern der Provence, Ägyptens, Duinos mit Karst und Meer, Spaniens, genauer: Toledos und Rondas, und des Rhônetals um den Turm von Muzot. So wiederholt sich im Zueinander von ›Elegien‹-Ort als begrenzter »Retraite« und »welthafter« ›Elegien‹-Landschaft die Dialektik von Isolation (Alleinsein) und Bezogensein auf Leben und Welt.

Der Weltkrieg 1914-1918 ist aufgrund der vorliegenden Zeugnisse in seiner Bedeutung für die Entstehungskrise der ›Duineser Elegien‹ nicht leicht zu ermessen. Man kann ihn ebenso über- wie unterbewerten, denn seine Wirkung auf Rilke war in sich widersprüchlich. Einerseits bildete der Krieg nach den ›Fünf Gesängen‹ vom August 1914 kaum noch ein Thema für den Dichter Rilke, wie übrigens auch für Kafka nicht; er scheint die repräsentativen Dichter jener Zeit als das, was er für die breite Bevölkerung war, wenig betroffen zu haben. Auf der andern Seite durchlitt Rilke ihn dennoch als ein persönliches Verhängnis, wie man es sich nicht schwerer denken kann. Dieser Widerspruch klärt sich dadurch auf, daß der Krieg für ihn eine tiefe, unheilvolle Unterbrechung der inneren Kontinuität seines Daseins brachte. Er stellte nämlich die von ihm gewählte Existenzform des Dichters in Frage, am drastischsten während der Wiener Militärzeit – nachdem mit der Niederschrift der ›Vierten Elegie‹ die Arbeit an dem Zyklus gerade wieder in Gang gekommen war –, und er machte für Jahre die

Bewältigung der Aufgabe, die er in der Vollendung der ›Elegien‹ erblickte, unmöglich. Nicht etwa, daß ihm die Brutalität und Totalität des Krieges den Rückzug aus der geschichtlichen Situation ins Private verwehrt hätte. Ein solches Ziel hat er nie gehabt. Vielmehr war gerade das Umgekehrte nicht mehr zu leisten, nämlich in Übereinstimmung mit den Tendenzen der Gegenwart und ohne Beschönigung der Verhältnisse einen neuen Sinn des menschlichen Daseins zu verkünden.

In einem Paralipomenon zu den ›Elegien‹ vom Ende Januar 1912 (Nr. 24), also im unmittelbaren Kontext der ersten beiden ›Duineser Elegien‹, die damals entstanden, heißt es:

> Sage mir keiner, daß ich die Gegenwart nicht
> liebe; ich schwinge in ihr; sie trägt mich, sie giebt mir
> diesen geräumigen Tag, den uralten Werktag
> daß ich ihn brauche, und wirft in gewährender Großmut
> über mein Dasein niegewesene Nächte.

Eben diese positive Beziehung zur Gegenwart war, nach der kurzen Täuschung durch die allgemeine Begeisterung bei Kriegsausbruch, für Rilke vier Jahre lang nicht mehr gegeben. Aus einer »offenen« Welt (Nr. 111, 131), hier nun im ganz konkreten Sinn des lebendigen Austauschs zwischen den Kulturen und der jederzeit überschreitbaren Ländergrenzen, war eine heillos verschlossene geworden, gerade auch ideologisch.

Das bedeutet zugleich, daß Rilke dem Kriegsgeschehen im Zusammenhang mit den geschichtlichen Veränderungen, auf die die ›Duineser Elegien‹ eine Antwort sein sollten, keinen Sinn mehr abgewinnen konnte. Zwar haben der Krieg und die sich anschließenden Revolutionen in Rußland und Deutschland ihm das Gefühl, in einer Umbruchszeit zu leben, noch vertieft: Das Schwinden der sichtbaren Dinge als des Inbegriffs einer Kultur schien unwiderruflich (›Siebente Elegie‹ und ›Neunte Elegie‹). Aber während er seinen Malte noch mitten in den geschichtlichen Veränderungsprozeß hineingestellt hatte, nahm er selbst sich jetzt aus dem Kriegsgeschehen als dem ihm schlechterdings Fremden heraus. Auch seine Hoffnung, daß mit der Revolution eine neue Zukunft eröffnet werde, schwand schnell dahin. Man darf also nicht übersehen, daß Rilke seine politischen Erfahrungen der Jahre 1914 bis 1919 nicht in die dichterische Ontodizee der ›Elegien‹ einbezogen hat, daß der Zyklus zustande kam um den Preis ihrer Ausklammerung.

Um so hilfreichere Voraussetzungen für die Vollendung des Werkes waren die vom Krieg verschonte Schweiz und das großzügige Mäzenatentum ihrer Bürger, die Wiederbegegnung mit Paris im Oktober 1920, das Rilke im Wesen unverändert fand, und das Verbundenheitsgefühl mit verwandten europäischen Geistern wie Verhaeren und Valéry.

Die Themen und Probleme, auf die bisher im Sinne einer Erschließung des vorliegenden Materials aufmerksam gemacht wurde, sind die wichtigsten Inhalte der Briefe und Gedichte aus den Jahren von 1912 bis 1922. Was in ihnen als Ziel formuliert ist, wird nach der Vollendung der ›Elegien‹ als verwirklicht bezeugt; und was als Hindernis beklagt worden war, gilt nunmehr als überwunden. Fast lassen die »Jubel-Briefe« (vgl. die Metapher »Jubel-Baum« im Gedicht ›Klage‹, Nr. 76), die den Freunden das Gelingen des Werkes melden, die Schwere der überstandenen Not noch stärker empfinden als deren unmittelbare Bekundungen während der voraufgegangenen Jahre. Jedenfalls muß man beides als Dokumentation der Entstehungsgeschichte des Zyklus zusammennehmen. Ebenso ergänzen sich die inhaltlichen Zielsetzungen für den Zyklus in den früheren Gedichten und Briefen und die großen Selbstdeutungen der ›Elegien‹, zu denen Rilke nach 1922 von verschiedenen Seiten angeregt wurde.

Und noch ein Letztes mußte dokumentiert werden, um kein falsches, harmonisierendes Bild entstehen zu lassen: Rilkes Erfahrung des »Rückfalls« (Nr. 250) nach dem schöpferischen Höhepunkt von 1922, der in vielem wieder die gleichen Symptome zeigt wie die zehnjährige Schaffenskrise. Eine bleibende therapeutische Wirkung hat die Vollendung der ›Elegien‹ nicht erbracht. Vielmehr könnte man eher davon sprechen, daß hier, wie oft in der Moderne, das Leben dem Werk aufgeopfert worden ist.

So gehört wirklich nahezu alles, was Rilke von 1910 bis 1926 widerfuhr und was er schrieb, zu den ›Duineser Elegien‹ (was nicht ausschließt, daß manch einem heute die ›Sonette an Orpheus‹ oder einzelne späte Gedichte wichtiger als der ›Elegien‹-Zyklus sein können). Deshalb war denn auch die Auswahl des Materials für diesen Band nicht eben einfach zu bewerkstelligen, und das vorliegende Ergebnis bedarf der Begründung und Rechtfertigung gegenüber dem Leser.

Die breite Verwurzelung und allseitige Bezogenheit der ›Duineser Elegien‹ innerhalb von Rilkes vorletztem und letztem Lebensjahrzehnt hat Anlage und Inhalt des Materialienbandes entscheidend bestimmt. Es galt, durch die Dokumente ein möglichst getreues Bild des ungewöhnlichen Sachverhalts zu vermitteln. Das heißt, gerade die Fülle der brieflichen Belege für die alles beherrschende Thematik und Problematik der ›Elegien‹ mußte erkennbar bleiben. Anderseits war Vollständigkeit von vornherein ausgeschlossen. Die Entscheidungen, die somit nötig wurden, konnten sinnvoll nur im Rahmen eines speziellen Konzepts für den Band getroffen werden. Was war anzustreben?

Die Interpretationen und Kommentare der ›Duineser Elegien‹, an denen bekanntlich kein Mangel herrscht, behandeln insgesamt den Text als ein monolithisches Gebilde, so wie ihn der Autor, nachdem das Werk endlich abgeschlossen war, veröffentlicht hat. Wenn aber eine Dichtung der Weltliteratur durch Historisierung, das meint hier: durch Einbeziehung ihrer Genesis, eine neue Dimension hinzugewinnt, dann sind es die ›Duineser Elegien‹. Die Herausgabe der Rilkeschen Selbstzeugnisse zu diesem Zyklus bot nun die Chance, in Ergänzung zu jener synchronen Betrachtungsweise die diachrone ins Spiel zu bringen. Intendiert wurde deshalb ein Band, der die äußere und innere Entstehungsgeschichte der ›Duineser Elegien‹ möglichst genau und instruktiv dokumentiert. Keine Darstellung wäre imstande zu leisten, was die in solcher Absicht zusammengetragenen Materialien bewirken. Anderseits müssen sie freilich auch hinter einer denkbaren Darstellung der Entstehungsgeschichte zurückbleiben, da sich die Herausgeber expliziter Interpretation zu enthalten hatten.

Was die Darbietungsweise des Materials betrifft, so konnte aus der genannten Intention nur die streng chronologische Ordnung sämtlicher Zeugnisse folgen. Als Gliederungsprinzip bot sich die Aufteilung der Textmassen in biographisch und werkgeschichtlich gleichermaßen relevante Abschnitte an. Zwischentexte der Herausgeber füllen Lücken aus und liefern zur Orientierung des Lesers ein detailliertes Datengerüst. Eine eigene Zeittafel durfte dafür entfallen.

Bei der Dokumentation der äußeren Entstehung ist im rein Philologischen Vollständigkeit angestrebt. Es wurde versucht, alles aufzuarbeiten, was im Laufe der bisherigen Forschungsgeschichte über die Genesis und die Textgeschichte der einzelnen Elegien und der in ihren Umkreis gehörenden Gedichte und Fragmente bekanntgeworden ist. Vieles davon fand sich an verstreuten Orten gedruckt und wird hiermit allgemein zugänglich gemacht. Die ergänzenden biographischen Fakten mußten zwar sachlich vollständig, aber durch ausgewählte Zeugnisse belegt werden.

Die Auswahlkriterien für die innere Entstehungsgeschichte – eine Auswahl war auch hier unumgänglich – sowie das Ergebnis der Selektierung lassen sich am Sachregister einigermaßen ablesen. Es wird auffallen, daß dieses Register inhaltlich nach wenigen Hauptgesichtspunkten gegliedert ist und daß es unter den nicht sehr zahlreichen Stichworten, die einzelne Themen und Probleme nennen, eine große Zahl von Belegen nachweist. Darin spiegelt sich genau, was in der Einleitung bereits ausgeführt wurde. Deshalb braucht vielleicht nicht mehr mit dem Einwand gerechnet zu werden, daß die Textsammlung nicht besonders interessant sei, weil sich an der Auswahl nur zeige, wie oft Rilke sich wiederholt habe. Interessantheit ist ohnehin keine Kategorie, die auf Rilke anwendbar wäre, und was die Wiederholungen angeht, so sind gerade sie, wie wir schon wissen, von größtem Aussagewert. Zum einen belegt die erdrückende Quantität bestimmter Äußerungen, daß es Rilke wirklich nur noch um eines, »das Eine« (Nr. 162), ging. Sodann ist jede einzelne Formulierung situationsbedingt, und die Situationen sollten, auch wenn sie sich wiederholen, jede für sich ernst genommen werden. Und schließlich wäre bei ähnlichen Textstellen um so genauer auf die häufigen Varianten und Nuancierungen zu achten, die oft deutliche Fortschritte oder Rückschritte auf dem Wege zum Ziel markieren. Es sei noch hinzugefügt, daß die am Register ablesbaren Häufigkeiten – auch wenn sie keine Vollzähligkeiten sind – erkennen lassen, wo für Rilke über viele Jahre hin jeweils die Schwerpunkte seines Denkens in bezug auf die Thematik der ›Elegien‹ lagen.

Da die Zeugnisse für deren innere Entstehungsgeschichte unter psychologischem und thematischem Gesichtspunkt Legion sind und die Grenzen des den ›Elegien‹ Zuzurechnenden obendrein »fließen«, so daß man sie nur durch interpretatorische Entscheidungen festlegen kann, war den Herausgebern hier ein größerer Spielraum gewährt. Nicht daß sie zuviel aufgenommen haben, ist ihre Sorge, sondern daß womöglich Gewichtiges übersehen worden ist.

Natürlich ließe sich über einzelne Entscheidungen, die getroffen wurden, streiten: Hat z. B. der Winter 1920/21 auf Schloß Berg, der die ›Elegien‹ selbst nicht voranbrachte, eine so starke Dokumentation verdient? Die Bedeutung jener besonders tragischen Phase in der Entstehungsgeschichte der ›Elegien‹ scheint uns vor allem durch Rilkes ›Testament‹ verbürgt, das erst 1974 aus dem Nachlaß veröffentlicht wurde. Oder ist, um ein weiteres Beispiel zu nennen, der ›Brief des jungen Arbeiters‹ (Nr. 191) nicht ein selbständiger literarischer Text, aber kein Material zu den ›Elegien‹? Der fingierte Brief wurde im Februar 1922 gegen Ende der stürmischen ›Elegien‹-Produktion niedergeschrieben, er enthält offensichtlich Gedanken, die in dem Gedichtzyklus keinen Platz mehr fanden, und steht deshalb im engsten Zusammenhang mit diesem.

Zum Abschluß der Einführung in den vorliegenden Band bleibt noch zu erklären, warum in ihm Briefe und poetische Texte, besonders Gedichte – wenn auch in beschränkter Auswahl –, nebeneinander dargeboten werden. Natürlich ist zuzugeben, daß die Sprache in Briefen grundsätzlich eine andere Verwendung erfährt als in Gedichten, und man denkt sich dementsprechend die beiden »Textsorten« im allgemeinen auf verschiedenen Ebenen angesiedelt. Das ist theoretisch sinnvoll, aber von dem Unterschied geht auch gar nichts verloren, wenn man Briefe und Gedichte chronologisch ineinanderordnet und in solcher Mischung abdruckt. Gewonnen wird dadurch im Falle Rilkes jedoch manches.

Zunächst bestätigt sich, daß hier die Briefe inhaltlich nicht einseitig und ausschließlich den Lebenszusammenhängen des Autors und die Gedichte allein seinem Werk angehören. Aber die brieflichen Äußerungen berühren sich nicht nur thematisch eng mit dem dichterischen Werk, sie erheben sich vielmehr selber wiederholt auf die Ebene der Dichtung und werden zu Prosalyrik. Häufig finden sich Motive, die von Rilke in den ›Elegien‹ zu »lyrischen Summen« (Nr. 235) verkürzt wurden, in den Briefen als reiche poetische Bilder entfaltet. Auf der andern Seite sind die vollendeten und fragmentarischen Verspoeme, welche während der zehnjährigen Entstehungszeit der ›Elegien‹ geschrieben wurden, weniger ästhetisch eigenständige Gebilde als Dokumente eben jener krisenhaften Entstehungsgeschichte des lyrischen Hauptwerks aus Rilkes Spätzeit. Sie begleiten die ›Elegien‹, bereiten sie vor, reflektieren über die Bedingungen ihrer Möglichkeit und beklagen die bitteren Arbeitsabbrüche. Gedichte wie ›Perlen entrollen‹ (Nr. 43), ›Wendung‹ (Nr. 74) und ›Klage‹ (Nr. 76) sowie die ›Gedichte an die Nacht‹ (Nr. 46, 64) kann man als Rilkes wichtigste Selbstzeugnisse zur Genesis der ›Duineser Elegien‹ überhaupt ansehen. Es handelt sich hierbei um das aus der modernen Literatur vertraute Phänomen der Dichtung über Dichtung; Rilke hat quasi eine Entstehungsgeschichte seines lyrischen Hauptwerks in Gedichten hinterlassen.

Daß auch die vielen, in ihrer Aussage meist bedeutsamen Widmungsverse, die Rilke nach Vollendung der ›Elegien‹ geschrieben hat, aufgenommen werden mußten, bedarf kaum einer Begründung. Denn mit diesen Texten kehrt Rilke zur alten Gattung des »Gelegenheitsgedichts« zurück. Durch sie setzt sich der Autor in Beziehung zu den einzelnen Empfängern der ›Elegien‹ und vermittelt zwischen ihnen und dem Werk.

U. F.

Selbstzeugnisse

I. Vor den ›Duineser Elegien‹

Rilkes mittlere Schaffensperiode, die dem ›Elegien‹-Jahrzehnt vorausgeht, ist eng mit der Stadt Paris verbunden, die seit seinem ersten Aufenthalt im Jahre 1902 sein bevorzugter Wohnsitz war. Dort ist nicht nur die Rodin-Monographie (1. Teil 1902, 2. Teil 1907) entstanden, sondern auch die zweite, erweiterte Ausgabe des ›Buchs der Bilder‹ (1906) und vor allem die ›Neuen Gedichte‹ (1903-07) und ›Der Neuen Gedichte anderer Teil‹ (31. 7. 1907-2. 8. 1908). Auch der 3. Teil des ›Stunden-Buches‹ (1903) beruht auf der ersten Begegnung mit Paris als moderner Großstadt.

Vor allem aber ist Paris die Stadt der ›Aufzeichnungen des Malte Laurids Brigge‹, an denen Rilke mit häufigen, z. T. langen Unterbrechungen in den Jahren 1904-10 arbeitet und mit denen er sich den »neuen Wirklichkeiten« des 20. Jahrhunderts ungeschützter stellt als je zuvor und je danach. Sie sollten zu einer der wichtigsten Voraussetzungen für die Entstehung der ›Duineser Elegien‹ werden.

Kurz vor Abschluß des ersten Teils der ›Neuen Gedichte‹ beobachtet Rilke in Paris eine Gruppe von Straßenartisten und hält seine Eindrücke in einer kurzen Prosaaufzeichnung fest – erste Keimzelle für die »Saltimbanques« der 5. Elegie:

1. ‹Saltimbanques›, Paris 14. 7. 1907[1]

Vor dem Luxembourg, nach dem Panthéon zu, hat wieder Père Rollin mit den Seinen sich ausgebreitet. Derselbe Teppich liegt da, dieselben abgelegten Mäntel, dicke Wintermäntel, sind über einen Stuhl gehäuft, auf dem gerade noch soviel Platz bleibt, daß der kleine Sohn, der Enkel des Alten, zwischendurch zu einem Viertel Hinsitzen kommt, ab und zu. Er braucht das noch, er ist ein Anfänger, heißt es, und die Füße tun ihm weh bei dem jähen Aufsprung mit dem er, aus den hohen Saltos heraus, auf die Erde kommt. Er hat ein großes Gesicht das eine Menge Tränen fassen kann, aber sie stehen doch manchmal bis an den Rand in den ausgeweiteten Augen. Dann muß er den Kopf ganz vorsichtig tragen, wie eine zu volle Tasse. Er ist nicht traurig dabei, garnicht, er würde gar nicht merken wenn er es wäre, es ist einfach der Schmerz der weint und das muß man ihm lassen. Mit der Zeit wird das leichter und schließlich ist es fort. Der Vater weiß längst nichtmehr wie das war, und der Großvater, nein, der hat es schon vor sechzig Jahren vergessen, sonst wäre er nicht so berühmt geworden. Aber, sieh da, Père Rollin, der so berühmt geworden ist auf allen Jahrmärkten, »arbeitet« nicht mehr. Er schwenkt nicht mehr die ungeheuren Gewichte und er (der Beredteste von Allen) sagt kein Wort. Er ist aufs Trommeln gesetzt. Rührend geduldig steht er da mit dem zu weit gewordenen Athleten-Gesicht, in dem die Züge locker durcheinanderhängen, als wäre aus jedem einzelnen das Gewicht ausgehängt worden, das ihn spannte. Bürgerlich angezogen, eine gestrickte himmelblaue Cravatte um den kolossalen Hals, hat er sich auf der Höhe seines ehrlichen Ruhms zurückgezogen in diesen Rock und in die bescheidende Stellung, auf die, sozusagen, kein Glanz mehr fällt. Aber wer, von diesen jungen Leuten, ihn mal gesehen hat, der weiß ja doch, daß in diesen Ärmeln die berühmten Muskeln stecken, deren leisestes Spiel die Gewichte zum Springen brachte. Der hat eine ganz bestimmte Erinnerung an ein solches Meisterstück und er sagt ein paar Worte zu seinem Nachbar und zeigt herüber und dann fühlt der Alte ihre Blicke auf sich, nachdenklich und unbestimmt und achtungsvoll. Sie ist schon noch da, diese Kraft, junge Leute, denkt er; sie ist nicht mehr so bei der Hand, das ist das Ganze; sie ist in die Wurzeln gegangen; da irgendwo ist sie noch, der ganze Klumpen. Und für das Trommeln überhaupt ist sie noch viel zu groß. Und er schlägelt los. Aber er trommelt viel zu oft. Dann pfeift ihm der Schwiegersohn von drüben und winkt ab; er war gerade mitten in einer Tirade. Und der Alte hört auf, erschrocken, und entschuldigt sich mit den schweren Schultern und tritt umständlich auf das andere Bein. Aber da muß schon wieder abgepfiffen werden. Diable. Père! Père Rollin! Er hat schon wieder getrommelt. Er weiß es kaum. Er könnte immerzu trommeln, sie sollen nur nicht meinen, daß er müde würde. Aber da, jetzt redet seine Tochter; schlagfertig und handfest und ohne Loch das Ganze und ein Witz über den andern. Sie hält überhaupt jetzt die Sache zusammen, es ist eine Freude zuzuschauen. Der Schwiegersohn arbeitet ja gut, da ist nichts zu sagen, und gerne, wie es sich gehört. Aber sie hat das Zeug im Blut, das merkt man. Damit muß man geboren werden. Sie ist fertig: Musique, schreit sie. Und der Alte trommelt los wie vierzehn Trommeln. Père Rollin, Heh, Père Rollin: ruft jemand aus den Zuschauern, der hinzutritt eben und ihn erkennt. Aber er nickt nur nebenbei; das Trommeln ist eine Ehrensache und er nimmt es ernst. (WA 11, 1137 ff.)

1 Vgl. auch den Bericht im Brief an Dora Heidrich-Herxheimer vom selben Tage (AB, 1015).

Im Jahre 1909 reist Rilke zweimal in die Provence; sie wird für ihn die erste der mythisierten ›Elegien‹-Landschaften:

2. An Lou Andreas-Salomé[1], Paris 23. 10. 1909

Die letzten Wochen, bis vor etwa zehn Tagen, hab ich in der Provence gewohnt, in Avignon; das war eine meiner merkwürdigsten Reisen. Fast täglich, während siebzehn Tagen, hab ich den immensen Papstpalast[2] gesehen, diese hermetisch verschlossene Burg, in der die Papstschaft, da sie sich am Rande anfaulen fühlte, sich zu konservieren gedachte, sich selber einkochend in einer letzten echten Leidenschaft. Sooft man dieses verzweifelte Haus auch wiedersieht, es steht auf einem Felsen von Unwahrscheinlichkeit, und man kommt nur hinein mit einem Sprung über alles Bisherige und Glaubhafte. Vom anderen Rhoneufer, von Villeneuve gesehen, ließ mich die Stadt, Gott weiß warum, an Nowgorod, den großen, denken, und da ahnte ich noch nicht, daß ich in dieser Landschaft, ein paar Stunden weiter hin, den wunderlichen Ort finden würde, der vielleicht Deine früheste Heimat war. Hast Du nie von Les Baux[3] gehört? Man kommt von Saint-Remy, wo die Provence-Erde lauter Felder von Blumen trägt, und auf einmal schlägt alles in Stein um. Ein völlig unverkleidetes Tal geht auf, und kaum der harte Weg drin ist, schließt es sich hinter ihm zu; schiebt drei Berge vor, schräg hintereinander aufgestemmte Berge, drei Sprungbretter sozusagen, von denen drei letzte Engel mit entsetztem Anlauf abgesprungen sind. Und gegenüber, fern in die Himmel eingelegt, wie Stein in Stein, heben sich die Ränder der seltsamsten Ansiedlung herauf, und der Weg hin ist so von den immensen Trümmern (man weiß nicht, ob Berg- oder Turmstücken) verlegt und verstürzt, daß man meint, selber auffliegen zu müssen, um in die offene Leere da oben eine Seele zu tragen. Das ist Les Baux. Das war eine Burg, das waren Häuser um sie, nicht gebaut, in die Kalksteinschichten hineingehöhlt, als wären die Menschen durch eigensinniges Wohnenwollen dort zu Raum gekommen, wie der Tropfen aus der Traufe, der erst abrollt, wo er auffällt und nicht nachgibt und schließlich mit seinesgleichen wohnt und bleibt. (AB, 247 f.)

1 Lou Andreas-Salomé (1861-1937) war zweifellos eine der interessantesten Frauengestalten der Epoche: 1882 hatte sie Nietzsche kennengelernt, mit dem sie einige Zeit befreundet blieb, 1912/13 studierte sie bei Freud die eben entwickelte Wissenschaft der Psychoanalyse und war später selbst als Analytikerin tätig. Rilke war ihr im Mai 1897 erstmals begegnet; 1899 und 1900 reisten sie gemeinsam nach Rußland, beide Male kam es zu einem Besuch bei Leo Tolstoi. Mit den Jahren wurde aus einer leidenschaftlichen Liebesbeziehung eine lebenslange Freundschaft.

2 Vgl. auch ›Die Aufzeichnungen des Malte Laurids Brigge‹ (WA 11, 911 und 912).

3 Vgl. ebd., S. 943; sowie die Erläuterung Rilkes dazu im Brief an Witold Hulewicz vom 10. 11. 1925 (GB V, 366 ff.).

Vom 12. bis zum 31. Januar 1910 wohnt Rilke in Leipzig bei dem Verlegerehepaar Kippenberg und legt dort letzte Hand an seinen Roman, der dann am 31. Mai im Insel-Verlag erscheint. Die Schwierigkeiten des Romanhelden Malte in einer sich verändernden Welt entsprechen durchaus der den ›Elegien‹ zugrundeliegenden Problematik. Die folgende Aufzeichnung etwa weist deutliche Parallelen zur 4. Elegie auf:

3. Aus: ›Die Aufzeichnungen des Malte Laurids Brigge‹

Außen ist vieles anders geworden. Ich weiß nicht wie. Aber innen und vor Dir, mein Gott, innen vor Dir, Zuschauer: sind wir nicht ohne Handlung? Wir entdecken wohl, daß wir die Rolle nicht wissen, wir suchen einen Spiegel, wir möchten abschminken und das Falsche abnehmen und wirklich sein. Aber irgendwo haftet uns noch ein Stück Verkleidung an, das wir vergessen. Eine Spur Übertreibung bleibt in unseren Augenbrauen, wir merken nicht, daß unsere Mundwinkel verbogen sind. Und so gehen wir herum, ein Gespött und eine Hälfte: weder Seiende, noch Schauspieler.[1] (WA 11, 920 f.)

1 Vgl. 4. Elegie, V. 19 ff.

Zugleich finden sich im Roman jedoch auch Stellen, in denen Malte sich Lösungen erträumt, die für ihn unerreichbar bleiben, von der Seite Rilkes jedoch als programmatisch für sein zukünftiges Werk gemeint sind (s. u. Nr. 108):

4. Aus: ›Die Aufzeichnungen des Malte Laurids Brigge‹

Noch eine Weile kann ich das alles aufschreiben und sagen. Aber es wird ein Tag kommen, da meine Hand weit von mir sein wird, und wenn ich sie schreiben heißen werde, wird sie Worte schreiben, die ich nicht meine. Die Zeit der anderen Auslegung wird anbrechen, und es wird kein Wort auf dem anderen bleiben, und jeder Sinn wird wie Wolken sich auflösen und wie Wasser niedergehen. Bei aller Furcht bin ich schließlich doch wie einer, der vor etwas Großem steht, und ich erinnere mich, daß es früher oft ähnlich in mir war, eh ich zu schreiben begann. Aber diesmal werde ich geschrieben werden. Ich bin der Eindruck, der sich verwandeln wird. Oh, es fehlt nur ein kleines, und ich könnte das alles begreifen und gutheißen. Nur ein Schritt, und mein tiefes Elend würde Seligkeit sein. Aber ich kann diesen Schritt nicht tun, ich bin gefallen und kann mich nicht mehr aufheben, weil ich zerbrochen bin. (WA 11, 756)

5. Aus: ›Die Aufzeichnungen des Malte Laurids Brigge‹

Ich seh mehr als ihn [den verlorenen Sohn], ich sehe sein Dasein, das damals die lange Liebe zu Gott begann, die stille, ziellose Arbeit. Denn über ihn, der sich für immer hatte verhalten wollen, kam noch einmal das anwachsende Nichtanderskönnen seines Herzens. Und diesmal hoffte er auf Erhörung. Sein ganzes, im langen Alleinsein ahnend und unbeirrbar gewordenes Wesen versprach ihm, daß jener, den er jetzt meinte, zu lieben verstünde mit durchdringender, strahlender Liebe. Aber während er sich sehnte, endlich so meisterhaft geliebt zu sein, begriff sein an Fernen gewohntes Gefühl Gottes äußersten Abstand. Nächte kamen, da er meinte, sich auf ihn zuzuwerfen in den Raum; Stunden voller Entdeckung, in denen er sich stark genug fühlte, nach der Erde zu tauchen, um sie hinaufzureißen auf der Sturmflut seines Herzens. Er war wie einer, der eine herrliche Sprache hört und fiebernd sich vornimmt, in ihr zu dichten.[1] Noch stand ihm die Bestürzung bevor, zu erfahren, wie schwer diese Sprache sei; er wollte es nicht glauben zuerst, daß ein langes Leben darüber hingehen könne, die ersten, kurzen Scheinsätze zu bilden, die ohne Sinn sind. Er stürzte sich ins Erlernen wie ein Läufer in die Wette; aber die Dichte dessen, was zu überwinden war, verlangsamte ihn. Es war nichts auszudenken, was demütigender sein konnte als diese Anfängerschaft. Er hatte den Stein der Weisen gefunden, und nun zwang man ihn, das rasch gemachte Gold seines Glücks unaufhörlich zu verwandeln in das klumpige Blei der Geduld. Er, der sich dem Raum angepaßt hatte, zog wie ein Wurm krumme Gänge ohne Ausgang und Richtung. Nun, da er so mühsam und kummervoll lieben lernte, wurde ihm gezeigt, wie nachlässig und gering bisher alle Liebe gewesen war, die er zu leisten vermeinte. Wie aus keiner etwas hatte werden können, weil er nicht begonnen hatte, an ihr Arbeit zu tun und sie zu verwirklichen. (WA 11, 943 f.)

1 Schon am 19. 8. 1909 schrieb Rilke an Jakob Baron Uexküll: »Glauben Sie nicht, lieber Freund, daß schon das Stunden-Buch ganz erfüllt war von der Entschlossenheit, in der ich (einseitig, wenn Sie wollen) zugenommen habe? Die Kunst nicht für eine *Auswahl* aus der Welt zu halten, sondern für deren restlose Verwandlung ins Herrliche hinein. Die Bewunderung, mit der sie sich auf die Dinge (alle, ohne Ausnahme) stürzt, muß so ungestüm, so stark, so strahlend sein, daß dem Gegenstand die Zeit fehlt, sich auf seine Häßlichkeit oder Verworfenheit zu besinnen. Es kann im Schrecklichen nichts so Absagendes und Verneinendes geben, daß nicht die multiple Aktion künstlerischer Bewältigung es mit einem großen, positiven Überschuß zurückließe, als ein Dasein-Aussagendes, Sein-Wollendes: als einen Engel« (AB, 245).

Vom 19. März bis zum 19. April 1910 wohnt Rilke in Rom, wo er auch die erste Korrektur zum ›Malte‹ liest.

6. An Anton Kippenberg, Rom 25. 3. 1910

[. . .] diese Aufzeichnungen sind etwas wie eine Unterlage, alles reicht weiter hinauf, hat mehr Raum um sich, sowie man sich auf diesen neuen höheren Grund verlassen kann. Nun kann eigentlich alles erst recht beginnen. Der arme Malte fängt so tief im Elend an und reicht, wenn mans genau nimmt, bis an die ewige Seligkeit; er ist ein Herz, das eine ganze Oktave greift: nach ihm sind nun nahezu alle Lieder möglich. (AB, 262)

Im April 1910 ist Rilke als Gast der Fürstin Marie von Thurn und Taxis (1855-1934) erstmals auf Schloß Duino bei Triest. Der Dichter hatte die kunstsinnige Fürstin im Dezember 1909 in Paris kennengelernt, woraus sich eine bleibende Freundschaft ergab. Gleichzeitig mit Rilke ist auch der Philosoph Rudolf Kassner (1873-1959) Gast im Schloß. Anschließend kehrt Rilke über Venedig nach Paris zurück.

7. An das k.k. Kultusministerium in Wien, Paris 25. 5. 1910

Im Besitze der Zuschrift 25.779 bitte ich Euere Exzellenz, meinen ganzen Dank zur Kenntnis zu nehmen. Es erfüllt mich mit Stolz und Freude, daß der Antrag des Herrn Professor Dr. August Sauer die sehr gnädige Entschließung herbeiführen konnte, durch welche mir eine Ehrengabe von 600 Kronen zufällt. Mir ist damit um so mehr Hilfe und Ermutigung erwiesen, als ich eben daran gehe, mich, nach Abschluß einer längeren Arbeit[1], neuen, größeren Aufgaben zuzuwenden, die ich so schwer nehmen will, wie sie sind. Diese Verfassung, mir selber innerhalb meiner Leistungen nichts zu ersparen, ist das einzige Mittel, das ich habe, das Vertrauen und die Gunst solcher großmütiger Erleichterungen nach und nach zu verdienen. (GB III, 106)

1 ›Die Aufzeichnungen des Malte Laurids Brigge‹.

Im Juli verläßt Rilke Paris und reist nach Lautschin, dem böhmischen Landsitz der Fürstin Marie Taxis. Die dort gemachten Aufzeichnungen lassen die Schaffenskrise nach dem Abschluß des ›Malte‹ deutlich werden:

8. Aufzeichnung Rilkes, Lautschin 18. 8. 1910

Die Verzweiflung meiner Verhältnisse wird mir langsam klar: wie nach jenem Buch nichts mehr kommen (kann), wie es nicht mehr weiterging, nicht einmal ins Sterben. Ich war mit ihm irgendwie hinter den Tod gekommen, dorthin, wo nichts ist.[1]
(Wodtke, 27)

1 Vgl. auch den Brief an Marie Taxis vom 30. 8. 1910 (AB, 269).

9. Aufzeichnung Rilkes, Lautschin 18. 8. 1910 (Anfang) und Duino Anfang November (Schluss)

In jenen Zeiten begriff er, daß er immer in Unrecht gerathen müsse, wo er anderes vom Leben erwarten würde als leicht am Arm von ihm berührt zu sein; daß seine Seele wie eine Waage war auf der, wenn sie nicht verderben soll, jedes nur so lange liegt, als jenseits die Gewichte sich auf ihre Zahl besinnen. Das, worin die andern so natürlich verzweigt waren, all das dürre, amorphe und zähe Nebenleben, woraus sie mit listigen Wurzeln immerhin etwas Ernährendes auszogen, alles das, was allen die eben Kommendes hinnehmen und sich damit auseinandersetzen doch irgendwie anschlägt, alles das trübte ihm sein völlig unseßhaftes Bewußtsein, welches in ihm für Momente wie in einem Wandernden Herkommenden und Hinziehenden, fortwährend alles Verlassenden, zu sich kam, im Ganzen richtbar und abwendbar und plötzlich über alles hinausgespannt ins Größere, Küsten abstreifend nach den Schmuggelgängen Gottes (Vorläufig). Darum vielleicht gehörte es zu seinen entscheidendsten Ergriffenheiten, griechische Grabstelen[1] aus der frühesten Zeit zu bewundern: wie da die gegenseitige Anrührung, das Beruhen von Hand in Hand, das Kommen von Hand zu Schulter, so völlig ohne Besitzergreifen war, ja wie mit diesem im Schicksal nicht mehr wirkenden Aneinanderweilen nicht einmal eines Abschiedes Wehmuth gemeint sein konnte, da keines Endes Furcht, keiner Veränderung Vorgefühl diese Hände bestürzte, da ihnen gar nichts bevorstand, als die lange lautere Einsamkeit, durch die hindurch sie sich spürten, nicht anders als die Bilder zweier entfernter Dinge, die in den unbeweisbaren Innern eines Spiegels leise zusammenkommen. (Wodtke, 28)

1 Vgl. 2. Elegie, V. 66 ff.; s. auch Nr. 18. Zur Entwicklung dieses Motivkomplexes bei Rilke vgl. auch Storck, 124 ff., und die dazugehörigen Anmerkungen (Anhangband, 65 ff.).

Am 19. November bricht Rilke zu seiner großen Afrikareise auf, die ihn nach Algier und Tunis und schließlich nach Ägypten führt. Die Eindrücke einer Nilfahrt und der Pyramiden und Tempel von Gizeh und Karnak werden sich, zu »lyrischen Summen« verknappt, Jahre später in den ›Elegien‹ niederschlagen:

10. An Clara Rilke[1], Luxor 18. 1. 1911

Wir sind drei Tage in Luxor, heute war der zweite, noch der ganze morgige Tag; aber man müßte viel länger hier sein, nicht sehen müssen, um später vieles gesehen zu haben. Auf dem östlichen (arabischen) Ufer, dem wir anliegen, ist der Luxortempel mit den hohen Kolonnaden knospiger Lotossäulen, eine halbe Stunde weiterhin diese unbegreifliche Tempelwelt von Karnak, die ich gleich den ersten Abend und gestern wieder im eben erst abnehmenden Monde sah, sah, sah, – mein Gott, man nimmt sich zusammen, sieht mit allem Glaubenwollen beider eingestellter Augen – und doch beginnts über ihnen, reicht überall über sie fort (nur ein Gott kann ein solches Sehfeld bestellen) – da steht eine Kelchsäule[2], einzeln, eine überlebende, und man umfaßt sie nicht, so steht sie einem über das Leben hinaus, nur mit der Nacht zusammen erfaßt mans irgendwie, nimmt es im ganzen mit den Sternen, von ihnen aus wird es für eine Sekunde menschlich, menschliches Erlebnis. Und denk, daß drüben, westlich über den beiden Nilarmen und das Fruchtland[3] hin die libyschen Gebirge, vom Wüstenlicht blühend, herüberstehn; wir ritten heute durch das gewaltige Tal, in dem die Könige ruhen, jeder unter der Schwere eines ganzen Berges, auf den sich auch noch die Sonne stemmt, als wärs über die Kraft, Könige zu verhalten. (GB III, 124 f.)

1 Rilke hatte die Bildhauerin Clara Westhoff (1878-1954) in der Künstlerkolonie Worpswede kennengelernt. Nach der Heirat am 28. 4. 1901 wohnt das junge Paar zunächst in Westerwede, am 12. Dezember wird Ruth Rilke geboren. 1902 trennen sich Rainer und Clara einvernehmlich; Ende August fährt Rilke nach Paris, um eine Monographie über den Bildhauer Auguste Rodin (1840-1917) zu verfassen.
2 Vgl. 6. Elegie, V. 18 f. und 7. Elegie, V. 73 f.; siehe auch: 7. Gedicht ›Aus dem Nachlaß des Grafen C. W.‹ (WA 3, 118 ff.): ›In Karnak wars‹.
3 Vgl. 2. Elegie, V. 74 ff.

Am 29. März ist Rilke wieder in Venedig und kehrt von dort aus nach Paris zurück.

11. An Antonie Baumgarten, Paris 27. 6. 1911

Ich war, zur Zeit Ihres Briefes, in Nordafrika [. . .] und hatte noch Wege und Wege, hatte Ägypten vor mir, den Nil, die unerhörtesten Menschendinge, die je erzeugt und erzwungen worden sind, das Wunder dieser unberührbar überlieferten Landschaft, in der neben dem Stromgott und dem fortwährenden Anheben der Wüste ein Streifen dichtesten, drängendsten, entschlossensten Lebens verläuft[1], auf dem Menschen und Tiere und rasch heranwachsende Pflanzen sich in gleichsam ewige, starke Bedingungen teilen – und so war, überhäuft wie ich war mit jedem neuen Tag, an keinerlei Schreiben zu denken, der ungefährste Ausdruck schon wäre über Kraft und Wahrhaftigkeit hinausgegangen, allein nur »ich« zu sagen, war gewagt, war eine Übertreibung –, denn was war dieses Ich in solchen Händen, und blieb es, was es war, an irgendeiner seiner Stellen, und was wurde aus ihm? Wer durfte das sagen? Noch jetzt, Monate hernach, ist alles gewissermaßen in Schwebe; noch erinnere ich, daß ich die Reise in bösen und trüben Umständen antrat – (Freunde fanden mich damals hier, mürrisch, müde, ohne Fortschritt und nahmen mich mit), und manche jener argen Umstände gelten selbst jetzt noch, jenseits der Wasserscheide jener unbeschreiblichen Reise, – Malte Laurids ist ein so großer Abschnitt gewesen, vielleicht ging in ihm jener junge Mensch zu Ende, den Sie vor Jahren angehört, dem Sie in geduldiger Aufmerksamkeit zugesehen haben, ich weiß nicht, dieses Buch, das ein unendlicher Schmerz war, ging überall, in einer gewissen Welt bis ans Ende, der es Überlebende . . . was soll aus ihm werden, eben ein Überlebender, oder Gott wird ihm schon einen neuen Anfang geben müssen. (GB III, 143 f.)

1 Vgl. 2. Elegie, V. 74 ff.

Im Mai arbeitet Rilke an einer Übersetzung von Maurice de Guérins Gedicht ›Le Centaure‹ ins Deutsche, die im Juli erscheint:

12. Aus der Anmerkung zur Übersetzung, Paris Anfang Juli 1911

[. . .] so bleibt um den [. . .] Dichter des ›Kentauren‹ immer noch eine seltsam angeschmiegte Legende: die Legende derer, die früh hingegangen sind; das Gerücht, das um die jungen Toten rauscht; die lange Klage, die sie verdeckt; der Ruf hinter ihnen, der alte, in der Natur hinsuchende Ruf –: das Linos-Lied[1], in dem sie beisammen sind und einander nicht sehen.

R.M.R.

(WA 11, 1028)

1 Vgl. 1. Elegie, V. 91 ff.; in der Totenklage um den verstorbenen Jüngling Linos – so die mythische Überlieferung – erklang zum erstenmal Musik (vgl. Steiner, 34 f.).

Am 19. Juli verläßt Rilke Paris und reist nach Böhmen; in Lautschin ist er erneut Gast der Fürstin Marie Taxis. Mit ihr fährt er Ende August über Leipzig nach Weimar. Dort wird in einem Antiquariat das »blaue Büchlein« gekauft, in das Rilke später die 1. Elegie einträgt (s. u. Nr. 21). Vom 23. August bis 8. September wohnt Rilke bei den Kippenbergs in Leipzig und besucht mit ihnen ein zweites Mal Weimar. Über Berlin reist er dann weiter nach München zu Frau und Tochter.
Mitte September erhält Rilke eine Einladung der Fürstin:

13. An Marie Taxis, München 17. 9. 1911

Ich kann Ihnen nicht genug sagen, was für Bedürfnis nach Alleinsein, langem Alleinsein[1], liebe Fürstin, täglich zu dem schon vorhandenen in mir hinzukommt –, nicht sprechen, nicht aufsehen es sei denn in's Gesichtslose, ganz Ausgebreitete, Meer Meer – das wird das Richtige sein. Die Menschen (liegts an mir, liegts an ihnen) daß sie mich abnutzen, in Leipzig, hier, jedesmal war jemand da, der gewisse Dinge nichtmehr halten konnte und sie mir aufs Wesen niederstellte. Wie ichs dann von mir hinunterrücke, damit ists noch nicht gethan, dann wollen sie's auch noch erleben, wie und wo ichs ihnen hinbringe, und ich soll so richtig einen Denkstein darüber machen und eine Inschrift dazu. Ich bin's müde. Welcher Segen, daß Sie mich in Duino verbergen wollen: als ein Flüchtling, wie unter fremdem Namen, will ich mich dort aufhalten, nur Sie sollen wissen, daß ichs bin. (TT, 63 f.)

1 Vgl. auch: An Anton Kippenberg, 14. 10. 1911: »Wie's mit mir weiter geht, Gott weiß es, ich habe einen ganzen Andrang nach Einsamkeit gegen alle Seiten des Herzens; wenn in Duino, wie ich fürchte, mehr Menschen zusammenkommen, wird meines Bleibens nicht sein« (AK, 148).

II. Duino: Die ersten ›Elegien‹

Schloß Duino. Radierung nach A. A. Tischbein

Am 12. Oktober verläßt Rilke Paris, wohin er am 26. September noch einmal zurückgekehrt war; vom 22. 10. 1911 bis 9. 5. 1912 ist er Gast der Fürstin auf Schloß Duino:

14. An Hedwig Fischer, Schloss Duino 25. 10. 1911

[. . .] da ich, in diesen Jahren Unstätester, hier (wenigstens hoff ichs) für eine Weile zu Ruhe (will heißen: äußerem Stillstand und innerer Bewegung) komme, sollen Sie auch gleich wissen, wo ich bin: bei meinen Freunden, in diesem immens ans Meer hingetürmten Schloß, das wie ein Vorgebirg menschlichen Daseins mit manchen seiner Fenster (darunter mit einem meinigen) in den offensten Meerraum hinaussieht, unmittelbar ins All möcht man sagen und in seine generösen, über alle hinausgehenden Schauspiele, – während innere Fenster anderen Niveaus in still eingeschlossene uralte Burghöfe blicken, darin spätere Zeiten um alte Römermauern die Milderungen barocker Balustraden und mit sich selbst spielender Figuren gewunden haben. Dahinter aber, wenn man aus allen den sicheren Toren austritt, hebt sich, nicht weniger unwegsam denn das Meer, der leere Karst, und das so von allem Kleineren ausgeräumte Auge faßt eine besondere Rührung zu dem kleinen Burggarten, der dort, wo das Schloß nicht ganz den Abhang bildet, wie die Brandung sich hinunterversucht, und der Wildpark, der den nächsten Ufervorsprung für sich ausnutzt, kommt zu Bedeutung; an ihm liegt, verstürzt und hohl, der noch ältere Burgbau, der diesem schon unvordenklichen Schloß noch voranging, und an dessen Vorsprüngen, der Überlieferung nach, Dante verweilt haben soll. (AB, 294)

Am 12. Dezember reist die Fürstin nach Lautschin:

15. An Elsa Bruckmann, Schloss Duino 14. 12. 1911

[. . .] ich wünschte mir seit lange, hier allein zu sein, streng allein, mich einzupuppen, zusammenzunehmen, kurz und gut, von meinem Herzen zu leben und von nichts anderem. Nun bin ich wirklich seit vorgestern ganz allein in dem alten Gemäuer, draußen das Meer, draußen der Karst, draußen der Regen, vielleicht morgen der Sturm –: nun soll sichs zeigen, was innen ist als Gegengewicht so großer und gründlicher Dinge. Also, wenn nicht ganz Unerwartetes kommt, bleiben, aushalten, stillhalten, mit einer Art Neugier nach sich selbst: ob das nicht das Richtige ist, wie? So steht es, und wenn ich jetzt mich rühre, verschiebt sich wieder alles; schließlich steht auf den Herzen, wie auf gewissen Medizinen: vor dem Einnehmen schütteln, ich bin die letzten Jahre immerzu geschüttelt worden, aber nie eingenommen, darum ists besser, ich bring es in der Stille zu Klarheit und Niederschlag.

Kassner (ich wünsch ihn Ihnen, und es ist mir eine Versuchung mehr, daß er bei Ihnen sein würde) wird Ihnen von Duino erzählen, es ist eine eigene Welt; das alte, ganz ans Meer hingetürmte Schloß hat eine ganz starke Schale, aber innen verhältnismäßig viel Fruchtfleisch, in dem es sich ziemlich saftig wohnt, wenngleich nicht ohne einige Anpassung und Müh. (AB, 296)

16. An Marie Taxis, Schloss Duino 15. 12. 1911

Danke für alle Nachrichten, ich wünschte mir welche, bin noch traurig über Ihr Weggehen, das Alleinsein scheint mir leer, aber ich werde schon nach und nach auf den Geschmack kommen; es giebt ja, strenggenommen, nichts auf der Welt was mir jetzt nöthiger wäre.

Im Park drüben bin ich viel, aber meistens im Freien, das kleine Haus ist doch zu kalt und nimmt nicht ohne weiters Bewohnung an.

Eben war der Tonin bei mir, die Bestellung meines Stehpults anzunehmen.

Carlo bedient mich, ich esse im Saal neben meinem Zimmer, er gönnt mirs mit dem unendlichen Wohlwollen eines großen alten Hundes, der irgend einen kleinen aus seiner Schüssel fressen läßt. Die Köchin war den ersten Tag fassungslos meinen vegetarischen Prätentionen gegenüber, nun kamen wir uns ein wenig entgegen, sie erholt sich schon und kommt wieder zu Künsten, heute war sie direkt erfinderisch. Miss G.[1] erweist mir alle mögliche Sorgfalt, scheint die Arbeit fest anzufassen und überall auf den Grund zu gehen. Es wirtschaftet den ganzen Tag irgendwo, aber nicht in meiner Gegend, da ist Ruhe um Ruhe wie in einem Wunderknäul. Die Blumen aus Ihrem Boudoir hab ich zu mir bringen lassen, was noch da war, hält bei mir vor. Überhaupt hat mein Zimmer täglich mehr Bezug und Attachement, wie anders ist es jetzt *da* und immer mehr für mich.

Ich esse um 7 das kindlichste Abendbrot, etwas nach 9 bin ich schon beim Schlafengehn, Gott erhalte mir meine Einfalt.

(TT, 75 f.)

1 Miß Greenham, Wirtschafterin auf Duino.

17. An Marie Taxis, Schloss Duino 30. 12. 1911

Die Geschichten vom lieben Gott sind ein herzliches Buch, ja, und es hat überdies das Gute, daß ich nicht, wie an einem gewissen anderen[1], daran gestorben bin. Ach, Fürstin, ich seh jetzt erst ganz, wohin ich über diesen zwei Jahren (zwei

Jahren!) Nichtarbeiten gekommen bin: erschrecken Sie nicht. Das Alleinsein ist ein wahres Elexir, es treibt die Krankheit nun völlig an die Oberfläche, es muß erst schlimm, schlimmer, am Schlimmsten werden, weiter gehts in keiner Sprache –, aber dann wird es gut. Ich krieche den ganzen Tag in den Dickichten meines Lebens herum und schreie wie ein Wilder und klatsche in die Hände –: Sie glauben nicht, was für haarsträubendes Gethier da auffliegt. Vor einiger Zeit glaubte ich schon aufs Bessere zuzugehen; aber das war nur wie ein falsch zugewachsener Knochenbruch. Jetzt hab ich mir alles von Neuem gebrochen und nun soll erst die gesunde Anatomie herausheilen. Das ist eine langwierige Geschichte, aber die einzige ganz ehrliche. Zum Glück haben wir helles Wetter, ich heule aus vollem Herzen den Mond an und schiebe es auf die Hunde.

Wenn mans kann, wenn mans gekonnt hat, dieses Übermäßige, so ist es freilich beneidenswert, alles Kleine mit einem Ruck in ein sichtbares schreckliches Gebrechen zu werfen und dann klaren Auges zu bleiben; wo ist m e i n Gebrechen, überall, bald da, bald dort, – und ich bin noch an keiner Stelle damit fertig geworden. (TT, 84 f.)

1 Den ›Aufzeichnungen des Malte Laurids Brigge‹.

18. An Lou Andreas-Salomé, Schloss Duino 10. 1. 1912

[. . .] in der langen, komplizierten, oft bis ans Äußerste getriebenen Einsamkeit, in der der Malte Laurids geschrieben wurde, war mirs vollkommen gewiß, daß die Kraft, mit der ich ihn bestritt, zu einem bedeutenden Teile aus gewissen Abenden auf Capri stammte, an denen nichts geschah, als daß ich mit zwei älteren Frauen und einem jungen Mädchen beisammensaß und ihren Handarbeiten zusah und manchmal zum Schluß von einer von ihnen einen Apfel geschält bekam.[1] Es war keine Spur von Schicksal zwischen uns, es ist nicht einmal untersucht worden, wie weit gerade *diese* Menschen nötig waren, damit das entstünde, was da entstand, Namen hat es keinen, aber ich erfuhr daran beinahe etwas von der mystischen Nahrhaftigkeit des Abendmahls; während es noch war, wußte ich, daß es mir

Kräfte gab, und später, in dem mühsamen Alleinsein, erkannte ich diese Kräfte unter allen anderen; es war seltsam, sie hielten am längsten vor.

Liebe Lou, wenn ich neulich schrieb, daß ich fast auf Menschen hoffte, so meinte ich, daß ich *dies* seither nicht wieder erfahren habe und es unendlich brauche. Kannst Du Dir nicht vorstellen, daß jemand da ist, der dies geben kann, unwillkürlich ohne es darauf abzusehen, und der dabei sein Genügen hätte, Gegenwart auszustrahlen und nichts zu erwarten? Gibt es doch sogar Menschen, die das für Kranke tun, wo alle Pflege höchstens bis zur Gesundheit führt, während sie hier doch gleichsam am Gesundesten begänne und reichte, weiß Gott wohin. Nicht in Zeiten wie diesen schlechten hat sich mein Bedürfnis herausgebildet; während der riesigen Konzentration, die die Neuen Gedichte durchsetzte, bekam es Kontur, und den Brigge schrieb ich gewissermaßen wie unter der Bedingung zu Ende, daß das dann dasein würde. Ich will Dirs zeigen an etwas ganz Sichtbarem. Stell Dir vor, daß ich mit der gleichen Beklemmung daran denke, es wieder, in der rue Cassette, mit einem kleinen möblierten Zimmer zu versuchen, oder in meine eigenen Möbel zurückzukehren, die in den letzten Jahren völlig zu der für den letzten Akt des Malte Laurids vorgeschriebenen Szenerie geworden sind. So lächerlich es ist, ich mache alle diese Dinge durch wie Schicksale, und darum sind sie auch einmal gründlich überstanden und nicht wieder anzufangen. Verstehst Du, daß ich mir ein Wesen einbilde, das die von mir übertriebenen Dinge wieder allgemein und arglos macht? Gibt es das nicht? Man könnte meinen, es geschähe mir nach der Fabel: ich hätte eben gesungen, statt zu bauen, und bliebe nun, wenn es kalt wird, ohne Obdach. Aber nein, siehst Du, das, woran ich denke, wäre auf keinen Fall zu bauen gewesen, es wäre durchaus wunderbar, und ich hätte kein Recht, darauf zu rechnen, wenn nicht alles Entscheidende in meinem Leben ebenso unabhängig von meiner Vorsorge und auf keine Weise vorzubereiten und zu gründen gewesen wäre. Vielleicht wird jeder, der das zu hören bekommt, zuerst fragen, womit ich, von mir aus, so ein Verhältnis zu leisten gedenke; da muß ich zugeben, daß ich eigentlich mit nichts erwidern kann, als etwa mit meinem wärmeren und froheren Dasein, wie es möglicherweise auch jenen Frauen in Capri damals sich offenbarte. Ich glaube, in Neapel einmal, vor irgendwelchen antiken Grabsteinen, hat es mich durchzuckt, daß ich Menschen nie mit stärkeren Gebärden berühren sollte, als dort dargestellt ist.[2] Und ich glaube wirklich, ich bin manchmal so weit, allen Andrang meines Herzens ohne Verlust und Verhängnis auszudrücken, indem ich meine Hand leise auf eine Schulter lege. Wäre das, Lou, wäre das nicht der einzige Fortschritt, der innerhalb jener »Zurückhaltung«, an die Du mich erinnerst, denkbar ist?

Es ist halb vier, ich habe kaum gegessen, ich verbringe fast den ganzen Tag damit, Dir zu schreiben, und dabei ist das so schwer verständlich zu machen, daß mir der Kopf brummt; ich komme kaum von der Stelle, ich möchte immer wieder anfangen und alles noch einmal sagen –; aber wozu, ich will Dich nicht überzeugen. Du sollst nur wissen, wie das mit den »Menschen« gemeint war: nicht als eine Weggabe der Einsamkeit; nur, wenn sie weniger in der Luft hinge, wenn sie in gute Hände käme, verlöre sie ganz die Nebengeräusche des Krankhaften (das wird früher oder später doch unumgänglich sein,) und ich brächte es in ihr endlich zu einiger Kontinuität, statt sie, wie einen verschleppten Knochen, unter lautem Hallo von Gebüsch zu Gebüsch zu tragen.

So, – da hat Dein alter Maulwurf Dir wieder einmal was vorgegraben und lauter dunkles Erdreich aufgeworfen quer über einen guten Weg. Verzeih. Zu Dir red ich so Inneres wie die Menschen im Alten Testament, ein ganzes Spruchband: denn was da in Deines Lebens brennendem Dornbusch steht, das ist genau das, was auch über mich Macht haben soll.

Liebe Lou, wenns geht, so bleib ich wahrscheinlich bis in den Frühling hier, obwohl mir weder das Haus noch das Klima recht zusagt; dieser fortwährende Wechsel zwischen Bora und Scirocco tut meinen Nerven nicht gut, und ich erschöpfe mich darin, das eine und das andere mitzumachen. Immerhin, wenn ich mir die einzelnen Vorzüge dieser Zuflucht aufzähle, so kommt eine große Zahl zusammen, und ich muß mich glücklich schätzen, daß ich sie habe. In meinem gegenwärtigen Zustand wäre mir jeder Ort schwer gewesen, nicht überall aber hätt ich meiner Lage so auf den Grund gehen können wie hier. Schade nur, daß mir die Natur hier fast nichts entgegenbringt, sogar das Meer läßt mich gleichgültig. (AB, 308 ff.)

1 Vgl. auch: An Julie Freifrau von Nordeck zur Rabenau, 2. 1. 1912 (AB, 305), sowie: An Benvenuta, 22. 2. 1914 (B, 135 f.).
2 Vgl. 2. Elegie, V. 66 ff.; siehe auch oben Nr. 9.

In der Einsamkeit seines Arbeitswinters auf Schloß Duino erwägt Rilke, sich vom Arzt seiner Frau, dem Freiherrn von Gebsattel, psychoanalytisch behandeln zu lassen:

19. An Emil Freiherrn von Gebsattel, Schloss Duino 14. 1. 1912

Über das Innere ist eben kaum noch etwas zu sagen –, ich sehne mich nach Arbeit, manchmal meine ich einen Augenblick, auch sie sehnt sich nach mir –, aber wir kommen nicht zusammen. Daß ich keine Pläne habe, ist mir eher lieb als beunruhigend. Die Möbel haben nun dieser Tage endlich das denkwürdige, das langwierige, das seltsame Haus in der rue de Varenne verlassen und warten in einem Garde-Meubles auf meine Zukunft ... [...] Aber ich bin fast zu sehr um mich selbst besorgt und mit mir beschäftigt, – es ist klar, daß diese Stille hier eine Art Entscheidung mit sich bringen muß, unter allem, was mir so durch den Kopf geht, ist natürlich auch die Analyse ... Darüber fällt mir ein, wir haben nie davon gesprochen, ob Sie sie bei mir tatsächlich für angebracht hielten? Mir kommt immer noch vor, daß meine Arbeit eigentlich nichts anderes ist als eine derartige Selbstbehandlung, wie wäre ich sonst überhaupt (mit zehn, zwölf Jahren schon) auf die Arbeit gekommen? Meine Frau, von der ich übrigens nur selten kurze Briefe habe, meint, wenn ich nicht irre, eine Art Feigheit schreckte mich von der Analyse zurück, es paßte (wie sie sich ausdrückt) zu der »vertrauenden«, der »frommen Seite« meiner Natur, sie auf mich zu nehmen, – aber das ist nicht richtig; gerade meine, wenn man so sagen soll, Frömmigkeit hält mich von diesem Eingriff ab, von diesem großen Aufgeräumtwerden, das nicht das Leben tut, – von dieser Korrektur der ganzen bisher beschriebenen Seite Leben, die ich mir dann so rot durchverbessert denke wie in einem Schulheft – eine alberne Vorstellung und sicher eine ganz falsche –, aber ich bin nun einmal darauf gekommen. (AB, 315 f.)

20. An Lou Andreas-Salomé, Schloss Duino 20. 1. 1912

Du begreifst, daß der Gedanke, eine Analyse durchzumachen, mir ab und zu aufsteigt; zwar ist mir, was ich von Freud's Schriften kenne, unsympathisch und stellenweise haarsträubend; aber die Sache selbst, die mit ihm durchgeht, hat ihre echten und starken Seiten und ich kann mir denken, daß Gebsattel sich ihrer mit Vorsicht und Einfluß bedient. Was mich nun betrifft, so schrieb ich Dir schon, daß ich, gefühlsmäßig, dieses Aufgeräumtwerden eher scheue und mir, bei meiner Natur, kaum etwas Gutes davon erwarten könnte. Etwas wie eine desinfizierte Seele kommt dabei heraus, ein Unding, ein Lebendiges, roth korrigiert, wie die Seite in einem Schulheft. Und doch: liebe Lou, so wie's mit mir steht, hab ich kaum das Recht, eine Hülfe, die nun einmal da ist und sich bereithält, auf Gefühle hin zu verdächtigen. Ich wußte ungefähr, daß Gebsattel sich bereit fände, die ganze Ausgrabung an mir zu leisten, aber ich hatte ihn eigentlich nie gefragt, ob ihm, soweit er mich kennt, (und wir waren in einer gewissen Zeit, in Paris sehr eingehend beisammen und in einer für mich trüben und mühsamen Zeit) die Anwendung der Analyse bei mir am Platz schiene. Der Brief, den ich ihm nun am 15. d. M. schickte, enthielt diese Frage und zugleich einige meiner Bedenken. Das Beiliegende ist seine Antwort. Mir scheint, er irrt in manchem; immerhin ist es Zeit, seiner Bereitschaft gegenüber, diesen Ausweg jetzt wirklich zu bedenken. Bestehn bleibt, die Thatsache, daß ich mir rein körperlich recht unerträglich bin, gewisse schlechte Gewohnheiten, durch die man früher immer wieder durchgriff wie durch schlechte Luft, verdichten sich mehr und mehr, und ich kann mir denken, daß sie mich eines Tages einschließen wie Wände. Die Überempfindlichkeit z. B. der Muskeln ist so groß, daß etwas Gymnastik oder eine irgendwie übertriebene Haltung (etwa beim Rasieren) gleich Schwellungen, Beschwerden u.s.w. zur Folge hat, Erscheinungen, an die sich dann wieder, als ob sie nur gewartet hätten,

Ängste, Auslegungen, Quälereien aller Art anschließen: ich schäme mich einzugestehn, wie sehr mich oft wochenlang dieser verhängnisvolle Cirkel umtanzt, in dem ein Elend dem andern jeden Gefallen thut.

Du weißt vielleicht, liebe Lou, daß Gebsattel seit dem Frühling etwa meine Frau in Behandlung hat –; bei ihr steht die Sache anders, ihre Arbeit hat ihr nie geholfen, während die meine in gewissem Sinn von Anfang an eine Art Selbstbehandlung war; allerdings in demselben Maaße, als sie sich entwickelte und etwas Selbständiges wurde, verliert sie immer mehr das Therapeutische und Rücksichtsvolle und stellt Forderungen; eine Seele, die darauf angewiesen ist, sich in den immensen Übertreibungen der Kunst zu harmonisieren müßte auf einen Körper rechnen dürfen, der ihr nichts nachäfft und präzise ist und sich nirgends übertreibt. Mein Körperliches läuft Gefahr, die Karrikatur meiner Geistigkeit zu werden. (LAS, 250 f.)

Zwischen dem 15. und dem 23. Januar entsteht auf Schloß Duino das ›Marien-Leben‹ (WA 2, 665 ff.).

In die zweite Januarhälfte fällt auch das ›Erlebnis‹, in dem das in der 8. Elegie beklagte »Gegenüber-Sein« für einen Moment aufgehoben ist; Rilke fühlt sich wie »auf die andere Seite der Natur geraten« (WA 11, 1038).

Am 21. Januar ist die Niederschrift der 1. Elegie abgeschlossen. Zur Entstehung der Dichtung gibt es einen – »apokryphen« – Bericht der Fürstin Marie Taxis:

»Rilke erzählte mir später, wie diese Elegie entstanden war. Er ahnte nichts von dem, was sich in ihm vorbereitete. Wohl machte er in einem Brief eine Anspielung: Die Nachtigall nähere sich . . . Hatte er da vielleicht das Kommende gefühlt? Aber sie schien von neuem zu schweigen. Eine große Traurigkeit überfiel ihn, er begann zu glauben, daß auch dieser Winter ohne Ergebnis bleiben würde.

Da erhielt er eines Tages in der Frühe einen lästigen geschäftlichen Brief. Er wollte ihn rasch erledigen und mußte sich mit Ziffern und anderen trockenen Dingen abgeben. Draußen blies eine heftige Bora, aber die Sonne schien, das Meer leuchtete blau, wie mit Silber übersponnen. Rilke stieg zu den Bastionen hinunter, die, vom Meer aus nach Osten und Westen gelegen, durch einen schmalen Weg am Fuße des Schlosses verbunden waren. Die Felsen fallen dort steil, wohl an 200 Fuß tief, ins Meer herab. Rilke ging ganz in Gedanken versunken auf und ab, da die Antwort auf den Brief ihn sehr beschäftigte. Da, auf einmal, mitten in seinem Grübeln, blieb er stehen, plötzlich, denn es war ihm, als ob im Brausen des Sturmes eine Stimme ihm zugerufen hätte:

›Wer, wenn ich schriee, hörte mich denn aus der Engel Ordnungen?‹ ...

Lauschend blieb er stehen. ›Was ist das?‹ flüsterte er halblaut ... ›was ist es, was kommt?‹

Er nahm sein Notizbuch, das er stets mit sich führte, und schrieb diese Worte nieder und gleich dazu noch einige Verse, die sich ohne sein Dazutun formten.

Wer kam? ... Er wußte es jetzt: der Gott ...

Sehr ruhig stieg er wieder in sein Zimmer hinauf, legte sein Notizbuch beiseite und erledigte den Geschäftsbrief.

Am Abend aber war die ganze Elegie niedergeschrieben« (Marie von Thurn und Taxis-Hohenlohe, Erinnerungen an Rainer Maria Rilke (München 1932), S. 40 f.).

21. An Marie Taxis, Schloss Duino 21. 1. 1912

Da kommt nun endlich, liebe Fürstin, um Ihnen immer zu bleiben, das kleine grüne Buch[1] zu Ihnen zurück, höchst eigenmächtig vollgeschrieben mit der ersten duineser Arbeit – (und der ersten seit lange!), für die es genau gemacht war. (TT, 97)

1 Die Handschrift B (siehe Handschriftenverzeichnis).

Zwei Tage später erläutert Rilke in einem Brief seine schon im ›Malte‹ entwickelte Vorstellung von den »Liebenden«:

22. An Annette Kolb, Schloss Duino 23. 1. 1912

[. . .] ich habe kein Fenster auf die Menschen, endgültigerweise. Sie geben sich mir nur so weit, als sie in mir selbst zu Worte kommen, und da teilen sie sich mir während dieser letzten Jahre fast nur aus zwei Gestalten mit, von denen aus ich im großen auf die Menschen zurückschließe. Was zu mir vom Menschlichen redet, immens, mit einer Ruhe der Autorität, die mir das Gehör geräumig macht, das ist die Erscheinung der Jungverstorbenen und unbedingter noch, reiner, unerschöpflicher: *die Liebende*. In diesen beiden Figuren wird mir Menschliches ins Herz gemischt, ob ich will oder nicht. Sie treten in mir auf sowohl mit der Deutlichkeit der Marionette (die ein mit Überzeugung beauftragtes Äußeres ist) als auch als abgeschlossene Typen, über die es nicht mehr hinausgeht, so daß die Naturgeschichte ihrer Seele könnte geschrieben werden.

Bleiben wir bei der Liebenden, – so meine ich weniger die heilige Therese mit ihr und was nach dieser Seite hin Großartiges vorgefallen ist, – sie ergibt sich meinem Aufmerken viel eindeutiger, purer, d. h. unverdünnter und (wenn ich so sagen soll) unangewandter in der Lage der Gaspara Stampa[1], der Lyoneserin Labé[2], gewisser venezianischer Kurtisanen und, vor allem, der Marianna Alcoforado[3], dieser Unvergleichlichen, in deren acht schweren Briefen zum ersten Mal die Liebe der Frau ausgezogen ist von Punkt zu Punkt, ohne Aufwand, ohne Übertreibung oder Erleichterung, wie von der Hand einer Sibylle. Und da, mein Gott, da ergibt sich, daß, infolge der unaufhaltsamen Konsequenz des weiblichen Herzens, diese Linie, im Irdischen fertig, vollendet, nicht weiter zu treiben war, man könnte sie denn auf das Göttliche zu ins Unendliche verlängern. Aber da, an dem Beispiel dieses höchst nebensächlichen Chamilly (dessen törichte Eitelkeit die Natur benutzte, um die Briefe der Portugiesin zu erhalten), mit dem sublimen Ausdruck der Nonne: »Meine Liebe hängt nicht mehr davon ab, wie du mich behandelst –« war der Mann, als

Geliebter, abgetan, erledigt, *durchgeliebt* – wenn man es so rücksichtsvoll sagen soll, durchgeliebt, wie ein Handschuh durchgetragen ist. Und es ist ein Wunder, daß der Mann so lange gehalten hat, da er doch immer nur mit seinen dünnsten Stellen an der Liebe beteiligt war. Was spielt er in der Geschichte der Liebe für eine triste Figur: er hat da fast keine Stärke als die Überlegenheit, die die Tradition ihm zuschreibt, und selbst die trägt er mit einer Nachlässigkeit, die einfach empörend wäre, hätte nicht seine Zerstreutheit und Herzensabwesenheit öfters große Anlässe gehabt, die ihn teilweise rechtfertigten. Niemand aber wird mir ausreden, was an dieser äußersten Liebenden und ihrem schmählichen Partner sichtbar wird: daß dieses Verhältnis definitiv an den Tag stellt, wie sehr auf der einen Seite, der der Frau, alles Geleistete, Getragene, Vollbrachte der absoluten Liebesunzulänglichkeit des Mannes gegenübersteht. Sie empfängt gleichsam, banal deutlich gemacht, das Diplom des Liebenkönnens, während er eine Elementargrammatik dieser Disziplin in der Tasche hat, aus der ihm notdürftig ein paar Vokabeln eingegangen sind, daraus er gelegentlich Sätze bildet, schön und hinreißend wie die bekannten Sätze auf den ersten Seiten der Sprachlehren für Anfänger. – Der Fall der Portugiesin ist so wunderbar rein, weil sie die Ströme ihres Gefühls nicht ins Imaginäre weiter wirft, sondern mit unendlicher Kraft die Genialität dieses Gefühls in sich zurückführt: es ertragend, sonst nichts. Sie wird alt im Kloster, sehr alt, sie wird keine Heilige, nicht einmal eine gute Nonne. Es widerstrebt ihrem seltenen Takt, an Gott anzuwenden, was nicht von Anfang an für ihn gemeint war und was der Graf von Chamilly verschmähen durfte. Und doch wars fast unmöglich, den heroischen Anlauf dieser Liebe vor dem Absprung aufzuhalten und über einer solchen Vibration des innersten Daseins nicht zur Heiligen zu werden. Hätte sie, diese über die Maßen Herrliche, – einen Moment nachgegeben, sie wäre in Gott hineingestürzt wie ein Stein ins Meer, und hätte es Gott gefallen, an ihr zu versuchen, was er beständig an den Engeln tut, daß er ihr ganzes Strahlen wieder in sie zurückwirft[4] –: ich bin sicher, sie wäre auf der Stelle, wie sie da stand, in diesem traurigen Kloster, – Engel geworden, innen, in ihrer tiefsten Natur.

[. . .] Die Frau hat etwas, das Ihre, Ihrigste, durchgemacht, geleistet, zu Ende geführt. Der Mann, der immer die Ausrede hatte, mit Wichtigerem beschäftigt zu sein, und der (sagen wirs offen) für die Liebe auch gar nicht genügend vorbereitet war, hat sich (die Heiligen ausgenommen) seit der Antike überhaupt nicht in die Liebe eingelassen. Die Troubadours wußten genau, wie wenig weit sie gehen durften, und Dante, in dem die Not ganz groß wurde, kam nur auf dem ungeheuren Bogen seines gigantisch ausweichenden Gedichts um die Liebe herum. Alles andere ist, in diesem Sinne, abgeleitet und zweiten Grades. [. . .] Sehen Sie, ich erwarte, daß der Mann, der Mann des »neuen Schlags«, der dabei ist, vorläufig »in die Brüche zu gehen«, nach dieser, ihm gewiß sehr gesunden Pause, für ein paar Jahrtausende zunächst, die Entwicklung zum »Liebenden« auf sich nimmt, eine lange, eine schwere, ihm völlig neue Entwicklung. (AB, 318 ff.)

1 Gaspara Stampa (1523-52), italienische Dichterin; vgl. 1. Elegie, V. 45 ff. Siehe auch: An Mimi Romanelli, 29. 8. 1908 (Katalog, 143).
2 Louize Labé (ca. 1525-66), französische Dichterin; vgl. auch: Die vierundzwanzig Sonette der Louize Labé/Lyoneserin. Übertragen von Rainer Maria Rilke (Leipzig 1913), jetzt wieder in: Übertragungen, 149 ff.
3 Marianna Alcoforado (1640-1723), portugiesische Nonne; vgl. Rilkes Brief an Gräfin Mary Gneisenau vom 11. 9. 1906 (AB, 138 ff.), seinen Aufsatz aus dem Jahr 1907: ›Die fünf Briefe der Nonne Marianna Alcoforado‹ (WA 11, 999 ff.), sowie seine Übertragung ihrer Liebesbriefe: Portugiesische Briefe. Die Briefe der Marianna Alcoforado übertragen von Rainer Maria Rilke. Nachwort Fritz Bergemann (Leipzig 1913).
Zum Motiv der »großen Liebenden«, für das alle hier erwähnten Frauen Beispiele sind, vgl. auch die entsprechenden Abschnitte in den ›Aufzeichnungen des Malte Laurids Brigge‹ (WA 11, 832 f., 899, 923 ff. und passim), den Aufsatz ›Die Bücher einer Liebenden‹ (WA 11, 1016 ff.) und die ›Rede/Über die Gegenliebe Gottes‹ (WA 11, 1042 ff.); in diesem Band Nr. 9, 61 und 98.
4 Vgl. 2. Elegie, V. 16. f. und 30 ff.

Mit dem Gelingen der 1. Elegie ist für Rilke auch die Entscheidung gegen die Psychoanalyse gefallen:

23. An Lou Andreas-Salomé, Schloss Duino 24. 1. 1912

Ich weiß jetzt, daß die Analyse für mich nur Sinn hätte, wenn der merkwürdige Hintergedanke, nicht mehr zu schreiben, den ich mir während der Beendigung des *Malte* öfters als eine Art Erleichterung vor die Nase hängte, mir wirklich ernst wäre.[1] Dann dürfte man sich die Teufel austreiben lassen, da sie ja im Bürgerlichen wirklich nur störend und peinlich sind, und gehen die Engel möglicherweise mit aus, so müßte man auch das als Vereinfachung auffassen und sich sagen, daß sie ja in jenem neuen nächsten Beruf (welchem?) sicher nicht in Verwendung kämen.[2] Aber bin ich der Mensch zu einem solchen Versuch mit allen Konsequenzen dieses Versuchs? Oder ist auch das wieder nur ein Stück verschlagener Produktivität, sich, gewissermaßen, einen anderen Menschen, statt innerhalb einer Arbeit, in der eigenen schäbiggewordenen Haut vorzustellen von morgen an? Es hat mich eine Zeit lang so im Großen getröstet, daß man schließlich jeden Moment etwas anderes thun könne, für den Fall dieses Bisherige zu Ende ist. Aber, strenggenommen, ist mir doch, so lange die Pause nun dauert, nichts nun Ergreifbares eingefallen, es sei denn eben die Analyse, und die schiebt schließlich alles nur wieder hinaus, das Jetzige, wie das Nächste. Du mußt nicht lachen, aber wochenlang, gegen den Abschluß des *Brigge* zu, hatte ich das Gefühl, ich könnte noch Arzt werden hernach, studieren und dann Arzt irgendwo auf dem Lande – (LAS, 252 f.)

1 Am selben Tag teilt Rilke dem Freiherrn von Gebsattel seine Entscheidung gegen eine psychoanalytische Behandlung mit (AB, 322 f.).
2 Vgl. das Gedicht ›Der Geist Ariel‹ (Ronda, Jahreswende 1912/13; WA 3, 50 f.), besonders die Schlußverse.

Zwischen der 1. und der 2. Elegie entsteht folgendes Fragment:

24. Elegienfragment, Duino Ende Januar 1912

Soll ich die Städte rühmen, die überlebenden
(die ich anstaunte) großen Sternbilder der Erde.
Denn nur zum Rühmen noch steht mir das Herz, so gewaltig
weiß ich die Welt. Und selbst meine Klage
wird mir zur Preisung dicht vor dem stöhnenden Herzen.
Sage mir keiner, daß ich die Gegenwart nicht
liebe; ich schwinge in ihr; sie trägt mich, sie giebt mir
diesen geräumigen Tag, den uralten Werktag
daß ich ihn brauche, und wirft in gewährender Großmut
über mein Dasein niegewesene Nächte.
Ihre Hand ist stark über mir und wenn sie im Schicksal
unten mich hielte, vertaucht, ich müßte versuchen
unten zu atmen. Auch bei dem leisesten Auftrag
säng ich sie gerne. Doch vermut ich, sie will nur,
daß ich vibriere wie sie. Einst tönte der Dichter
über die Feldschlacht hinaus; was will eine Stimme
neben dem neuen Gedröhn der metallenen Handlung
drin diese Zeit sich verringt mit anstürmender Zukunft.
Auch bedarf sie des Anrufes kaum, ihr eigener Schlachtlärm
übertönt sich zum Lied. So laßt mich solange
vor Vergehendem stehn; anklagend nicht, aber
noch einmal bewundernd. Und wo mich eines
das mir vor Augen versinkt, etwa zur Klage bewegt
sei es kein Vorwurf für euch. Was sollen jüngere Völker
nicht fortstürmen von dem was der morschen oft
ruhmloser Abbruch begrub. Sehet, es wäre
arg um das Große bestellt, wenn es irgend der Schonung
bedürfte. Wem die Paläste oder der Gärten
Kühnheit nicht mehr, wem Aufstieg und Rückfall
alter Fontänen nicht mehr, wem das Verhaltene
in den Bildern oder der Statuen ewiges Dastehn
nicht mehr die Seele erschreckt und verwandelt, der gehe
diesem hinaus und tue sein Tagwerk; wo anders
lauert das Große auf ihn und wird ihn wo anders
anfalln, daß er sich wehrt. (WA 3, 385 f.)

Ende Januar/Anfang Februar schreibt Rilke die 2. Elegie; seine Entwurfblätter sind erhalten:

25. Entwürfe zum Anfang der 2. Elegie, Duino Januar/Februar 1912

(1) Jeder Engel ist schrecklich. Und dennoch, weh mir,
ansing ich euch ihr tötlichen Vögel der Seele.
Draußen ist Nacht und ich sing euch, Knieender, wehrlos
daß mir die Kehle fast birst und der Mund sich verbiegt
von was ihm ausgeht
[gestrichen und neu angesetzt]
(1) Jeder Engel ist schrecklich. Und dennoch, weh mir,
(2) ansing ich euch fast tötliche Vögel der Seele,
(3) wissend um euch. Wohin sind die Tage Tobiae
(4) da der Strahlendsten einer stand an der einfachen Hausthür
(5) zur Reise ein wenig verkleidet [*gestr.:* Jüngling dem Sohne
(5) der neugierig hinaussah.] [*gestr.:* Träte der Erzengel jetzt]
und schon nicht mehr furchtbar
(6) (Jüngling [*gestr.:* dem Jüngling] wie der neugierig hinaussah.)
(7) Träte der Erzengel jetzt, der Gefährliche, hinter den Sternen
(8) eines Schrittes nur nieder und herwärts: hochauf-
(9) schlagend erschlüg uns das eigene Herz. Wer seid ihr?
(10) Frühe Geglückte, ihr Verwöhnten der Schöpfung
Höhenzüge, morgenröthliche [*gestr.:* Ränder] Grenzen [?]
Flügelgebirge, kühle Feuer im Neuschnee
[*gestr.:* Throne und Türme
Schilde der Stürme]
(14) Räume aus Wesen, Schilde aus [?] Wonne, Tumulte
(15) [*gestr.:* ewig] stürmisch entzückten Gefühls und plötzlich einzeln
(16) Spiegel, die die entströmte eigene Schönheit
(17) wiederschöpfen zurück in das eigene Antlitz.
[Die folgenden Zeilen entsprechen der dritten Strophe der Endfassung bis zu:]
(24) Unaufhörlich steht Anschein
auf in ihrem Gesicht und geht fort. Die Heiligen einzig

[*gestr.:* nehmen nicht ab]
wachsen im Hingehn wie die Ströme der Erde
[*gestr.:* und] mündend aus ihren weitoffenen Armen hinüber.
Aber ein Engel glüht wie der Liebenden eine
und schon von Anfang. [*Gestr.:* Wie die Marianna Alcoforado[1]
glühte ein Jahr] [*Rest dieser Zeile und Anfang der nächsten gestrichen*] Im Ganzen entspringt ihm das Dasein
innen und reißt ihn mit sich und ergießt sich bis weit noch (*?*)
vor seinen Ursprung, auch so schon wär er unendlich.
[Hier bricht Rilke ab und wiederholt das bisher Geschriebene in Reinschrift. Dabei erhalten die Verse 10 ff. ihre endgültige Fassung. Die letzten Zeilen – ab »Die Heiligen einzig . . .« *– werden gestrichen; Rilke fährt fort:]*
Nun aber nimmt der Ewige zwar die ganze
Breite der Heiligen auf, doch gegen die Engel
wirft er blendend zurück, was ihnen sich ausschwingt:
so überfüllt sich ihr Selbst mit Erscheinung, und [?] alles
flammend Gethane Anbetung, Einsicht und Jubel
fällt erglänzt in den Thäter zurück und mehrt ihn.
Schließlich greift er sich selbst nicht mehr an, seine Überflüsse beschäftigen ihn, [*gestr.:* eine wirbelnde] und die innige Kreisung
seiner Rückkehr zu sich [wirft sich] stürzt sich im Wirbel um ihn.
[Erneut streicht Rilke und entwirft eine dritte Fassung der Stelle:]
Doch der Ewige welcher der Heiligen große
Mündung empfängt, wirft in die offenen Engel
alles Ihre zurück: Erscheinung, Jubel und Anruf
so überfüllt sich ihr Selbst, sie rauschen und keiner
[*gestr.:* hört sich] kommt mehr zu sich, übertönt von den Überflüssen
[Auch dies wird gestrichen und Rilke macht einen vierten Versuch:]
Engel nun seh ich dich Taumelnder, Tänzer, Derwisch
was du je hineinreißt in dich, bist du gewiß auch
sprang es alles aus dir

[*Gestrichen; es folgt die endgültige Fassung von V. 25 ff. bis* »O Lächeln, wohin?«]

(nach Wodtke, 78 ff.; überprüft nach der Handschrift im Rilke-Archiv: Taschenbuch 16, S. 38 ff.; [?] = unleserliche Streichung.)

1 S. o. Nr. 22.

Etwa gleichzeitig beginnt Rilke die 3. Elegie und schreibt V. 1-15 der ersten Fassung der späteren 10. Elegie.
Gegen Ende des Monats liest Marie Taxis in Wien Hofmannsthal und Kassner die 1. Elegie vor.

26. An Marie Taxis, Schloss Duino 29. 1. 1912

Meine liebe Fürstin, ich machte von ganzem Herzen Sonntag gestern, da ich Ihren Brief kommen sah, er lag, wie es sich gehört, meiner Post zu oberst, – und nun beginn ich die Woche damit, Ihnen zu danken. Fürstin, jetzt ist das kleine weimarer Buch[1] Ihres, und was es etwa hervorruft an Staunen und Freude fällt vor allem auf Sie, da ist nichts zu ändern: denn es ist ja doch kein Zufall, daß ich Ihnen die *Elegie* geben konnte, wär sie denn geworden ohne Sie, ohne unsere Gespräche, ohne Theresine[2], ohne Duino, ohne diese meine Retraite hier, zu der ich von Tag zu Tag mehr Muth fasse? Nein, das wäre sie nicht: und so haben Sie fast alle Schuld, daß der blaue Einband Ihnen so wiederkam –. Daher auch die ungewohnte Befangenheit, als Sie selbst zu lesen versuchten . . .: sehen Sie, da kam es an den Tag. – Aber mich freut's, daß Hofmannsthal[3] und Kassner so sehr dafür waren, zumal da ihre Zustimmungen ja eigentlich von sehr verschiedenen Centren herkommen und eine besondere Bedeutung darin liegt, wenn sie sich so begegnen. (TT, 101 f.)

1 Die Handschrift B (siehe Handschriftenverzeichnis).
2 Thérésine Rayson (1809-88); Rilke und Marie Taxis hatten in einer alten Schublade ihre Aufzeichnungen über eine unglückliche Liebe

gefunden und Rilke sah nach Lektüre des Tagebuchs in ihr eine »Schwester jener großen Liebenden« (Marie Taxis, Erinnerungen, S. 34 f.).
3 Vgl. auch: An Hugo von Hofmannsthal, 8. 2. 1912 (HvH, 69).

27. Einzelnes Bruchstück (an die »Erwartete«) aus dem Umkreis der ›Elegien‹, Duino um den 1. 2. 1912

Blicke hielten mich hin, Sterne: ich sollte nicht merken
daß du immer nicht kamst (WA 3, 387)

28. Aus dem Umkreis der ›Elegien‹, Duino Februar 1912

Soll ich noch einmal Frühling haben, noch einmal
dieses Erdreichs nahe gesicherte Zukunft
nehmen wie eigenes Los? O reineres Schicksal (WA 3, 40)

Februar/März entsteht ein erster Ansatz für die 6. Elegie. Im März schließlich schreibt Rilke V. 1-6a und V. 77-79 der späteren 9. Elegie.

29. An Ilse Sadée, Schloss Duino 5. 3. 1912

Es ist wahrscheinlich das Schwanken zwischen Außen und Innen; wie mit der Marianna[1] ein großer Fortschritt durchbrach, so bricht auch im Tasso[2] eine Neuerung der Lebenswerte durch, die zunächst traurig und bestürzend war. Damals fing vielleicht das an, was wir schon so seltsam vollzogen um uns sehen, das Zurückschlagen einer im Äußeren überfüllten Welt ins Innere.[3] Sie werden verstehen, was ich meine: die inneren Erlebnisse waren im sechzehnten Jahrhundert im Sichtbaren draußen zu einer solchen Herrlichkeit gediehen, daß sie weiter nicht zu steigern war. Liebe und Wunsch, Rache und Haß fanden fortwährend unmittelbare, glänzende Realitäten, die sie draußen vertraten, darstellten und sofort übertrafen. Es liebte einer –, seine Liebe *war* die Geliebte, und wenn sie nachdenklich, vor ihrem Spiegel, eine Kette versuchte oder Ohrgehänge, so wurde diese Liebe irgendeines Menschen *mehr* um diese Kette, dieses Ohrgehäng. Und wenn einer noch so viel Haß in sich ansammelte, *es war ein Zuwachs,* wenn dieser Haß ins Handeln kam und im Andrang eines Mordes greifbar und tragisch wurde. Für Raskolnikow[4] ist die Ausführung eine Enttäuschung –: und dieser Umschlag setzte irgendwie in Tasso ein und richtete ihn zugrund. *Um* diesen Punkt ist sein Wesen beweglich. Sehen Sie nur, Petrarca konnte noch auf dem Kapitol mit dem Lorbeer gekrönt werden, – wäre es zu der Krönung Tassos gekommen – sie hätte ihm namenlosen Schmerz bereitet – denn damals gab es schon kein äußeres Äquivalent mehr für den Ruhm . . .

Das ist ein weiter Weg, ich hoffe, ich kann dies alles einmal besser sagen und definitiv; verstünde man dies, es wäre erleichternd für vieles, und man könnte sich fortab manche Feste und Begehungen ersparen, in der Sicherheit, daß es das eben nicht mehr gibt, – und es ist schließlich ja nicht dürftig, sich vorzustellen, daß der Brand von Rom und die schöne Seeschlacht von Lepanto nur noch in uns vorgehen können. (AB, 346 f.)

1 S. o. Nr. 22, Anmerkung 3.
2 Gemeint ist Goethes Drama ›Torquato Tasso‹.
3 Dieses »Schwinden des Außen« beschäftigt Rilke immer wieder; vgl. etwa: 7. Elegie, V. 50 ff., 9. Elegie, V. 42 ff., ›Die Aufzeichnungen des Malte Laurids Brigge‹ (WA 11, 907-24 und passim), sowie in diesem Band Nr. 175 und 261. Siehe auch: An Lou Andreas-Salomé, 1. 3. 1912 (AB, 343 f.) und: An Elisabeth Taubmann, 18. 5. 1917 (GB IV, 138 f.).
4 Hauptfigur in Dostojewskis Roman ›Schuld und Sühne‹.

III. Die Krisenjahre 1912-1914

Vom 21. März bis zum 1. April ist Rilke in Venedig. Von dort kehrt er nach Duino zurück, wo in der zweiten Aprilhälfte auch Marie Taxis und Rudolf Kassner eintreffen; Rilke liest ihnen die 2. Elegie vor.

Am 9. Mai verläßt er Duino endgültig und reist erneut nach Venedig.

30. An Anton Kippenberg, Venedig 13. 5. 1912

Die »Elegie«, lieber Freund, ich freu mich, daß Sie sie in Wien kennen gelernt haben[1]; es ist noch eine zweite da, Kassner bekam sie in Duino vorgelesen, und die Fürstin Taxis und er hatten die stärkste Überzeugung auch für diese zweite, gaben ihr vielleicht sogar den Vorzug vor der früheren. Für mich sind diese Arbeiten, was seiner Zeit das »Stundenbuch« war in seinem Entstehen, ein wirklicher Anhalt; der erste Teil des »Stundenbuchs« hat Jahre und Jahre in Freundeshänden gelegen, ehe er mit den späteren Abschnitten zu dem Buch zusammen- und herauskam, ähnlich möcht ich es mit den Elegieen halten, schön im geheimen, ich fühle, es soll so sein, und Sie werden mich, weiß ich, gewähren lassen und mirs nicht zur Laune anschreiben.[2] (AK, 173)

1 Marie Taxis hatte Kippenberg die 1. Elegie in Wien vorgelesen; vgl. ihren Brief an Kippenberg vom 15. 9. 22 (Katalog, 167).
2 Vgl. auch: An Marie Taxis, 14. 5. 1912 (TT, 150).

31. An Marie Taxis, Venedig 14. 5. 1912

Venedig ist aber doch jetzt schwerer zu haben, als außer der Fremdenzeit, oder liegts ganz an mir? Ich frage mich manchmal, ob die Sehnsucht nicht von einem so ausstrahlen kann, wie ein Sturm, so daß, dieser ausgehenden Richtung entgegen, wider sie, nichts zu ihm kommen kann . . .[1] (AB, 351)

1 Vgl. 7. Elegie, V. 86 ff.: »Engel, und würb ich dich auch! Du kommst nicht. Denn mein/ Anruf ist immer voll Hinweg; wider so starke/ Strömung kannst du nicht schreiten«.

32. An Helene von Nostitz, Venedig 5. 6. 1912

Sie müssen wissen, daß ich den ganzen Winter im Karst am Meer gewesen bin, ganz allein in einem alten starken Schloß meiner Freunde Thurn-Taxis; seltsame Monate, von denen sich erst später wird sagen lassen, was sie etwa an mir geleistet haben. Es war eine Einsamkeit von unendlichem Umfang, da auch eigentlich keine Natur da war, auch der Raum über der sehr wenig bewegten Bucht war nur eine negative Form, in der die Winde sich ausgossen, für einen Moment dastehend in der Gestalt ihres Andrangs. (HN, 34)

33. Aus dem Umkreis der ›Elegien‹, Venedig Frühsommer 1912

Wen aber des Leidens je der Eifer ergriff, wie wenig
wüßte der noch aus gelassener Zeit sich das Seine
sicher zu greifen? Er, dem ein Gott
zuschneidet die Stücke der Mahlzeit,
die ihn zehrend ernährt. Er leide, er habe (WA 3, 41)

Anfang Juli entstehen die ersten Entwürfe zu dem Gedicht ›Perlen entrollen‹, das Ende 1912 in Spanien vollendet wird (s. u. Nr. 43). Von der im Text angesprochenen »künftigen Geliebten« – Wodtke hat für dieses Motiv Klopstock-Einfluß nachgewiesen (Wodtke, 15 ff.) – erhofft sich Rilke die Lösung seiner Kunst- und Lebenskrise. Ein zweites lyrisches Modell der Krisenjahre setzt den Engel als ideales Gegenüber an die Stelle der Geliebten (s. u. Nr. 46).

34. An Marie Taxis, Venedig 12. 7. 1912

Mir fehlt vielleicht nicht sehr viel zur Arbeit, aber, verhüte, daß von mir sollte (wenigstens gleich) verlangt werden, noch Schmerzlicheres einzusehen, als mir im *Malte Laurids* aufgetragen war. Dann wirds einfach ein Geheul unter den Geheulen und nicht der Mühe werth. [...] Wenn ich nur einmal wieder soweit bin, mich nur nach Arbeit zu sehnen[1], gestern schrieb ich, unvermittelt, in mein Taschenbuch:

Ach, da wir Hülfe von Menschen erharrten: stiegen
Engel lautlos mit einem Schritte hinüber
über das liegende Herz (TT, 171 f.)

1 »Das Abbrechen des Satzes erklärt sich wohl daraus, daß schon das folgende Excerpt aus dem Taschenbuch erst abends, *nach* der Unterbrechung des Briefes, hier angefügt wurde« (TT, 172).

Im Sommer 1912 schreibt Rilke die ersten vier Verse der ›Gegen-Strophen‹, die er 1922 vollendet und zunächst als 5. Elegie in den Zyklus aufnimmt.

35. Aus dem Umkreis der ›Elegien‹, Venedig Sommer 1912

Oh, daß ihr hier, Frauen, einhergeht,
hier unter uns, leidvoll,
nicht geschonter als wir und dennoch imstande,
selig zu machen wie Selige. (WA 3, 136)

36. An Sidonie Nádherný, Venedig 31. 8. 1912

Mein Nichtfortkönnen ist leider ein simples Nichtweiterwissen und, was das Glück hier angeht, so hab ich mir Venedig ziemlich schwer und bitter gemacht, wie alle Umgebungen, an denen ich mich die letzten zwei Jahre versuchte; eine Arbeit[1], die hier sich nähren sollte, hat sich als unmöglich erwiesen und so dehmüthigt mich diese ganze großartige Gegenwart und selbst meine früheren Erinnerungen an sie sind trübe und alt geworden. Es läßt sich schwer mittheilen, wie viel ich seit dem Abschluß des Malte Laurids durchzumachen habe, auch Venedig, scheint es, war mehr *zu ihm gehörig,* als zu mir, – nun *ist* er nicht mehr, und es kommt darauf an, ob ich es zustandebringe, mich streng von ihm zu scheiden, denn meine Erfahrung ist über ihn hinaus, wenn auch mein Herz zurückgeblieben ist und immer noch leisten möchte, was er ein für alle Mal und zu Ende geleistet hat. Das ist gethan, aber zum Nächsten, zu dem, was zu thun sein wird, fehlt mir noch alles, der Entschluß, die Kraft und vor allem die Stelle, auf der ichs unternehmen könnte –.

Denn wenn ichs auch immer wieder so völlig gut hatte in allen den gastlichen Verhältnissen, wenn auch die Zuflucht von Duino z. B. mir weiter erhalten bleibt: einmal, wag ichs nicht länger mit dem hiesigen Klima aufzunehmen und dann: jedes von diesen ausgeprägten übermächtigen Milieu's erfordert eine Menge Anpassung und bleibt schließlich doch überlegen, distanziert, unangeeignet. Das Eigene, vier hohe leere Wände, Licht, Ruhe, Raum, eine einfache zugeneigte Natur . . . aber wie sichs erwerben? (SN, 158 f.)

1 Rilke hatte schon lange den Plan, über den venezianischen Admiral Carlo Zeno (1334-1418) zu schreiben.

Nachdem Venedig sich nicht als geeigneter »›Elegien‹-Ort« bewährt hat, entstehen im September die ersten Pläne für eine Spanienreise. Zunächst fährt Rilke jedoch noch einmal nach Duino (11. September 1912).

37. An Anton Kippenberg, Duino 2. 10. 1912

Ich gedenke [. . .], diesen Herbst und soweit als möglich einen Teil des Winters in Spanien zu verbringen[1], wie Sie gleich verstehen werden, nicht als Tourist, der sich eilt, sondern ich meine, mich in Toledo niederzulassen und dort zu wohnen. Sie wissen, daß Greco zu den größesten Ereignissen meiner letzten zwei oder drei Jahre gehört; das Bedürfnis, sich gewissenhafter mit ihm einzulassen, sieht beinah wie eine Berufung aus, wie eine tief innen eingesetzte Pflicht; – aber weit darüber hinaus, bis in jene römischen Tage, da ich, ohne es zu wissen, den »Malte Laurids« begann[2], reicht der Antrieb zu einem Aufenthalt in Spanien, – und über dem Gang der Jahre seither, während eines sich erfüllte, ein anderes abfiel, ist mir dieser Wunsch so rüstig und lebhaft geblieben, daß er jetzt fast der einzige ist, auf den ich mich in mir verlassen kann. Vielleicht übertreibe ich: aber mir will scheinen, als ob diese Reise von ähnlicher Bedeutung für meinen Fortschritt sein würde, wie es einst die russische war; als ob sie die Vollmacht vieles Ausdrucks, der jetzt noch nicht gewährt ist, mit sich bringen sollte; – der immer noch abwartende Zustand, in dem ich mich seit Abschluß der letzten großen Arbeit[3] finde, mag auch dazu beitragen, daß ich mich aufmerksam an diesem Neuen versuchen möchte, darin die verschiedensten Richtungen meiner Arbeit, wie ich vermute, zusammenkommen. (AK, 179 f.)

1 Vgl. auch: An Marie Taxis, 27. 9. 1911 (TT, 69).
2 Am 8. 2. 1904.
3 Der ›Aufzeichnungen des Malte Laurids Brigge‹.

Nach einem kurzen Aufenthalt in München bricht Rilke nach Spanien auf, wo er den Spätherbst und Winter verbringt (1. November 1912 bis 24. Februar 1913). Zunächst macht er in Toledo Station:

38. An Marie Taxis, Toledo 2. 11. 1912

Sagen können, wie es hier ist, werd ich ja nie, liebe Freundin, (da ist Sprache der Engel wie sie sich unter den Menschen helfen) aber daß es ist, daß es ist, das müssen Sie mir aufs Gerathewohl glauben. Man kann es niemandem beschreiben, es ist voll Gesetz, ja ich begreife augenblicklich die Legende, daß Gott, da er am vierten Schöpfungstag die Sonne nahm und stellte, sie genau über Toledo einrichtete: so sehr sternisch ist die Art dieses ungemeinen Anwesens gemeint, so hinaus, so in den Raum –, ich bin schon überall herumgekommen, hab mir alles eingeprägt, als sollt ichs morgen für immer wissen, die Brücken, beide Brücken, diesen Fluß und, über ihn hinüberverlegt, diese offene Menge der Landschaft, übersehbar wie etwas, woran noch gearbeitet wird. [. . .]

Es quält mich, wenn ichs nur anschlagen könnte, den Ton, hier zum ersten Mal kann ich mir denken, daß man geht und Kranke pflegt, täglich durch diese Stadt durchschreitend, könnte man irgendwo einbiegen und sich in der Enge unscheinbar abgeben, so am Äußersten steht dies hier, nach außen kann man darüber nicht hinaus. Aber draußen auch wieder, kaum hundert Schritt vor dieser unübertrefflichen Stadt, müßte es denkbar sein, auf einem der unverheimlichten Wege einem Löwen zu begegnen und ihn sich durch irgend etwas Unwillkürliches in der Haltung zu verpflichten. Zwischen diesen beiden Gebärden etwa möchte das Leben hier liegen[1] –

Mein Gott, wieviele Dinge hab ich lieb gehabt, weil sie etwas von diesem da zu sein versuchten, weil ein Tropfen dieses Blutes in ihrem Herzen war, und nun solls das Ganze sein, halt ichs denn aus? (TT, 218 f.)

1 Vgl. auch die Gegenüberstellung von »Held« und »Heiliger« in Nr. 54.

39. An Marie Taxis, Toledo 13. 11. 1912

[. . .] eine Stadt Himmels und der Erden, denn sie ist wirklich in beiden, sie geht durch alles Seiende durch, ich versuchte neulich, der Pia es in einem Satz verständlich zu machen, indem ich sagte, sie sei in gleichem Maße für die Augen der Verstorbenen, der Lebenden und der Engel da[1], – ja, hier ist ein Gegenstand, der allen den drei so weit verschiedenen Gesichtern zugänglich sein möchte, über ihm, meint man, könnten sie zusammenkommen und eines Eindrucks sein. Diese unvergleichliche Stadt hat Mühe, die aride, unverminderte, ununterworfene Landschaft, den Berg, den puren Berg, den Berg der Erscheinung, in ihren Mauern zu halten, – ungeheuer tritt die Erde aus ihr aus und wird unmittelbar vor den Toren: Welt, Schöpfung, Gebirg und Schlucht, Genesis. Ich muß immer wieder an einen Propheten denken bei dieser Gegend, an einen, der aufsteht vom Mahl, von der Gastlichkeit, vom Beisammensein, und über den gleich, auf der Schwelle des Hauses noch, das Prophezeien kommt, die immense Sehung rücksichtsloser Gesichte –: so gebärdet sich diese Natur rings um die Stadt, ja selbst in ihr, da und dort, sieht sie auf und kennt sie nicht und hat eine Erscheinung.

[. . .]

Bis gestern war das klarste Wetter, und das Schauspiel der Abende vollzog sich in ruhiger Geräumigkeit, erst heute komplizierte sich der Himmel, gleich nach Mittag kam es zum Regnen, aber ein kalter verschlossener Wind unterbrach den Regen mitten im Satz, schob die Wolken aufwärts und drängte sie zu Massen über die schon gegen Westen geneigte Sonne, – und nach dem, was ich im weitern Verlauf zu sehen bekommen habe, muß ich mir (trotz meines körperlichen Anspruchs auf Wärme) solcher Vorgänge viele wünschen, – ich ahne, zu was für Bildungen die Atmosphäre hier greifen muß, um sich zum Bilde der Stadt gehörig zu verhalten: Drohungen ballten sich und ließen sich aus in der Ferne über den lichten Reliefs anderer Wolken, die sich ihnen schuldlos, imaginäre Kontinente, entgegenhielten –, das alles über der Öde der davon verdüsterten Landschaft, aber in der Tiefe des Abgrunds ein ganz heiteres Stück Fluß (heiter wie Daniel in der Löwengrube), der große Gang der Brücke und dann, ganz ins Geschehen einbezogen, die Stadt, in allen Tönen von Grau und Ocker vor des Ostens offenem und doch ganz unzugänglichen Blau, ach Fürstin, ich denke an den Sonnenaufgang, den Sie vom Fenster in Duino einmal so gut aufgeschrieben haben, und wünsche mir so viel Fassung in mein Herz, solchen Gegenständen gegenüber dazusein, still, aufmerksam, als ein Seiendes, Schauendes, Um-sich-nicht-Besorgtes . . .

Grecos habe ich seither viele gesehen und einzelne mit sehr unbedingter Bewunderung; im ganzen aber ist er natürlich nun ganz anderswo innerlich einzuordnen; bisher, wo man ihn sah, bedeutete er alles dies, für den Hierseienden geht er zunächst im Vorhandenen unter, ist nur wie eine schöne Schnalle, die die große Erscheinung fester um die Dinge zusammennimmt, un cabochon énorme enchâssé dans ce terrible et sublime reliquaire –.

Heute Ihren großen Brief[2], liebe Fürstin, herrlich, wie Sie übersetzen, wie die Elegien in Ihnen Ebbe und Flut haben und erst recht durch Sie unter den Einfluß der Gestirne kommen. Nun bin ich weit genug, Sie sehen, meine Nähe ist es nicht, keine Ansteckung, sondern der Geist, für den niemand kann. Ich bin sicher, es formt sich da etwas Gesetzmäßiges, geben Sie nur nach und lassen Sie sichs nicht verdächtigen. (AB, 369 ff.)

1 Vgl.: An Pia di Valmarana, Anfang November 1912: »je vous assure que l'apparition de Tolède est telle que le petit âne qui monte, et vous, et Dieu et les anges voient exactement la même chose et se trouveraient d'accord infiniment s'il leur serait possible d'échanger leurs impressions« (Wodtke, 95). Diese Stelle erschien Rilke so wichtig, daß er sie für sich abschrieb; siehe auch Nr. 41.

2 Vgl. den Brief von Marie Taxis an Rilke vom 5. 11. 1912: »ich habe gestern abends die erste Elegie fertig übersetzt [ins Italienische] – und sofort mit Wonne die zweite – den wunderbaren Engelgesang – begonnen« (TT, 220); s. u. Nr. 61.

40. An N. N., Toledo 17. 11. 1912

[. . .] ich bin gerade jetzt mehr als je im Einseitigen, die Klage hat vielfach überwogen, aber ich weiß, man darf die Klagesaiten nur dann so ausführlich gebrauchen, wenn man entschlossen ist, auf ihnen, mit ihren Mitteln, später auch den ganzen Jubel zu spielen, der hinter jedem Schweren, Schmerzhaften und Ertragenen anwächst und ohne den die Stimmen nicht vollzählig sind –. (AB, 372)

Von Toledo fährt Rilke über Cordoba und Sevilla weiter nach Ronda. Dort wohnt er vom 9. Dezember 1912 bis zum 19. Februar 1913 im Hotel Reina Victoria.

In dieser Zeit entstehen unter anderem: ›Der Geist Ariel‹ (Anfang 1913; WA 3, 50 f.), ›Die spanische Trilogie‹ (zwischen 6. und 14. 1. 1913; WA 3, 43 ff.) und ›An den Engel‹ (14. 1. 1913; s. u. Nr. 46). Mit den letzten beiden Texten beginnt die Folge der ›Gedichte an die Nacht‹ (Januar 1913-Februar 1914); zweiundzwanzig davon schreibt Rilke um 1916 für Rudolf Kassner in ein Schreibbuch. In diesem neuen lyrischen Modell entwirft er sich mit der »Nacht« die dritte Variante eines idealen Gegenübers. Vgl. die neue Ausgabe von Anthony Stephens, in der auch Entwürfe und themenverwandte Texte zusammengestellt sind: Rainer Maria Rilke. Gedichte an die Nacht (Frankfurt 1976).

41. An Marie Taxis, Ronda 17. 12. 1912

Ich sehne mich nach einem Brief von Ihnen, verehrte Freundin, Gott weiß, wo der herumgeht – und der letzte, den ich Ihnen schrieb, ist mir ganz unrecht in der Erinnerung; was darin durchaus lebendig war, war doch nur wie aufgewärmtes Essen aus jenem in Cordoba nur in Gedanken geschriebenen Brief, im übrigen prägte sich nichts ab als meine Unzufriedenheit mit Sevilla, mit mir, mit mir und zehnmal mit mir. Es gab wieder eine Reihe recht verdrießlicher Tage, Schmerzen körperlich und die Seele so wenig zum Aushalten gestimmt, wenn ich zufällig irgendein »Zuhause« hätte, ich wäre unbedingt nach Hause gefahren, denn zu jeder Reise, zumal zu einer durch Spanien, brauchts ein gewisses Gleichgewicht, die Gewißheit, sich auf sich verlassen zu können, aber mir stürzt die Welt jeden Augenblick völlig ein, innen im Blut, und steht dann draußen eine ganz fremde herum, so ists eine Fremdheit über die Maßen. Ich nehm mir vor, Fürstin, ich muß dem Grund dieser Malaise auf die Spur kommen, die Quelle entdecken, aus der immer wieder Übel nachkommt; kaum daß ich irgendwo ein kleines Beet habe, schon steigt diese Trübnis und überschwemmts und läßts trostlos zurück. Und ich weiß, daß da der Arzt helfen kann, nicht ich, wenns nur der rechte wäre, – bei mir ist alles zu sehr aus einem Stück, als daß ich irgendwo leiden könnte und anderswo leisten, ich bin im Grunde so gar nicht wehfreudig, ein Schmerz nimmt mir die Welt, darum taug ich auch so völlig nicht zum Heiligen und habe nicht die mindeste Aussicht, je diesen guten Geruch zu verbreiten. (Sie habens ja erkannt und ausgesprochen, es war unerschöpflich richtig.)

Übrigens müssen Sie wissen, Fürstin, ich bin seit Cordoba von einer beinah rabiaten Antichristlichkeit, ich lese den Koran, er nimmt mir, stellenweise, eine Stimme an, in der ich so mit aller Kraft drinnen bin, wie der Wind in der Orgel. Hier meint man in einem Christlichen Lande zu sein, nun auch hier ists längst überstanden, christlich wars, solang man hundert Schritte vor der Stadt den Mut hatte, umzubringen; darüber gediehen die vielen anspruchslosen Steinkreuze, auf denen einfach steht: hier starb der und der, – das war die hiesige Version Christentums. Jetzt ist hier eine Gleichgültigkeit ohne

Grenzen, leere Kirchen, vergessene Kirchen, Kapellen, die verhungern, – wirklich, man soll sich länger nicht an diesen abgegessenen Tisch setzen und die Fingerschalen, die noch herumstehen, für Nahrung ausgeben. Die Frucht ist ausgesogen, da heißts einfach, grob gesprochen, die Schalen ausspucken. Und da machen Protestanten und amerikanische Christen immer noch wieder einen Aufguß mit diesem Teegrus, der zwei Jahrtausende gezogen hat, Mohammed war auf alle Fälle das Nächste; wie ein Fluß durch ein Urgebirg, bricht er sich durch zu dem einen Gott, mit dem sich so großartig reden läßt jeden Morgen, ohne das Telephon »Christus«, in das fortwährend hineingerufen wird: Holla, wer dort? – und niemand antwortet.

[. . .] Vorderhand bin ich hier in Ronda (seit einer Woche), ich schickte Pascha[1] gleich ein paar Abbildungen, so sehr schien mirs wahrscheinlich, daß die unvergleichliche Erscheinung dieser auf zwei steile Felsmassen, die die enge tiefe Flußschlucht trennt, hinaufgehäuften Stadt seinem Traumbild recht gäbe; es ist unbeschreiblich, um das Ganze herum ein geräumiges Tal, beschäftigt mit seinen Feldflächen, Steineichen und Ölbäumen, und drüben entsteigt ihm wieder, wie ausgeruht, das reine Gebirg, Berg hinter Berg, und bildet die vornehmste Ferne. Was die Stadt selbst angeht, so kann sie in diesen Verhältnissen nicht anders als eigen sein, steigend und fallend, da und dort so offen in den Abgrund, daß gar kein Fenster hinzuschauen wagt, – kleine Paläste hinter Krusten von jährlicher Weiße, jeder mit farbig abgesetztem Portal, und unterm Balkon das Wappen mit etwas gedrückter Helmzier, aber im Schild deutlich, ausführlich und voll wie ein Granatapfel.

[. . .]

Ich sage Ihnen, Fürstin (nein, nein, Sie müssen mirs glauben), es muß mit mir anders werden, von Grund aus, von Grund aus, sonst sind alle Wunder der Welt umsonst. Seh ich doch gleich hier wieder, wieviel an mich verschwendet ist und rein weg, die heilige Angela hat es ähnlich erfahren –, quand tous les sages du monde – sagt sie – et tous les saints du paradis m'accableraient de leurs consolations et de leurs promesses, et Dieu lui-même de ses dons, s'il ne me changeait pas moi-même, s'il ne commençait au fond de moi une nouvelle opération, au lieu de me faire du bien, les sages, les saints et Dieu exaspéreraient au delà de toute expression mon désespoir, ma fureur, ma tristesse, ma douleur et mon aveuglement.[2] Dies hab ich vor einem Jahr im Buch angezeichnet, denn ich begriffs mit dem ganzen Gemüt, und, ich kann mir nicht helfen, es ist seither nur noch gültiger geworden.

Heute, da ich diese Berge sah, diese Hänge, aufgeschlagen in der reinsten Luft, wie um daraus vorzusingen, da mußt ich mir sagen, zu welcher Freude mich das noch vor drei Jahren angetrieben, wie es mich in lauter pure Freude verwandelt hätte –, nun ists, als wäre mein Herz um Meilen hinausgerückt, ich seh viele Dinge, die aufbrechen und die Richtung nehmen darauf zu –, aber ich erfahre nicht, daß sie ankommen. Ach, ich bin nicht ganz drüber hinaus, die »nouvelle opération«[3] von einem menschlichen Eingriff zu erwarten, und doch wozu, da es mein Los ist, gleichsam am Menschlichen vorbei, ans Äußerste zu kommen, an den Rand der Erde, wie neulich in Cordoba, wo eine kleine häßliche Hündin, im höchsten Grade vormutterschaftlich, zu mir kam; es war kein rühmliches Tier, und sicher war sie voll zufälliger Junge, von denen kein Aufhebens gemacht worden sein wird; aber sie kam, da wir ganz allein waren, so schwer es ihr fiel, zu mir herüber und hob ihre von Sorge und Innerlichkeit vergrößerten Augen auf und begehrte meinen Blick, – und in dem ihren war wahrhaftig alles, was über den Einzelnen hinausgeht, ich weiß nicht wohin, in die Zukunft oder ins Unbegreifliche; es löste sich so, daß sie ein Stück Zucker von meinem Kaffee abbekam, aber nebenbei, o so nebenbei, wir lasen gewissermaßen die Messe zusammen, die Handlung war an sich nichts als Geben und Annehmen, aber der Sinn und der Ernst und unsere ganze Verständigung war grenzenlos. Das kann doch nur auf Erden geschehn, es ist auf alle Fälle gut, hier willig durchgegangen zu sein, wenn auch unsicher, wenn auch schuldig, wenn auch ganz und gar nicht heldenhaft, – man wird am Ende wunderbar auf göttliche Verhältnisse vorbereitet sein.

Wie mich die kleinste Vogelstimme draußen trifft und angeht, lieber Gott, daß es Frühling würde, und ich käme irgendwo mit allen Sinnen an die Natur. (AB, 378 ff.)

1 Prinz Alexander von Thurn und Taxis, der zweite Sohn der Fürstin.
2 Aus den ›Instructions‹ der Angela da Foligno (1248-1309); deutsch: ›Offenbarungen‹ (1862); die gleiche Stelle zitiert Rilke in seinem Brief an Lou Andreas-Salomé vom 19. 12. 1912 (LAS, 273). Vgl. auch: Bernd Thum, Rilke und die selige Angela von Foligno (1248-1309). Zwei bisher unbekannte Briefe Rilkes aus dem Jahre 1908 an Gustav Noll, in: Jahrbuch der deutschen Schillergesellschaft 20 (1976), S. 87-102.
3 Vgl.: An Lou Andreas-Salomé, 19. 12. 1912 (LAS, 274).

42. An Helene von Nostitz, Ronda Dezember 1912

Stellen Sie sich vor, daß da zwischen den Dingen dieser unbeschreiblichen Stadt etwa die Spannung besteht, die zwischen der Erscheinung herrscht und einem, dem etwas erscheint, ein sich gegenseitig Nichtglaubenkönnen, ein athemloses Voreinanderdastehn von Ding zu Ding; ein Erschrecken reißt die Türme in die Höhe – ein Schrei macht die Tore zu dem, was sie sind –, ein Nachgeben hat die Brücken hinübergebogen, und das alles hat keine Möglichkeit, sich auszuruhen, denn es geht auf einem entsetzten Berg vor sich, um den, tief unten, der Fluß seine Schlinge, wie würgend, zugezogen hat; und die Brücken, die, wie mit geschlossenen Augen, jenseits ankommen und aufschauen, finden sich vor der reißendsten Natur, der Weg, den sie fügsam herübergebracht haben, verwildert dicht vor ihnen und kehrt sich wider sie mit knirschenden Zähnen. –

[. . .]

Sie werden an Greco denken –, ja ja, aber er ist drin, es hat ihn übertrieben, nicht daß ers zu fassen bekommen hätte. Hier ist etwas, das schon die Intensität des Kunstwerks hat, insofern ich weiß nicht welche Wahrheit der menschlichen Seele darin zur Endgültigkeit gekommen ist, zur Existenz, zu einer Sichtbarkeit, von der man meint, sie müßte, so wie sie da ist, für den Hirten irgendeiner Ziegenheerde und für Gottes Engel, die gleiche sein.[1]

Seither war ich nur noch in Cordoba, und Sevilla, und nun hab ich mir vorgenommen, in dieser kleinen sehr alten, in einem Umkreis freier Berge, hoch auf einen Fels gehäuften

Stadt abzuwarten, ob michs noch weiter treiben will.

(HN, 37 f.)

1 S. o. Nr. 39.

43. ›Perlen entrollen‹, vollendet Ronda Ende 1912

Perlen entrollen. Weh, riß eine der Schnüre?
Aber was hülf es, reih ich sie wieder: du fehlst mir,
starke Schließe, die sie verhielte, Geliebte.

War es nicht Zeit? Wie der Vormorgen den Aufgang,
wart ich dich an, blaß von geleisteter Nacht;
wie ein volles Theater, bild ich ein großes Gesicht,
daß deines hohen mittleren Auftritts
nichts mir entginge. O wie ein Golf hofft ins Offne
und vom gestreckten Leuchtturm
scheinende Räume wirft; wie ein Flußbett der Wüste,
daß es vom reinen Gebirg bestürze, noch himmlisch, der Regen, –
wie der Gefangne, aufrecht, die Antwort des einen
Sternes ersehnt, herein in sein schuldloses Fenster;
wie einer die warmen
Krücken sich wegreißt, daß man sie hin an den Altar
hänge, und daliegt und ohne Wunder nicht aufkann:
siehe, so wälz ich, wenn du nicht kommst, mich zu Ende.

Dich nur begehr ich. Muß nicht die Spalte im Pflaster,
wenn sie, armsälig, Grasdrang verspürt: muß sie den ganzen
Frühling nicht wollen? Siehe, den Frühling der Erde.
Braucht nicht der Mond, damit sich sein Abbild im Dorfteich
fände, des fremden Gestirns große Erscheinung? Wie kann
das Geringste geschehn, wenn nicht die Fülle der Zukunft,
alle vollzählige Zeit, sich uns entgegenbewegt?

Bist du nicht endlich in ihr, Unsägliche? Noch eine Weile,
und ich besteh dich nicht mehr. Ich altere oder dahin
bin ich von Kindern verdrängt . . . (WA 3, 42 f.)

44. An Lou Andreas-Salomé, Ronda 6. 1. 1913

»Eigentlich war er längst frei, und wenn ihn etwas am Sterben hinderte, so wars vielleicht nur der Umstand, daß er es schon einmal irgendwo übersehen hatte, so daß er nicht, wie die andern, daraufzu weiter mußte, sondern dazu zurück. Sein Geschehn war schon draußen, stand in den überzeugten Dingen, mit denen die Kinder spielen und ging in ihnen zu Grund. Oder es war gerettet im Aufschaun einer Fremden, die vorüberkam; wenigstens verließ es sich dort auf seine Gefahr. Aber auch die Hunde liefen damit vorbei, beunruhigt und sich umsehend, ob er es ihnen nicht wieder wegnähme. Wenn er aber vor den Mandelbaum trat, der in seiner Blüthe war, so erschrak er dennoch, es so völlig dort drüben zu finden, ganz übergegangen, ganz dort beschäftigt, ganz fort von ihm; und er selber nicht genau genug gegenüber und zu trübe, um dieses sein Sein auch nur zu spiegeln. Wäre er ein Heiliger geworden, so hätte er aus diesem Zustand eine heitere Freiheit gezogen, die unendlich unwiderrufliche Freude der Armuth: denn so lag vielleicht der heilige Franz, aufgezehrt, und war genossen worden, und die ganze Welt war ein Wohlgeschmack seines Wesens. Er aber hatte sich nicht rein geschält, hatte sich aus sich herausgerissen und Stücke Schale mit fortgegeben, oft auch sich, (wie Kinder vor Puppen thun), an einen eingebildeten Mund gehalten und geschmatzt dabei, und der Bissen war liegen geblieben. So sah er jetzt dem Abfall gleich und war im Weg, – soviel Süße auch in ihm gewesen sein mochte.«

Dies schrieb ich heute früh in mein Taschenbuch, Du wirst merken, um wen sichs handelt. Gestern kam Dein guter Brief. Ja, die zwei Elegien sind da –, aber mündlich kann ich Dir sagen, ein wie kleines und wie scharf abgebrochenes Stück sie bilden von dem, was damals in meine Macht gegeben war. Verhältnisse und Kräfte wie zur Zeit, da das Stunden-Buch begann –: was wäre nicht alles gehoben worden. W e n n w i r u n s n u r s e h e n , l i e b e L o u, das ist jetzt meine große Hoffnung, mein Halt, mein alles wie immer. Ich sage mir oft, daß ich nur durch Dich mit dem Menschlichen zusammenhänge, in D i r ist es mir zugekehrt, ahnt mich, a t m e t m i c h a n; überall sonst komm ich doch hinter seinem Rücken heraus und kann mich ihm nicht kenntlich machen. (LAS, 278 ff. / AB, 389)

45. An Anton Kippenberg, Ronda 7. 1. 1913

Aber ich schiebe das Erzählen ganz aufs künftige Mündliche ab, um nur von mir zu reden, so hab ich einige recht schlechte Wochen hinter mir; gleichwohl bin ich hier geblieben, denn Luft, Wohnung und Verpflegung könnten nirgends annehmlicher sein. Meine Übelstände liegen nicht am Klima, sind nur ein neuer Abschnitt in dieser eigentümlichen Überwindung oder Erneuerung, die meine ganze Natur, wie ich glauben muß, in diesen Jahren zu leisten hat; meine hoffnungsvollste Einsicht ist etwa die, daß im Körperlichen wie im Seelischen seit dem »Malte« dasselbe vor sich geht, ein Prozeß des Umgrabens im ganzen Erdreich meines Wesens, wobei das Oberste zuunterst kommt: Zeiten, da es am günstigsten wäre, überhaupt kein Bewußtsein zu haben; denn der fortwährende Umsturz solcher Vorgänge kann sich dort nicht anders denn als Qual und Preisgegebenheit ausdrücken. Das Auftreten der Elegieen voriges Jahr hat mich ein wenig ins Vertrauen dessen einbezogen, was sich unsäglich langsam, unter dem Vorwand so großer Verheerung, ordnen mag, und ich finde in den schlechtesten Tagen doch immer wieder einen Rest Geduld, nicht Geduld mit mir (die ist längst aufgebraucht), aber Geduld zu Gott, wenn man so sagen kann, eine stille entschlossene Lust zu seinem Maßstab.

Es ist unbeschreiblich viel, lieber Freund, daß Sie mich, ich weiß nicht auf Grund welches Zutrauens, in diesen schweren rätselhaften Jahren in den Stand setzen, in diesem Sinne geduldig zu sein, nichts von meiner Natur zu verlangen, so daß sie ihren inneren und abgekehrten Beschäftigungen, wo ich sie nicht selber störe, in allen ihren Verkleidungen nachgehen kann. Wenn es mir bestimmt ist, die nächste Phase meines Daseins zu erreichen, so werd ich, dank dieser Schonung, in ihr heiler sein und vollzähliger, als ich jemals war. Was die jetzige Reise angeht, so hat sie's natürlich schwer, sich über so verschobene und ungleich hohe innere Verhältnisse zu verteilen, gleichwohl bin ich keinen Moment im Zweifel, daß gerade sie diesen Veränderungen den dringendsten Dienst tut, indem sie gewisse Gebiete, die noch alt dalagen, in den Bereich dieser Bewegungen einbezieht. (AB, 390 f.)

46. 9. Stück aus den ›Gedichten an die Nacht‹, Ronda 14. 1. 1913

An den Engel[1]

Starker, stiller, an den Rand gestellter
Leuchter: oben wird die Nacht genau.
Wir ver-geben uns in unerhellter
Zögerung an deinem Unterbau.

Unser ist: den Ausgang nicht zu wissen
aus dem drinnen irrlichen Bezirk,
du erscheinst auf unsern Hindernissen
und beglühst sie wie ein Hochgebirg.

Deine Lust ist *über* unserm Reiche,
und wir fassen kaum den Niederschlag;
wie die reine Nacht der Frühlingsgleiche
stehst du teilend zwischen Tag und Tag.

Wer vermöchte je dir einzuflößen
von der Mischung, die uns heimlich trübt?
Du hast Herrlichkeit von allen Größen,
und wir sind am Kleinlichsten geübt.

Wenn wir weinen, sind wir nichts als rührend,
wo wir anschaun sind wir höchstens wach;
unser Lächeln ist nicht weit verführend,
und verführt es selbst, wer geht ihm nach?

Irgendeiner. Engel, klag ich, klag ich?
Doch wie wäre denn die Klage mein?
Ach, ich schreie, mit zwei Hölzern schlag ich
und ich meine nicht, gehört zu sein.

Daß ich lärme, wird an dir nicht lauter,
wenn du mich nicht fühltest, weil ich *bin*.
Leuchte leuchte! Mach mich angeschauter
bei den Sternen. Denn ich schwinde hin. (WA 3, 48 f.)

1 Zum Motiv des »Engels« vgl. auch: Peter Dettmering, Rilkes ›Engel‹, psychologisch gesehen, in: Dichtung und Psychoanalyse. Thomas Mann – Rainer Maria Rilke – Richard Wagner (München 1969), S. 81 bis 154, sowie: Anthony Stephens, Nacht, Mensch und Engel. Rainer Maria Rilkes Gedichte an die Nacht (Frankfurt 1978), bes. S. 130 ff. Siehe auch in diesem Band Nr. 2, 5A, 22, 25, Z34, 38, 39, 42, 47, 48, 50, Z55, 62, 66, 77, 81, 85, 97, Z100, 125, 127, 140, 141, 191, 223, 261.

47. Aufzeichnung Rilkes, Ronda Mitte Januar 1913

Ich, der ich so recht an den Dingen mich an das Hiesige gewöhnt habe, ich muß gewiß (und das ist es, was mir so schwer fällt in diesen Jahren) die Menschen überschlagen und gleich zu den Engeln (lernend) übergehen. (Schnack, 420)

1 Vgl. auch: An Karl von der Heydt, 15. 3. 1913: »da ich mich, von Dingen und Tieren gründlich herkommend, danach sehnte, im Menschlichen ausgebildet zu sein, da wurde mir, siehe, das Übernächste, das Engelische beigebracht, und darum hab ich die Leute übersprungen und schau zu ihnen zurück mit Herzlichkeit« (AB, 397), sowie: An Benvenuta, 4. 2. 1914 (B, 28 f.).

48. Taschenbuchaufzeichnung, Ronda kurz nach dem 14. 1. 1913

Nichts wie Toledo, wenn man sich seinem Einfluß überließe, vermöchte in solchem Grade zur Darstellung des Übersinnlichen auszubilden, indem die Dinge dort die Intensität dessen haben, was gemeinhin und täglich nicht sichtbar ist: der Erscheinung. Und möglicherweise ist es meine nächste Stufe, dies zu lernen; die Realität der Engel nach der Realität der Gespenster. Ich komme darauf zurück, daß in allen Bildern nahezu die Himmel nur als eine Übertreibung des Irdischen erscheinen, sie gehen im Bereich der Wolken vor sich; Greco, getrieben von den Verhältnissen Toledos, begann ein Himmelsinneres einzuführen, gleichsam oben himmlische Spiegelbilder dieser Welt zu entdecken, die so von ihr unterschieden und in ihrer

Art so gesetzmäßig sind wie die Spiegelungen der Gegenstände im Wasser. Der Engel ist bei ihm nichtmehr anthropomorph wie das Thier in der Fabel, auch nicht das ornamentale Geheimniszeichen des byzantinischen Gottesstaates. Sein Wesen ist fließender, er ist der Fluß, der durch beide Reiche geht, ja, was das Wasser auf Erden und in der Atmosphäre ist, das ist der Engel in dem größeren Umkreis des Geistes, Bach, Thau, Tränke, Fontäne des seelischen Daseins, Niederschlag und Aufstieg. In diesem Engel erst übertrifft der Engel den Vogel; nicht daß er fliegt ist ihm entscheidend, denn der Flug ist auf beiden Seiten begrenzt, ein Intervall des Aufruhens; er streckt sich sinnlich ins Übersinnliche, nur das Strecken ist unaufhörlich, parallel, hat seinen Anfang und entgeht in die Unendlichkeit. Die Flügel werden beibehalten wie ein Vorläufiges, ein schon überschrittener Zwischenzustand, die Arme sind entwickelter, die stumme inständige Streckung hat sie mit gewaltigen Richtungen erfüllt, etwa wie die Schwere der Zukunft den Sibyllen Michelangelos in den Gliedern liegt.

(Wodtke[1], 96 f.)

1 Ein Teil der Aufzeichnung ist auch abgedruckt bei Schnack, 420 f.; bei Textdifferenzen folgen wir in einigen Punkten dieser zweiten Übertragung der Handschrift.

Januar/Februar schreibt Rilke in Ronda V.1-31 der 6. Elegie; ein erster Ansatz war bereits in Duino entstanden.

49. Gesprächsnotiz Kassners zur 6. Elegie (undatiert)

Die sechste Elegie beginnt also: Feigenbaum, seit wie lange schon ists mir bedeutend, / wie du die Blüte *beinahe* ganz überschlägst / und hinein in die zeitig entschlossene Frucht, / ungerühmt, drängst dein reines Geheimnis. / (Zu diesem *beinahe* schnell ein Persönliches: Rilke, mehr schauend, ein-bildend als hinsehend, war der Meinung, der Feigenbaum trage überhaupt keine Blüten, sondern gleich die Frucht. Erst auf meine Hindeutung hin, nachdem er mir die Elegie vorgelesen, daß der Augenschein ihn hier getrogen habe, setzte er das *beinahe* in den Vers.)[1] (Kassner, 33)

1 Nach einer Auskunft von Ernst Zinn findet sich in den Handschriften zur 6. Elegie keine derartige Korrektur.

In verworfenen Ansätzen zur 6. Elegie greift Rilke das Motiv der »künftigen Geliebten« auf:

50. Verworfene Entwürfe zur 6. Elegie, Ronda Januar 1913

a) ... Wärst du gekommen, Geliebte
wie ein fieberndes Kind spräch ich die Nächte von ihm.[1]
(Wodtke, 42)

b) So wie die Nachtigall[2] thürmt im Gebüsch, beschrieb ich
höher und höher dir ihn.[3] In meiner Umarmung
wärst du nicht sicher: als Blitz schlüge er göttlich hinein.
Denn nicht im Hiesigen lös ich ihn, erst in den Engeln
ist er ein bloßer Geschmack ... (Wodtke, 42)

1 Dem Helden.
2 Die Nachtigall spielt in mehreren der frühen Elegienfragmente eine zentrale Rolle; vgl. etwa Nr. 57 und Z 21.
3 Den Helden.

51. An Marie Taxis, Ronda 6. 2. 1913

Liebe Fürstin, von gestern abends (da Ihr Brief[1] eintraf) zu heute morgen hab ich mirs aufrichtig durch den Sinn gehen lassen, – die Antwort aber kommt nun doch drüber fort unmittelbar aus dem Herzen, wo sie vom ersten Augenblick an fertig war: wenn Ihnen also das Aufgeben einer an sich ausgezeichneten Idee nicht zu viel kostet, so bitte ich für die *Elegieen,* daß sie in ihrem bisherigen Geborgensein weiterhin bleiben dürfen, eine Rezitation bei Heller[2] wäre schon nahezu eine Veröffentlichung, und ich habe diesen Gedichten gegenüber immer noch das Gefühl, daß es durchaus genüge, daß sie daseien und daß man ihre Bekanntmachung ruhig hinausschieben mag, bis der Zustand, aus dem heraus sie sich gebildet haben, völlig überstanden ist. Dann erst werden sie jenen Grad von Selbständigkeit und Abgelöstheit besitzen, der es gleichgültig erscheinen läßt, wie viele oder wie wenige damit in Berührung kommen –, jetzt und vielleicht noch für Jahre hinaus, ists mir um so lieber, je strenger und eifersüchtiger Sie sie in Ihrem Besitz einschließen; das soll natürlich nur ein Wunsch sein, der Ihnen die Anwendung Ihres Eigenthums in keiner Weise beschränkt, halten Sie's nur einfach wie mit einem Bild, das Sie dem einen und anderen in der rechten Stunde zeigen, aber um keinen Preis auf eine Ausstellung schicken mögen. (TT, 262 f.)

1 In ihrem Brief vom 31. 1. 1913 hatte die Fürstin angefragt: »Sagen Sie mir ob Sie überhaupt etwas dagegen hätten wenn Ihre Elegien und die Gedichte die ich habe einmal vorgelesen würden – eventuell von Hofmannsthal? das ist auch eine Idee von mir, aber ich will nichts thun ohne ihre Sanction« (TT, 262).

2 Hugo Heller, ein Wiener Buchhändler; in seinem Kunstsalon hatte Rilke selbst im November 1907 aus dem ›Buch der Bilder‹ und den ›Neuen Gedichten‹ vorgelesen.

Am 19. Februar reist Rilke von Ronda nach Madrid:

52. An Sidonie Nádherný, Madrid 24. 2. 1913

Montag abend (ich seh, daß es heute schon eine Woche wird) verließ ich Ronda mit nicht lange vorbereitetem Entschluß, die letzten Wochen waren schlecht, eine kurze Aussicht auf Arbeit vorher, die ansetzte, mich innen in Bewegung brachte und mich dann gleich im Stich ließ[1], seither nur Schlechtes, seelisch wie körperlich, da ichs nicht ganz ohne Aufklärung aushalten wollte, schob ich einen Theil Schuld aufs Wetter, und es ist wahr, daß es unerträglich war, früh um 7 Februar, gegen Mittag, der Sonne nach, mindestens August und so täglich auf und ab im Übermuth. So verlor ich Geduld und Freude –, gehe nun nach Paris, obwohl es dort friert, wie die Zeitungen berichten –, wir wollen sehen. (SN, 175 f.)

1 V. 1-31 der 6. Elegie.

Vom 25. Februar bis 6. Juni wohnt Rilke wieder in Paris, wo er sich ein Atelier in der Nähe des Luxembourg einrichtet. Dort entstehen zwei weitere Elegienfragmente:

53. Aus dem Umkreis der ›Elegien‹, Paris Frühjahr 1913

a) Unwissend vor dem Himmel meines Lebens,
anstaunend steh ich. O die großen Sterne.
Aufgehendes und Niederstieg. Wie still.
Als wär ich nicht. Nehm ich denn Teil? Entriet ich
dem reinen Einfluß? Wechselt Flut und Ebbe
in meinem Blut nach dieser Ordnung? Abtun
will ich die Wünsche, jeden andern Anschluß,
mein Herz gewöhnen an sein Fernstes. Besser
es lebt im Schrecken seiner Sterne, als
zum Schein beschützt, von einer Näh beschwichtigt.
(WA 3, 53)

b) Was, was könnte dein[1] Lächeln mir, was mir die Nacht nicht
gäbe, aufdrängen (WA 3, 54)

1 Angeredet ist wohl die »künftige Geliebte«.

54. An Katharina Kippenberg, Paris 27. 3. 1913

Ich war, je länger ich blieb, desto mehr innerlich unterbrochen in Spanien, das Ekstatische der Landschaft beschämt jeden gelassenen Moment, nur der unaufhörlich erhobene Heilige oder der ohne Aussicht aufgelehnte Held[1] sind auf der Höhe dieser Umgebungen, die anderen stehn finster in ihren Mänteln davor und machen sich, was sie umgibt, zum Hintergrund. (KK, 45)

1 S. o. Nr. 38.

Im April schreibt Rilke die zwei ›Narziß‹-Gedichte mit den Anfängen ›Narziß verging‹ und ›Dies also: dies geht von mir aus‹. In ihnen entwirft er ein viertes lyrisches Modell der Krise; vorgezeichnet ist es in den Engeln der 2. Elegie (vgl. V. 16 f.): »Spiegel: die die entströmte eigene Schönheit / wiederschöpfen zurück in das eigene Antlitz«.

55. Narziss

Narziß verging. Von seiner Schönheit hob
sich unaufhörlich seines Wesens Nähe,
verdichtet wie der Duft vom Heliotrop.
Ihm aber war gesetzt, daß er sich sähe.

Er liebte, was ihm ausging, wieder ein
und war nicht mehr im offnen Wind enthalten
und schloß entzückt den Umkreis der Gestalten
und hob sich auf und konnte nicht mehr sein. (WA 3, 56)

56. Narziss[1]

Dies also: dies geht von mir aus und löst
sich in der Luft und im Gefühl der Haine,
entweicht mir leicht und wird nicht mehr das Meine
und glänzt, weil es auf keine Feindschaft stößt.

Dies hebt sich unaufhörlich von mir fort,
ich will nicht weg, ich warte, ich verweile;
doch alle meine Grenzen haben Eile,
stürzen hinaus und sind schon dort.

Und selbst im Schlaf. Nichts bindet uns genug.
Nachgiebige Mitte in mir, Kern voll Schwäche,
der nicht sein Fruchtfleisch anhält. Flucht, o Flug
von allen Stellen meiner Oberfläche.

Was sich dort bildet und mir sicher gleicht
und aufwärts zittert in verweinten Zeichen,
das mochte so in einer Frau vielleicht
innen entstehn; es war nicht zu erreichen,

wie ich danach auch drängend in sie rang.
Jetzt liegt es offen in dem teilnahmslosen
zerstreuten Wasser, und ich darf es lang
anstaunen unter meinem Kranz von Rosen.

Dort ist es nicht geliebt. Dort unten drin
ist nichts, als Gleichmut überstürzter Steine,
und ich kann sehen, wie ich traurig bin.
War dies mein Bild in ihrem Augenscheine?

Hob es sich so in ihrem Traum herbei
zu süßer Furcht? Fast fühl ich schon die ihre.
Denn, wie ich mich in meinem Blick verliere:
ich könnte denken, daß ich tödlich sei. (WA 3, 56 f.)

1 Vgl. auch unten Nr. 75.

Im Mai entstehen, neben einer Reihe von Entwürfen, das Gedicht ›Bestürz mich, Musik, mit rhythmischem Zürnen!‹ (WA 3, 60 f.; Teil der Handschrift LAS, siehe Handschriftenverzeichnis) und das folgende Elegienfragment:

57. Aus dem Umkreis der ›Elegien‹, Paris Mai 1913

Ich bins, Nachtigall[1], ich, den du singst,
hier, mir im Herzen, wird diese Stimme Gewalt,
nicht länger vermeidlich (WA 3, 61)

1 Vgl. hierzu auch das Fragment ›Ach wie du ausholst, Vogel‹ (Duino, Frühjahr 1912; WA 3, 387), sowie den Brief an Marie Taxis vom 27. 1. 1912 (TT, 100 f.); siehe auch oben Nr. 50, Anmerkung 2.

Zwischen Juni und September reist Rilke kreuz und quer durch Deutschland; er wohnt in Bad Rippoldsau im Schwarzwald, besucht Lou Andreas-Salomé in Göttingen und die Kippenbergs in Leipzig, verbringt einige Wochen in Heiligendamm an der Ostsee und in Berlin.

58. An Lou Andreas-Salomé, Heiligendamm 1. 8. 1913

Sowie Nostitz'ens fort sind, mach ich die Abschriften[1] für Dich. (LAS, 293)

1 In ihrem Brief vom 24. 7. 1913 hatte Lou Andreas-Salomé gebeten: »Die Bruchstücke der Elegien aber, vergiß sie nicht, wenn du zum Abschreiben Zeit findest: denn manches daraus wird mir mühsam oder ungenau, und das ist dann wie ein verrammeltes Wegstück vor meinen weitesten Aussichten« (LAS, 291).

Rilke erfüllte ihre Bitte mit seinem Brief vom 7. August 1913, von dem nur der Umschlag erhalten ist. Um welche »Bruchstücke« es sich handelte, läßt sich so nicht mit Sicherheit feststellen; vgl. die Überlegungen von Ernst Pfeiffer (LAS, 571).

Die Abschriften bilden wohl einen Teil der Handschrift LAS (siehe Handschriftenverzeichnis).

Vom 7. September an ist Rilke in München und nimmt dort zusammen mit Lou Andreas-Salomé an Sitzungen des »psychoanalytischen Congresses« (Nr. 59) teil.

Auf dieser »IV. Psychoanalytischen Vereinigung« werden unter dem Vorsitz C. G. Jungs unter anderem folgende Vorträge gehalten und diskutiert:

- *Dr. Tausk: Die psychologische und pathologische Bedeutung des Narzissismus [sic!]. Ein Beitrag (An diesem Vortrag hatte Lou Andreas-Salomé mitgearbeitet.),*
- *Dr. L. Seif: Zur Symbolbildung,*
- *Dr. K. Abraham: Neurotische Einschränkungen des Schautriebes und Parallelerscheinungen in der Völkerpsychologie,*
- *Dr. P. Bjerre: Bewußtsein contra Unbewußtsein.*

(Vgl.: Sigmund Freud/C. G. Jung, Briefwechsel. Hg. von William McGuire und Wolfgang Sauerländer (Frankfurt 1974), S. 648 f.)

Die wenig später vollendete 3. Elegie zeugt deutlich von Rilkes Interesse an der jungen Wissenschaft der Psychoanalyse.

59. An Marie Taxis, München 15. 9. 1913

Liebe Fürstin, ein mühsamer Umzug, Ruths Schulanfang –: meine Frau wird kaum dazu kommen, Ihnen für die *Elegieen* zu danken[1], denn Sie können sich vorstellen wie sie sich solche Veränderungen und Anfänge über den Kopf wachsen sieht. Und auch mir wächst wieder verschiedenes über das resigniert geduckte Haupt, ich kam noch in die Tage des hiesigen psychoanalytischen Congresses[2], was mir recht merkwürdige Begegnungen eintrug, eine mit dem Dichter Frederik van Eeden (Holländer), dessen *»Kleinen Johannes«* Sie wahrscheinlich kennen, die andere, wichtigste, mit Dr. Bjerre, dem berühmten schwedischen Arzt, den ich, da er den nächsten Tag schon weiterreiste, nur wenig sah, aber da wir gegenseitig auf einander gespannt waren und recht intensiv uns berührten, so ist die Freude auf künftige Briefe und Beziehungen nicht ganz aus der Luft geholt.

Lou Andreas-Salomé ist gleichfalls hier, wir lesen und besprechen vieles zusammen, und diese Stunden sind für mich auch hier wieder die bedeutendsten und so recht eigentlich die, über die es weitergeht: wie? wohin? Wieweit? *Dio lo sa.*

(TT, 317)

1 Marie Taxis hatte ihr Elegienmanuskript – die Handschrift B – oder, was wahrscheinlicher ist, eine Abschrift davon für Clara Rilke nach München geschickt.
2 Vgl. auch den Brief vom selben Tag an Hedwig Bernhard: »[...] den größten Theil des Montag (heut vor einer Woche) verbrachte ich im Congress, saß fast neben Freud, wurde von allen ausgezeichnet behandelt« (Katalog, 172), sowie: An Benvenuta, 21. 2. 1914 (B, 127).
Ein kurzer Kongreßbericht erschien in der Internationalen Zeitschrift für ärztliche Psychoanalyse 2 (1914), S. 406 f.

Nach einer gemeinsamen Reise mit Lou Andreas-Salomé nach Dresden und ins Riesengebirge kehrt Rilke am 18. Oktober zurück nach Paris. Am 15. November entstehen dort die ›Fünf Sonette‹ (WA 3, 212 ff.), die Rilke für Grete Gulbranson in ein Exemplar des ›Marien-Lebens‹ einschreibt. Im Mittelpunkt des 3. Sonetts steht die Figur des »Helden«, der auch die 6. Elegie gewidmet ist.

Im Spätherbst arbeitet Rilke wieder an den Elegien; er schreibt drei weitere Verse der 6. (V. 42-44) und vollendet die 3. Elegie:

60. Verworfener Ansatz zur Weiterführung der 3. Elegie, Paris November 1913

O so kniee er hin und anrufe die Himmel,
nehme das Maß der entbreiteten Arme, ob es nicht hinreicht
zu so großem Empfang. Geliebte . . . (Wodtke, 146)

61. An Marie Taxis, Paris 16. 12. 1913

Die *»Elegia II«*[1] ist schön im Anfang und unbegreiflich groß gelungen in der Engel-Stelle, herrlich; im Weiteren bin ich nicht immer einverstanden; wie Sie selbst fühlen, ist mir manches zu sehr expliziert als übersetzt . . ; ein oder zwei Stellen vielleicht auch nicht ganz genau in ihrem Sinne. So das *pur siamo ancora* für: wir sind's doch, das mehr meinen wollte: *Lo siamo pure tutto quello chè se ne va* . . . Ferner bin ich besorgt um den mir so lieben Ausdruck, die Liebenden betreffend:

»Ich weiß / ihr berührt euch so seelig, weil die Liebkosung verhält / weil die Stelle nicht schwindet, die ihr Zärtliche / zudeckt; weil ihr darunter das reine / Dauern verspürt . . .«

Dies ist so durchaus wörtlich gemeint, daß die Stelle, auf die der Liebende seine Hand legt, dem Hingehen, dem Altern, allem was schon immer fast Ver-Wesung ist unseres Wesentlichen, dadurch entzogen sei, – einfach unter seiner Hand dauere, sei, –: es müßte möglich sein, es ebenso wörtlich italienisch verständlich zu machen, durch jede Umschreibung geht es einfach verloren. Nichtwahr? Und ich hänge an diesen Zeilen mit einer besonderen Freude, sie haben formen zu können. (TT, 334 f.)

1 Die von der Fürstin ins Italienische übersetzte 2. Elegie; s. o. Nr. 39.

62. An Marie Taxis, Paris 27. 12. 1913

Ich habe von Paris über und über genug[1], es ist ein Ort der Verdammnis, das hab ich immer gewußt, aber damals wurden mir die Peinen der Verdammten von einem Engel auseinandergesetzt; jetzt, da ich mir sie selbst erklären soll, finde ich keine rühmliche Auslegung und bin in Gefahr, mir das einmal groß Aufgefaßte nachträglich mesquin zu machen. Wenn Gott Einsehen hat, so läßt er mich bald ein paar Räume auf dem Land finden, wo ich ganz nach meiner Art wüten kann und wo die Elegien aus mir den Mond anheulen dürfen von allen Seiten, wie's ihnen zumut ist. Dazu gehört dann die Möglichkeit, weite einsame Wege zu machen und eben der Mensch, der schwesterliche!!! (ach ach), der dann das Haus besorgt und gar keine Liebe hat oder so viel, daß er nichts verlangt, als wirkend und verhütend an der Grenze des Unsichtbaren dazusein.[2] Hier der Inbegriff meiner Wünsche für 1914, 15, 16, 17 usf.

(AB, 421 f.)

1 Vgl. auch: An Helene von Nostitz, 23. 1. 1914: »jedes Ausgehen verstimmt mich und feindet mich an, ich habe diese Stadt, weiß Gott, aufgelebt und muß mich nächstens nach einer Ländlichkeit umsehen, in der sich abseits wohnen und unter großen Himmeln wandern läßt« (AB, 435).

2 Vgl. ebd., S. 436: »auch brauchte ich [. . .] jemanden, der sich mir widmet, mir kocht, mich versteht und doch keine Ansprüche macht, kurz ein undenkbares Geschöpf, das Gott sicher nicht gemacht haben wird, und sollte er es jetzt schnell noch hervorbringen, so muß es erst wachsen und gedeihen, und darüber wirds zu spät«.

Gegen Jahresende vollendet Rilke die ursprüngliche Fassung der 10. Elegie:

63. ‹Ursprüngliche Fassung der zehnten Duineser Elegie› ‹Fragmentarisch›[1]

(1) Daß ich dereinst, an dem Ausgang der grimmigen Einsicht
(2) Jubel und Ruhm aufsinge zustimmenden Engeln.
(3) Daß von den klar geschlagenen Hämmern des Herzens
(4) keiner versage an weichen, zweifelnden oder
(5) jähzornigen Saiten. Daß mich mein strömendes Antlitz
(6) glänzender mache; daß das unscheinbare Weinen
(7) blühe. O wie werdet ihr dann, Nächte, mir lieb sein,
(8) gehärmte. Daß ich euch knieender nicht, untröstliche Schwestern,
(9) hinnahm, nicht in euer gelöstes
(10) Haar mich gelöster ergab. Wir Vergeuder der Schmerzen:
(11) Wie wir sie absehn voraus in die traurige Dauer,
(12) ob sie nicht enden vielleicht. Sie aber sind ja
Zeiten von uns, unser winter-
währiges Laubwerk, Wiesen, Teiche, angeborene Landschaft
von Geschöpfen im Schilf und von Vögeln bewohnt.

Oben, der hohen, steht nicht die Hälfte der Himmel
über der Wehmut in uns, der bemühten Natur?
Denk, du beträtest nicht mehr dein verwildertes Leidtum,
sähest die Sterne nicht mehr durch das herbere Blättern
schwärzlichen Schmerzlaubs, und die Trümmer von Schicksal

böte dir höher nicht mehr der vergrößernde Mondschein
daß du an ihnen dich fühlst wie ein einstiges Volk?
Lächeln auch wäre nicht mehr, das zehrende derer,
die du hinüberverlorest –, so wenig gewaltsam,
eben an dir nur vorbei, traten sie rein in dein Leid.
(Fast wie das Mädchen, das grade dem Freier sich zusprach,
der sie seit Wochen bedrängt, und sie bringt ihn erschrocken
an das Gitter des Gartens, den Mann, der frohlockt und ungern
fortgeht: da stört sie ein Schritt in dem neueren Abschied,
und sie wartet und steht und da trifft ihr vollzähliges Aufschaun
ganz in das Aufschaun des Fremden, das Aufschaun der Jungfrau,
die ihn unendlich begreift, den draußen, der ihr bestimmt war,
draußen den wandernden Andern, der ihr ewig bestimmt war.
Hallend geht er vorbei.) So immer verlorst du;
als ein Besitzender nicht: wie sterbend einer,
vorgebeugt in die feucht herwehende Märznacht,
seh, den Frühling verliert in die Kehlen der Vögel.

Viel zu weit gehörst du in's Leiden. Vergäßest
du die geringste der maßlos erschmerzten Gestalten,
riefst du, schrieest, hoffend auf frühere Neugier,
einen der Engel herbei, der mühsam verdunkelten Ausdrucks
leidunmächtig, immer wieder versuchend,
dir dein Schluchzen damals; um jene, beschriebe.

Engel wie wars? Und er ahmte dir nach und verstünde
nicht daß es Schmerz sei, wie man dem rufenden Vogel
nachformt, die ihn erfüllt, die schuldlose Stimme.
(WA 3, 64 ff.)

1 Bei Wodtke, 150 ff. finden sich noch eine Reihe kleinerer Varianten zum Text.

Damit sind vier Elegien vorläufig abgeschlossen (1, 2, 3, 10), für drei weitere gibt es erste Ansätze (›Gegen-Strophen‹, 6 und 9). Im Januar entsteht ein weiterer Text aus der in Ronda begonnenen Folge der ›Gedichte an die Nacht‹:

64. Die grosse Nacht

Oft anstaunt ich dich, stand an gestern begonnenem
Fenster,
stand und staunte dich an. Noch war mir die neue
Stadt wie verwehrt, und die unüberredete Landschaft
finsterte hin, als wäre ich nicht. Nicht gaben die nächsten
Dinge sich Müh, mir verständlich zu sein. An der Laterne
drängte die Gasse herauf: ich sah, daß sie fremd war.
Drüben – ein Zimmer, mitfühlbar, geklärt in der Lampe –,
schon nahm ich teil; sie empfandens, schlossen die Läden.
Stand. Und dann weinte ein Kind. Ich wußte die Mütter
rings in den Häusern, was sie vermögen –, und wußte
alles Weinens zugleich die untröstlichen Gründe.
Oder es sang eine Stimme und reichte ein Stück weit
aus der Erwartung heraus, oder es hustete unten
voller Vorwurf ein Alter, als ob sein Körper im Recht sei
wider die mildere Welt. Dann schlug eine Stunde –,
aber ich zählte zu spät, sie fiel mir vorüber. –
Wie ein Knabe, ein fremder, wenn man endlich ihn
doch den Ball nicht fängt und keines der Spiele [zuläßt,
kann, die die andern so leicht an einander betreiben,
dasteht und wegschaut, – wohin –?: stand ich und
plötzlich,
daß *du* umgehst mit mir, spielest, begriff ich, erwachsene
Nacht, und staunte dich an. Wo die Türme
zürnten, wo abgewendeten Schicksals
eine Stadt mich umstand und nicht zu erratende Berge
wider mich lagen, und im genäherten Umkreis
hungernde Fremdheit umzog das zufällige Flackern
meiner Gefühle –: da war es, du Hohe,
keine Schande für dich, daß du mich kanntest. Dein Atem
ging über mich. Dein auf weite Ernste verteiltes
Lächeln trat in mich ein. (WA 3, 74 f.)

Im Januar 1914 erhält Rilke einen Brief der Pianistin Magda von Hattingberg, in dem sie ihm für den Trost dankt, den sie nach dem Scheitern ihrer ersten Ehe in seinen ›Geschichten vom lieben Gott‹ gefunden habe. Er geht sogleich auf ihren »reichen Ton« (B, 17) ein, und so beginnt ein ungewöhnlich intensiver Briefwechsel. In Frau von Hattingberg sieht Rilke die endlich gekommene »künftige Geliebte« – daher sein Beiname »Benvenuta« für sie – und erhofft sich aus der Begegnung mit ihr ein Ende seiner Schaffenskrise. Im ersten Antwortbrief berichtet er unter anderem von seiner Spanienreise und seinem Verhältnis zur Musik:

65. An Benvenuta, Paris 26. 1. 1914

Denken Sie, jener Winter verging mir in einer kleinen spanischen Stadt, nicht weit von Gibraltar, ich hatte eine Zeit in Toledo gewohnt, das schreibt man nun so, das Papier nimmt's ohne Anstand hin –, aber ich kann Ihnen versichern, es war ohne Gleichen, es war das Alte Testament, es war so, als bilde man sichs ein mit der ganzen Fülle der Einbildung, und stand doch jeden Tag da und jede Nacht, jede der unerhörten Nächte. Umsoviel als eine Erscheinung, die einer hat, das bloße Dastehn eines Menschen übertrifft, um genau soviel überwog diese Stadt, diese Landschaft das Dasein der Landschaft, wie wir es kennen. Und da schaute man nun und war, wie Moses, mit dem ganzen Gesicht ans Ungeheure verpflichtet. Nun hatte ich schon die Jahre vorher oft vor den größesten Eindrücken fremder Länder gestanden, plötzlich in Ronda (jenem südspanischen Ort) wurde mirs klar, daß mein Sehen überladen sei, auch dort noch ging der Himmel so großartig vor und die Wolkenschatten zogen einen solchen Ausdruck über das Wesen der Erde –, ach da saß ich und war wie am Ende meiner Augen, als müßte man jetzt blind werden um die eingenommenen Bilder herum, oder, wenn schon Geschehen und Dasein unerschöpflich sind, künftig durch einen ganz anderen Sinn die Welt empfangen: Musik, Musik: das wär es gewesen. Einmal spielte jemand in dem kleinen Hôtel, ich sah ihn nicht, ich saß im Nebenzimmer und empfand wie in jenes wunderbare Element (ich kenne es kaum, auch war es immer zu stark für mich) die Welt gelöster übergeht, und es gab mir ein überfülltes, fast müheloses Glück, sie von dort her hereinzufühlen, denn mein Gehör ist neu wie eines Tragkindes Fußsohle –

das mußt ich Ihnen erzählen, damit Sie wissen, wie's zwischen der Musik und mir aussieht; nun lebe ich hier, wo ich seit vielen Jahren, soweit ich das überhaupt von mir sagen kann, zuhause bin, wieder völlig ohne, in viel innerer Mühsal, denn die Überfülle des inständig und fast schmerzhaft Geschauten muß ja doch vor allem irgendwie bewältigt, in mir beruhigt und reinlich beherbergt sein, damit ring ich –, aber Ihre Musik ist wie irgend eine einmal kommende Jahreszeit vor mir, kehrt sie sich nicht später gegen mich über da oder dort, so kann es geschehn, ich stelle mich ihr in den Weg, wie man nach Sizilien geht, um den Frühling zu haben, der einen im Norden warten und zagen läßt. (B, 18 f.)

Um den 1. Februar schreibt Rilke den Aufsatz ›Puppen. Zu den Wachspuppen von Lotte Pritzel‹ (WA 11, 1063 ff.). In München hatte er am 15. September des Vorjahres eine Ausstellung dieser Wachspuppen gesehen; vgl. etwa: An Sidonie Nádherný, 9. 12. 1913 (SN, 203 f.).

Die 4. Elegie bringt das Motiv der »Puppe« mit ihrem komplementären Gegenpol, dem »Engel«, zusammen, um so das »Schauspiel« auf der »Bühne« des Herzens endlich zu ermöglichen – ein weiteres lyrisches Modell der Krise, das in Ansätzen bereits in den ›Aufzeichnungen des Malte Laurids Brigge‹ vorgezeichnet ist (vgl. WA 11, 920). Auch in der unvollendeten Kindheits-Elegie (s. u. Nr. 144) steht das Puppen-Motiv an zentraler Stelle.

66. An Benvenuta, Paris 1. 2. 1914

Es ist Sonntag, ich will ihn heilig halten, an Sie schreiben, die nun eine so wunderbare Zukunft für mich in Händen hat, die mächtig ist, Stürme, Gewitter und Klärungen, die reinsten Erschütterungen des Alls über mich zu bringen, so wie sie nur will. Meine Freundin, ich frage nicht, wann das sein wird –, es wird sein. Hab ich doch nie gefragt, nicht einmal, da ich, als ein rathloses Kind, in der Militärschule steckte, wohin doch das Leben gar nicht kommen konnte, nicht ein einziges Lüftchen meines Lebens. Und dann war doch alles da, ja es war immer zu viel da, und alle die Nöthe des Lebens kommen schließlich von seiner Fülle her. Meine Freundin, sehen Sie, in Berlin, den Kopf Amenophis des Vierten, im mittleren Lichthof des Aegyptischen Museums (von diesem König hätt ich Ihnen viel zu erzählen), fühlen Sie an diesem Gesicht, was es heißt, der unendlichen Welt gegenüber zu sein und in so beschränkter Fläche, durch die gesteigerte Ordnung einiger Züge, ein Gleichgewicht auszubilden zur ganzen Erscheinung. Könnte man sich nicht abkehren von einer Sternennacht, um in diesem Antlitz dasselbe Gesetz in Blüthe zu finden, dieselbe Größe, Tiefe, Unausdenkbarkeit? An solchen Dingen hab ich schauen gelernt, und als sie später in Aegypten zahlreich vor mir standen, in ihrer eigensten Natur, da kam das Einsehn in sie in solchen Wellen über mich, daß ich fast eine ganze Nacht unter dem großen Sphinx lag, wie vor ihm ausgeworfen von allem meinem Leben. Sehen Sie zur Musik hab ichs noch nicht gebracht, aber die Geräusche kenn ich, und da ist mir eines der seltsamsten widerfahren, soll ichs Ihnen erzählen?

Sie müssen wissen, es ist schwer an jener Stelle allein zu sein, sie ist völlig zum Gemeinplatz geworden, die nebensächlichsten Fremden werden in Massen hingeschleppt, – doch ich hatte die Abendmahlzeit überschlagen, sogar die Araber saßen fern um ihr Feuer, einen von ihnen, der mich gemerkt hatte, war ich los geworden, indem ich ihm zwei Orangen abkaufte, und übrigens schützte mich die Dunkelheit, gesehen zu sein. Ich hatte sie draußen in der Wüste herangewartet, dann kam ich langsam, dem Sphinx im Rücken, herein und rechnete, es müsse hinter der nächsten, im Abendroth gewaltig verglühten Pyramide schon der Mond heraufsteigen; denn es war Vollmond. Und da ich sie endlich umgangen hatte, stand er nicht nur schon ziemlich vorgerückt im Himmel, er ergoß eine solche Fluth von Schein über die unendliche Landschaft, daß ich mir mit der Hand sein Licht abblenden mußte, um zwischen dem Geröll und den Ausgrabungslöchern meinen Weg zu finden. – Mit dem Hintertheil seines Leibes ragt der Sphinx nicht eben bedeutend über die Sandebene hervor, denn seit den ersten Freilegungen ist er schon mehrmals wieder eingeweht gewesen, und man hat sich bis jetzt damit begnügt, ihn an seiner Vorderseite bis zu den Tatzen offen zu erhalten, so daß dort der Boden, abgetragen, wie in einem halben Trichter sich gegen ihn hinuntersenkt. An diesem schrägen Hange, gegen dem riesigen Gebilde über, suchte ich mir einen Platz und lag, in meinen Mantel gehüllt, erschrocken, namenlos theilnehmend, da. Ich weiß nicht, ob mir jemals mein Dasein so völlig zum Bewußtsein kam, wie in jenen Nachtstunden, in denen es allen Werth verlor: denn was war es gegen dies alles? Das Niveau, auf dem es sich abspielte, war ins Dunkel gerückt, alles, was Welt und Dasein ist, ging auf einer höheren Szene vor, auf der ein Gestirn und ein Gott sich schweigend entgegenweilten. Sie werden sich auch erinnern, dies erlebt zu haben: daß der Blick auf eine Landschaft, auf das Meer, auf die groß ausgestirnte Nacht uns die Überzeugung von Zusammenhängen und Einverständnissen eingiebt, die wir nicht zu überschauen vermöchten; dies gerade war es, was ich in einem höchsten Grade erfuhr, hier erhob sich ein Gebild, das nach dem Himmel ausgerichtet war; an dem die Jahrtausende nichts wirkten als ein wenig verächtlichen Verfall, und es war das Unerhörteste, daß dieses Ding menschliche Züge trug, (die uns innig kenntlichen Züge eines menschlichen Gesichts) und in seiner erhabenen Lage mit ihnen ausreichte. Ach, liebe Freundin, ich sagte mir, dies, dies, was wir da abwechselnd ins Schicksal hinein halten und in die eigenen Hände, es muß doch imstande sein, Großes zu bedeuten, wenn seine Form in solchen Umgebungen bestehen kann. Dieses Angesicht hatte die Gewohnheiten des Weltraums angenommen, einzelne Theile seines Schauens und Lächelns waren zerstört, aber die Auf- und Untergänge der Himmel hatten ihm überstehende Gefühle eingespiegelt. Von Zeit zu Zeit schloß ich die Augen und obwohl mir das Herz klopfte, so warf ich mir vor, dies nicht genug zu empfinden; mußte ich nicht an Stellen meines Staunens gerathen, an denen ich noch nicht gewesen war? Ich sagte mir: denk, man hätte dich hergetragen mit verbundenen Augen und dich hier schräg in die tiefe, kaum anwehende Kühle niedergelegt – du wüßtest nicht, wo du wärst, und nun schlügst du die Augen auf ... Und wenn ich sie nun wirklich aufschlug, lieber Gott, – es brauchte eine ganze Weile, bis sie es überstanden, jenes Wesen faßten, den Mund, die Wange, die Stirn leisteten, an denen Mondlicht und Mondschatten von Ausdruck zu Ausdruck überging. Wie viele Mal schon hatte mein Aug diese ausführliche Wange versucht; sie rundete sich dort oben so langsam hin, als wäre in jenem Raume Platz für *mehr* Stellen als hier unter uns. Und da, als ich sie eben wieder betrachtete, da wurde ich plötzlich, auf eine unerwartete Weise ins Vertrauen gezogen, da bekam ich sie zu wissen, da erfuhr ich sie in dem vollkommensten Gefühl ihrer Rundung. Ich begriff erst einen Augenblick hernach, *was* geschehen war. Denken Sie, dieses: Hinter dem Vorsprung der Königshaube an dem Haupte des Sphinx war eine Eule aufgeflogen und hatte langsam, unbeschreiblich hörbar in der reinen Tiefe der Nacht, mit ihrem weichen Flug das Angesicht gestreift: und nun stand auf meinem, von stundenlanger Nachtstille ganz klar gewordenen Gehör der Kontur jener Wange, wie durch ein Wunder, eingezeichnet.[1]

Der Sphinx von Gizeh. Zeitgenössische Photographie aus Rilkes Besitz. (Die Dame im dunklen Gewand ist Clara Rilke.)

So war bisher, wenige Ausnahmen abgerechnet, meine Musik; andere fürchtete ich fast, wenn sie nicht in einer Kathedrale vor sich ging, geradewegs an Gott hinan, ohne sich bei mir aufzuhalten –, und in Aegypten ließ ich mir erzählen und verstand es, daß im Alten Reich die Musik (so vermuthet man) verboten war; sie durfte nur vor dem Gotte hervorgebracht werden; nur um seinetwillen, als ob er allein das Übermaaß und die Verführung ihrer Süße ertrüge, als ob sie jedem Minderen tötlich sei. *Ist* sie's nicht, meine Freundin? Wissen Sie denn, was sie ist? Und Sie haben sich schon als Kind zu diesem vertraulich gefühlt und gingen zwischen den Löwen und Engeln dieses Elements herum, sicher, daß es Ihnen nichts thue? Oder ist Musik die Auferstehung der Toten? stirbt man an ihrem Rand und geht strahlend in ihr hervor, nicht mehr zu zerstören?[2] Aber hat mein Herz schon die Stärke, ganz darin zu sterben, damit es ganz wieder hervorgehe? Sehen Sie, ich mußte mich so von innen heraus bilden, dem innerlich Blinden nachgebend, denn alle äußeren Stimmen waren fremd, feindsälig lange Jahre, und wo es dann später im Guten rief, da rief es immer gleich viel zu weit. Ich erinnere mich, daß ich mir in großen Ebenen denken konnte, es wurde einer ein Held nur, weil an Frühlingsabenden die Wolken in so kühner Bildung am Horizonte gethürmt waren –, aber dann war auch das möglich, daß ein Mensch unterging, weil er irgendwo im Vorübergehen einen Geigenton hörte, der sein ganzes Wollen ablenkte ins dichtere Schicksal hinein. Wenn ich mich erinnere, was an unmittelbarer Gewalt anstand in irgend einem Stück abgebrochener uralter Musik, wie ich dergleichen in Italien oder Spanien, auch im südlichen Rußland manchmal, zu hören bekam –, so kommt mir Beethoven wie der Herr der Heerschaaren vor, der Macht hat über die Mächte und der die Gefahren aufreißt, um die Brückenbogen strahlender Rettungen drüber zu werfen. (B, 22 ff.)

1 Vgl. 10. Elegie, V. 74 ff.; in der Phantasie teilweise vorweggenommen ist dieses Erlebnis bereits im Brief an Clara Rilke vom 20. 1. 1907 (AB, 155 f.), siehe auch Nr. Z 122.
2 Vgl. 1. Elegie, V. 91 ff.

67. An Benvenuta, Paris 16. 2. 1914

Damals, da ich leichtsinnig in einer träumerisch-schaffenden Nacht (denn Hervorbringung war da noch nicht so unabsehbar weit zu verantworten –) erfuhr, errieth, daß es *viel* sei, warm aus der Kindheit heraus, durch einen Moment Mannesthums, mit heißen Wangen in den Tod zu jagen[1] –: Schwester, da ahnte ich noch nicht, wie ich später die Jung-Sterbenden[2] bewundern würde, nicht ihr Vorüberstürzen nein geradezu ihr Totsein, die Überlegenheit, die Nachsicht, die uns zugekehrte Milde ihres Totseins. In allen Ländern ging ich ihnen nach, ihren Bildern, ihren Briefen –, ihren schattigen Gedichten; und wie kam es mir rührend großmüthig vor, daß sie sich Zeit genommen hatten, ein Mädchen zu lieben und nicht fürchteten, der Aufwand der Erwartung (alle die vergeblichen Warte-Stunden der Liebe) könnte zu groß sein für ihre wenige Zeit. Als mir in Rom, völlig unbegreiflich, zuerst die erfundene Figur Malte's geistig gegenübertrat, da erschütterte es mich, gleich zu verstehen, daß er jung sterben müsse. Und wenn ich später, in Malte's Beziehungen hinein, den kleinen Erik erfand[3], auf den die Gespenster so große Stücke halten, so wars wieder dies, was mich wunderlich beschäftigte, die Längen und Leeren und Ausführlichkeiten der Kindheit, die sich in aller Langsamkeit und Gelassenheit unverkürzt vollzogen, als ob nichts zu versäumen sei, selbst in einem Leben qui n'aura qu'un tout petit lendemain transparent. In Padua, wo man die Grabtafeln vieler junger Menschen sieht, die dort (während ihrer Studien an der berühmten Universität) hinstarben, in Bologna, in Venedig[4], in Rom, überall stand ich, als ein Schüler des Todes, vor ihrer grenzenlosen Wissenschaft und ließ mich erziehen.

Du mußt sie ja auch erinnern aus Genua und Verona, wie sie in den Kirchen ruhen, jugendlich hingelegte Gestalten, neidlos gegen unser Kommen und Gehen, sich innen genügend, als hätten sie im Todeskrampf erst recht die Frucht des Lebens aufgebissen und erkosteten nun endlos die Tiefen ihrer Süßigkeit. (Denn da ist kein Ende). (B, 92 f.)

1 Beim Verfassen des ›Cornet‹ (Herbst 1899).
2 Vgl. 1. Elegie, V. 61 ff. und 6. Elegie, V. 15 ff.

3 Vgl. ›Die Aufzeichnungen des Malte Laurids Brigge‹ (WA 11, 732 und 815-19) und 4. Elegie, V. 34 f.

4 Vgl. 1. Elegie, V. 64 ff.; Rilke bezieht sich wohl auf die Inschriften auf dem Grabmal der Brüder Wilhelm und Anton Hellemans aus Antwerpen im rechten Querschiff der Kirche Santa Maria Formosa, Venedig:

A. Inschrift überm Portal (darüber der Sarkophag):

Guilelmus et Antonius cum Arnoldo, Pet. Franc. Io. Babt.
Et Carolo fratrib. ex Petro Hellemans Antverpiae
Progeniti, catholicae relig. cultores, clari divitiis
Pietate, charitate, et liberalitate clariores in pauperes
Magna divitiarum parte erogata tanta inter se fuere
Animorum concordia ut, licet in omnibus mundi regnis
Negociarentur, una tamen sibi domus ubique esset; unde
Regibus et principibus cunctis gratiss. et sero Venet. Reip.
Decreto inter cives adscripti immatura morte
Praeventi hoc tumulo, et caeteri alibi clauduntur.

B. Inschrift links vom Portal (gekrönt mit Wappen und Porträtbüste):

Vixi aliis dum vita fuit / post funera tandem
Non perii, at gelido / in marmore vivo mihi;
Helmanus Gulielmus eram / me Flandria luget;
Hadria suspirat; / pauperiesque vocat.
Obiit XVI Kal. Octob. MDXCIII.

C. Inschrift rechts vom Portal (gekrönt mit Wappen und Porträtbüste):

Spes ego fallaces cognovi / Antonius esse
Exiguo vitae tempore / factus inops,
Inter concives Belgas exortus, / in urbe
Hac Veneta moriens, / contegor hoc tumulo.
Obiit XV Kal. Martii, MDLXXXII.

(Ernst Zinn, Mitteilungen zu R. M. Rilkes Ausgewählten Werken, in: Dichtung und Volkstum 40 (1939), S. 131 f.; nach Meinung Zinns bezieht sich Rilke in der 1. Elegie wohl besonders auf die Distichen der Inschrift B, übersetzt bei: Romano Guardini, Rainer Maria Rilkes Deutung des Daseins (München 1977), S. 61 f.)

68. An Lou Andreas-Salomé, Paris 20. 2. 1914

[. . .] das geht ja auch als das eigentlich Gemeinsame durch die drei Jahresbriefe[1]: dieses Hereinfluthen und Sich-zurückziehen der Natur, das doch nie ein Sich-Zurücknehmen ist, sondern nur wie ein reines uns-Zuschauen bis zur nächsten Fluth.

Ich schreibe Dir, statt etwas Zusammenhängendes, nur ein paar Anmerkungen her, wie sie mir im Lesen aufgekommen sind, alle über den Rahmen der Briefe hinausgerichtet zu uns, zu mir.

Schön hab ichs aufgefaßt, wie mirs noch nie sich darstellte: dieses immer weiter Hineinverlegtsein des entstehenden Geschöpfs aus der Welt in die Innen-Welt. Daher die reizende Lage des Vogels auf diesem Wege nach Innen; sein Nest ist ja fast ein von der Natur ihm bewilligter äußerer Mutterleib, den er nur ausstattet und zudeckt, statt ihn ganz zu enthalten. So ist er dasjenige von den Thieren, das zur Außenwelt eine ganz besondere Gefühlsvertraulichkeit hat, als wüßte er sich mit ihr im innigsten Geheimnis. Darum singt er in ihr, als sänge er in seinem Innern, darum fassen wir einen Vogellaut so leicht ins Innere auf, es scheint uns, als übersetzten wir ihn, ohne Rest, in unser Gefühl, ja er kann uns, für einen Augenblick die ganze Welt zum Innenraum machen, weil wir fühlen, daß der Vogel nicht unterscheidet zwischen seinem Herzen und dem ihren. – Einerseits wird nun dem Thierischen und Menschlichen viel zugewonnen durch die Hineinverlegung des ausreifenden Lebens in einen Mutterleib: denn er wird um soviel mehr Welt, als draußen die Welt Betheiligung an diesen Vorgängen einbüßt (als wäre sie unsicherer geworden, hat man's ihr fort genommen –), andererseits: (aus meinem Taschenbuche, voriges Jahr eingeschrieben, in Spanien, – Du wirst es erinnern, die Frage:) »Woher stammt die Innigkeit der Kreatur« (der übrigen): aus diesem Nicht-im-Leibe-Herangereiftsein, das es mit sich bringt, daß sie eigentlich den schützenden Leib nie verläßt. (Lebenslang ein Schooßverhältnis hat).

Sehr schön ist die Stelle von den »beiden Heimlichkeiten«: der Heimlichkeit um des Innern willen und der Heimlichkeit gegen das Äußere zu.

Das, was da so schön von der Pflanzenwelt gezeigt wird, wie sie kein Geheimnis macht aus ihrem Geheimnis, wissend gleichsam, daß es anders nicht als in Sicherheit sein könne: das ist, denk Dir, genau das, was ich in Aegypten vor den Skulpturen empfand, seither immer vor aegyptischen Dingen empfinde: dieses Bloßgelegtsein des Geheimnisses, das so durch und durch, so an jeder Stelle geheim ist, daß man es nicht zu verstecken braucht. Und vielleicht ist alles *Phallische* (wie vor-dachte ichs im Tempel von Karnak, denken konnt ichs noch nicht) nur eine Auslegung des menschlich heimlich-Geheimen im Sinne des offen-Geheimen in der Natur. Ich kann das aegyptische Gott-Lächeln gar nicht erinnern, ohne daß mir das Wort »Blütenstaub« einfällt.[2]

Herrlich ist das von den beiden Ausscheidungen, – Liebe und Ekel: (das ist wie auf Greco's Himmelfahrt Christi: wo einer der Wächter mit dem Degen in der Hand senkrecht herunterrasselt, damit der Heiland umso höher in den Himmel fährt): von dem Einen wird zugegeben, daß es schon nichtmehr unser, schon nicht mehr »Leben« war, als es noch in uns sich befand, das Andere, wo es auch sei, wie weit schon aus uns draußen, wird bejaht [,] anerkannt im Kind, im Enkel, in allen Künftigen, in allen Gewesenen. – (LAS, 315 ff.)

1 Rilke bezieht sich hier auf das Manuskript von Lou Andreas-Salomés Buch ›Drei Briefe an einen Knaben‹ (erschienen: Leipzig 1917), das er am 18. 2. 1914 von der Verfasserin erhalten hatte. Der Brief nimmt verschiedene Gedanken und Motive der 8. Elegie vorweg; vgl. auch die Taschenbuchaufzeichnung Rilkes vom selben Tag Nr. 69.
2 Vgl. 2. Elegie, V. 12: »Pollen der blühenden Gottheit«.

69. Taschenbuchaufzeichnung Rilkes, Paris 20. 2. 1914[1]

[. . .] daß eine Menge Wesen, die aus draußen ausgesetztem Samen hervorgehen, das zum Mutterleib haben, dieses weite erregbare Freie, – wie müssen sie ihr ganzes Leben lang sich drin heimisch fühlen, sie thun ja nichts, als vor Freude hüpfen im Schooß ihrer Mutter wie der kleine Johannes; denn dieser selbe Raum hat sie ja empfangen und ausgetragen, sie kommen gar nie aus seiner Sicherheit hinaus.[2]
Bis beim Vogel alles ein wenig ängstlicher wird und vorsichtiger.[3] Sein Nest ist schon ein kleiner, ihm von der Natur geborgter Mutterschooß, den er nur zudeckt, statt ihn ganz zu enthalten. Und auf einmal, als wär es draußen nicht mehr sicher genug, flüchtet sich die wunderbare Reifung ganz hinein ins Dunkel des Geschöpfs und tritt erst an einer späteren

Wendung zur Welt hervor, sie als eine zweite nehmend und den Begebenheiten der früheren, innigeren, nie mehr ganz zu entwöhnen.

(Rivalität zwischen Mutter und Welt ...) (LAS, 380 f.)

1 Genau vier Jahre später fügt Rilke einem nicht abgeschickten Brief an Lou Andreas-Salomé eine Abschrift dieser Aufzeichnung bei (LAS, 380 f.). Im erhaltenen Brief-Fragment heißt es: »[...] ist mir diesmal die Bemerkung über die Pflanzenfrucht und ihre zweifache (weiße und schwarze) Geburt besonders eindrucksvoll gewesen. Hast Du zuerst diesen Vorgang so wahrgenommen?« (LAS, 380).

Die Stelle, auf die Rilke sich hier bezieht, steht in der gedruckten Ausgabe von ›Drei Briefe an einen Knaben‹ auf S. 38 f.: »Denn selbst im Liebesgeschehen, wo Mensch und Tier ihr engstes Zueinanderkommen suchen, – wohl weil sie nur an diesem Punkt ihre engen Grenzen brechen können und eins werden mit dem Andern, – selbst da also bleibt die Pflanze uns entgegengesetzt. Hat sie doch das alles gar nicht erst nötig, – sie, die von vornherein in so wunderbarer Einheit mit allem lebt, daß sie noch Stein und Staub, ›toten‹ Stoff, zu Leben zu wandeln vermag, und dadurch ja auch erst unseres Leibes Allzusammenhang, seine Luft und Nahrung, für uns vorbereitet. Dort, wo sie dies schafft: in den dunkelsten Wurzeln, die sie ebenso tief in der Erde vor uns verbirgt, als sie Samen und Stiele hochstreckt an die Sichtbarkeit, können wir ihr in der Tat deshalb nicht mehr nach-denken, – können wir von ihrem wirklichen Wesen nur noch reden wie aus Märchen und Bildern, als träumten wir im Grunde nur dieses Pflanzenreich, das allein unter allem, wovon wir wissen, mit seinem Dasein zugleich beheimatet ist im Lebendigen wie im Toten. Den stärksten Ausdruck, meinem Gefühl nach, erhält diese Besonderheit des Pflanzlichen in dem Umstande, daß die Pflanzenfrucht, das schon geschaffene Kind der Pflanze, erst nochmals in die Erde zurück muß, um sich in der Oberwelt entfalten zu können. Nicht wie Menschenkind und Tierbrut wird sie einmalig geboren, sondern zweimal, in zwei Reichen; fertig gezeugt erst in jener unterirdischen Tiefe, darin sie nochmals getötet, in ihre Urgestalt zersprengt wird, um alsdann in unsere Welt hineinzureichen, unser Dasein an der Sonne zu teilen, – sodaß, was uns ›Tod‹ heißt, für sie noch mitumfaßt ist in dem, was uns Leben heißt«.

2 Vgl. 8. Elegie, V. 52 ff.

3 Vgl. ebd., V. 56 ff.

Am 25. Februar reist Rilke nach Berlin, um Frau von Hattingberg erstmals persönlich zu treffen; dort lernt er auch ihren Lehrer Ferruccio Busoni (vgl. AK, 264) kennen und begegnet Robert Musil. Vom 12. bis um den 20. März ist er mit ihr in München.

70. An Marie Taxis, München 12. 3. 1914

[. . .] bitte lassen Sie mich Ihnen einen lieben Menschen bringen, es ist für mein Leben wichtig, daß Sie ihn kennen –, mir fehlte es schon alle diese Wochen, daß dies nicht der Fall ist –, eine Freundin, Frau von Hattingberg, ich weiß sie wird Ihnen sympathisch sein, und die Musik lebt in ihr auf eine so große und wunderbare Art, wie ichs nie für möglich hielt: ich glaube, durch sie kann ich mich so an der Musik entwickeln und aufrichten wie einst an Rodin's Skulptur. Ach liebe Freundin, s a g e n kann ich diesmal nichts, nur, daß ich den einen Wunsch habe, daß Sie diese Frau kennen, daß ich ihr bei Ihnen die *Elegieen* lesen und ihr Duino zeigen darf, als denjenigen Ort, der doch gleichsam, im Sichtbaren, der Gipfel ist meiner letzten steinigen Jahre. – Ginge es schon Ende dieses Monats oder anfangs April? am Schönsten wärs wenn wir ein paar Tage zu dreien allein hätten, mit Musik, Theestunden in Ihrem Boudoir, Abenden im rothen Salon –. Ich habe Frau v. Hattingberg soviel von Ihnen gesprochen, sie kann sich fast auch schon nichtmehr anders denken, als daß sie Sie sehen darf in Kurzem. Läßt sichs machen? (TT, 369)

Nach kurzen Aufenthalten in der Schweiz, in Paris und Chantilly bricht man in der zweiten Aprilhälfte zur geplanten gemeinsamen Reise nach Duino auf, wo Rilke und Frau von Hattingberg zwei Wochen lang Gäste der Fürstin Taxis sind (20. April bis 4. Mai); dies ist zugleich Rilkes letzter Aufenthalt auf dem Schloß.

71. Gesprächsnotiz Kassners (undatiert), Duino vermutlich Frühjahr 1914

Ich erinnere mich wohl, wie er zu mir von diesem inneren Glück der Mücke[1] viele Jahre vor der Abfassung der Elegie in einer unserer Unterredungen im Tiergarten von Duino sprach, da auch die Rede vom Mittler[2] war, vom Mittlertum und von seiner Beziehung dazu. Wahrscheinlich bezieht sich die Widmung[3] darauf ebenso wie auf gewisse Stellen in meinem Grundriß einer universalen Physiognomik, der Einleitung zu »Zahl und Gesicht«[4]. Als ich ihn im Sommer 1923, zehn Jahre nach den Duineser Frühlingswochen, zum letzten Male sah, sprachen wir nicht mehr davon. Es war zwischen uns darüber auch nichts mehr zu sagen. (Kassner, 25)

1 S. u. Nr. 72 und 8. Elegie, V. 52 ff.
2 Besonders Christus als Mittler zu Gott; siehe auch Nr. 41.
3 Die 8. Elegie ist Kassner gewidmet.
4 Kassner hatte sie Rilke im Januar 1913 selbst vorgelesen.

Anfang Mai kommt es in Venedig zur Trennung von Frau von Hattingberg. Dieses Scheitern der »Benvenuta«-Begegnung stürzt Rilke erneut in eine tiefe Krise; einige Wochen bleibt er in Assisi und Mailand und kehrt am 26. Mai nach Paris zurück.

Im Frühsommer entsteht das folgende Gedicht, das erneut (s. o. Nr. 68 und Nr. 69) Gedanken und Motive der 8. Elegie vorwegnimmt:

72. Siehe das leichte Insekt, wie es spielt, nie entriet es
dem geborgenen Schooß.
Die es, entworfen, empfing, trug es aus und erträgts
die Natur, und im gleichen
Mutter-Raum treibt es und west
seine innige Zeit, hüpfend im freudigen
Leib wie der kleine Johannes.

Schon das säugende Tier im erweiterten Aug
staunt[1] (WA 3, 416 f.)

1 Vgl. auch: ›O Sorge oft um euch‹ (Muzot, Ende Januar 1922; WA 3, 464 f.).

73. An Pia di Valmarana, Paris 15. 6. 1914

Ah, chère Pia, que Dieu me donne une place à moi et qu'il me procure la force d'y rester sans bouger, comme un arbre, et sans désirer autre chose que ce qui vient par la terre et ce que les innocentes saisons amènent vers moi selon la clémence ou la colère du ciel!, *rien autre, rien qui aurait pu tout aussi bien ne pas arriver*. De cette façon peut-être pourrai-je encore, non pas rattraper d'innombrables pertes, hélas, – mais du moins sauver ce qui me reste encore d'avenir pur dans mon cœur penché sur des abîmes. (AB, 463)

Am 19. und 20. Juni schreibt Rilke die im ersten Entwurf (WA 3, 417) noch ungetrennten Gedichte ›Waldteich, weicher, in sich eingekehrter‹ (WA 3, 79 ff.) und ›Wendung‹:

74. Wendung

*Der Weg von der Innigkeit zur Größe
geht durch das Opfer.* *Kassner*[1]

Lange errang ers im Anschaun.
Sterne brachen ins Knie
unter dem ringenden Aufblick.
Oder er anschaute knieend,
und seines Instands Duft
machte ein Göttliches müd,
daß es ihm lächelte schlafend.

Türme schaute er so,
daß sie erschraken:
wieder sie bauend, hinan, plötzlich, in Einem!
Aber wie oft, die vom Tag
überladene Landschaft
ruhete hin in sein stilles Gewahren, abends.

Tiere traten getrost
in den offenen Blick, weidende,
und die gefangenen Löwen
starrten hinein wie in unbegreifliche Freiheit;
Vögel durchflogen ihn grad,
den gemütigen; Blumen
wiederschauten in ihn
groß wie in Kinder.

Und das Gerücht, daß ein Schauender sei,
rührte die minder,
fraglicher Sichtbaren,
rührte die Frauen.

Schauend wie lang?
Seit wie lange schon innig entbehrend,
flehend im Grunde des Blicks?

Wenn er, ein Wartender, saß in der Fremde; des Gasthofs
zerstreutes, abgewendetes Zimmer
mürrisch um sich, und im vermiedenen Spiegel
wieder das Zimmer
und später vom quälenden Bett aus
wieder:
da beriets in der Luft,
unfaßbar beriet es
über sein fühlbares Herz,
über sein durch den schmerzhaft verschütteten Körper
dennoch fühlbares Herz
beriet es und richtete:
daß es der Liebe nicht habe.

(Und verwehrte ihm weitere Weihen.)

Denn des Anschauns, siehe, ist eine Grenze.
Und die geschautere Welt
will in der Liebe gedeihn.

Werk des Gesichts ist getan,
tue nun Herz-Werk
an den Bildern in dir, jenen gefangenen; denn du
überwältigtest sie: aber nun kennst du sie nicht.
Siehe, innerer Mann, dein inneres Mädchen,
dieses errungene aus
tausend Naturen, dieses
erst nur errungene, nie
noch geliebte Geschöpf. (WA 3, 82 ff.)

1 Vgl. hierzu: An Kassner, 16. 6. 1911 (AB, 286), sowie: An Benvenuta, 17. 2. 1914 (B, 97 f.); hier bestimmt Rilke »Opfer« als den »grenzenlosen, nirgends mehr einschränkbaren Entschluß eines Menschen zu seiner reinsten inneren Möglichkeit«.

75. An Lou Andreas-Salomé, Paris 26. 6. 1914

Gott weiß wie weit das Gedicht *»Wendung«* dem Antritt jener neuen Verhältnisse vorangeht, ich bin weit dahinten, Gott weiß, ob solche Umstürze überhaupt noch zu leisten sind, da die eigensinnigen Kräfte immer noch fortfahren sich zu mißbrauchen und sich in den ungeheuerlichsten Mißverständnissen zu erschöpfen. Darum erhoffte ich mir so unbeschreiblich viel von der endlich richtigen liebevollen Einstellung zu einem Menschen, weil damit alle Distanzen richtiggestellt worden wären: die zur Welt wäre wieder gleich = unendlich geworden, die zum eigenen Körper gleich = Null und dazwischen alle Zahlen in argloser Abstufung. So hat die übertriebene Aufmerksamkeit mir manches Einzelne überlebensgroß nahgerückt und andererseits zwischen mir und dem eigenen Körper, ihn aufreizend, Beziehungen eingeschoben, die wahrscheinlich von derselben Verirrung sind wie meine Beziehungen zum Leiblichen überhaupt. So ist Unheil eingerissen in jedes Äderchen, jeder Muskel hat einen falschen Bug bekommen. Es fällt mir ein, daß eine geistige Aneignung der Welt, wo sie sich so völlig des Auges bedient, wie das bei mir der Fall war, dem bildenden Künstler ungefährlicher bliebe, weil sie sich greifbarer, an körperlichern Ergebnissen beruhigt. Ich bin wie die kleine Anemone, die ich einmal in Rom im Garten gesehen habe, sie war tagsüber so weit aufgegangen, daß sie sich zur Nacht nicht mehr schließen konnte. Es war furchtbar sie zu sehen in der dunkeln Wiese, weitoffen, immer noch aufnehmend in den wie rasend aufgerissenen Kelch, mit der vielzuvielen Nacht über sich, die nicht alle wurde. Und daneben alle die klugen Schwestern, jede zugegangen um ihr kleines Maaß Überfluß. Ich bin auch so heillos nach außen gekehrt, darum auch zerstreut von allem, nichts ablehnend, meine Sinne gehn, ohne mich zu fragen, zu allem Störenden über, ist da ein Geräusch, so geb ich mich auf und b i n dieses Geräusch, und da alles einmal auf Reiz Eingestellte, auch gereizt sein will, so will ich im Grunde gestört sein und bins ohne Ende. Vor dieser Öffentlichkeit hat sich irgend ein Leben in mir gerettet, hat sich an eine innerste Stelle zurückgezogen und lebt dort, wie die Leute während einer Belagerung leben, in Entbehrnis und Sorge. Macht sich, wenn es bessere Zeiten gekommen glaubt, bemerklich durch die Bruchstücke der Elegieen, durch eine Anfangszeile, muß wieder zurück, denn draußen ist immer die gleiche Preisgegebenheit. Und dazwischen, zwischen dieser ununterbrochenen Hinaussüchtigkeit und jenem mir selbst kaum mehr erreichbaren inneren Dasein, sind die eigentlichen Wohnungen des gesunden Gefühls, leer, verlassen, ausgeräumt, eine unwirtliche Mittelzone, deren Neutralität auch erklärlich macht, warum alles Wohlthun von Menschen und Natur an mich vergeudet bleibt.

[. . .]

Zwischen dem *Narziss*[1] und dem Gedicht von neulich[2] liegt ein Jahr, ein stumpfes, und wenn ich darüber hin zurückblicke, so komm ich mir, so wie ich da stehe, wieder um ein Weiteres schwerer vor, undurchdringlicher, toter. Bis mir so ein Auftrag nur den Arm hebt, und wie rasch fällt er mir wieder und ich vermags nichtmehr. Mein Körper ist wie eine Falle geworden, dort wo er früher aufnahm und weitergab, schnappt er zu und schließt ein; eine Oberfläche voller Fallen, in denen gequälte Eindrücke absterben, ein starres unleitendes Gebiet, und weit weit wie mitten in einem erkaltenden Gestirn das wunderbare

Feuer, das nur noch vulkanisch austreten kann, da und dort, unter Erscheinungen, die der gleichgültigen Oberfläche, wie Verheerung, verwirrend und gefahrvoll sind. Ist das nicht das Schema einer wirklichen Krankheit, diese Lebenszersetzung in drei Zonen, von denen die oberste in demselben Maaße nach Reizen verlangt, als sie von den inneren Gewalten nicht mehr erreicht und erschüttert wird. Ach wie war ich in meiner Jugend Eines, bei aller Noth, im ganzen unkenntlich, aber dann auch im ganzen wieder erkannt und auf- und ans Herz genommen. Darum so zum Fortwerfen schlecht und doch auch wieder so räthselhaft heilzumachen. Wie konnte eine Freude, die mir ums Gesicht flog, mir auch gleich die heimlichste Seele umkreisen, empfand ich Morgenluft so ging sie mir durch und durch, so war des Morgens Leichtheit und Beginnlichkeit in allen Stufungen meiner Natur; schmeckte ich dann und wann eine Frucht, ging sie mir auf auf der Zunge, so wars auch schon wie ein Wort des Geistes, das zergeht, die Erfahrung dessen, was in ihr unzerstörbar gelungen war, ihr purer Genuß, stieg gleich hoch in allen sichtbaren und unsichtbaren Gefäßen meines Wesens.

Und jetzt Reisen und Mächte und wirksamste Veränderungen–: und es geht alles verloren an einer krampfhaft inständigen Hinhaltung meines Gesichts und Körpers, die ihn erschöpft und gleichsam überlädt, während die Seele abgewendet, andersbeschäftigt, in-sich-gezogen, mir meine Spannungen nicht abnimmt. Ich halte mich hin, aber sie hält sich nicht hin, so ists im Schauen wie im Lieben, und darum verzerrt sich mein Körper an dieser dürren Inständigkeit, in die sich der Saft nicht verbreitet, der Zweig um Zweig der Gebärde grün und biegsam machte. Dies muß es sein, je mehr ichs nachprüfe, daß ich eine Haltung habe (die, zu der ich mich in gewissen Arbeitsmomenten erzog) und meine Seele hat eine andere Haltung, die nächste, übernächste, und so dien ich ihr nicht mehr und es dient ihr niemand. Sie ist die Glockenspeise, und Gott setzt sie immer wieder in Weißgluth und bereitet die gewaltige Stunde des Gusses: aber ich bin noch die alte Form, die Form der vorigen Glocke, die eigensinnige Form, die das Ihre gethan hat und sich nicht mag ersetzen lassen –, und so bleibts ungegossen. – Kann man soviel einsehn und sich doch nicht helfen?! Und seit Jahren.

Erneuerung, Verwandlung, Heiligung – und die Seele stürzte herüber –, ich weiß. Aber wer macht sich neu und zerschlüge sich nicht vorher. Und ich gehe als Zärtling mit mir um, zeitlebens, daß mir nur ja nichts abgebrochen wird. Ach Lou wieviel ist Sinn, wieviel Unsinn in alledem, was ich da hinschreibe, nimm's nicht zu genau. (LAS, 336 ff.)

1 S. o. Nr. 56.
2 ›Wendung‹, s. o. Nr. 74.

Anfang Juli 1914 entsteht das Gedicht ›Klage‹, in dem Rilke das Fazit aus dem gescheiterten »Benvenuta«-Erlebnis zieht:

76. Klage

Wem willst du klagen, Herz? Immer gemiedener
ringt sich dein Weg durch die unbegreiflichen
Menschen. Mehr noch vergebens vielleicht,
da er die Richtung behält,
Richtung zur Zukunft behält,
zu der verlorenen.

Früher. Klagtest? Was wars? Eine gefallene
Beere des Jubels, unreife.
Jetzt aber bricht mir mein Jubel-Baum,
bricht mir im Sturme mein langsamer
Jubel-Baum.
Schönster in meiner unsichtbaren
Landschaft, der du mich kenntlicher
machtest Engeln, unsichtbaren.

(WA 3, 84)

77. Aus dem Umkreis der ›Elegien‹, Paris nach Mitte Juli 1914

Wo wir uns hier, in einander drängend, nicht
nie finden: beginnen die Engel
sich zu gewahren, und durch die tiefere Näh
in heiligem Eilschritt wandeln sie endlos sich an.

(WA 3, 86)

IV. Weltkrieg und Revolution

Am 19. Juli reist Rilke von Paris nach Deutschland – nur für kurze Zeit, wie er glaubt. Vom 19. bis 23. Juli ist er bei Lou Andreas-Salomé in Göttingen, vom 23. Juli bis zum 1. August in Leipzig bei den Kippenbergs. Dort liest er die ›Elegien‹ vor und macht Pläne für ein Studium in Freiburg. Am 25. Juli trifft er Franz Werfel wieder (erste Begegnung Oktober 1913) – einer von vielen Kontakten mit der expressionistischen Dichtergeneration. Aus der Beschäftigung mit den Gedichten Werfels war bereits im Spätsommer 1913 der Aufsatz ›Über den jungen Dichter‹ (WA 11, 1046 ff.) hervorgegangen.

Am 29. Juli dankt Rilke brieflich dem Hölderlin-Herausgeber Norbert von Hellingrath für den ihm zugesandten Sonderdruck aus dem noch nicht erschienenen Band IV der Werkausgabe, der vor allem die bisher unbekannten späten Hymnen enthält (AB, 469).

Wenige Tage später beginnt der erste Weltkrieg; Anfang August schreibt Rilke die ›Fünf Gesänge‹ (WA 3, 86 ff.) in den eben erhaltenen Hölderlinband. Sie beginnen mit den Versen: »Zum ersten Mal seh ich dich aufstehn / hörengesagter fernster unglaublicher Kriegs-Gott«.

Vom 24. August bis Ende September wohnt Rilke im Isartal in Irschenhausen, Landhaus Schönblick:

78. An Sidonie Nádherný, Irschenhausen 28. 8. 1914

[. . .] wer kann jetzt die Natur mitmachen, da die Menschenwelt in furchtbaren Feldern gegen einander anwächst, wer faßt es denn?! Die Natur hat kein Gegengewicht dafür – hätte es vielleicht, wenn ich bei Ihnen im Parke wäre und wir könnten zusammen ihr Recht geben und dem anderen, Entsetzlichen, unrecht.

Vor der Hand hat mich mein Arzt[1] bestimmt, hier herauszuziehen, ich kann mir aber eher vorstellen, daß ich nächstens wieder in München bin; Bücher sind nur wenige mit mir: ein Vordruck von einem neuen Band Hölderlin'scher Gedichte[2], den Hellingrath für seine Freunde der eigentlichen Ausgabe hat vorausdrucken lassen, und der Hyperion, der ja wunderlich beziehungsvoll sich liest und doch in seiner Art hülft, weil er von vornherein über allem steht und höher in einem Jenseits des Kriegs und einem Himmel der Liebe vor sich geht. Ach, liebe Freundin, ich wünschte, wir läsen ihn zusammen, Alleinsein und Alleinfühlen hat etwas Eisiges in dieser Umgebung plötzlicher ernstester Gemeinsamkeit.[3] (SN, 223)

1 Dr. Stauffenberg, s. u. Nr. 81.
2 Vgl. auch: An Anna Freifrau von Münchhausen, 29. 8. 1914 (AB, 471) und: An Unbekannt, Irschenhausen, 5. 9. 1914 (Katalog, 197 f.).
3 Vgl. auch den Brief an die Freifrau von Münchhausen aus Anmerkung 2: »Allmählich fang ich an, mein Zurückgebliebensein hinter so viel Aufbruch verwirrt und kränkend zu empfinden« (AB, 470).

Ende August/Anfang September entsteht das poetologisch wichtige Gedicht ›Es winkt zu Fühlung fast aus allen Dingen‹:

79. Es winkt zu Fühlung fast aus allen Dingen,
aus jeder Wendung weht es her: Gedenk!
Ein Tag, an dem wir fremd vorübergingen,
entschließt im künftigen sich zum Geschenk.

Wer rechnet unseren Ertrag? Wer trennt
uns von den alten, den vergangnen Jahren?
Was haben wir seit Anbeginn erfahren,
als daß sich eins im anderen erkennt?

Als daß an uns Gleichgültiges erwarmt?
O Haus, o Wiesenhang, o Abendlicht,
auf einmal bringst du's beinah zum Gesicht
und stehst an uns, umarmend und umarmt.

Durch alle Wesen reicht der *eine* Raum:
Weltinnenraum. Die Vögel fliegen still
durch uns hindurch. O, der ich wachsen will,
ich seh hinaus, und *in* mir wächst der Baum.

Ich sorge mich, und in mir steht das Haus.
Ich hüte mich, und in mir ist die Hut.
Geliebter, der ich wurde: an mir ruht
der schönen Schöpfung Bild und weint sich aus.

(WA 3, 92 f.)

Etwa gleichzeitig schreibt Rilke in seinen Hölderlin-Band das Gedicht ›An Hölderlin‹:

80. An Hölderlin

Verweilung, auch am Vertrautesten nicht,
ist uns gegeben; aus den erfüllten
Bildern stürzt der Geist zu plötzlich zu füllenden; Seen
sind erst im Ewigen. Hier ist Fallen
das Tüchtigste. Aus dem gekonnten Gefühl
überfallen hinab ins geahndete, weiter.

Dir, du Herrlicher, war, dir war, du Beschwörer, ein ganzes
Leben das dringende Bild, wenn du es aussprachst,
die Zeile schloß sich wie Schicksal, ein Tod war
selbst in der lindesten, und du betratest ihn; aber
der vorgehende Gott führte dich drüben hervor.

O du wandelnder Geist, du wandelndster! Wie sie doch alle
wohnen im warmen Gedicht, häuslich, und lang
bleiben im schmalen Vergleich. Teilnehmende. Du nur
ziehst wie der Mond. Und unten hellt und verdunkelt
deine nächtliche sich, die heilig erschrockene Landschaft,
die du in Abschieden fühlst. Keiner
gab sie erhabener hin, gab sie ans Ganze
heiler zurück, unbedürftiger. So auch
spieltest du heilig durch nicht mehr gerechnete Jahre
mit dem unendlichen Glück, als wär es nicht innen, läge
keinem gehörend im sanften
Rasen der Erde umher, von göttlichen Kindern verlassen.
Ach, was die Höchsten begehren, du legtest es wunschlos
Baustein auf Baustein: es stand. Doch selber sein Umsturz
irrte dich nicht.

Was, da ein solcher, Ewiger, war, mißtraun wir
immer dem Irdischen noch? Statt am Vorläufigen ernst
die Gefühle zu lernen für welche
Neigung, künftig im Raum? (WA 3, 93 f.)

Während seines Aufenthalts in München und Irschenhausen ist Rilke in ärztlicher Behandlung bei Dr. Stauffenberg:

81. An Lou Andreas-Salomé, Irschenhausen 9. 9. 1914

Er versuchte immer wieder auf jenes Gebiet zu kommen, wo er meint, vor allem Macht zu haben, wir gingen auch zuweilen darüber hin, nur daß eben alles Graben und Jäten und eigentliche Arbeiten dort ausgeschlossen blieb. Mit Schrecken empfand ich manchmal eine Art von geistigem Brechreiz, den er hervorzurufen bemüht war; es wäre furchtbar, die Kindheit so in Brocken von sich zu geben, furchtbar für einen, der nicht darauf angewiesen ist, ihr Unbewältigtes in sich aufzulösen, sondern ganz eigentlich dazu da, es in Erfundenem und Gefühltem verwandelt aufzubrauchen, in Dingen, Tieren –, worin nicht? – wenn es sein muß in Ungeheuern.[1] (AB, 473)

1 Vgl. auch die an diesen Brief anknüpfende Aufzeichnung ›Erinnerung‹ (WA 11, 1079 ff.): »Bin ich nicht so recht darauf angelegt, gerade um dies herum, was sich nicht leben ließ, was zu groß, was vorzeitig, was entsetzlich war, Engel, Dinge, Tiere zu bilden, wenn es sein muß, Ungeheuer?« (Ebd., 1079).

Im September trägt Rilke zwölf Gedichte in ein Schreibbuch für die Malerin Lou Albert-Lasard (1891-1969) ein, darunter auch das am 20. September entstandene ›Ausgesetzt auf den Bergen des Herzens‹ mit dem Vermerk »(Aus den ›Elegien‹. Abschrift.)«:

82. Ausgesetzt auf den Bergen des Herzens. Siehe, wie klein dort,
siehe: die letzte Ortschaft der Worte, und höher,
aber wie klein auch, noch ein letztes
Gehöft von Gefühl. Erkennst du's?
Ausgesetzt auf den Bergen des Herzens. Steingrund
unter den Händen. Hier blüht wohl

einiges auf; aus stummem Absturz
blüht ein unwissendes Kraut singend hervor.
Aber der Wissende? Ach, der zu wissen begann
und schweigt nun, ausgesetzt auf den Bergen
des Herzens.

Da geht wohl, heilen Bewußtseins,
manches umher, manches gesicherte Bergtier,
wechselt und weilt. Und der große geborgene Vogel
kreist um der Gipfel reine Verweigerung. – Aber
ungeborgen, hier auf den Bergen des Herzens ....
(WA 3, 94 f.)[1]

1 Getilgte Fortsetzungsversuche: WA 3, 424, dort auch das Motiv des Lächelns – vgl. 5. Elegie, V. 56ff. Zum Gedicht vgl. auch: ›Einmal noch kam zu dem Ausgesetzten‹ (WA 3, 220).

Um den 22. September kehrt Rilke nach München zurück. Dort hängt zu dieser Zeit in der Galerie Thannhauser Picassos Gemälde ›La famille des saltimbanques‹ zum Verkauf aus – zusammen mit den in Paris beobachteten Gauklern (s. o. Nr. 1) eine weitere Anregung für die Gestaltung der »Fahrenden« in der 5. Elegie.

83. An Hertha Koenig[1], München 4. 11. 1914

Vorgestern abend war Stauffenberg[2] hier bei mir; er beschrieb mir einen Picasso, das Bild eines Blinden[3], das in Ihrem Besitze ist: hätte ich das gewußt, als Sie hier waren; vielleicht wär es möglich gewesen, es zu sehen. Das große Bild bei Thannhauser, die »Gaukler«, haben mir diesen Maler mit einem Schlage bedeutend gemacht –, dieses Bild ist gewiß eines der entscheidenden Bilder unserer Malerei: können Sie's nicht retten und erhalten? Dafür müßten die rechten Hände und die rechte Wand da sein, eh der Kunsthandel es von Zufall zu Zufall in die Preise treibt.[4]
(Bisher unveröffentlicht; Deutsches Literaturarchiv, Marbach)

1 Zum Verhältnis Rilkes zu Frau Hertha Koenig vgl. jetzt auch: Hertha Koenig, Meine Erinnerungen an Rainer Maria Rilke. Hg. von Noriko Kabashima, in: Blätter der Rilke-Gesellschaft 1978, H. 5, S. 9-36.

2 Rilkes Arzt in München.

3 ›Der Blinde‹, ein Bild aus Picassos blauer Periode.

4 Frau Koenig folgte Rilkes Rat und erwarb das Bild; 1915 erstand sie als dritten Picasso noch den ›Sterbenden Pierrot‹.

Pablo Picasso, La famille des saltimbanques. 1905

Wie viele seiner Zeitgenossen hatte Rilke im Kriegsausbruch zunächst den Beginn der ersehnten »Änderung« (Nr. 107) aller Dinge gesehen. Doch vor dem Grauen des Krieges war die Vision des »Kriegs-Gottes« aus den ›Fünf Gesängen‹ schnell verblaßt:

84. An Karl und Elisabeth von der Heydt, München 6. 11. 1914

[...] es kommt auf den Einzelnen, wie man nur lernen mag, völlig nicht an, ob ich gleich auch die Gemeinsamkeit nicht sehe, auf die es ankommen dürfte, es kommt wahrscheinlich überhaupt nicht an, sondern Schicksal hat recht und hinter den Schicksalen die überlebenden Sterne. Alles Sichtbare ist eben wieder einmal in die kochenden Abgründe geworfen, es einzuschmelzen. Die Vergangenheit bleibt zurück, die Zukunft zögert, die Gegenwart ist ohne Boden, aber die Herzen, sollten die nicht des Schwebens Kräfte besitzen und sich erhalten im großen Gewölk? In den ersten Augusttagen ergriff mich die Erscheinung des Krieges, des Kriegs-Gottes, (im Insel-Kriegs-Almanach werden Sie ein paar Gedichte finden, aus dieser Erfahrung entstanden), jetzt ist mir längst der Krieg unsichtbar geworden, ein Geist der Heimsuchung, nicht mehr ein Gott, sondern eines Gottes Entfesselung über den Völkern. Mehr ist auch jetzt nicht zu leisten, als daß die Seele übersteht, und die Not und das Unheil sind vielleicht gar nicht vorhandener als vorher, nur greifbarer, tätiger, sichtlicher. Denn die Not, in der die Menschheit täglich lebt seit Anbeginn, ist ja eigentlich durch keine Umstände zu steigern. Wohl aber sind Steigerungen der Einsicht da in des Menschseins unsägliche Not und vielleicht führt das alles dazu; soviel Untergang -- als suchtene neue Aufgänge - Abstand und Raum für den Ablauf.

(AB, 477)

Im November reist Rilke nach Berlin, wo der befreundete Schriftsteller Alfred Walter Heymel (1878-1914) im Sterben liegt. Nach dessen Tod wohnt er im Haus von Marianne Mitford, der späteren Baronin von Goldschmidt-Rothschild.

85. An Marianne von Goldschmidt-Rothschild, Berlin 5. 12. 1914

Den Rembrandt aus Schönborn'schem Besitz, den Simson, kennen Sie natürlich längst und doch wünscht ich, Sie sähen ihn wieder; mir hats zu denken gegeben neulich, wie die äußerste Kunst das Grausamste unschuldig macht. Sehen Sie doch nur diesen Strom glücklichsten Lichts, der hereindringt, um die wahnsinnigste Gewalt an den hellsten Tag zu reißen: wer einen Märtyrer so darstellte, der hätte den erhabensten Geist auf seiner Seite –, aber hier geschieht ein Verbrechen, und das Bild lehnt sich nicht dagegen auf, das Bild umfaßt es wie Natur und die seligen Farben hinter dem unerhört schmerzvollen Fuß hören nicht auf, selig zu sein.

Was ist das? Gibt es im Leben ähnliches? Gibt es Herzverhältnisse, die das Grausamste einschließen, um der Vollzähligkeit willen, weil die Welt doch erst Welt ist, wenn *Alles* darin geschieht; ich konnte mir Gott immer nur als Den denken, der *alles* zuläßt, dem fortwährend das ganze unerschöpfliche Geschehn abgewandelt gegenübersteht. Wer das jetzt durchaus wüßte, wie müßte der unbeirrt sein. Darum sehn ich mich so nach meiner Arbeit, weil mir von ihr aus immer alles recht war; da war nie ein Schreckliches zu erleben, ohne daß ein Engel aus dem Gegenteil neben einen trat und mit hineinsah. Sicher reicht unser Herz nicht nur vom Entsetzlichen zum Seligen, sondern es umfaßt einen Kreis, und wir kennen nur die Hälfte ... (AB, 478 f.)

Gegen Jahresende entstehen die Handschrift S – die erste von drei Zusammenstellungen des Elegienbestandes aus der Kriegszeit (siehe Handschriftenverzeichnis) – und das folgende Elegienfragment:

86. Aus dem Umkreis der ›Elegien‹, Ende 1914

Immer wieder, ob wir der Liebe Landschaft auch kennen
und den kleinen Kirchhof mit seinen klagenden Namen

und die furchtbar verschweigende Schlucht, in welcher
die andern
enden: immer wieder gehn wir zu zweien hinaus
unter die alten Bäume, lagern uns immer wieder
zwischen die Blumen, gegenüber dem Himmel. (WA 3, 95)[1]

1 Vgl. auch den Entwurf zu diesem Gedicht: WA 3, 426 f.

Ab 7. Januar ist Rilke wieder in München, diesmal in der Finkenstraße 2.

87. An Marianne von Goldschmidt-Rothschild, München 5. 3. 1915

[. . .] ich finde, die Welt ist aus den Fugen, aus allen Himmeln ausgerenkt und, offengestanden, ich begreife von Tag zu Tag weniger, wie etwas so Schuldvolles dauern kann, was die Menschen doch selber aus sich hervorbringen und fortsetzen, so menschengemacht wie die Fortschritte der letzten Jahrzehnte, genau so menschengemacht ist auch dieses unabsehliche Geschehen, ein ins Todestechnische verschlagener Geschäftstrieb, ein enormes Kriegsexperiment, in dem die Neugier der Menschen, ihr Aufbegehren und Rechthabenwollen auf die Spitze getrieben scheint. Je länger man zusieht, desto unabsehbarer wirds, und doch hats über alle schon so ungeheures Leid und eine so ähnliche Zerstörung und Schmerzung ausgeschüttet, daß ich immer hoffe, die Gleichheit des Verhängnisses könnte plötzlich in eine Leidensgemeinsamkeit, in ein unsäglich einiges Betroffensein umschlagen, was von vornherein geschehen wäre, wenn eine Naturmacht (und nicht Menschenmachtlosigkeit) hinter diesen Untergängen stünde.

Schlagen Sie doch einmal Flauberts Briefe an seine Nichte auf, die Analogie seiner Noth während des siebziger Krieges mit dem, was wir durchmachen, geht sehr weit, einmal nimmt er sich vor, Turgénieff zu fragen, was man thun muß, um Russe zu werden, nur um aus der Umklammerung einer sich enger schließenden, ihn würgenden Nationalität hinauszukommen ... jetzt: was sollte man werden –, nicht einmal als Stein wäre man sicher. (HvH, 205 f.)

In München lernt Rilke den Maler Paul Klee (1879-1940) kennen, der ihm im Sommer 1915 etwa 60 seiner Arbeiten für einige Zeit überläßt.

Im Juni kommt die Nachricht, daß auch Schloß Duino von den Kriegseinwirkungen nicht verschont geblieben ist:

88. An Marie Taxis, München 10. 6. 1915

Meine liebe Fürstin, acht oder zehn Tage hab ich keine Zeitung gesehen, gestern wurde mir eine gebracht, in der die Namen Monfalcone, Sagrado, Duino standen; ich weiß nicht, wie weit zutrifft, was dort an Vernichtung berichtet war. Aber alles, was Zerstörung heißt, ist ja jetzt möglich, wahrscheinlich, sozusagen von vornherein zugegeben. Zum ersten Mal seit Krieg ist, hat mich, mit diesen Namen, ein einzelnes Geschehen so unmittelbar im Herzen getroffen.

Liebe liebe Freundin, hätte ich doch alle *Elegien* auf Duino geschrieben, wären sie doch unsäglich schöner als sie sind –. (Alle die Unwiederbringlichkeiten!) Welches Gewicht, welche Verpflichtung fällt nun auf die ein wenig überlebenderen Dinge. (TT, 420 f.)

Im Juni muß Rilke aus der Finkenstraße 2 ausziehen; er bittet daher die Lyrikerin Hertha Koenig (1884-1976), ihre leerstehende Wohnung in der Widenmayerstraße 32 benutzen zu dürfen. Dort hängt auch das auf seinen Rat hin erstandene Gemälde ›La famille des saltimbanques‹ (s. o. Nr. 83):

89. An Hertha Koenig, München 11. 6. 1915

[. . .] mir kam der Gedanke, ob Sie mich rasch und still für eine Weile beim großen Picasso in der Widenmayerstraße würden aufnehmen und verbergen wollen? Sehen Sie, so weit bringt mich die Überzeugung Ihrer Freundschaft und Geduld –, ich nehme zehn gegen eins an, daß es nicht geht, daß die Wohnung eingekampfert und verschlossen ist und stadtsommerhaft unzugänglich, ein Zustand, der, wie ich wohl weiß, sich nicht redressieren läßt. Und dann werden andere Schwierigkeiten im Wege sein, wer weiß wie viele und hohe. Vielleicht auch üben irgendwelche Nachbarn Klavier, dann ist es schon ausgeschlossen –; nur für den unwahrscheinlichsten Fall will ich Ihnen erzählen, wie meine vage und waghalsige Imagination aussieht. Ich bäte um ein Bett im Fremdenzimmer für mich, um ein Bett für meine Haushälterin, um die Küche, und die Erlaubnis, an Ihrem herrlichen Schreibtisch zu arbeiten –; alles andere bliebe verschlossen; höchstens würd ich mich mal einen Nachmittag lang vor den Picasso setzen, der mir Mut gibt zu dieser Anfrage, ebenso wie die Gewißheit, daß ich in Ihren guten Räumen vielleicht im Handumdrehen in die Arbeitsverfassung verfallen würde, die ich seit Monaten nicht kannte. Ich könnte mich auch im Picassozimmer ans Arbeiten setzen, beim Balkon, das wäre unbeschreiblich herrlich – und der Balkon selbst: es wäre die vollkommenste Herrlichkeit. Meine Mahlzeiten könnt ich in dem großen Vorzimmer einnehmen . . . Sie sehen, ich träume vollzählig, wecken Sie mich mit dem festesten Griff, denn ich ahne, es geht nicht? – Nichtwahr? (Jedenfalls muß ich Montag hier heraus.)

Verzeihen Sie diese unbescheidene Phantasie; ich würde Sie bitten, einen Modus mit mir zu bedenken für einen Monat. Inzwischen würde ich auf dem Land weitersuchen und mein Hausfräulein ausprobieren, ob ich gemacht bin, mit ihr zu wirtschaften. Als vertrauenswert und zuverlässig ist sie mir bestens empfohlen. Ich würde mich »Wächter am Picasso« schreiben, – verzeihen Sie dieses Presto furioso Ihrem herzlich ergebenen Rilke

(GB IV, 47 f.)

Vom 14. Juni bis zum 11. Oktober wohnt Rilke in der Widenmayerstraße.

90. An Thankmar Freiherrn von Münchhausen, München 28. 6. 1915

Unsereiner, Lieber, der so ganz Nichtkombattant geblieben ist, hat viel Zeit zu zweifeln: es ist wohl immer, sagt sich unsereiner, alles Elend da und alle Not bis zur äußersten. Es ist immer die ganze Not in Gebrauch unter den Menschen, soviel da ist, eine Konstante, wie es auch eine Glückskonstante gibt; nur die Verteilungen wechseln. Wer nicht gewußt hätte, daß es soviel Not gibt, an dem wärs jetzt, erschüttert zu sein. Aber wer, wahrhaft Lebendiger, hat das nicht gewußt? Wunderbar freilich ist die Sichtbarkeit des Ertragens, Hinnehmens, Leistens so großer Not auf allen Seiten, bei Allen. Größe kommt an den Tag, Standhaftigkeit, Stärke, ein zum-Leben-stehen quand-même – –, aber wieviel in solchem Verhalten ist Verbissenheit, ist Verzweiflung, ist (schon schon) Gewohnheit? Und kaum, daß so Großes sich zeigt und bewährt, kann das irgend den Schmerz mindern, darüber, daß solches Wirrsal, solches Nicht-aus-und-ein-wissen, die ganze trübe Menschenmache dieses heraufgereizten Schicksals, daß genau diese Nichts-als-Heillosigkeit nötig war, um Beweise von Herzhaftigkeit, Hingabe und Großheit zu erzwingen? Während wir, die Künste, das Theater, in eben denselben Menschen nichts hervorriefen, nichts zum Aufstieg brachten, keinen zu verwandeln vermochten. Was ist anderes unser Metier als Anlässe zur Veränderung rein und groß und frei hinzustellen, – haben wir das so schlecht, so halb, so wenig überzeugt und überzeugend getan? Das ist Frage, das ist Schmerz seit bald einem Jahr, und Aufgabe, daß mans gewaltiger täte, unerbittlicher. W i e ?!

Lieber Thankmar, so siehts bei mir aus, innen. Äußerlich rüst ich mich, aufs Land zu gehen, wenn sich ein kleines Landhaus findet, wie ich es (für mich allein) suche; sitze vorläufig hier in der Wohnung von Bekannten (die aufs Land gegangen sind) mit dem schönsten Picasso (den »Saltimbanques«), in dem so viel Paris ist, daß ich, für Augenblicke, vergesse.[1]

(GB IV, 49 f.)

1 Vgl. auch: An Marie Taxis, 9. 7. 1915: *»Cette voisinage m'ouvre presque, par moment, le monde – –«* (TT, 427).

91. An Helene von Nostitz, München 12. 7. 1915

Schreiben heißt jetzt, etwas über sich vermögen, denn was schreiben, wo doch alles, woran man rührt, unsäglich, unkenntlich ist, wo nichts einem gehört, kein Gefühl, keine Hoffnung; wo ein, ich weiß nicht woher genommener, ungeheurer Vorrath von Leid, Verzweiflung, Opferung und Noth im Großen verbraucht wird, als gäb es irgendwo Alle im Ganzen und nirgends den Einen; nirgends mehr ist das Maaß des einzelnen Herzens anzulegen, das doch sonst die Einheit war der Erde und des Himmels und aller Weiten und Abgründe. Was war sonst der Schrei eines Ertrinkenden und wenns der Dorf-Idiot war, der mit plötzlich klarerem Schrei aus dem Wasser griff, so stürzte alles herbei und war auf seiner Seite und wider den Untergang, und der rascheste Mann wagte sich für ihn. Wie unvordenklich ist alles geworden, Heiligendamm, Zeiten wie die Kindheit selbst, so entlegen und arglos, wer wird wieder je ‹so› fühlen!? Sie sagen, »daß man Beethoven und die Sterne nun noch tiefer und überwältigender empfindet«, vielleicht ist das, weil (wie Sie schreiben) ein persönlicher Schmerz aus dem fortwährend allgemeinen auf Sie zugekommen ist – vielleicht hilft das –, mir geht es nicht so, mir ist das alles, alles Größte und Erschütterndste, der anderen Welt verhaftet geblieben, der früheren, der einstigen, in der ich längst ein Leidender war, aber nie ein Erstarrter, nie ein Verschütteter, nie ein Angeschrieener, der nicht begreift. Je länger es währt, – das Verstörende ist ja nicht die Thatsache dieses Krieges, sondern daß er in einer vergeschäfteten, einer nichts als menschlichen Welt ausgenutzt und ausgebeutet wird, daß der Gott, wenn schon einer ihn hereingeschleudert hat, ihn nicht zurücknehmen kann, weil die Menschen habgierig, mit allem Gewicht ihres schweren Gewissens daran hängen. Menschenmache, wie schon alles die letzten Jahrzehnte Menschenmache war, schlechte Arbeit, Profitarbeit, bis auf ein paar schmerzliche Stimmen und Bilder, bis auf ein paar Warnende, bis auf ein paar Eifernde, die zu ihrem eigenen Herzen hielten, das gegen den Strom stand. Rodin, wie oft, wie immer, wiederholte Worte der Mißbilligung, Verdachte gegen den Gang der Dinge, mir wars schon zu viel, daß ers immer mit denselben Ausdrücken that, ich hielt's für Ermüdung und doch wars Urtheil; und Cézanne, der Alte, wenn man ihm von draußen erzählte, und er konnte ausbrechen in den stillen Straßen von Aix und seinen Begleiter anschreien: *»Le monde, c'est terrible . . .«* wie an einen Propheten denkt man an ihn, und sehnt sich nach einem solchen Schreier und Heuler –, aber sie sind alle vorher fortgegangen, die Greise, die die Macht gehabt hätten, jetzt vor den Völkern zu weinen. (HN, 91 f.)

92. An Marianne von Goldschmidt-Rothschild, München 24. 7. 1915

Mit einer Art Gier hab ich heute morgen meine Schriften durchgesehen, die Elegien, die Übertragungen aus dem Heiligen Augustinus, die Gedichte Michelangelos, und wieder eigene Verse, was für zerbrochene Anfänge. Ein Anfang war da, ich weiß nicht wovon, der mich erschüttert hat, – sechs Zeilen[1], ich konnte mich nicht erinnern, sie je aufgeschrieben zu haben. (Schnack, 507)

1 Möglicherweise der im März 1912 entstandene Anfang der 9. Elegie, der auch in den Fragmentenzusammenstellungen der Handschriften AK und LAS fehlt (siehe Handschriftenverzeichnis).

93. An Marie Taxis, München 6. 9. 1915

Ach Fürstin, ein paar Jahre früher und ich hätte vielleicht in meinem damals noch nicht so verfallenen Herzen Erscheinungen aufgebracht, die selbst einer solchen Zeit gegenüber bestanden hätten, eine Stunden-Buch-Verfassung, die mächtig gewesen wäre, dem schlechthin Unbegreiflichen *das* gleichzusetzen, was seinem Wesen nach über alles Einsehn hinausgeht; denn was such ich mehr als den einen Punkt, den alttestamentarischen, an dem das Schreckliche mit dem Größten zusammenfällt, und ihn jetzt aufzuzeigen –, das wäre wie das Aufheben einer Monstranz gewesen über allen den Gestürzten und wieder und wieder Aufstehenden. Denn ob es gleich keiner laut zugeben mag, Tröstungen täten not, die großen unerschöpflichen Tröstungen, deren Möglichkeit ich oft auf dem Grunde meines Herzens empfunden habe, fast erschrocken, sie, die grenzenlosen, in so eingeschränktem Gefäße zu enthalten. Es ist ja sicher, daß der göttlichste Trost im Menschlichen selbst enthalten ist, mit dem Troste eines Gottes wüßten wir wenig anzufangen; sondern es müßte nur unser Auge eine Spur schauender, unser Ohr empfangender sein, der Geschmack einer Frucht müßte uns vollständiger eingehen, wir müßten mehr Geruch aushalten, und im Berühren und Angerührtsein geistesgegenwärtiger und weniger vergeßlich sein –: um sofort aus unseren nächsten Erfahrungen Tröstungen aufzunehmen, die überzeugender, überwiegender, wahrer wären als alles Leid, das uns je erschüttern kann. Nicht im Sinne der »Unbekannten«[1] wahrscheinlich, aber in einem noch viel freieren, weniger abgesonderten Verstande, leben wir, hineingehörig, in den ungeheuersten Flutungen, ich muß mich oft umwenden, fragend, welche Kraft da vielleicht jetzt hinter mir vorübergeht, an ihr Werk, jede an ihr Werk, und der Weg so mancher führt uns mitten durchs Herz (qui n'est pas une auberge, mais un fameux carrefour quand-même). Liebe Fürstin, was hab ich nur mit diesem Herzen, meinem, für Mißbrauch getrieben, daß es jetzt nicht Zeugnis gibt von unserer Tröstbarkeit! Ich hab Ihnen die letzten Jahre so oft anklagend von diesem Herzen gesprochen, schmähend, es herabsetzend unter die mindesten –, aber immer noch zu gut, immer noch zu hoffnungsvoll. Könnt ich sagen von ihm, daß es von Bitternis überfließt, daß es starr ist vor Schmerz, aber nein, als ob sein Inhalt einfach zu unförmigen Klumpen geballt sei, so trag ichs herum. Es gibt einen Ausweg, dies krank zu nennen, und manchen Tag bin ich auch wirklich nichts als das, krank, das ist wenig, und bilde mir ein, der gute Stauffenberg[2] hätte das ändern können; denn dazu war ich ja hierhergekommen. Vor einem Jahr, – vor diesem Jahr! Sie sehen schon, teure Fürstin, heute ists nicht mit mir auszuhalten, ich wollte, wir säßen in Ihrem Boudoir in Duino oder oben im Versteck der Kapelle, wo ich Ihnen aus meinem Taschenbuch vorlas, denn mündlich stöhnen ist immer noch rücksichtsvoller, aber Stöhnen auf dem Papier ist feige, ich weiß – – und trotzdem ...

Fürstin, ich rätselte im stillen wie alle Welt über die gemeinsame Zukunft, unser aller, ob ich gleich da auf weniger Voraussetzungen angewiesen bin, als irgend ein Eckensteher, denn die Geschichte ist mir dunkel, auch vermut ich, es ist gar nicht die Geschichte, was man wissen und woraus man schließen könnte, sondern eine wunderliche Auswahl aus Zufälligem und Gesetzmäßigem, in der der Mensch sich erkennt, weil das fortwährende Durcheinander von beidem ihm das vertrauteste Gefühl ist. Aber nun wird es so plötzlich, überholend Herbst, wenigstens hier, ich sehe von fremden Fenstern aus die Baumufer an der Isar gilben, und die Gelb, unter dem kalten Regen, nehmen nicht der Reihe nach zu, sondern es sind schon gleich vorletzte Töne da, dann kommt der Blätterfall. Diese Regennächte und dieser Winter vor der Tür –, da schießt mir die ausgebreitete Not zur eigensten zusammen, zur Ratlosigkeit vor meinem eigenen Morgen und Übermorgen, – wohin wohin? Ein Münchner Jahr ist vorüber, ich habe nicht viel damit angestellt, im Gegenteil, ich komme mir in jeder Beziehung zurückgegangen vor, wie tu ichs nun besser? Mein Inneres ist so unwirtlich, daß ichs gar nicht unternehmen kann, Sie darin herumzuführen, ja es ist wahrscheinlich verstellt und ungangbar, – restons dehors. Mein ganzes Wissen beschränkt sich auf die höchst negative Einsicht, daß ich nicht weiter in München bleiben sollte, die Menschen stellen hier zu viel Ansprüche an einen, man soll *fertig sein* oder sich als solcher geben – et moi, si j'ai encore quelque avenir, ce sera en recommençant humblement que j'y parviendrai, denn was etwa in meinen Büchern für (bis zu einem gewissen Grade) fertig gelten darf, das ist auch abgetan für mich, seit fünf Jahren, seit sich der Malte Laurids hinter mir geschlossen hat, steh ich als ein Anfänger da, freilich als einer, der nicht anfängt. Also anfangen –, aber wie?! (AB, 499 ff.)

1 Bei spiritistischen Sitzungen im Kreis der Fürstin hatte Rilke im Herbst 1912 Mitteilungen einer »Unbekannten« erhalten (vgl. TT, 897 ff.).

2 Rilkes Arzt in München.

94. An Ilse Erdmann, München 9. 10. 1915

Im Sterben dagegen muß leiblicher Schmerz oft eine böse Beirrung sein, da er gewiß das Hiesigste ist, ungültig sozusagen dem Allgemeinen gegenüber, in das der Sterbende sich richtet. Die eigensinnige örtliche Betonung des Schmerzes, die zur Einseitigkeit zwingt, widerspricht wahrscheinlich der Neigung des Sterbenden, ein schon weltisches Teilnehmen zu versuchen: das dann freilich noch ganz mit hiesigen Mitteln geleistet wird; aber die irdischen Mittel sich anzueignen, eine gewisse Vollzähligkeit unserer Beziehungen zur Erde zu erreichen, unsäglich, unbeschreiblich, atemlos hier zu sein: wäre das nicht der einzige Weg für uns, endlich zu mehr als nur Irdischem gefaßt zu werden? Ich meine, wir haben die Unermeßlichkeit an unserer Unfähigkeit zu erfahren, selbst das Ermeßbare auszumessen. Darum schließt auch Kierkegaard[1] uns in den Ernst des Todes ein, ohne darüber hinaus uns Frist oder ewige Zukunft zuzuschreiben. Das *Hiersein* als eine Seite des Seins überhaupt zu verstehen und leidenschaftlich zu erschöpfen, das wäre die Anforderung des Todes an uns, während das Leben, wo man es nur wahrhat, an jeder Stelle das ganze Leben ist.[2] (AB, 506)

1 Vgl. auch: An Ilse Erdmann, 18. 8. 1915 (AB, 493).
2 Vgl. 9. Elegie, V. 10 ff.

95. An Ellen Delp, München 10. 10. 1915

Diese Zimmer hier muß ich morgen verlassen, da die Eigentümerin[1] vom Lande zurückkommt, mit ihnen den großen herrlichen Picasso, an dem ich nun seit fast vier Monaten gewohnt habe. Vier Monate – was für Zeiten gehen hin und womit? Für mich mit immer trüberer Einsicht in das Un-Heil und den Un-Sinn, in dem alles unverbesserlich weiterdrängt, Menschenkraft und Menschendasein, die für das Namenloseste da waren, im Sinne willkürlicher aufgedrängter und übertriebener Namen verwendend. Was wird das für eine Ratlosigkeit geben hernach, wenn alle die gläubig hingenommenen Begriffe von den Sockeln, auf denen man sie aufgestellt hat, abgenommen sein werden, und die verwirrt Überlebenden an die verlassenen Gesetze des innersten Daseins sich wieder werden anschließen wollen. Kanns denn keiner hindern und aufhalten? Warum gibt es nicht ein paar, drei, fünf, zehn, die zusammenstehn und auf den Plätzen schreien: Genug! und erschossen werden und wenigstens ihr Leben dafür gegeben haben, daß es genug sei, während die draußen jetzt nur noch untergehen, damit das Entsetzliche währe und währe und des Unterganges kein Absehen sei. Warum gibt es nicht *Einen,* ders nicht mehr erträgt, nicht mehr ertragen *mag,* schriee er nur eine Nacht lang mitten in der unwahren, mit Fahnen verhängten Stadt, schriee und ließe sich nicht stellen, wer dürfte ihn deshalb Lügner nennen? Wie viele halten diesen Schrei mit Mühe zurück, – oder nicht? irr ich mich und gibt es nicht viele, die so schreien könnten, so begreif ich die Menschen nicht und bin keiner und hab nichts nichts mit ihnen gemein. (AB, 507 f.)

1 Frau Hertha Koenig.

Am 11. Oktober zieht Rilke wieder zurück in die Finkenstraße.

96. An Marianne von Goldschmidt-Rothschild, München 15. 10. 1915

Nur die ersten drei, vier Tage im August 1914 meinte ich einen monströsen Gott aufstehen zu sehen; gleich darauf wars nur das Monstrum, aber es hatte Köpfe, es hatte Tatzen, es hatte einen alles verschlingenden Leib –, drei Monate später sah ich das Gespenst – – und jetzt, seit wielange schon, ist's nur die böse Ausdünstung aus dem Menschensumpf . . . (Schnack, 514)

97. An Ellen Delp, München 27. 10. 1915

Die »Arbeit nach der Natur« hat mir das Seiende in so hohem Grade zur *Aufgabe* gemacht, daß mich nur sehr selten noch, wie aus Versehen, ein Ding gewährend und gebend anspricht, ohne die Anforderung, in mir gleichwertig und bedeutend hervorgebracht zu sein. Die spanische Landschaft (die letzte, die ich grenzenlos erlebt habe), Toledo, hat diese meine Verfassung zum Äußersten getrieben: indem dort das äußere Ding selbst: Turm, Berg, Brücke zugleich schon die unerhörte, unübertreffliche Intensität der inneren Äquivalente besaß, durch die man es hätte darstellen mögen. Erscheinung und Vision kamen gleichsam überall im Gegenstand zusammen, es war in jedem eine ganze Innenwelt herausgestellt, als ob ein Engel, der den Raum umfaßt, blind wäre und in sich schaute. Diese, nicht mehr von Menschen aus, sondern im Engel geschaute Welt, ist vielleicht meine wirkliche Aufgabe, wenigstens kämen in ihr alle meine früheren Versuche zusammen; aber, um die zu beginnen, Ellen, wie müßte einer beschützt und beschlossen sein! Rainer

(AB, 509 f.)

Ende Oktober wechselt Rilke erneut seine Wohnung; diesmal zieht er in die Keferstraße 11.

98. An Lotte Hepner, München 8. 11. 1915

Was in Malte Laurids Brigge (verzeihen Sie, wenn ich dieses Buch nochmals nenne, da es nun gerade zwischen uns zum Anlaß geworden ist) ausgesprochen eingelitten steht, das ist ja eigentlich nur *dies,* mit allen Mitteln und immer wieder von vorn und an allen Beweisen dies: *Dies,* wie ist es möglich zu leben, wenn doch die Elemente dieses Lebens uns völlig unfaßlich sind? Wenn wir immerfort im Lieben unzulänglich, im Entschließen unsicher und dem Tode gegenüber unfähig sind, wie ist es möglich dazusein? Ich bin nicht durchgekommen, in diesem unter der tiefsten inneren Verpflichtung geleisteten Buch, mein ganzes Staunen auszuschreiben darüber, daß die Menschen seit Jahrtausenden mit Leben umgehen (von Gott gar nicht zu reden) und dabei diesen ersten unmittelbarsten, ja genau genommen einzigen Aufgaben (: denn was haben wir anderes zu tun, noch heute und wie lange noch?) so neulinghaft ratlos, so zwischen Schrecken und Ausrede, so armsälig gegenüberstehen. Ist das nicht unbegreiflich? Meine Verwunderung über diese Tatsache drängt mich, sooft ich mich ihr überlasse, zunächst in die größte Bestürzung hinein und weiter in eine Art Grauen, aber auch hinter dem Grauen ist etwas Nächstes und Übernächstes, etwas so Intensives, daß ich mit dem Gefühl nicht zu entscheiden vermöchte, ob es glühend oder eisig sei. Ich habe schon einmal, vor Jahren, über den Malte jemandem, den dieses Buch erschreckt hatte, zu schreiben versucht, daß ich es selbst manchmal wie eine hohle Form, wie ein Negativ empfände, dessen alle Mulden und Vertiefungen Schmerz sind, Trostlosigkeiten und weheste Einsicht, der Ausguß davon aber, wenn es möglich wäre einen herzustellen (wie bei einer Bronze die positive Figur, die man daraus gewönne) wäre vielleicht Glück, Zustimmung; – genaueste und sicherste Seligkeit. Wer weiß, ich frage mich, ob wir nicht immer sozusagen an der Rückseite der Götter herantreten, von ihrem erhaben strahlenden Gesicht durch nichts, als durch sie selber getrennt, dem Ausdruck, den wir ersehnen, ganz nah, nur eben hinter ihm stehend – aber was will das anderes bedeuten, als daß unser Antlitz und das göttliche Gesicht in die selbe Richtung hinausschauen, einig sind; und wie sollen wir demnach aus dem Raum, den der Gott vor sich hat, auf ihn zutreten?

Verwirrt es Sie, daß ich Gott sage und Götter und mit diesen Satzungen (genau wie mit dem Gespenst) um der Vollzähligkeit willen umgehe, meinend, es müsse sich auch für Sie dabei gleich etwas denken lassen? Aber nehmen Sie Über-Sinnliches an. Verständigen wir uns darüber, daß der Mensch seit seinen frühesten Anfängen Götter gebildet hat, in denen da und dort nur das Tote und Drohende und Vernichtende und Schreckliche, die Gewalt, der Zorn, die überpersönliche Benommenheit, enthalten waren, verknotet gleichsam zu einem dichten bösartigen Zusammengezogensein: das Fremde, wenn Sie wollen, aber in diesem Fremden schon gewissermaßen zugegeben, daß man es gewahrte, ertrug, ja anerkannte um einer gewissen, geheimnisvollen Verwandtschaft und Einbeziehung willen: *man war auch dies, nur,* daß man vor der Hand mit dieser Seite des eigenen Erlebens nichts anzufangen wußte; sie waren zu groß, zu gefährlich, zu vielseitig, sie wuchsen über einen hinaus, zu einem Übermaß von Bedeutung an; es war unmöglich, neben den vielen Zumutungen des auf Gebrauch und Leistung eingerichteten Daseins, diese unhandlichen und unfaßlichen Umstände immer mitzunehmen; und so kam man überein, sie ab und zu hinauszustellen. – Da sie aber Überfluß waren, das Stärkste, ja eben *zu* Starke, das Gewaltige, ja Gewaltsame, das Unbegreifliche, oft Ungeheuere –: wie sollten sie nicht, an einer Stelle zusammengetragen, Einfluß, Wirkung, Macht, Überlegenheit ausüben? Und zwar nun von Außen. Könnte man die Geschichte Gottes nicht behandeln als einen gleichsam nie angetretenen Teil des menschlichen Gemütes, einen immer aufgeschobenen, aufgesparten, schließlich versäumten, für den eine Zeit Entschluß und Fassung da war, und der dort, wohin man ihn verdrängt hatte, nach und nach zu einer Spannung anwuchs, gegen die der Antrieb des einzelnen, immer wieder zerstreuten und kleinlich verwundeten Herzens kaum noch in Frage kommt.

Sehen Sie, und so ging es nicht anders mit dem Tod. Erlebt, und doch, in seiner Wirklichkeit, uns nicht erlebbar, uns immerfort überwissend und doch von uns nie recht zugegeben, den Sinn des Lebens kränkend und überholend von Anfang an, wurde auch er, damit er uns im Finden dieses Sinnes nicht beständig unterbräche, ausgewiesen, hinausverdrängt, er, der uns wahrscheinlich so nahe ist, daß wir die Entfernung zwischen ihm und der inneren Lebensmitte in uns gar nicht feststellen können, er wurde ein Äußeres, täglich Ferngehalteneres, das irgendwo im Leeren lauerte, um, in bösartiger Auswahl, den und jenen anzufallen –; mehr und mehr stand der Verdacht wider ihn, daß er der Widerspruch, der Widersacher sei, der unsichtbare Gegensatz in der Luft, der, an dem unsere Freuden eingehen, das gefährliche Glas unseres Glücks, aus dem wir jeden Augenblick können vergossen werden.

Gott und Tod waren nun draußen, waren das Andere, und das Eine war unser Leben, das nun um [den] Preis dieser Ausscheidung menschlich zu werden schien, vertraulich, möglich, leistbar, in einem geschlossenen Sinn das Unsrige.[1] Da aber in diesem gewissermaßen für Anfänger eingerichteten Lebenskurs, in dieser Lebensvorklasse, der zu ordnenden und begreifenden Dinge immer noch unzählige waren und zwischen gelösten Aufgaben und nur eben vorläufig übersprungenen nie ganz strenge Unterschiede gemacht werden konnten, so ergab sich, selbst in dieser eingeschränkten Fassung, kein gerader und zuverlässiger Fortgang, sondern man lebte, wie es kam, von wirklichen Erträgen und Fehlersummen und aus allem Ergebnis mußte endlich wiederum als Grundfehler eben diejenige Bedingung hervortreten, auf deren Voraussetzung dieser ganze Daseinsversuch aufgerichtet war, indem nämlich aus jeder in Gebrauch genommenen Bedeutung Gott und Tod abgezogen schienen (als ein nicht Hiesiges, sondern Späteres, Anderwärtiges und Anderes), beschleunigte sich der kleinere Kreislauf des nur Hiesigen immer mehr, der sogenannte Fortschritt wurde zum Ereignis einer in sich befangenen Welt, die vergaß, daß sie, wie sie sich auch anstellte, durch den Tod und durch Gott von vorneherein und endgültig übertroffen war. Nun hätte das noch eine Art Besinnung ergeben, wäre man imstande gewesen, Gott und Tod als bloße Ideen sich im Geistigen fernzuhalten –: aber die Natur wußte nichts von dieser uns irgendwie gelungenen Verdrängung – blüht ein Baum, so blüht so gut der Tod in ihm wie das Leben, und der Acker ist voller Tod, der aus seinem liegenden Gesicht einen reichen Ausdruck des Lebens treibt, und die Tiere gehen geduldig von einem [zum] anderen – und überall um uns ist der Tod noch zu Haus und aus den Ritzen der Dinge sieht er uns zu, und ein rostiger Nagel, der irgendwo aus einer Planke steht, tut Tag und Nacht nichts, als sich freuen über ihn.

Und auch die Liebe, die zwischen den Menschen die Zahlen verwirrt, um ein Spiel von Nähen und Fernen einzuführen, in dem wir immer nur so weit einreihen, als wäre das Weltall voll, und nirgends Raum als in uns; – auch die Liebe nimmt nicht Rücksicht auf unsere Einteilungen, sondern reißt uns, zitternd wie wir sind, in ein endloses Bewußtsein des Ganzen hinein. – Die Liebenden leben nicht aus dem abgetrennt Hiesigen; als ob nie eine Teilung vorgenommen worden wäre, greifen sie den ungeheueren Besitzstand ihrer Herzen an, von ihnen kann man sagen, daß ihnen Gott wahrhaft wird und daß der Tod ihnen nicht schadet: *denn sie sind voller Tod, indem sie voller Leben sind.*

Aber vom Erleben haben wir hier nicht zu reden, es ist ein Geheimnis, kein sich verschließendes, keines, das den Anspruch macht, versteckt zu werden, es ist das seiner selbst sichere Geheimnis, das wie ein Tempel offen steht, dessen Eingänge sich rühmen Eingang zu sein, zwischen überlebensgroßen Säulen singend, daß sie die Pforten sind.

Aber (und damit, Fräulein H., bin ich erst wieder bei Ihrem Brief) wie tun wirs, um auf das Erleben recht vorbereitet zu sein, das uns in menschlichem Bezug, in der Arbeit, im Leiden irgendwann ergreift und für das wir nicht ungefähr sein dürfen, weil es selber genau ist, so genau, daß wir nur im Gegensatz begegnen können, nie ein Zufall; Sie haben sich selber mehrere Wege des Lernens entdeckt, und man fühlt, daß Sie aufmerksam und nachdenklich darauf gegangen sind. So haben auch die Erschütterungen, von denen Sie schreiben, Sie dichter zusammengerüttelt und nicht verschüttet – ich möchte, soviel ich es vermag, Ihre Beschäftigung mit dem Tode unterstützen, sowohl von der biologischen Seite her (indem ich Wilhelm Fließ nahebringe und seine sehr merkwürdigen Forschungen: ein kleines Fließsches Buch[2] sende ich Ihnen nächster Tage) als auch indem ich Sie auf einige bedeutende Menschen aufmerksam mache, die sich über den Tod, reiner, stiller und großartiger besonnen haben. Zunächst Einen: Tolstoi.

Es gibt von ihm eine Erzählung, die der Tod des Iwan Iljitsch heißt; an dem Abend nämlich, als Ihr Brief kam, empfand ich sehr stark den Antrieb, diese außerordentlichen Seiten wieder zu lesen, – ich tat es, und indem ich an Sie dachte, las ich sie Ihnen beinah vor. Diese Geschichte steht in dem siebenten Band (dritte Serie, der bei Eugen Diederichs erscheinenden Gesamtausgabe, zusammen mit »Wandelt, dieweil ihr das Licht habt« und »Herr und Knecht«); ist Ihnen das Buch erreichbar? Ich wünschte, daß Ihnen vieles von Tolstoi erreichbar wäre, die zwei Bände »Lebensstufen«, die Kosaken, Polikuschka, der Leinwandmesser, drei Tode: Sein enormes Naturerleben (ich weiß kaum einen Menschen, der so leidenschaftlich in die Natur eingelassen war) setzte ihn erstaunlich in den Stand, aus dem Ganzen heraus zu denken und zu schreiben, aus einem Lebensgefühl, das vom feinverteiltesten Tode so durchdrungen war, daß er überall mit enthalten schien, als ein eigentümliches Gewürz in dem starken Geschmack des Lebens –, aber gerade deshalb konnte dieser Mensch so tief, so fassungslos erschrecken, wenn er gewahrte, daß es irgendwo den puren Tod gab, die Flasche voll Tod oder diese häßliche Tasse mit dem abgebrochenen Henkel und der sinnlosen Aufschrift »Glaube, Liebe, Hoffnung«[3], aus der einer Bitternis des unverdünnten Todes zu trinken gezwungen war. Dieser Mensch hat an sich und an anderen viele Arten von Todesangst beobachtet, denn auch noch seiner eigenen Furcht Beobachter zu sein, war ihm durch seine natürliche Fassung gegeben, und sein Verhältnis zum Tode wird bis zuletzt eine großartig durchdrungene Angst gewesen sein, eine Fuge von Angst gleichsam, ein riesiger Bau, ein Angst-Turm mit Gängen und Treppen und geländerlosen Vorsprüngen und Abstürzen nach allen Seiten – nur, daß die Kraft, mit der er auch noch den Aufwand seiner Angst erfuhr und zugab, im letzten Augenblick vielleicht, wer weiß es, in unnahbare Wirklichkeit umschlug, plötzlich dieses Turmes sicherer Boden, Landschaft und Himmel war und der Wind und ein Flug Vögel um ihn – . . . (AB, 510 ff.)

1 Vgl. ›Die Aufzeichnungen des Malte Laurids Brigge‹ (WA 11, 862).
2 Vermutlich W. Fließ, Vom Leben und vom Tode. Biologische Vorträge, 2. Aufl. 1914.
3 Vgl. ›Der Tod‹ (WA 3, 103 f.); siehe dazu Nr. 116.

Im November befaßt sich Rilke immer wieder mit der Frage des Todes: am 9. November entsteht das Gedicht ›Der Tod‹ (WA 3, 103 f.), am 13. das ›Requiem auf den Tod eines Knaben‹ (WA 3, 104 ff.), gewidmet dem Andenken des im Alter von acht Jahren gestorbenen Peter Jaffé.

99. An Else Jaffé[1], München 14. 11. 1915

Ich fühle zuweilen einen unsäglichen Antrieb in mir, keinen bisherigen Todesgedanken mehr nach-zudenken, sondern von dem nächsten gegebenen Anlaß aus, ein völlig vorwurfsloses Todesverhältnis zu versuchen: sowenig die Ruhe ein Abnehmen von Bewegung ist, vielmehr eine unermeßliche Steigerung ins größere weltischere Bewegt- und Hingerissensein (unter Verzicht auf willkürliche Eigenbewegung), so wenig ist der

Tod eine Lebensverminderung oder ein Verlust an Leben; es scheint mir sicher, daß wir unter diesem seltsamen Namen das völlige Leben meinen, die Vollzähligkeit des Lebens, alles Leben in Einem. Unserer jetzigen Beschränkung gegenüber erscheint solche Fülle geradezu in der Gestalt des Gegensatzes und ob wir gleich, unser hiesiges Werden und Schwinden ›Sein‹ zu nennen, recht wenig Ursache haben, so mußte doch die Bezeichnung Nicht-Sein auf das noch Unbekanntere hinüberfallen. Aber wie vorläufig ist das alles. Nur daß eben leider das ganze Leben im Vorläufigen sich eingerichtet hat, den Tod ausscheidend, Gott ausscheidend und die Liebe mißbrauchend. (Storck, Anhang, 191 f.)

1 Ihr Mann Edgar Jaffé (1866-1921) war Professor der Nationalökonomie in München und 1918/19 Finanzminister in der Revolutionsregierung Kurt Eisners.

Am 22. und 23. November schreibt Rilke die 4. Elegie, deren Schlußverse noch einmal das Motiv des »Kindertods« aufnehmen – die im ersten Entwurf noch folgenden zehneinhalb Zeilen mit einem direkten Anruf des Engels hat er teils gestrichen, teils ganz unleserlich gemacht (z. T. rekonstruiert bei Wodtke, 167).

Mitten in die Arbeit hinein fällt am 24. November eine Musterung; Rilke wird für tauglich erklärt und erhält zum 4. 1. 1916 einen Gestellungsbefehl als »uneingereihter Landsturmmann« nach Turnau in Nordböhmen:

100. An Marie Taxis, München 26. 11. 1915

Seit ich hier bin in dem stillern entlegenern Haus[1], hab ich viel erinnert, vieles im Innern zurück- und über sich hinaus gelebt, und da war die Arbeit ganz nahe, ja sie war eigentlich schon da, zwei drei Sachen könnt ich Ihnen lesen. Nun aber: Neuigkeit!: steh ich zwischen zwei Musterungen, denken Sie, und die erste von ihnen brachte das Ergebnis, daß ich am vierten Januar nach Turnau einzurücken habe. Nun ist ja meine körperliche Leistungsfähigkeit, besonders jetzt auf den Winter zu, so minimal und prekär, daß möglicherweise die nächste Untersuchung das erste Resultat wiederum korrigiert. Da bleibt nichts als abwarten. Daß ich wünsche, Gott möchte mich, solang als möglich, an meiner Arbeit lassen, besonders jetzt, da ich gerade ihren Geschmack wieder auf den Lippen hatte, das wird mir keiner verdenken, der weiß, *wie* ich zu dieser Arbeit steh, und begreift, daß ich in ihr eine Macht und Herrlichkeit bin und außer ihr nicht einmal ein Kräftchen. Gott helfe also zur richtigen Verwendung . . . (AB, 517 f.)

1 Keferstraße 11.

Anfang Dezember ist Rilke in Berlin, um mit dem Freiherrn Philipp Schey-Rothschild über seine bevorstehende Einberufung zu sprechen:

101. An Marie Taxis, Berlin 2. 12. 1915

Ich gestehe, als ich gestern morgen hier ankam, um mit Philipp Schey (der seit einem Jahr dem deutschen Großen-Generalstab zugetheilt ist und im Militärischen sehr orientiert) meine Lage zu besprechen –, hatte ich immer noch etwas Hoffnung, auf Grund meines ärztlichen Zeugnisses, etwa bei einer höheren militärärztlichen Instanz, eine völlige Zurückstellung oder Beurlaubung zu erreichen: denn w a s wärs mir gewesen, jetzt, da sie endlich wieder sich geben wollte, an meiner Arbeit zu bleiben, – wenn ich Ihnen sage, Fürstin, es ist wieder eine Elegie*[1] da, ein paar seltsame Stücke *»vom Tode«*[2] und was ahnte ich nicht alles, was glühte nicht alles in mir eben noch, vor dieser Verschüttung[3] – –. Genug, Schey hält nun ein Wiederloskommen, da das Loos einmal gefallen ist, für ausgeschlossen, und räth, alle Anstrengung darauf zu verwenden, eine, wenn es gut geht, wenig strenge Büreaudienstleistung für mich zu erreichen. Er thut heute einen, wie ich ihm glaube, entscheidenden Schritt dafür, indem er in meiner Sache dem Vertreter des Kriegsministers, Excellenz Feldzeugmeister v.

Schleyer schreibt, das ärztliche Zeugnis beifügt und zugleich ungefähr in Aussicht stellt, daß der Fürst vielleicht den Excellenzherrn aufsuchen würde, um ihm, soweit das erwünscht ist, ergänzende Mittheilungen über mich zu machen. [. . .] Nach Turnau einrücken und einer Ausbildung von selbst nur einigen Tagen unterworfen werden, das hieße für mich, die Militärschule wieder antreten. Sie wissen, Fürstin, was die für mein inneres Erleben gewesen ist, eine Fibel des Entsetzens. Was hab ich schließlich seither gethan, als das damals dort Erlittene in einem großen, einem Welt-Höllen-Sinne, ausdeuten; denn dies war geistig mein einziger Ausweg, diese zu früh erfahrene Tötlichkeit in einem höchsten Verstande zu begreifen, – um sie dort zu bejahen und zu überstehen: auszumerzen aus mir wäre sie ja nie mehr gewesen. Einrücken hieße nun auf den engen ursprünglichen, nichts als häßlichen, nichts als unsinnigen Sinn des alten Erlebens zurückgestoßen werden, noch einmal nach fünfundzwanzig Jahren bewiesen bekommen, daß es kleines, unmögliches Elend war, sonst nichts –, und das, Ihnen kann ich's sagen, Fürstin, das ist meine eigentliche Angst, mein Entsetzen, denn das wäre eine Rückgängigmachung seelischer Arbeit, über der alles in mir sich verfinstern und verschütten würde. Sie werden verstehen, meine liebe Freundin, daß ich nicht übertreibe; was die Militärschule in mir angerichtet hat, das kann ich ja nur meinen Nächsten verständlich machen, aber die, mein ich, werden auch zugeben, daß man wahrscheinlich nicht zweimal am selben Untergang vorüberkommt. In dieser Gefahr bin ich kleinmüthig, denn ich habe schon einmal in ihr allen Muth ausgegeben, viel mehr als ich hatte. (TT, 459 ff.)

* oder doch etwas diesem Kreise Nahes –

1 Die 4. Elegie.
2 ›Der Tod‹ und ›Requiem auf den Tod eines Knaben‹, s. o.
3 Vgl. auch: An Anton Kippenberg, 15. 2. 1916: »Schon glaubte ich vor den freisten Aussichten zu stehen, da fiel mir das dichte graue Militärtuch vors geklärte Gesicht« (AB, 519 f.).

Ab 13. Dezember wohnt Rilke in Wien bei der Fürstin Marie Taxis. Alle Versuche, die Einberufung zu verhindern, schlagen fehl; am 4. Januar rückt er so in die Wiener Kaserne im Baumgarten zum Landwehr-Schützenregiment Nr. 1 ein. Nach weiteren Bemühungen seiner Freunde wird Rilke am 27. Januar dem Kriegsarchiv in Wien überstellt:

102. An Marie Taxis, Wien (Kriegsarchiv) 17. 2. 1916

Wundern Sie sich nicht, liebe Fürstin, wenn ich jetzt ein paar Tage ganz trotze, ich muß soviel in mir zu Ruhe bringen. Mitgebracht hab ich nichts, keine Elegieen, hier soll mir nichts herein, *»il faut séparer les pleurs et les ris«* schreibt Lionardo und ein junges Mädchen schrieb mir einmal, sie habe, als Kind, bei Zahnschmerzen nie mit gewissen liebsten Dingen gespielt, damit das Gedächtnis der Zahnschmerzen nicht hineinschlüge. So will auch ich, fühl ich, reine Trennung halten zwischen Verhängnis und Herrlichkeit. (TT, 472)

*Im März lernt Rilke den Maler Oskar Kokoschka (*1886) kennen und verbringt einige Tage bei Hugo von Hofmannsthal in Rodaun, daneben kommt es zu häufigen Begegnungen mit Karl Kraus. Im Juni gelingt es Rilke, seine Entlassung aus der Armee zu erreichen. Ab Mitte Juli wohnt er wieder in München in der Keferstraße 11.*

103. An Sidonie Nádherný, München 20. 7. 1916

Im Inneren scheint alles verschüttet, aber von außen wird man nach und nach zu den Stellen kommen, wo die bloße Leistung in die innere Fühlung umschlägt, nach der mich unbeschreiblich verlangt. (SN, 261)

104. An Ilse Erdmann, München 6. 9. 1916

Wie kommt es nur, daß ich von Anfang an so unbeirrbar die Empfindung habe, als könne Ihnen nichts geschehen, als geschähe Ihnen auch jetzt nichts Zerstörendes, sondern ein Großes: dies: daß Ihr Schicksal in seinen Mythos übergeht. Und als ob früher oder später, in einem Moment der Schmerzlosigkeit, eine neue Lage für Sie würde gefunden sein, von der aus Ihr Anschauen ein ruhendes und zugebendes werden wird, als ob nächstens die Einheit alles Ihnen Widerfahrenen über jedem Zweifel sei. Ilse: ich will Sie nicht überreden, etwas für möglich zu halten, was Ihnen jetzt mehr als je zertrümmert scheint, wer bin ich denn auch, daß ich Sie mit dem Leben beruhigen dürfte –, ich, der ich selbst ihm so gut wie nirgends gewachsen war, sondern höchstens imstand, wenn ich beschützt war vor ihm, seine hinreißenden Zusammenhänge auszusagen. Wie der Mund einer Brunnen-Maske die Quelle giebt –: nicht anders.
(Bisher unveröffentlicht; Deutsches Literaturarchiv, Marbach)

105. An Anton Kippenberg, München 18. 9. 1916

Nach Nachrichten, die mir von da und dort hereinkommen, vermut ich, es sei doch eine Art Atemholens in jenen nicht ganz unter dem Kriege liegenden Gegenden möglich, jenes Atmen, im größeren Kreislauf, das gerade mir, wie Sie begreifen werden, nun schon fast zu lange versagt ist. Aber dies ist nur eine Nebenfrage vor der Hand. Sollte ich die böse Erfahrung machen, daß die beinahe sieben Monate der Ausschaltung mich so gründlich verstört haben, daß ich am Eignen nicht recht aufzuglühen vermag, so würde ein Wechsel des Ortes und der Aufgaben schließlich ein Ausweg sein, den ich freilich ziemlich gedemütigt antreten würde. Unter allen Möglichkeiten wäre dann auch die, nach Leipzig zu gehen und mich am Insel-Verlage nach meiner Fähigkeit zu verwenden: auch dies bitte ich Sie unter Übersicht zu halten, jetzt allerdings ob ich gleich daran noch nicht wieder viel erreicht habe, schließt sich meine Hoffnung doch noch an dieses Pult an und an die drei Manuskriptfächer einer gewissen Schublade[1]. – (AK, 303 f.)

1 Darin wohl in erster Linie Elegienhandschriften.

Im September besucht Rilke die Franz-Marc-Ausstellung; seine dichterische Hauptarbeit in diesen Monaten ist die Übertragung von Michelangelo-Sonetten (jetzt in: Übertragungen, 175 ff.). Außerdem ist er als literarischer Berater des Insel-Verlages tätig.

106. An Anton Kippenberg, München 15. 4. 1917

Von mir möcht ich am liebsten erst aus besseren Zuständen berichten dürfen. Ich habe leider durch die schweren Monate hin recht behalten mit meiner Befürchtung, daß die Wiener Unterbrechung nicht so rasch sich würde überwinden lassen. Bei der fatalen Ähnlichkeit ihrer Verhältnisse mit jener schwersten Lebensschicht der Militärschule hat sie mir, wie ich erst recht gewahre, etwa das zugefügt, was ein Baum durchzumachen hätte, der sich für eine Weile umgekehrt fände, mit der Krone nach unten in das widerspenstige und arge Erdreich vergraben, aus dem er, vor einem Baumalter, unter der unsäglichsten Aufwendung ans Licht gewachsen war. Wozu immer noch hinzu zu wissen ist, daß diese Krone gerade im Augenblick damals des Vergrabenwerdens voll neuer Säfte stand, zu Blühen und Tragen bereit wie nicht seit lange ... Nun kennt man ja zum Glück die fast unbegrenzte Ausdauer und Erneuerung der Natur, aber man weiß auch, daß sie langsam und langwierig arbeitet –. So schreite ich auf den Wegen der Übersetzungen nur sehr langsam weiter, und die Versuche, die bei der Einrückung abgebrochenen eigensten Arbeiten fortzusetzen, haben nur ein qualvolles Nichtkönnen in die tägliche Erfahrung gerückt. Jene Bruchstellen sind hart und kalt geworden, und es fehlt die Wärme argloser Freudigkeit, sie aufzuschmelzen, und wie sollte nicht erst recht die so viel größere Bedingung zu dem Glück neuer Hervorbringungen dem enteigneten Gemüt unerreichbar sein!

Wie wünsch ich Ihnen, lieber Freund, die erleichterte Rückkehr an das Ihrige. Auch das Meine, obwohl ich ihm scheinbar nun nicht vorenthalten war diese ganze Zeit, wird erst bei heilender Welt sich wieder auf mich verlassen dürfen. Aber dann wird es ja für uns alle ein neuer, entschlossener, reiner Anfang sein ... (AB, 528 f.)

In der zweiten Julihälfte gibt Rilke seine Münchner Wohnung in der Keferstraße auf und reist über Berlin zum Gut Böckel der Frau Hertha Koenig, deren Gast er bis zum 4. Oktober ist.

107. An Katharina Kippenberg, Gut Böckel 31. 8. 1917

Der Krieg, in seiner jetzigen Phase, ist mir wieder etwas verständlicher geworden, seit er, trotz seiner furchtbaren Schlachtfelder, immer noch mehr überall in dem endgültigen Ringen der zwei gewaltigen Parteien besteht, von denen die eine, kurzsichtige, die kleinen, bösen und habgierigen Gewinste aus ihm zu schlagen sich anmaßen will, während die andere große menschliche Partei in seinem unendlichen Verhängnis das mächtigste und unwidersprechlichste Gebot zur Änderung aller menschlichen Dinge erkennt und sich, durch alle Länder hin, bereit erklärt, zu gehorchen. Nie, soweit wir die Geschichte sehen können, ist die Menschheit so im Ganzen umformbar geworden, wie in diesem ihrem schrecklichsten Schmelzofen, – wären nur die reinen Bildnerhände da –: jetzt wäre sie Wachs in ihnen. (KK, 244)

Vom 4. Oktober an wohnt Rilke in Berlin. Er trifft sich wiederholt mit Gerhart Hauptmann (1862-1946) und dem Mäzen und Diplomaten Harry Graf Kessler (1868-1937):

108. Gesprächsnotiz des Grafen Kessler, Berlin 6. 11. 1917

Er sprach dann von seinen eigenen Elegien, die ich nicht kenne. Sie seien sein Bekenntnis, das, was er im Malte Laurids Brigge formuliert zu haben glaubte[1], jetzt aber in den Elegien in einer ihm selber überraschenden Weise zu verwirklichen im Begriffe stand, als der Krieg ausbrach. Wenn er nur sie vollenden könne, wolle er gern sterben. (Schnack, 576)

1 Siehe oben Nr. 4 und Nr. 5.

Ab 10. Dezember ist Rilke wieder in München; bis zum 7. Mai wohnt er im Hotel Continental. Die ›Elegien‹ bleiben unterbrochen.

109. An Gräfin Caroline Schenk von Stauffenberg, München 28. 2. 1918

Das Urteil Stauffenbergs[1] über eine gewisse Arbeit, das Sie mir mitteilen, dieses großmütige Zustimmen in dem, genau wie in seiner Hülfe, erfahrendstes Gefühl zu rein geistigem Ausdruck kommt, läßt mir keinen Zweifel darüber, in welcher Richtung er mich weiterstrebend wissen wollte; und es bereitet mir die größte Genugtuung, daß meine Natur mir die gleiche Anforderung stellt.

Was aber jene Arbeiten selbst angeht, für die Sie, gnädigste Gräfin, ein so aufmerksames Interesse zeigen, so liegen bis jetzt nur Stücke aus weiteren Zusammenhängen vor, die nur dem unterrichteten Freunde, dem ich sie, auf Grund mancher Gespräche, anvertraute, verständlich werden konnten. Leider muß ich fürchten, daß bis zu einem Abschluß noch lange Wege sind und viele Unwegsamkeiten –, die Zeiten sind nicht danach, eine unbeirrte Sammlung und irgend ein Glück zu begünstigen; ihnen gegenüber scheint ja die Glücklichkeit des Schaffenden als ein im argen Hiesigen kaum noch möglicher Zustand.

Sollte aber, früher oder später, die ganze Arbeit, deren Drucklegung mir in keiner Weise dringend ist, vorliegen, so würde ich mir, Ihres gütigen Wunsches dauernd eingedenk, erlauben, Ihnen eine Abschrift zuzueignen. (AB, 544 f.)

1 Dr. Wilhelm Franz Schenk Freiherr von Stauffenberg war am 13. 2. 1918 verstorben.

110. An Marie Taxis, München 24. 4. 1918

Ich wenigstens habe, solang Krieg ist, keinen Entschluß Unterbrochenes aufzunehmen, es ist ein Leben *en parenthèse,* erst wenn man die Klammer einmal schließen kann, wird man den Hauptsatz wieder aufnehmen können, in dem wir unterbrochen worden sind. (TT, 551 f.)

Am 8. Mai zieht Rilke in eine neue Wohnung in der Ainmillerstraße 34.

111. An Gräfin Aline Dietrichstein, München 9. 10. 1918

Ich mag nicht wieder (und vollends nicht in diesem Augenblick) die unbeschreibliche Erstarrung und Hemmung meines Gemütes beklagen; aber sie ist es, mit der die Zeit mich schlägt – wie sie jeden auf irgendeine Weise unterbunden und unterbrochen hat – und durch eben diesen Zustand innerer Vereisung, der mir mein eigenes Herz fast unzugänglich macht, bin ich immerfort von allem ausgeschlossen: von den Freunden, von der Natur, und (am verwirrendsten) von Glück und Fülle meiner eigenen Arbeit. Sie haben mich, liebe Gräfin, nicht gekannt, da dieser Druck noch nicht auf mir lag, da ich in einer offenen Welt lebte[1] und mehr als irgendein anderer (darf ich wohl sagen) von den Strömungen getragen war, die durch Länder und Himmel die großen Begeisterungen einer gemeinsamen Menschheit trugen. Wenn ich mir nun vorstelle, daß es einmal wieder so werden könnte, daß ich mein argloses, zum Schauen und Bewundern, zum Zustimmen, zum unendlichen Anbeten angelegtes Wesen verwenden darf, so freu ich mich dieser Zukunft auch um Ihretwillen. [...]

Ich habe mich alle die Jahre nicht gefragt (es wäre unvorsichtig gewesen es zu tun), wie sehr ich noch bei aller Trübsal, Wirrnis und Entstellung der Welt an die großen, an die vollkommenen, weithin unerschöpflichen Möglichkeiten des Lebens glaube; Ihr Hochzeitstag sei mir ein Anlaß, mich zu prüfen. Und da bekenne ich denn, liebe Gräfin, daß ich das Leben für ein Ding von der unantastbarsten Köstlichkeit halte, und daß die Verknotung so vieler Verhängnisse und Entsetzlichkeiten, die Preisgebung so zahlloser Schicksale, alles, was uns diese letzten Jahre zu einem immer noch zunehmenden Schrecken unüberwindlich angewachsen ist: mich nicht irre machen kann an der Fülle und Güte und Zugeneigtheit des Daseins. Es hätte keinen Sinn, Ihnen mit Wünschen nahe zu kommen, wenn nicht *vor* allem Wunsch diese Überzeugung stünde, daß die Güter des Lebens rein und unverdorben und im Tiefsten begehrenswert aus Umsturz und Untergang hervorgehen; aber daß ich (obzwar selber traurig, schwermütig und an ein fast unauflösbares Herz gebunden) diese Überzeugung fassen kann, das möge meinen Wünschen die größte und reinste Gültigkeit geben. Und wenn ich so, auf der einen Seite, für die wunderbaren Vorräte des Lebens einstehe, so ist es mir andererseits im Innersten gewiß, daß gerade Sie seine Zuwendungen nach ihrem gründlichsten Werte zu schätzen wissen. (AB, 558 f.)

1 Vgl. auch: An Anton Kippenberg, 3. 7. 1918: »Sie schreiben, das Weltbild, das äußere sowohl wie das innere, habe sich von Grund auf geändert. Was *ich* wahrnehme, mein lieber Freund, ist immer noch der heillose Abbruch des früheren, an dem ich auf meine Art um so tiefer beteiligt war, als es für mich in die offenste Zukunft überging. Je länger die wirrsälige Unterbrechung dauert, desto mehr sehe ich meine Aufgabe darin, das Gewesene fortzusetzen in reinster Unbeirrtheit und unerschöpflichem Erinnern« (AB, 549).

112. An Katharina Kippenberg, München 4. 11. 1918

Wundern Sie sich nicht, wenn nun gelegentlich kleine Sendungen kommen, wie die beiliegende[1]: sie möchte verschlossen, wie sie ist, im Eisenschrank der Insel aufbewahrt sein. Immer im Hinblick darauf, daß ich doch noch vielleicht in die Schweiz gehe, stelle ich einige Abschriften von meinen neueren Arbeiten her, um sie, für alle Fälle, bei Ihnen gesichert liegen zu lassen, wenn ich mich in alle die Unsicherheiten der bodenlosen Welt hinausbegebe; dem hier Mitkommenden wird also noch einiges, sowie die Abschriften fertig sind, nachfolgen. (KK, 315)

1 Aller Wahrscheinlichkeit nach handelt es sich dabei um die Handschrift AK (siehe Handschriftenverzeichnis).

Anfang November kommt es in München zur Revolution; Kurt Eisner wird erster Vorsitzender des Soldaten-, Bauern- und

Arbeiterrates. Am 9. 11. dankt Kaiser Wilhelm ab und die deutsche Republik wird ausgerufen.

Rilke, der mit Kurt Eisner, Edgar Jaffé, Sophie Liebknecht und Ernst Toller persönlich bekannt ist, sieht in der Revolution zunächst »eine ganz neue Seite der Zukunft aufgeschlagen« (Nr. 113), nimmt an Veranstaltungen teil und engagiert sich auch sonst auf verschiedene Weise. Genau wie 1914 fühlt er sich jedoch bald von der Wirklichkeit ernüchtert, die die von ihm gesehenen »unerhörten Möglichkeiten« (Nr. 118) nicht einlösen kann:

113. An Dorothea Freifrau von Ledebur, München 19. 12. 1918

Ich gestehe, daß ich zu dem Umsturz selbst zuerst eine gewisse rasche und freudige Zuversicht zu fassen vermocht habe[1], denn seit ich denken kann, habe ich der Menschheit nichts dringender gewünscht, als daß sie irgendwann eine ganz neue Seite der Zukunft aufzuschlagen ermächtigt sein möge, auf die nicht die ganze Fehlersumme der verhängnisvollen Vergangenheiten übertragen werden muß. Die Revolution schien mir ein solcher begabter Moment zu sein. Aber er ist von einer so zufälligen und im Tiefsten unbegeisterten Minderheit erfaßt und ausgeübt worden, – der Geist versuchte erst nachträglich einzutreten und einzudringen, und auch dieser war nur Geist dem Namen nach und hatte keine Jugend und kein überzeugendes Feuer in seiner Natur. Vielleicht sind Revolutionen nur möglich in sehr vollblütigen Augenblicken, jedenfalls nicht nach einem mehr als vierjährigen Aderlaß. [. . .] Übrigens versteh ich unter Revolution die Überwindung von Mißbräuchen zugunsten der tiefsten Tradition, und bei solcher Auffassung seh ich, wie Sie sich vorstellen können, dem Heutigen und Morgigen mit der größten Besorgnis zu. Immerhin lassen Sie uns, jeder auf seiner kleinen Stelle, eine innige Hoffnung pflanzen. Meine Neigung ist jetzt mehr denn je, zu tun, was ich wirklich k a n n, ganz entgegen dem Rufe der Zeit, die alle von ihrem eigentlichen Können fort in einen politischen Dilettantismus verführen möchte. (GB IV, 214 f.)

1 Zu Rilkes anfänglichem Engagement für die Revolution vgl. die Belegstellen bei Storck, Anhangband, 130 ff. und die wichtigen Materialien im Katalog, 228 ff.

114. An Katharina Kippenberg, München 29. 12. 1918

Daß ich, was mich angeht, lauter Bereitschaft bin, die Dinge, die mir um 1914 sind aus den Händen geschlagen worden, fortzusetzen und liebzuhaben, das darf ich im heiligsten Bewußtsein versichern.[1] Leider sind die äußeren Umstände nicht die dazu beiständigsten. So sehr es mich auf der einen Seite freut, Hausrat und Bücher um mich zu ergänzen und auf ein neues Eigentum einzugehen, so gesteh ich mir doch jeden Tag, daß alles Zu- und Angeeignete noch erst wird anderswohin zu versetzen sein, von München fort, eh es mir zu Schutz und Umhalt gedeihen mag. Das Hiesige läßt nicht von einer gewissen Zudringlichkeit, und schon an seiner bloßen Erscheinung ist mein Blick stumpf geworden wie ein Griffel an der wochentäglichen Schultafel. Fort, Fort. Nur: wohin? (KK, 323)

1 Vgl. auch: An Marie Taxis, 19. 12. 1918: »Ich muß an diese Arbeit denken und mich zu ihr zusammennehmen; bei aller Ungewißheit der Zukunft, müßte dies die sichere Aufgabe sein, auf die ich mich um jeden Preis einstelle. Ich habe ja allerdings vor, hier noch einen strengen Arbeitsversuch zu machen, unter Abbruch aller Verbindungen, die meine Kraft und Aufmerksamkeit aufbrauchen« (TT, 566).

115. An Lou Andreas-Salomé, München 13. 1. 1919

In den ersten Tagen der Revolution, ja vielleicht nur an ihrem ersten Morgen, meinte ich dann ergriffen zu sein und, wenn auch nicht im einzelnen beweglicher, doch im Ganzen, im Stück sozusagen, auf eine Art von Zukunft zubewegt! Aber der Sturm war nicht da, und so wies es sich, daß man kein Recht hatte, eigene Zukunft für eine gemeinsame aufzugeben, zu der, wie es scheint, ja doch niemand rein angetrieben war. Nun sitzt man doch wieder und sondert das eigne Dasein heraus und überlegts und plant's und hälts vor den trüben Hintergrund.

Und alles, was man war, liegt, kommt man aufs Rechnen, sechs Jahre zurück und mehr. Das Unheil hat mächtig vergeudet mit uns. (LAS, 382 f.)

Anfang 1919 liest Rilke in den ›Flammes hautes‹ des belgischen Lyrikers Émile Verhaeren (1855-1916) und überträgt daraus das Gedicht ›Les Morts‹:

116. An Adelheid von der Marwitz, München 14. 1. 1919

Ob Verhaeren[1] zu denjenigen gehört hat, die Bernhard von der Marwitz besonders bewundert hat, ob er Ihnen an den Friedersdorfer Abenden aus seinen Büchern vorgelesen hat? Dieser große Dichter, der mitten im Kriege auf dem Bahnhof von Rouen so grausam getötet worden ist, war mir ein wunderbarer und mächtiger Freund, ich will Ihnen einmal von ihm erzählen, wie er mehr und mehr die ganze Kraft und Werbung, die Menschen zu Gott werfen, auf die *Menschen* zu richten vermocht hat, zu denen er Zutrauen, Erwartung, strahlende Freude –, ja eben den Glauben eines großen gewaltigen Gläubigen zu fassen und anzuwenden wußte. Und gerade kraft dieser graden strahlenden Menschen-Gläubigkeit war er ein unüberwindlicher Freund, – von jedem das Reinste, das Herrlichste vermutend, zu nichts so selig bereit, wie zum Bewundern. Ich habe in ihm, dem Großen, denjenigen verloren, der mich am eindringlichsten zu meinen Aufgaben zu ermutigen verstand, – ob er gleich nie eine Zeile von meinen Arbeiten lesen konnte, er glaubte an sie mit einer stürmischen Zuversicht, und ich weiß, er traute mir genau *das* zu, was zu leisten mir ein innerster Jubel wäre. Ich gedenke alles dessen mit besonders bewegtem Gemüt, seit ich sein letztes Buch »Les flammes hautes« in Händen habe –, seit drei Tagen lese ich fast immerzu daraus vor: könnt ich Sie hier haben, um auch Ihnen das Glück dieser großen Gedichte zu bereiten, in denen Sie gewahren würden, was wir nun alle am dringendsten haben: daß die Vergänglichkeit nicht Trennung ist –, denn wir haben sie, vergehend wie wir sind, gemeinsam mit den uns Vergangenen –, und sie und wir sind zugleich einig in einem *Sein,* in dem ebensowenig Trennung denkbar ist. Verstünden wir denn sonst solche Gedichte, wenn sie nur die Aussprache eines künftig Toten gewesen wären? Reden sie in uns denn außer dem Hiesigen nicht fortwährend ein Uneingeschränktes und Unerkennbares an? Ja, ich meine, es kann der Geist an keiner Stelle sich so klein machen, daß er nur unser Zeitliches und Jetziges beträfe: wo er uns anbraust, da sind wir Tote und Lebendige in Einem.

Nun erst merke ich, wie sehr die Beiträge, die ich für das Insel-Jahrbuch zusammengestellt habe[2], alle *dieser* Überzeugung dienen, die in mir durch das möglichst genau erzählte »Erlebnis« bestärkt worden ist und auf die auch in dem grotesken Gedicht »Der Tod« angespielt ist. Der an den Baum Gelehnte wurde gewissermaßen zur lauter ansagenden Waage-Zunge zwischen den beiden Waagschalen von Leben und Tod – ein Bild, das ich nicht gebrauchen kann, ohne mich zu erinnern, wie einmal Romain Rolland mir ein kleines Fragment (wie er versicherte): antikischer Musik vorspielte, das nichts anderes als eine Grabschrift in Noten war: eh ich damals wußte, *was* mit dieser Musik gemeint sei, schilderte ich ihm, sie gebe mir das Empfinden von der Bewegung zweier leise gegeneinander sich auswiegender Waag-Schalen, und erschrak fast vor Glück, als er mir gestand, es handle sich um ein Epitaphium, gefunden auf einer Stele des fünften vorchristlichen Jahrhunderts. Aber das eigentümliche, schwer zu beschreibende »Erlebnis« des in den Baum Eingelehnten bedeutet mir noch – ich möchte fast sagen – die natürliche Einweihung in einen noch tiefer und unsichtbarer begriffenen Ausgleich, für den das Bild der Waage nicht mehr benötigt würde. Dieses leichte Dastehen eines Menschen, eines Lebenden, auf der Seite des Todes, ist wie der Zauber in jenem griechischen Gedicht[3], da zwei Liebende die Kleider tauschen und nun verwirrt und verwechselt, jeder in der Hülle und Wärme des anderen sich umarmen: so ist hier ein leiser und verliebter Tausch des Äußeren vollzogen und die selige Befangenheit des Wechsels ist knapp davor, in eine der reinsten Sicherheiten überzugehen.

Im Gedicht »Der Tod« aber ist zuletzt der Moment aufgerufen, da mir (ich stand nachts auf der wunderbaren Brücke von

Toledo) ein in gespanntem langsamen Bogen durch den Weltenraum fallender Stern zugleich (wie soll ich das sagen?) durch den Innen-Raum fiel: der trennende Kontur des Körpers war nicht mehr da. Und wie hier durch das Auge, so war mir schon früher einmal durch das Gehör diese Einheit angekündigt worden –: auf Capri einmal, als ich nachts im Garten stand, unter den Ölbäumen, und der Ruf eines Vogels, über dem ich die Augen schließen mußte, war gleichzeitig in mir und draußen wie in einem einzigen ununterschiedenen Raum von vollkommener Ausdehnung und Klarheit![4] (AB, 569 ff.)

1 Zum Verhältnis Rilke – Verhaeren vgl. auch die Materialien in: Katalog, 156, die Briefe an Elya Maria Nevar vom 14. 1. 1919 (Schnack, 621) und an Gräfin Caroline Schenk von Stauffenberg vom 5. 2. 1919 (AB, 575 f.), sowie unten Nr. 191.
2 ›Erlebnis‹, ›Der Tod‹ (s. o. Nr. 98), ›Narziß‹ (s. o. Nr. 56) und die Übertragung des Gedichts ›Les vivants et les morts‹ der Comtesse de Noailles (jetzt in: Übertragungen, 288 ff.).
3 Gedicht des Paulus Silentiarius, Anthologia Palatina V, S. 255 (254).
4 Vgl. ›Erlebnis II‹ (WA 11, 1040 ff.).

117. An Gräfin Caroline Schenk von Stauffenberg, München 23. 1. 1919

Was ich »Erlebnis«[1] nannte, ist mir genau so widerfahren, im Garten des jetzt zerschossenen und zerstörten Duino (bei Triest); ein Jahr nach dieser merkwürdigen Begebenheit, in Spanien, habe ich versucht, das Tatsächliche mit möglichster Eindringung und Genauigkeit aufzuzeichnen, wobei die Gebiete des Sagbaren nicht eigentlich auszureichen schienen. Ich weiß, ich bin im Unzulänglichen geblieben –, ja am Ende habe ich mich nicht einmal verständlich gemacht. Versuche so weit vorgestoßener Art mögen immerhin einigen Anspruch auf Nachsicht machen.

Wenn ich in der allgemeinen Trübung und Unberatenheit des Menschlichen, und nun vollends des öffentlichen Lebens, noch eine Aufgabe, rein gestellt und unabhängig, vor mir sehe, so ist es einzig diese: die Vertraulichkeit zum Tode aus den tiefsten Freuden und Herrlichkeiten des Lebens heraus zu bestärken:

ihn, der nie ein Fremder war, wieder als den verschwiegenen Mitwisser alles Lebendigen kenntlicher und fühlbarer zu machen. (AB, 573 f.)

1 WA 11, 1036 ff.; im selben Brief bestimmt Rilke das ›Erlebnis‹ als »Annäherung an die Grenzempfindungen des Daseins« (AB, 573). Vgl. auch: An Anni Mewes, 24. 1. 1919: »Was die Beiträge des Almanach angeht, so sind sie sehr unter dem Gefühl dessen ausgewählt worden, was die schmerzlichsten Erlebnisse der letzten Jahre uns bereitet haben. [. . .] Man sollte jede Erfahrung, die gerecht ist gegen den Tod, die vermag, ihn nicht nur neben dem Leben, sondern in ihm, mitten in des Lebens Innigkeit, zuzugeben, besonders in Ehren halten und sich unvergeßlich machen, denn aus solchen Mittheilungen baut sich allmählich der Bogen der Versöhnung, der kühn gespannte, der uns noch fehlt« (Katalog, 250 f.), sowie oben Nr. 116.

118. An Karl von der Heydt, München 29. 3. 1919

[. . .] es ist doch bitterlich schade um jenen 8. November, er hatte unerhörte, alle jene Möglichkeiten, denen sich die Menschheit zu entziehen weiß, um sie dann, als ob sie ihr nicht gehörten, zu entbehren. Aber gegen die Bewegung jenes merkwürdigen Morgens – (wie ich sie hier erlebt habe) – gab es nur zwei wahrhaftige Haltungen: den Widerstand oder das Sich-an-sie-Aufgeben, gläubig. Statt dessen haben die unheilbar Unernsten die feige Verlogenheit gehabt, sich »auf den Boden der Revolution zu stellen«, wie man wochenlang überall lesen konnte. Das Unehrlichste: da Revolutionen ihrer Natur nach keinen Boden haben! Nun aber übersiedelte jeder, wie ein Zinnsoldat, mit seinem alten Stehbrettchen in das vorgeblich Neue, und das schließliche Ergebnis war, daß die ganze Revolution auf den aus den kleinen Stehbrettchen schon wieder gebildeten Boden des Bürgers zu stehen kam: für eine Revolution wohl die lächerlichste Lage.

Daß es zum Töten kam ist eine Folge der Verzweiflung jener, die das zuerst verkannten, und die nun an die Zerstörung dieses Bodens gingen. Ich begreife das unbedingt, wie ich überhaupt einen Untergang der revolutionären Krater, aus dem das Urfeuer des menschlichen Innern fährt, immer noch eher zugeben mag, als die künstlichen Opfer des Kriegs. Allem

Unrecht meiner Kindheit nach müßte ich Revolutionär sein, wenn nicht der Schwerpunkt Gottes in ihren unverhältnismäßigen Gewichten sich so früh geltend gemacht hätte.

(Katalog, 238)

Am 21. Februar war Kurt Eisner ermordet worden; die daraufhin am 7. April ausgerufene Räterepublik kann sich nur bis Anfang Mai halten. Als Sympathisant verdächtigt, muß Rilke zwei polizeiliche Haussuchungen über sich ergehen lassen, was ihn in seinem Entschluß bestärkt, Deutschland zu verlassen.

Für Lou Andreas-Salomé, die in München zu Besuch ist, schreibt Rilke die spätere 4. Elegie ab: »Aus einer der ›Elegien‹/(geschrieben im Herbst 1915.)« und vervollständigt damit die ihr bestimmte Handschrift LAS (siehe Handschriftenverzeichnis).

Am 11. Juni verläßt Rilke München und reist – wie seit langem geplant – auf Grund einer Einladung des »Lesezirkels Hottingen« nach Zürich. Seine Aufenthaltserlaubnis ist zunächst bis zum 21. 6. 1919 begrenzt.

V. Das erste Schweizer Jahr

Während seiner ersten Schweizer Monate bemüht sich Rilke vergeblich, einen geeigneten Ort für ein längeres Bleiben zu finden. Es gelingt ihm jedoch mehrmals, eine Verlängerung seiner Aufenthaltsgenehmigung zu erreichen.

Am 30. Juli endlich bezieht er in Soglio, im ehemaligen Palazzo Salis – jetzt »Pension Willy« –, einen »ersten Ruhe-Ort« (SN, 293).

119. An Elisabeth von Schmidt-Pauli, Soglio 14. 8. 1919

An der jetzigen Welt ist alle Arbeit vergebens, die sich anpassen mag; das rein-Andere muß ihr vorgestellt werden, und ob es gleich in einer anderen Sphäre zuhause ist, muß mans in sie hinab- und hineinrücken, ihr einpflanzen und einheimaten, selbst gegen ihren Willen. Nun das wissen Sie ebensogut wie ich, man wiederhole sichs nur immer wieder, daß Paktieren keinen Sinn hat an dieser Wende. Nicht von Mensch zu Mensch und nicht im Großen und vollends nicht innerhalb der Auseinandersetzungen mit sich selbst. [. . .] Den ganzen Brief lang hab ich es vermieden, von Eindrücken zu sprechen. Selbst wenn diese Landschaft weniger eklektisch wäre, ich vermöchte keine aufzunehmen. Spanien war der letzte »Eindruck«. Seither wird meine Natur von innen getrieben (travail repoussé), so stark und beständig, daß sie nicht mehr »eingedrückt« werden kann. Aus alledem mögen Sie verstehen, was ich mir für den Winter erhoffe. Den Anfang jener endlich irgendwie gewährten Zurückgezogenheit, für die ich jetzt erst das vollkommenste Gewissen hätte, so sehr man andererseits für die Menschen da sein müßte. Ich wärs ja dann erst recht, unendlich viel endgültiger und vorhaltender. (GB IV, 262 ff.)

120. An Katharina Kippenberg, Soglio 17. 8. 1919

Gute, verehrte Freundin, Gnade, daß Ihnen dies so rein erreichbar ist, diese An-Schauung, die gleich darauf Andacht wird, unmittelbarstes Denken des Herzens an unsere unendlichen Verwandtschaften, Anschluß an das bewußtlos Freudige von Wiese und Baum und Mond, das sich nie besinnt und erst, gemeinsam, in Gott zu sich kommt. Erlebnis des Nacht-Vogel-Flugs, dem dann ein reinstes Blatt in uns aufgeschlagen ist, eine große Seite, auf die nichts anderes kommt. Und wie unser Gehör sich ausgegossen hat und ein reiner Becher ist, ein Maß-Becher, der sich anfüllt mit den durchhörigen Geräuschen der Nacht, hinter deren jedem die ganze Stille der Schöpfung zur Wahrheit wird.[1] ›Erbauung‹ wie dieses Wort sich einem wiedergibt, kaum noch Wort, ein Raum voll Bedeutung im Dunkel des Mundes, der es ausspricht und zurückhält. Das ist ja nicht, daß wir *uns* erbauen, denn nach welchem Bilde –? Aber das Ganze erbaut sich, das Sichtbare und Unsichtbare, und nimmt uns hinzu, sichtbar und unsichtbar wie wir sind; eingefügt-sein, das ist unsere Erfüllung, *mit* unserer Einsamkeit eingebracht sein ins Gemeinsame, dastehen in einer der Säulenordnungen Gottes, auf unsäglichen Unterbauten aufruhend nicht mit der Schwere des Herzens, nicht mit dem irdischen Gewichte des Todes, sondern die eigene Last auflösend in Aufstieg und Trage-Lust: denn vielleicht ist das nächste Gebälk schon die Unterlage des Giebelfelds, der vollkommenen Krönung, der Herrlichkeit!

Was ich da schreibe, liebe Freundin, *Ihre* Begeisterung gibt mir die Vollmacht dazu, nicht, noch nicht, das eigene Ergriffensein, denn *mir* geht der Mond immer noch in einem Bilde vor, aus dem ich eigentümlich ausgeschlossen bin; wann wird sich das ändern? Ich bin eben langsam, aber die geistige Geduld gehört zu den Fähigkeiten, die ich mir leistend und dienend errungen habe, und so leb ich aus ihren unscheinbaren Vorräten. Aber hier ist so viel Vergünstigung für mich, das alte Haus, der melodische Garten, in dem man die Notenzeilen noch erkennt unter der verwilderten Musik seiner Blumen, und nun zu allem dieses Bibliothekszimmer (ich glaube ich beschrieb es Ihnen): Ähnliches müßte mir gewährt sein ein Jahr lang, aber mir allein; wie weiß ich das nun genau, seit ich hier bin, *was* mir not täte: so ein kleines Haus, in dem die Essenz angestammter Vergangenheiten das Menschliche darstellte (Bücher, Bilder von Generationen, der Geruch aus den Schubladen und der sanfte Staub, der aus irgend einem Hinschwinden stammt, das nicht zu entdecken ist), alles das als Ersatz, ein Jahr lang, für menschlichen Umgang –, und dafür die Dinge mit ihrer ununterbrochenen sublimen Mitteilung, dafür draußen der Garten, der tägliche Weg, auf dem kein anderer Schritt das grüne Zuwachsen aufschiebt, der Himmel über der umgrenzenden Mauer und in ihr vielleicht eine Nische, die einmal bemalt war, die einmal eine Steinfigur einrahmen mochte, eine Urne, was weiß man, oder die unten ein ausgetrockneter Brunnenstein abschloß, den der fröhlich sanfte Rand des Wassers innen gemildert hat ... (›Stimmen, Stimmen[2] ...‹: erinnern Sie diese Stelle, in den noch immer unterbrochenen Elegien?)

Nun seit mir hier so Günstiges geworden ist, hoffe ich wieder ein wenig, es möchten sich bald irgendwo die Bedingungen finden, zu denen ich jenes unverkenntliche Ja sage, wie damals zu dem einsamen Winter auf Duino ... (KK, 366 ff.)

1 S. o. Nr. 66.
2 1. Elegie, V. 54.

121. An Adelheid von der Marwitz, Soglio 11. 9. 1919

Meine liebe junge Freundin, die Freude, die Ihr Brief mir gebracht hat, hat viele Seiten; lassen Sie mich wenigstens einige aufzählen: Zunächst, dies ist es ja, was wir jetzt vor allem anderen begrüßen, daß Menschen da und dort den Anfang machen, das Leben wieder aufzubauen mit der Kraft und mit dem Glauben ihres unverwüstlichen Herzens –, wie mancher könnte es versuchen, der noch dasteht und nachschaut und deutet und dem schließlich Trübsal und Trägheit zu einem unabsehlichen Anstehen wird: wo doch, dem Gefühl und der Überlegung nach, ein Einziges, Dringendes not tut: sich irgendwo an die Natur, ans Starke, ans Strebende, ans Helle mit unbedingter Bereitschaft anzuschließen und in einem arglosen Sinne vorwärts zu wirken, sei es im Geringsten, im Täglichsten. Mit jedem freudigen Zugreifen, mit jedem Ausblick in die noch unangebrochenen Fernen verwandeln wir nicht allein diesen und den nächsten Moment, wir schaffen auch das Vergangene in uns um, weben es uns ein, lösen den Fremdkörper des Schmerzes auf, von dem wir ja doch nicht wissen, woraus er besteht, und wieviel (vielleicht) Lebens-Antrieb er, aufgelöst, unserem Blute mitteilt!

Nie ist der Tod, gerade der empfundenste, als Lebenshindernis einem überlebenden Wesen auferlegt geblieben, denn seine innerste Wesenheit ist uns nicht konträr, ist, wie man manchmal erraten möchte, lebenswissender als wir in unseren vitalsten Momenten. Ich meine immer, es hat ein solches Gewicht mit seinem ungeheuren Druck irgendwie die Aufgabe, uns einer tieferen innigeren Schicht des Lebens einzudrängen, damit wir dann aus ihr umso fruchtbarer emporwachsen; sehr früh haben die Umstände mir diese Erfahrung eingeübt und sie hat sich mir von Schmerz zu Schmerz bestätigt: das *Hiesige* ist uns nun einmal gegeben und zugemutet und wir müssen alles, was uns widerfährt, in eine neue Vertraulichkeit und Befreundung mit ihm umzuwandeln suchen, denn wohin sollten wir uns abwenden mit Sinnen, die doch für *seine* Erfassung und Bewältigung vorzüglich eingerichtet sind, – und wie dürften wir uns der Pflicht entziehen, das uns von Gott zugetraute zu bewundern, – worin doch sicher alle Vorbereitung enthalten ist für jede künftige und ewige Bewunderung! [. . .]

Meine Arbeit ist mir noch nicht wieder ergiebig geworden. Da ist es nun an mir, mich tadeln und mir vorzuwerfen, daß ich noch nicht so weit bin, über die Verschüttung der letzten Jahre hinaus meine neuen Ranken und Blättchen auszustrecken, vielleicht drängen sie irgendwo, aber an der Oberfläche ist nur Schutt und Öde und keinerlei Wachstum will sich noch erkennen lassen. Ich müßte auch an irgendeiner Stelle beginnen, jetzt, heute, sofort –, aber es ist kein Wählerisch-Sein, daß ich, trotz solcher Einsicht, auf gewisse Umstände warte, von denen ich mir eine eigentümliche Unterstützung verspreche. Ich hoffe auf ein kleines altes Haus, einen alten Garten, wo ich mit der Natur und einigen Dingen, in denen Vergangenheit pocht, eine lange Abgeschiedenheit antreten dürfte: ohne derartige Hülfe meine ich die Besinnung nicht leisten zu können, die mir diejenige stillste geschützteste Stelle meiner inneren Natur offenbaren sollte, an der die neuen Quellen entspringen.

Nun handelt sichs darum, daß derartiges sich böte irgendwo. Hier hat sichs fast verwirklicht, wenn auch nur als ein Vorläufiges: man bewohnt in diesem Bergnest (eine Wegstunde kaum von der italienischen Grenze) einen uralten Palazzo Salis, der, obwohl seit Jahrzehnten Hotellerie, sein angestammtes Zubehör, seinen alten Garten mit dem beschnittenen Buchs beibehalten hat und in dem mir zum Überfluß die (sonst den Gästen unzugängliche) alte gräfliche Bibliothek eingeräumt worden ist: ein Zimmer nach meinem innersten Sinn und voller Verwandtschaft mit meinen vertrautesten früheren Installationen. (AB, 600 ff.)

Am 21. September verläßt Rilke Soglio. Nach unsteten Reisen durch die Schweiz kommt es im Oktober und November zu den Leseabenden, die über die Einladung des »Lesezirkels Hottingen« Rilkes Schweizer Aufenthalt erst ermöglicht hatten. In Zürich, St. Gallen, Luzern, Basel, Bern und Winterthur liest Rilke – insgesamt siebenmal – aus seinen Werken vor, meist ›Neue Gedichte‹ oder Texte aus dem ›Buch der Bilder‹, einmal aber auch die ›Erzählung eines nächtlichen Erlebnisses vor dem Sphinx von Gizeh‹ (vgl. 10. Elegie und oben Nr. 66; genaue Angaben zu den vorgetragenen Texten finden sich in GN, 152 ff., wo auch zeitgenössische Rezensionen zu den Vorlesungsabenden abgedruckt sind).

Zum ersten Abend ist eine Vorrede Rilkes erhalten (WA 11, 1095 ff.), in der er zu erläutern versucht, worin er die Aufgabe seiner Dichtung sieht:

122. Aus: ‹Vorrede zu einer Vorlesung aus eigenen Werken›, vorgetragen Zürich 27. 10. 1919

Die Arbeiten, von denen ich Ihnen einige werde zeigen dürfen, gehen irgendwie aus der Überzeugung hervor, daß es eine eigene berechtigte Aufgabe sei, die Weite,
Vielfältigkeit
ja Vollzähligkeit der Welt
in reinen Beweisen vorzuführen.

Denn: ja! zu einem derartigen Zeugnis hoffte ich mir das Gedicht zu erziehen, das mir fähig werden sollte alle Erscheinung,
nicht nur das Gefühlsmäßige allein,
lyrisch zu begreifen –:
Das Tier,
die Pflanze,
jeden Vorgang; –
ein Ding
in seinem eigentümlichen Gefühls-Raum darzustellen.
(WA 11, 1097 f.)

Ab 7. Dezember wohnt Rilke in Locarno im Grand-Hôtel, am 13. Dezember zieht er in die Pension Villa Muralto um. Während seiner Schweizer Jahre wird er von Frau Nanny Wunderly-Volkart (1878-1962) immer wieder großzügig unterstützt. In einem der ersten von zahllosen Briefen an sie ist ein zentrales Motiv der 5. Elegie fast wörtlich vorgeformt:

123. An Nanny Wunderly-Volkart, Locarno 22. 12. 1919

[. . .] wenn man bedenkt, daß es für jede Situation, über die man sich mittheilt, nur einen Ausdruck giebt, der sie wirklich bezeichnet, – in der Arbeit kommt einem die Gnade zu Hülfe, daß man so göttlich genau ist, im Leben ists die Bemühung, die macht, daß man menschlich – ach – wenigstens annähernd sein kann. Wer aber, aus dem Inneren der Kunst her, jene seelige Präzision kennt, den quälts, auf so vielen Gebieten des Leistens immer im à peu près zu bleiben, oder gar stümpernd sie zu verunstalten. Das unsinnige, an den Rand der Welt gerathene, sich dort gleichsam fortwährend überschlagende Können des Akrobaten, sein Nichts-als-Können[1], wäre (so denk ich oft) der aufgehäufte Ausgleich für so viel, in so unzähligen Verhältnissen Halb- und Nicht-Gekonntes . . . (NWV, 50)

1 Vgl. 5. Elegie, V. 73 ff.

124. An Nanny Wunderly-Volkart, Locarno 23. 12. 1919

Meine kleine Nike[1], hören Sie: im November versprach ich Frau von Wattenwyl Abschriften von drei Elegien[2], weil ich fühlte, daß sie ihr in merkwürdig Schwerem helfen könnten, wenn sie sie wieder und wieder zu lesen vermag. Ich kam noch nicht zum Abschreiben. Und wie dürfte auch jemand diese Arbeiten haben und durchmachen, wenn sie nicht, vor Allem, Nike, in *Ihren* Händen sind.[3]

Lassen Sie das, unsäglich Liebe, lassen das unser Weihnachten sein, daß Sie sie nun halten; *das,* kleine Nike, in Ihren gläubigen Händen halten, um dessentwillen ich noch leben muß. Messen Sie mich daran, leichte Liebende, ich *bins* nicht (wer dürfte das sein?) – aber zu Zeiten reißt michs dorthin, in dieses »Dunkel aus Licht«, unter diese Sternbilder des Herzens, in diese reine Überwindung, die das Leben der Engel ist.

Ich weiß, es ist keine Schande, hinter solchen Entschlüssen zurückzubleiben; aber ich muß doch noch ein Beträchtliches näher an ihnen wohnen, mit der Zeit; trösten Sie mich nicht von dort herüber, Nike, geben Sie's zu: ich bin oft weit und das durch Jahre. (Lesen Sie die Jahreszahl!) Und das Leben geht.

Aber es geht dorthin. Als Mensch bin ich getrost, Liebe, nur als Künstler sorg ich mich, weil ichs gestalten muß, unendlich gestalten muß, eh ich geh. Helfen Sie geduldig, daß mirs möglich sei. Schützen Sie mich. Lassen Sie mich knieen und hoffen in der Heimath Ihres blühenden Herzens! R.

Liebe, es ist keine bloße ›Niederschrift‹; was hab ich alles mit hineingeschrieben! Und meine Stimme, denk ich, wird auch immer mit erneuert sein in Ihnen, sooft Sie die ersten Elegien an sich geschehen lassen. (NWV, 54 f.)

1 Vgl.: An Nanny Wunderly-Volkart, 11. 12. 1919: »Liebe ›Niké‹ sagte ich, jetzt weiß ichs: Niké, kleine Niké, Siegesgöttin, die man so klein bilden kann und die doch immer das Große giebt, den großen Sieg; wie oft stand ich in den Museen vor solchen kleinen Figuren und dachte, daß sie so hinreißend sind, weil sie das unerschöpflich Offene vor sich haben, den Raum des Siegers, der eine Spur über seinem Haupte beginnt« (NWV, 28).

2 Die Handschrift YW; s. u. Nr. 132 und Handschriftenverzeichnis.

3 Beiliegend die Handschrift NWV (s. u. Handschriftenverzeichnis).

125. An Dory Von der Mühll, Locarno 24. 12. 1919

Mehr als alle Beschreibung, lese ich immer wieder Ihren Satz: »Oder sollte Ihr Wunsch wohl nach wirklicher Einsamkeit und Stille gehen?«[1] Ja das tut er, tagelang, nächtelang, er geht nach nichts anderem.

Vor Jahren, im Winter 1912, hatt ich das einmal, Stille, Einsamkeit, wirkliche, vier, fünf Monate lang, es war unerhört.[2] Und gerade jetzt sehn ich mich nur nach dem Einen, die damals begonnenen großen Arbeiten (Sie kennen davon noch keine) wieder aufzunehmen; dazu brauchts aber die Ununterbrochenheit und Innerlichkeit, die das Gestein hat im Innern der Berge, wenns sich zum Kristall zusammennimmt. Gestern noch dachte ich mir: wie soll ich mir das von Gott verdienen? Was tut ihm die stumme Kreatur im Mineral dafür, daß er ihr das gewährt, beschäftigt zu sein, jahrelang, mitten im Gesetz –, und er reißt sie nicht heraus: sie schafft, sie gelingt! (AB, 613)

1 Frau Von der Mühll hatte Rilke auf ihr Landgut Schönenberg bei Pratteln eingeladen.
2 Auf Schloß Duino, Oktober 1911 bis Mai 1912.

126. An Nanny Wunderly-Volkart, Locarno 26. 12. 1919

Ihren Brief aus der Weihnachts-Nacht! Und immer wieder ergreift michs, daß Sie darüber aufgeblieben sind bis ins Frieren, – deshalb liefen wir dann auch so den Berg hinunter –, ja, es war gegen Eins, als Sie mich aus der Kirche hinaus holten und unter die Nacht, Nike, daß das der Weg in Ihren Traum gewesen sei, dieser herrlich freie, den wir zusammen hinunterliefen. Nike, daß Sie's *so* genommen haben, so seelig, – ich erschrecke fast, daß ich ein Gemüth so verklären kann. Wer bin ich denn? – Meine kleine Nike, Sie *glauben;* Sie wollen mir helfen zu meiner innern Unendlichkeit, ach, Nike, lieben Sie, lieben Sie mein immerfort flüchtendes Herz, daß ihm irgendwo die Sicherheit der Liebe gegeben sei, die sich nicht im Abschluß endigt. Daß es bei Ihnen, *in* Ihnen die Mitte habe, die Lebens-Mitte, um die sich immer weitere Kreise schlagen lassen, und alle dürfen nach allen Seiten überschritten werden, denn die Mitte wird immer stärker davon, daß mehr Richtungen aus ihr hinausführen. Sie wissen, wie erschreckt ich bin in den Gebieten gesteigerten Gefühls, als ob ich seit Kindheit in der Liebesburg nur die Gefängnisse gekannt hätte, an deren Mauernkraft ja freilich der Wuchs des Ganzen zu erkennen ist. Selbst wo's in einem der Festsäle begann oder im kleinen Burg-Gärtlein, wo die Würzen sich wärmen an der Sonne, niemand wußte, wann der Sturz durch die Fallthür geschah oder der Abstieg durch abwärts saugende Treppen –: auf einmal war alle Handlung in die Verließe verlegt, und das Grundwasser der Un-Lust stieg jeden Tag einen Strich an der Wandung des Herzens.

Und jetzt, seit ich Sie da-weiß, kleine Nike, mitten in meinen Freuden, überfällt's mich –: nichtwahr, ich darf alles thun, *Alles?* – Liebe, haben Sie Nachsicht mit meinen Ängsten, ich wußte es nicht anders. Darum ja drängts mich so fort, ins Engelische Erlebnis, wo diese Beschränknisse nicht einbrechen, und Gott giebt mir viel zu erfahren aus jenen unendlichen Beziehungen, – es existiert, als Fragment, der Anfang einer späteren Elegie (1914 aufgeschrieben), der lautet:

Wo wir uns hier, in einander drängend, nicht
nie finden: beginnen die Engel
sich zu gewahren; und durch die tiefere Näh
in heiligem Eilschritt wandeln sie endlos sich an.[1]

Ists nicht herrlich? daß man das aussprechen darf, *aus*-sprechen, mit bloßer Sprache, die doch von hier ist, eine unserer Nothdürfte im Hiesigen. Und plötzlich läßt sich mit ihr so Ungeheueres meinen und deuten, und sie, die oft nicht ausreicht, Mensch mit Mensch zu verbinden, tritt durch den Nachbar hindurch und spricht in den Welt-Raum . . .

Liebe und doch, so weit man schon ist, so abnehmend hier und an-wesend im Ganzen (Sie kennens auch, nichtwahr?) auf einmal rührts einen, dieses blind-innige Irdische, zu dem man gehört hat einen wirren schmerzlichen Augenblick lang, so unkundig und dumpf wie man war, so preisgegeben und – gegeben um welchen Preis. Und man möcht nicht nur von der Verzweiflung hineingedrückt worden sein, man möcht sich auch selbst einmal hineingedrängt haben, gutwillig, vertraulich –, als obs noch für die künftigsten Verwandlungen wichtig wäre, eine unüberwindliche Verwandtschaft von hier mitzunehmen: sein Sie mir dies!

Liebe, ich weine –, hier bricht mir das Weinen aus, denn das heißt ja wohl – Abschied; hier hab ich's um seine Würzelchen aufgegraben und hab sie abgeschnitten und hab einen Aufguß über ihnen gemacht, der die Thränen in die Augen treibt. Ach, daß ich einmal ein Jahr lang ein ›Stübli‹ um mich hätte, in dem ich weinen dürfte. Ich habs nie für unrühmlich gehalten oder für schwach, ich hab noch so große Knabenthränen in mir und ein gewaltiges Weinen meiner Männlichkeit, das muß hinaus. Mir fällts ein, daß ich nie geweint habe in der Erstarrung und Qual dieser fünf Jahre –, ich merke immer mehr, warum ich so sehr nach einer Zuflucht auf der Suche bin –: ein Arbeitszimmer, – das heißt für mich ein Raum, wo ich auf und ablaufen kann, aber auch dies, aber auch schreien, aber auch weinen. Wo kann man's noch!

Liebe, heut bekomm ich unerwartet zwei Bildchen jener Stube, die mir so großmüthig günstig und zusagend war, der alten salis'schen Bibliothek auf Soglio –, sehen Sie sich hinein, *so* muß es einmal bei mir aussehen, denn da war nichts, was erst unterrichtet werden mußte und mit mir bekannt gemacht. *Alte* Dinge müssens sein, denn die ersetzen mir allen Umgang, von dem ich mich fernhalten werde durch Jahre, die schwingen herüber und sind noch ganz erschüttert von dem Schicksal derer, von denen sie umlebt gewesen sind. Dies kommt (ich brauchs) aus ihnen, und es kommt nicht das Zufällige mit, das im Zucken der Lebendigen war, die Kraft des Schicksals reinigt sich in den Dingen, die Demuth, mit der sie's aufnahmen, wandelt das Unverläßliche ins Elementare. – An dem rüstigen Tisch in der Mitte schrieb ich. Sehen Sie den herrlichen Sessel, der ihm gegenübersteht; quer, daneben, ein Tisch voll alter Bücher. Das Fenster gradaus ging auf den alten Terrassengarten hinaus, links noch zwei Fenster über die Landschaft. Wie die Wände herum aussahen, zeigt das andere Bildchen: alte Kalbleder-Bände, von jenem Braun, das Sie lieben. Fast die ganze vierte Wand, im Rücken, nahm der Marmorkamin ein, an dessen schrägen Mantel gelehnt ein gemaltes Salis'sches Wappen stand. Ein Spinett davor. Das war Alles. Die zwei Silhouetten fand ich in einem Schrankfach und hängte sie dort auf, wo Sie sie erkennen, – das war aber auch das Ganze, was ich an ›Einrichtung‹ leistete. Alles andere stand und erwartete mich. Wie wehmüthig wars, fortzugehen. / Bitte, die Bildchen gelegentlich zurück, – mein Verleger soll sie haben; ich will ihm vor Augen stellen, was ich ›brauche‹. Ach, brauche! R.

(NWV, 63 ff.)

1 S. o. Nr. 77.

127. An Nanny Wunderly-Volkart, Locarno 29. 12. 1919

Nike, meine kleine Nike, was hab ich mir nicht schon alles verdorben unter den Menschen! Verderb ich mir nun auch dies? Daß ich so einen Brief schreiben konnte, wie den von der Liebesburg, Liebe, ob Sie ihn gleich (mit Ihrem Eilbrief) schon beantwortet haben, so gut, so leicht, so lieblich und nachsichtig beantwortet, – bitte: verbrennen Sie ihn. Denn der, nein, der war nicht ›genau‹, der war übertrieben und angestrengt, irgend ein Elaborat meiner sich durchkreuzenden Sorgen, er ließ mir ein so schweres Gefühl zurück, ich wär ihm am Liebsten in den Postkasten nachgesprungen und – statt seiner in Meilen[1] angekommen.

[. . .]

Verzeihen Sie, kleine Nike (ach, wie rasch Sie sind, Sie habens doch schon verziehen, ich weiß), aber nun verzeihen Sie mir nochmals, feierlich sozusagen, am Altar des kleinen Nike-Tempels, jenen groben, gefühlsgroben vorletzten Brief. Ich war einmal imstand, da ein kleines Stäubchen daran mich störte, das rührend-schöne Daguerreotyp[2] meines Vaters, das ihn in jugendlicher Uniform zeigt, eben vor seinem Aufbruch in den italiänischen Feldzug des Jahres 59, – ich war imstand, das geschützte Bildchen ungeduldig aufzudecken, um mit einem Stück Watte drüber zu scheuern, so daß seine wehmüthige Colorierung fast zerstört wurde –, solche Dinge thu ich manchmal, ich, der ich für zart gelte; das sind die Schrecken meines Lebens.

Nike, manchmal wirds eben so ein effort zu Ihnen hin, ein Nah-sein-wollen; verzeihen Sie mir, wenn ichs so ungeschickt mache, so schwer ankomme, so überladen? Wo's doch besser wäre in solchen Momenten mitten auf ein Blatt zu schreiben: »Liebe Nike« –, nichts weiter.

Schneiden Sie die vier Zeilen Elegien-Anfang aus und verbrennen Sie den Rest, thun Sie's, um unsrer Genauigkeit willen. (NWV, 68 f.)

1 Der Wohnort von Frau Wunderly-Volkart.

2 Vgl. auch ›Jugendbildnis meines Vaters‹ (WA 2, 522), sowie: An Benvenuta, 11. 2. 1914 (B, 52 f.).

128. An Katharina Kippenberg, Locarno 6. 1. 1920

[. . .] wonach mich so dringend verlangt, das ist ja eben eine Umgebung, in der, eine Zeit lang, nichts als meine Arbeit maß-gebend ist, eine Stille, die ich sozusagen in meiner Macht habe, soweit nicht von draußen die Natur sie durchdringt und, näher, das *auf mich* bezogene Haus sie ausnutzt und umsetzt. Ich bin so sehr abhängig vom Gehör her, und ich erinnere noch, wie, wochenlang, auf Duino damals, das Brausen der Stille dem ersten Auftritt des Elegien-Anfangs vorauszog. Ich fürchte, ich kanns unter dem nicht tun. In den kleinen verlassenen Landkirchen fühl ichs hier oft, diesen plötzlichen Ruck des Herzens, diesen Aufstieg im Medium ihrer Stille, diese Gewichtsabwerfung, diese Schwebe –: dies, sehen Sie, müßte mir gesichert sein, dies vor allem. Halten Sie das nicht für einen krankhaften, übertriebenen Wunsch; er ist nur insoweit übertrieben, als in unserem Leben das andere übertrieben ist, der Eingriff, die fortwährende Freiheit des Fremdesten, uns zu erreichen und zu durchzucken. Und ich weiß ja auch, daß, was ich da verlange, nicht eine Bedingung meines künftigen Lebens ist, sondern ein Heilmittel, eine Ausnahme zu gunsten einer außergewöhnlichen Leistung. Neulich noch, knieend in der leeren sonnigen Kirche von San Quirico, fragte ich mich: was tut ihm das Gestein dafür, das zum Kristall entschlossene –, daß ihm Gott mitten im Berg diese Ununterbrochenheit gibt, zu seiner Zeit? Denn *meine* Gegengabe kann doch nicht minder sein. (KK, 385)

129. An Marie Taxis, Locarno 18. 1. 1920

Am meisten Heimweh aber hab ich nach dem »Richtigen« – nach dem *Elegien*-Ort, den ich immer noch erhoffe, erwarte: Stille, Versorgtheit nach meinem genaueren Bedarf, Natur, Einsamkeit, keine, *keine* Menschen ein halbes Jahr lang! Wann wird das sein? Wo? [. . .] Auch denk ich ja immer noch, die Elegieen müßten unter Ihrem Schutz fertiggeschrieben sein, vielleicht doch in dem kleinen Haus in Lautschin? Wäre dieser Plan vom vorigen Winter noch je wieder aufnehmbar, bei rigorosester Einsamkeit?! (TT, 588 f.)

130. An Nanny Wunderly-Volkart, Locarno 18. 1. 1920

Wermuth –, die Hänge des Schloß-Gartens in Duino mit ihrem karstigen Boden standen voll von einer Wermouth-Art, aus der, versicherte man mir, der Absinth gewonnen wird –, Stauden mit gefiedertem Blattwerk von einem blassesten, grauen Grün; zwischen den Fingern gerieben, oder auch nur unter der Wirkung der Sonne, ergaben sie einen wunderbar bitteren Duft, bis ans Citronengeruch-ähnliche heran, aber leichter, flüchtiger und blässer, die genaue Übersetzung ihres Grüns. Wie sehr sind die Elegieen verbunden mit dieser Erinnerung! (NWV, 118)

131. An Leopold von Schlözer, Locarno 21. 1. 1920

[. . .] diese Wiederanknüpfungen nach allen Seiten, – die Schweiz hat mir viele vergönnt, auch gerade merkwürdige Anschlüsse an Capreser und römische Tage – sind bis jetzt das einzige Symptom der Heilung, die ich so nötig hätte. Mir, was mich angeht, bleibt nichts andres übrig, als an meinen jähen, bangen Bruchstellen des Jahres Vierzehn mich so lange und so innig anzuhalten, bis ich dran anheile, damals begann ich (seit 1912) meine großen, vielleicht größten und entscheidendsten Arbeiten, die geschützte Stelle, wo ich sie begann, hat der Krieg in einen Trümmerhaufen verwandelt über unzähligen

Soldatengräbern: das alte Schloß Duino (bei Triest), wo ich so herrliche Arbeits-Tage und -Nächte hatte leisten dürfen. Das alles ist fort, samt dem mir so unentbehrlichen Paris – und doch ich mags, ich *kanns* nicht aufgeben, nichts, nichts davon, innerhalb der letzten fünf Jahre gibt es nicht einen einzigen Anhaltspunkt für mich, nicht einen, der Abgrund war mir so steil, daß ich an seinem Rande nicht wurzeln kann, auch ist ja weder Luft noch Natur noch Himmel darüber, sondern nichts als ein Qualm von Verhängnis. Ich verließ Paris ahnungslos am 21. Juli 1914, für – wie ich meinte, – acht Wochen, meine alte Concierge stand weinend, weinend! (ahnte sie mehr als ich?) am Wagenschlag, ich sagte: »Madame, cela ne vaut pas la peine« – cela en valait bien plus!! Mein ganzes Eigentum (denn mit der Zeit hatte ich alles hingezogen, alle meine Bücher und Schriften, Vorarbeiten etc., Möbel, ein paar Erbstücke, kurz alles, was ich besaß –) ist schon im Jahre 15 (Herbst) versteigert worden[1]. Vielleicht, daß von den Papieren und Korrespondenzen etwas gerettet ist, ich konnte es noch nicht erfahren. (Je ne m'en plains pas, tout-de-même, quant à mes travaux, c'est assez sensible –.) Ich war fast alle Jahre des Krieges, par hasard plutôt, abwartend in München, immer denkend, es *müsse* ein Ende nehmen, nicht begreifend, nicht begreifend, nicht begreifend! *Nicht zu begreifen:* ja, das war meine ganze Beschäftigung diese Jahre, ich kann Ihnen versichern, sie war nicht einfach! Für mich war die offene Welt die einzig mögliche, ich kannte keine andere: was verdankt ich Rußland –, es hat mich zu *dem* gemacht, was ich bin, von dort ging ich innerlich aus, alle Heimat meines Instinkts, all mein innerer Ursprung ist *dort!* Was verdank ich Paris, und werde nie aufhören es ihm zu danken. Und den anderen Ländern! Ich kann, konnte nichts zurücknehmen, nicht einen Augenblick, nach keiner Seite hin ablehnen oder hassen oder verdächtigen. Die Exzeption des allgemeinen Zustandes hat allen ein ausnahmsloses Verhalten diktiert: es ist *keinem* Volke besonders anzurechnen, daß es maßlos geworden sei, denn diese Maßlosigkeit hat ihren Grund im ratlosen Verlorensein Aller. Wer hilft? Nur Ausnutzer der Trübe auf allen Seiten, nirgends ein Helfer, nirgends ein Führer, nirgends ein großer Überlegener. Ja, solche Epochen mag es schon gegeben haben, voller Untergänge, aber waren sie ähnlich ohne Gestalt? Ohne eine Figur, die das alles um sich zusammenzöge und von sich hinausspannte; *so* bilden sich Spannungen und Gegenspannungen ohne zentrale Stelle, die sie erst zu Konstellationen machte, zu Ordnungen, wenigstens Ordnungen des Untergangs. Mein Teil ist in alledem nur das Leiden. Das Mit-Leiden und Voraus-Leiden und Nach-Leiden. Bald kann ich nicht mehr. Bitte, glauben Sie dem Pater das nicht von der »Bestialität« der Franzosen in der Rheinprovinz –, man muß aufhören irgend jemanden schlecht zu machen, – es ist die Wirrnis, die bald da, bald dort Ausschweifungen und Turbulenzen schafft, es liegt an Keinem. C'est le monde qui est malade, et le reste c'est de la souffrance. / Seit Juni bin ich in der Schweiz, bald da, bald dort, ohne Stelle. Will noch zwei Wintermonate auf Schweizer Boden abwarten, dann zurück –, aber wohin? Ob ich gleich diese Zuständigkeit nie ausgenutzt habe: jetzt merke ich doch die Heimatlosigkeit des Österreichers. Gearbeitet hab ich nichts. Mein Herz war wie eine Uhr angehalten, der Pendel war irgendwo angestoßen an die Hand des Elends und stand. (AB, 616 ff.)

1 Zur Begleichung der wegen des Krieges ausbleibenden Miete; einen großen Teil seines Eigentums erhielt Rilke 1925 in Paris zurück.

Am 28. Januar schickt Rilke an Frau Yvonne von Wattenwyl eine Abschrift des Gedichtes ›Die große Nacht‹ (s. o. Nr. 64) und ›Drei Stücke/aus den Duineser Elegien‹ (Handschrift YW):

132. An Yvonne de Wattenwyl, Locarno 28. 1. 1920

[. . .] hier sind sie. Auf dem verabredeten Arbeits-Papier und darum auch ganz bescheidene Copieen, sachlich, wie es dieser Ausstattung entspricht. Es sollte ja nur dies dabei herauskommen, daß Sie diese Gedichte bei sich hätten.[1] (Schnack, 681)

1 Neben einigen kleineren Abweichungen von der Druckfassung findet sich auch eine deutlichere Variante; V. 87 f. der 1. Elegie lauten in dieser Abschrift: »man entwöhnt sich des Irdischen sanft, wie man der Brüste / nicht mehr der Mutter entbehrt«.

Vom 3. März bis zum 17. Mai ist Rilke Gast auf dem Gut Schönenberg bei Pratteln (s. o. Nr. 125).

Nach einigen Wochen bei Frau Wunderly-Volkart in Meilen und in Basel bricht er Anfang Juni nach Venedig auf; in der Wiederbegegnung mit der »offenen Welt« der Vorkriegszeit hofft Rilke, an die »Bruchstellen« von 1914 wieder »anheilen« (Nr. 147) zu können. Der Aufenthalt in Venedig wird jedoch zur Enttäuschung:

133. An Gudi Nölke, Venedig 24. 6. 1920

[. . .] die innerliche Leistung, die sich täglich ergiebt, ist kompliziert, ist verwirrend, vielleicht auch nehm ich, unwillkürlich, den Ausweg, sie gar nicht immer zu vollziehen. Daß hier alles unverändert ist, entspricht dem Wunsche, den ich im Stillen hergetragen habe, doch hab ich die andere Seite dieser Hoffnung nicht bedacht, die schmerzliche, daß auch ich es bin! Wenigstens scheint mir's so –, und das dürfte nicht sein nach sechs Jahren, die doch immerhin als Lebensjahre und als vergangen werden zu rechnen sein. Mein angehaltner Athem hat mich zwar einigermaßen konserviert über die zerstörerischen Verhängnisse hinüber und die Starre und Bewegungslosigkeit meines Herzens war mir mein bester Willen, – aber nun, seit ich an einst Geliebtem den inneren Zustand prüfen kann, erschreckt es mich doch, ihn, wider alle Natur, so unverrückt und unverwandelt zu sehen. Wie wir einander hier gegenüber leben, dieses Wunder von Stadt und ich –: wir könnten uns immer noch auf die Jahreszahl 1914 verständigen: das hat etwas entsetzlich Lebloses. Ich habe im Grunde eine große Furcht vor der bloßen Wiederholung (mit Ausnahme derjenigen Momente, da Wiederholung Rhythmus schafft) und hier wird mir nun vieles noch ein Mal zugemuthet in einer Repetition, deren ich mich ähnlich nicht zu erinnern weiß; weil doch sonst immer der Gegenstand oder man selber verwandelt war, oder es war mindesten‹s› die trennende Luft inzwischen anders geworden, oder das Licht, oder die Empfindung des Auges. Nun rächt es sich an mir, daß ich mich, während des Verhängnisses zu angehaltenem Dasein gezwungen hatte, – Venedig steht zwar nicht an, aber es überlebt nach rückwärts wie in Spiegelbildern, nur eine handgreifliche Zerstörung würde es datierbar machen. (GN, 56 f.)

1 Vgl. auch: An Nanny Wunderly-Volkart, 15. 6. 1920: »[. . .] was mich dabei bestürzt [. . .] ist meine eigene Unverändertheit, wie sie sich in der gleichen Aufnehmung des Gleichgebliebenen von einer Probe zur anderen zeigt. Nach sechs Jahren, die doch immerhin Jahre dieses vielleicht im Ganzen kurzen, jedenfalls unersetzlichen Lebens waren! Ich wußte, daß ich mich zuhielt, anstand – (das war mein einziges Mittel, zu überstehen), aber nun entsetzt es mich doch, nicht anders geworden zu sein« (NWV, 250 f.), An Nanny Wunderly-Volkart, 9. 6. 1920 (NWV, 249) und: An Oswald von Kutschera, 3. 8. 1920 (GB IV, 308).

134. An Nanny Wunderly-Volkart, Venedig 8. 7. 1920

Sie wissen ja auch, was auf mir lastet, die Unsicherheit, daß ich keinen der Orte, wo ich zuletzt aufruhen konnte, für einen rechten Boden halten durfte oder mochte, und so mit verhaltenen Wurzeln lebe, denn ich darf sie nicht ins Vorläufige ausstrecken, umso weniger als mein Wurzelwerk heute nicht mehr von der Art wäre, daß es sich noch weiter versetzen ließe. Soviel ist gewiß: ich bin für Jahre hinaus kein Reisender mehr, alle meine Bedürfnisse treffen in einem einzigen Anspruch auf Stabilität zusammen, – möchte ich nur nicht an dem Ort vorübergehen, wo sie mir zugesagt wäre und möchte dann alles in mir lebendig genug sein, um eine lange und geschützte Einsamkeit zu einer ununterbrochenen und unaufhaltsamen Rühmung Himmels und der Erde zu verwenden! (NWV, 268)

Am 13. Juli verläßt Rilke Venedig und kehrt in die Schweiz zurück.

135. An Marie Taxis, Schoenenberg 23. 7. 1920

Vor der Hand merk ich nur, daß sich das Leben nicht in der Weise, wie ich meinte, an die Bruchstellen der Vorkriegszeit wird ansetzen lassen –, es ist doch alles verändert, und jenes zum »Genuß«, zur arglosen und immerhin etwas müßigen Aufnehmung eingestellte Reisen, kurz das Reisen des reisenden »Gebildeten« wird ein für alle Mal abgelaufen sein. Das »geht leer« in Zukunft, was natürlich nicht hindert, daß es viele fortsetzen werden, ohne sich über die Abgethanheit ihres Unternehmens Rechenschaft zu geben. Ich meine alles ästhetische Anschauen, das nicht unmittelbar Leistung ist, wird fortan unmöglich sein, – unmöglich im Grunde z. B., in einer Kirche »Bilder zu bewundern«, es sei denn, daß man wieder, aus Noth oder Erhebung offen, vor eines hingerissen sei und von einem erschreckt und gesegnet. Sie glauben gar nicht, Fürstin, wie anders, wie a n d e r s die Welt geworden ist, es handelt sich drum, das zu begreifen. Wer von jetzt ab so zu leben gedenkt, wie ers »gewohnt war«, der findet sich beständig vor der unmittelbarsten Wiederholung, vor dem bloßen Nocheinmal und dessen ganzer heilloser Unfruchtbarkeit. (TT, 611)

136. An Oswald von Kutschera, Zürich 3. 8. 1920

Wie schwer überhaupt, sich wieder zurechtzufinden!

[. . .] an welcher Stelle der Teilnehmung und Leistung Du jetzt auch stündest, Du würdest Dich ermüden an der Ratlosigkeit und Bodenlosigkeit, die unter allen Gebieten aufgerissen ist –, aus allen Briefen geht, soviel ich deren bekomme, ein übereinstimmendes Beklagen hervor, weil allen im Geistigen bemühten Menschen der Grund fehlt, das Vertrauen in ihr Geschütztund Nötigsein und damit auch jene letzte entscheidende Lust, sich nötig zu nehmen. Noch neulich schrieb mir Otto Taube[1] in diesem Sinne, den ich in Weimar einigermaßen ruhig meinte; sicher, eine so wunde und an allen Stellen beunruhigte Welt kann dem unabhängig Leistenden keine Garantien geben, sie macht ihn abhängig, ohne daß sie deshalb fähig wäre, den Grad und die Art dieser Abhängigkeit zu präzisieren. (GB IV, 309)

1 Otto Freiherr von Taube (1879-1973), baltischer Schriftsteller.

Anfang Oktober lernt Rilke bei einem Ausflug nach Sion und Sierre erstmals das Wallis kennen, das ihn an die Landschaftserlebnisse von Spanien und der Provence erinnert:

137. An Hans Von der Mühll, Genf 12. 10. 1920

Wie schön ist doch dieses Valais. [. . .] Ich sah unter den schönen Talschaften der Schweiz noch keine, die geräumiger[1] gewesen wäre: das Valais ist eine Ebene, die es weit hat bis zu den Bergen; und diese selbst sind nichts als Hintergrund, keine Schwere hereinwirkend und von einer solchen Duftigkeit der Abhänge, daß sie zu Zeiten imaginär wirken, wie die Bergbilder in einer Spiegelung. Und von der raumigsten Perspektive sind jedesmal auch die Hügelstufen davor, mit der Betonung und Abwandlung ihrer hinangesteigerten Ortschaften. (GB IV, 321)

1 Vgl. auch: An Xaver von Moos, 2. 3. 1922: »Es sind nicht seine [des Wallis] Berge, die mich überzeugen, sondern der merkwürdige Umstand, daß sie (sei es durch ihre Gestaltung oder auch ihre besondere Verteilung) raum-schaffend sind: wie eine Rodinsche Skulptur eine eigene Geräumigkeit in sich mitbringt und um sich herum ausgibt: so benehmen sich – für meinen Blick – die Berge und Hügel in diesen Gegenden des Valais; unerschöpflich geht Raum aus und zwischen ihnen hervor« (GB V, 109).

Ende Oktober macht Rilke mit einer Reise nach Paris einen zweiten Versuch, den Anschluß an die Welt der Vorkriegszeit wiederzufinden. Noch vor seiner Abfahrt nimmt er eine Einladung für den Winter nach Schloß Berg am Irchel an.

Was in Venedig »bloße Wiederholung« (Nr. 133) war, wird in Paris, der Stadt, die für Malte und seinen Schöpfer Rilke allzuoft als ein »Ort der Verdammnis« (Nr. 62) gegolten hatte, nun zum Erlebnis beglückender Kontinuität:

138. An Nanny Wunderly-Volkart, Paris 25. 10. 1920

Chère, ma première démarche, après vous avoir télégraphié mon arrivée, c'était d'acheter un petit carnet à l'Odéon – mon Carnet de ces jours de Paris, j'ai tâché hier de le commencer, mais après maints efforts je suis arrivé à constater:

»ici commence l'indicible«

et ce sera peut-être la seule phrase que je rapporterai d'ici[1] car comment exprimer ces moments? C'est tellement familier et si grand, cela étonne et cela satisfait, cela exalte et cela fait pleurer tour à tour et presque en même temps, ça réunit tous les contrastes: *c'est tout* –: comment l'exprimer, même à vous qui comprendriez à mi-parole, même devant mon propre cœur crédule, soumis, croyant!

Je me promène, sans but, car tout devient but, chaque pas est une arrivée . . . Chère et maintenant je considère mon avenir, la continuité se rétablit, et peu à peu tout sera accessible. Et je suis tout heureux que cela va commencer avec cette retraite au Château de Berg que vous allez me préparer ces jours-ci.

(NWV, 332 f.)

1 Es bleibt der einzige Eintrag.

139. An Gräfin Mirbach, Paris 27. 10. 1920

[. . .] auch die Schweiz setzte nur die Unterbrochenheiten (milder, gefälliger, verdeckter, wenn Sie so wollen –) fort, aber hier, hier: la même plénitude de vie, la même intensité, la même justesse même dans le mal – – –: ganz unabhängig vom politischen Gedräng und Gemächte, ist alles im Großen geblieben, drängt, treibt, glüht, schimmert: Oktober-Tage: Sie kennen sie.

Ich passe an alle Bruchstellen, ja und nun empfind ichs kaum mehr. Dürft ich hier bleiben, ich würde morgen mein Leben haben, alle seine Gefahren, alle seine Seligkeiten: mein ganzes Leben: ma vie, depuis toujeurs mienne – – – Aber, das hindert die Valuta: es werden nur vier, fünf Tage gewesen sein, – aber auch so ists mir recht und lieb: ich *weiß* jetzt wieder, mein

Bewußtsein hat seine Einschränkungen aufgegeben, das auf-der-Stelle-anstehen hat aufgehört, ich kreise wieder in meinem Bewußtsein. *Eine* Stunde hier, die erste, würde dafür genügt haben. Und ich habe doch hunderte gehabt, Tage, Nächte –, und jeder Schritt war ein Ankommen.[1] (AB, 626)

1 Vgl. auch: An Regina Ullmann, 15. 12. 20: »Was diese Anschlüsse für mich bedeuten, muß ich Dir nicht erklären. Mein Leben war zu sehr an gewisse großartige Welt-Orte verpflichtet, als daß ich ihrer noch länger, mindestens im Bewußtsein, entbehren konnte. Besonders für Paris galt dies im äußersten Maße. Nun, dort durfte ich wirklich anheilen an alle die bösen, grausamen Bruchstellen, – und mit dieser Rekonvaleszenz entstand endlich auch die Zuversicht in mir, die tiefe Unterbrochenheit meines Daseins und meiner Arbeit doch noch zu überbrücken, um w i e d e r a u s d e m G a n z e n zu wirken und zu atmen« (GB IV, 359 f.).

VI. Schloß Berg und Le Prieuré d'Étoy

Am 30. Oktober kehrt Rilke aus Paris nach Genf zurück. Nach einem kurzen Aufenthalt in Zürich trifft er am 12. November in Schloß Berg am Irchel ein, das ihm die Eigentümer Oberst Richard Ziegler (1872-1944) und seine Frau Lily auf Vermittlung von Frau Wunderly für den Winter zur Verfügung gestellt haben.

In diesem Arbeitswinter spitzt sich der Konflikt zwischen Kunst und Leben erneut zu: Rilke muß sich entscheiden zwischen seiner Liebe zu der Malerin Baladine Klossowska (1886-1969), die er »Merline« nennt, und einem konzentrierten Versuch, die Arbeit an den lange unterbrochenen ›Elegien‹ wieder aufzunehmen:

140. An Merline, Schloss Berg 18. 11. 1920

Depuis que cette solitude s'est fermée autour de moi (et elle était toute complète dès le premier jour) j'éprouve encore une fois la terrible, l'inconcevable polarité de la vie et du travail suprême.

Que c'est loin, Merline, le travail, que c'est loin les Anges. – Je m'acheminerai lentement, je n'avancerai chaque jour que d'un demi pas, et je reculerai souvent. Et toujours il semblera que je m'éloigne de vous, car là où je vais aucun nom n'est valable, aucun souvenir ne doit persister, on doit arriver comme on arrive parmi les morts, en remettant toutes les forces entre la main de l'Ange qui nous conduit. Je m'éloigne de vous, Merline, – mais puisque je ferai tout le tour je m'approche de nouveau à chaque pas. L'arc est tendu pur élancer la flèche vers l'oiseau céleste? mais si elle retombe, elle l'aura traversé sans tuer et de tout haut elle tombera dans votre cœur.

Ne vous attendez pas à ce que je vous parle de mon effort intérieur –, je dois le taire; il serait fâcheux de rendre compte, même à moi-même, de tous les changements de fortune que j'aurai à subir dans mon combat vers la concentration. Ce revirement de toutes les forces, ce changement de direction de l'âme ne se fait jamais sans mainte crise; la plupart des artistes l'évitent par des moyens de distraction, mais c'est pour cela aussi qu'ils n'arrivent jamais plus à toucher le centre de production d'où ils sont partis au moment de leur pur élan.

Toujours, au commencement du travail, il faut se refaire cette innocence première, il faut revenir à l'endroit naïf où l'Ange vous a découvert quand il vous rapportait le premier message engageant; il faut retrouver, derrière les ronces, cette couche où alors on était endormi: cette fois on n'y dormira pas: on va prier et gémir – n'importe: si l'Ange daigne venir, ce sera parce que vous l'aurez convaincu, non pas avec vos pleurs, mais par votre humble décision, de commencer toujours: ein Anfänger zu sein!

Oh Chère, combien de fois dans ma vie – et jamais autant que maintenant – je me suis dit que l'Art, tel que je le conçois, est un mouvement contre nature. Dieu n'a jamais prévu sans doute, qu'aucun de nous ferait ce terrible retour sur lui-même, qui ne serait permis qu'au Saint parce qu'il prétend assiéger son Dieu en l'attaquant de ce côté imprévu et mal défendu –. Mais nous autres, de qui est-ce que nous nous approchons en tournant le dos aux évènements, à notre avenir même, pour nous jeter dans ce gouffre de notre être qui nous engloutirait, sans cette espèce de confiance que nous y apportons et qui semble plus forte que la gravitation de notre nature? Si c'est l'idée du sacrifice que le moment du plus grand danger coincide avec celui où on est sauvé, il n'y a certainement rien qui ressemble plus au sacrifice que cette terrible volonté de l'Art. Qu'elle est tenace, qu'elle est insensée! Tout ce que les autres oublient, pour se rendre la vie possible, nous allons toujours le découvrir et l'agrandir même; c'est nous le véritables réveilleurs de nos monstres, auxquels nous ne sommes pas assez opposés pour devenir leurs vainqueurs; car dans un certain sens nous nous trouvons d'accord avec eux; ce sont eux, ces monstres, qui retiennent ce surplus de force, indispensable à ceux qui se doivent surpasser. A moins qu'on donne à l'acte de la victoire un sens mystérieux et beaucoup plus profond, ce n'est pas à nous de nous croire les dompteurs de nos lions intérieurs. – Mais tout à coup nous nous sentons marcher à côté d'eux comme dans un triomphe, sans pouvoir nous rappeler de l'instant même où se faisait cette inconcevable réconciliation (: pont à peine courbé qui relie le terrible au tendre . . .) (M, 91 ff.)

141. An Sidonie Nádherný, Schloss Berg 20. 11. 1920

[. . .] die Verstörung der vergangenen Jahre ist ja nicht von heut auf morgen zu beheben und auszugleichen, ich sagte immer, um das Unheil, das Menschen sich angethan haben, wirklich zu versöhnen, müßten schon Engel eingreifen, ich warte hier auf die Engel . . . Aber wer hat *die* in seiner Macht! Im Grunde will ich auch nur das Eine versichern: daß meine Erwartung inständig ist, unbedingt, unbeschränkt; von einer geistigen Sehnsucht, wie ich sie noch nie zu fassen vermochte. *Etwas Größeres* wird mir für solche Verfassung gegeben sein, wenn ich nur stark genug bin, in ihr zu verharren, – was es dann auch sei, es kann nichts Geringes sein. (SN, 313)

Wie jedesmal vor einem dichterischen Arbeitsversuch kommt Rilke seinen bedrängend angewachsenen brieflichen Verpflichtungen nach (NWV, 339); in vielfältigen Variationen berichtet er den Freunden von der jüngsten Paris-Erfahrung und von Schloß Berg, das sich nun als der lang gesuchte »›Elegien‹-Ort« bewähren soll:

142. An Gräfin Mirbach, Schloss Berg 25. 11. 1920

Denken Sie, die Vergünstigung, die mich nach Paris hat reisen lassen, hat, sozusagen, noch einen zweiten Akt gehabt, indem mir, im Augenblick meiner Rückkehr, das kleine alte abgelegene Schlößchen Berg (mir, ganz allein!) als winterlicher Wohnsitz angeboten wurde! Sie erkennen es ungefähr auf der beiliegenden Karte: ein festes altes Haus, aus Hausteinen, in seiner letzten Form aufs siebzehnte Jahrhundert zurückreichend, mit seitlich sichtbarem Stufengiebel, – vor sich einen etwas vernachlässigten Park, darin geschnittene hohe Buchengänge rechts und links die ungerahmte Pièce d'eau begrenzen, in deren Mitte, Tag und Nacht, wie ein spielender Baum (un arbre de luxe), schlank die Figur der Fontäne steht. (Und die, mit ihrem immerfort abgewandelten Niederfall ist nun wirklich das Maß der Geräusche, selten reicht etwas über ihr Rauschen hinaus!) Blickt man, im entgegengesetzten Sinne, wie die Karte ihn gibt, aus einem der Fenster (die meinen sind die des Erdgeschosses) in den Garten hinaus, so sieht man ihn im Hintergrund, jenseits einer weitgestellten Allee alter Kastanien, ohne Abgrenzung in die Landschaft übergehen, in Wiesen, die, im sachtesten Anstieg, an den Fuß des Irchel heranreichen, jenes gleichsam nachgiebigen bewaldeten Hügels, der das Bild schließt, ohne es fühlbar einzuengen. – Meine Räume sind schön, groß, voll alter sympathischer Dinge, – große Kachelöfen sorgen, neben dem Kamin, für die Erwärmung – und, sooft Sonne da ist, scheint sie strahlend zu allen meinen Fenstern herein. Eine stille verständige Wirtschafterin versorgt mich, genau wie ich es brauche, und scheint auch über meine Schweigsamkeit und Verschlossenheit (denn *so* muß ich mich halten, um zur Arbeit zu kommen!) nicht weiter erstaunt zu sein. – Ich erzähle ein Märchen, nicht wahr? Ja, was sagen Sie dazu, daß ich der Mittelpunkt dieses Märchens bin, unversehens? Bin ich eigentlich froh? Nein, mir klopft das Herz vor Besorgnis, ob ich imstande sein werde, diesen, bis ins letzte günstigen und zusagenden Verhältnissen *das* abzuringen, was sie nun wirklich erlauben und was ich (nach allen Zerstreuungen und Verstörungen der letzten Jahre) von mir selber dringend, unerbittlich erwarten muß. Nun ist keine Ausrede! Werd ichs können? Werd ich stark, rein, fruchtbar, ergiebig sein?: das Wiedersehen mit Paris, das so heilend war, verpflichtet dazu, und hier ist diese Verpflichtung nun wirklich so deutlich und eindeutig um mich herum aufgestellt –, wenn ich diesmal, hier, auf Schloß Berg versage –, so ist mir nicht zu helfen. Ein Fremder, der hier einträte –, sein erstes Wort wäre: *Wie* muß sichs hier arbeiten lassen! – Werd ichs können? Meine Furcht (meine Feigheit, wenn Sie es so nennen wollen) ist genau so groß wie meine Freude, – aber diese Freude ist wirklich immens.

Von solcher Stelle aus (durch Jahrhunderte war dieser Edelsitz der Escher vom Luchs, deren Wappen noch überall vorkommt, – jetzt gehört Schloß Berg seit Jahrzehnten dem Obersten Ziegler: der mir zusammen mit seiner Frau – sie wohnen winters in Thun – diese vollkommene Gastfreundschaft erweist), von solcher Stelle aus kann ich doppelt gut ermessen, wie wehmütig es für Sie sein mag, die kärntnische Besitzung aufzugeben: es geht eben doch unbeschreiblich viel Leben in ein Stück ständigen erbauten Besitzes über, und das läßt sich nicht herausziehen, wenn man in die Lage kommt, ihn fortzugeben. Hier überwiegen die Escherschen Bildnisse, soweit deren im Schloß geblieben sind, immer noch alles, was Zieglers, trotz vier hier herangewachsenen Kindern, den Umgebungen oktroyieren konnten!

[...]

Nein – ich bin nicht länger in Paris gewesen, sechs Tage. Es war so vollkommen, daß die Dauer keine Rolle spielte. Meinem Herzen, meinem Gemüt, meiner leidenschaftlichen Erinnerung an das dort Errungene und Erkämpfte war schon in der ersten Stunde eine so großartige und sichere Genüge getan, daß ich nach deren Verlauf hätte abreisen dürfen, ohne eigentliche Entbehrung.[1] Längst hab ich mich ja gewöhnt, die gegebenen Dinge nach ihrer Intensität aufzufassen, ohne, soweit das menschlich leistbar ist, um die Dauer besorgt zu sein, – es ist am Ende die beste und diskreteste Art, ihnen *alles* zuzumuten –, selbst die Dauer. Fängt man mit *diesem* Anspruch an, so verdirbt und fälscht man jedes Erlebnis, ja man hemmt es in seiner eigensten, innersten Erfindung und Fruchtbarkeit. Das eigentlich Unerflehbare kann immer nur *dazu*-geschenkt werden, – so dacht ich mir auch jetzt: oft im Leben scheint es nur auf die längste Geduld anzukommen! Wenn ich denke, daß ich 1919, im Juni, in die Schweiz gereist bin, um etwas, dem jetzt unversehens Erreichten Ähnliches, in dem Landhause der Gräfin Dobrženský zu finden, wo es dann nicht gelang, weil die Gräfin erst gar nicht und später nur für vierzehn Tage nach England ging, so daß an ein einsames und selbständiges Einnisten in der Eremitage zu Nyon nicht mehr zu denken war. Später Soglio, obwohl es nicht ganz stimmte, machte sich anpaßlicher mit seinem alten Haus und Garten –, von da ab war alles verfehlt, Locarno und sogar der unwirtliche, obwohl liebgewährte, Schönenberg –, und nun hat alles doch gedient, mich für Paris und für Berg in der Schweiz zu halten. Daß ich je gemurrt habe! (AB, 639 ff.)

1 Vgl. auch: An Marie Taxis, 19. 11. 1920: »es war in einem alle Erwartung weit übertreffenden Maße – *mein* Paris, das ehemalige, ich

möchte sagen: ewige. Wer jetzt dort vorwiegend die rive droite besucht, auf persönliche Anknüpfungen, überhaupt auf das Gesellige und Gesprächliche angewiesen wäre, der würde sicherlich manche betrübliche und entstellende Veränderung zuzugeben haben. Ich aber habe das eigentümliche Glück, durch die *Dinge* zu leben, und soweit von denen und aus der intensiven Luft Einfluß zu mir herüberkam, wars der alte, unbeschreibliche, derselbe, dem ich seit fast zwanzig Jahren meine beste und entschlossenste Verfassung zu verdanken hatte. [. . .] Ich habe erst jetzt wieder Hoffnung, ein Fortsetzendes, wirklich Kontinuierliches zu leisten, und ich kam zurück mit einer wahren Ungeduld dazu – –, da bot sich Schloß Berg« (AB, 631).

Ende November beginnt Rilke mit der Gedichtfolge ›Aus dem Nachlaß des Grafen C. W.‹ (WA 3, 112 ff. und 454):

143. An Nanny Wunderly-Volkart, Schloss Berg 30. 11. 1920

[. . .] ich wünschte mir so etwas wie die Spur eines bergischen Vorwohners, z. B. ein Heft im Bücherschrank entdeckt, eines Abends, sieh, sieh! Wer das wohl gewesen sein mag? Ich bildete mir, ganz oberflächlich, eine Figur ein, die Situation that ein Übriges und Behülfliches, da aber besagtes Heft, trotz aller Imagination, doch nicht zum Vorschein kam, was blieb übrig, als es zu verfassen? Und da liegt es nun vor mir, abgeschlossen, (eines von den dünnsten, natürlich –, aus Ihren Heften, Nike, – was die anstiften!) *Gedichte,* denken Sie, – auf dem ersten Blatt werden Sie lesen: ›Aus dem Nachlaß des Grafen C. W.‹ Kuriose Sachen, für die ich, angenehmster Weise, gar keine Verantwortung habe. Nein, nun ernstlich gesprochen –, ich begriff nicht, was das soll, diese Spielerei, – sie war reizvoll und so reizte sie mich weiter – (übrigens ist das Ganze die Arbeit kaum dreier Tage und gemacht, so wie man strickt – vermuthe ich), – jetzt erst versteh ich, wie's sich hervorthun konnte, Tag für Tag: zu eigener Produktion noch nicht eigentlich fähig und aufgelegt, mußte ich mir, scheints, eine Figur gewissermaßen ›vorwändig‹ machen, die das, was sich etwa doch schon, auf dieser höchst unzulänglichen Stufe der Concentration, formen ließ, auf sich nahm: das war Graf C. W. Ein Dilettant, streng genommen. Er dichtet manches, was ich nie gebilligt haben würde, das ist *seine* Sache, ist oft ungeschickt, oft allzu geschickt, wie alle Dilettanten –, in manchem aber, einigen wenigen ›Treffern‹, hat er meine Zustimmung, ja, um aufrichtig zu sein, meinen Neid erregt –, da kommt er mir manchmal recht nah (der gute Graf, in seinen Nebenstunden, hat doch gewisse Vorgefühle gehabt!) – und die Sache schließt mit lauter Verbeugungen meinerseits, ich respektiere, ich veneriere ihn –, es ist schade, daß er gestorben ist. Voilà l'aventure! (NWV, 349 f.)

Im Dezember 1920 entsteht das Elegienfragment ›Laß dir, daß Kindheit war‹, das Rilke später verwirft:

144. LETZTE STUFE DES ENTWURFS[1]:

Laß dir, daß Kindheit[2] war, diese namenlose
Treue der Himmlischen, nicht widerrufen vom Schicksal;
selbst den Gefangenen noch, der finster im Kerker verdirbt,
hat sie heimlich versorgt bis ans Ende. Denn zeitlos
hält sie das Herz. Selbst den Kranken,
wenn er starrt und versteht, und schon giebt ihm das Zimmer nicht mehr
Antwort, weil es ein heilbares ist –, heilbar
liegen seine Dinge umher, die fiebernden, mit-krank,
aber noch heilbar, um den Verlorenen –: *ihm* selbst
fruchtet die Kindheit. Reinlich
in der verfallnen Natur hält sie ihr herzliches Beet.
Nicht, daß sie harmlos sei; der behübschende Irrtum,
der sie verschürzt und berüscht, hat nur vergänglich getäuscht.
Nicht ist sie sichrer als wir, und niemals geschonter;
keiner der Göttlichen wiegt ihr Gewicht auf. Schutzlos
ist sie wie wir, wie Tiere im Winter, schutzlos.
Schutzloser: denn sie erkennt die Verstecke nicht. Schutzlos
so als wäre sie selber das Drohende. Schutzlos
wie ein Brand, wie ein Ries', wie ein Gift, wie was umgeht
nachts im verdächtigen Haus, bei verriegelter Tür.

Denn wer begriffe nicht, daß die Hände der Hütung
lügen, die schützenden –, selber gefährdet: wer *darf* denn?
»... Ich!« – Welches Ich? – »Ich, Mutter, ich darf. Ich war
Vor-Welt.
Mir hats die Erde vertraut, wie sie's treibt mit dem Keim,
daß er heil sei. Abende, o, des Vertrauens, wir regneten beide,
leise und mailich, die Erde und ich in den Schooß uns.
Männlicher! ach, wer beweist dir die trächtige Eintracht,
die wir uns fühlten. *Dir* wird die Stille im Weltall
niemals verkündet, wie sie sich schließt um ein Wachstum ....«

Großmut der Mütter, Stimme der Stillenden, – dennoch!
Was du da nennst, das *ist* die Gefahr, die ganze
reine Gefährdung der Welt –, und so schlägt sie in Schutz um,
wie du sie rührend erfühlst. Das innige Kindsein
steht wie die Mitte in ihr, sie *aus*-fürchtend, furchtlos.

Aber die Angst! Sie erlernt sich auf einmal im Abschluß,
den das Menschliche schafft, das undichte. Zugluft
zuckt sie herein durch die Fugen. Da ist sie. Vom Rücken
huscht sie es an überm Spielen, das Kind, und zischelt
Zwietracht ins Blut –, die raschen Verdachte, es würde
immer ein Teil nur später ergreiflich sein, immer
irgend ein Stück, fünf Stücke, nicht einmal
alle verbindbar, des Daseins –, und alle zerbrechlich.
Und schon spaltet sie an, im Rückgrat, des Willens
Gerte, daß sie gegabelt, ein zweifelnder Ast am
Judas-Baume der Auswahl wachsend verholze.
Wie nur besticht sie die Puppe, die gute, das eben
zärtliche Spielzeug, daß es, umarmt noch, schon fremdlings
schrecke –. Mit *sich* nicht, nicht mit dem armen, verzeihlichen
Fremdsein,
nein: mit der Neigung des Kinds, mit dem, was es annahm.
Annahm in langen Tagen des Zutrauns, in den unzählbaren
Stunden geständigen Spiels, da das Kind an dem neidlos
drüben geschaffenen Du sich erprobte und abhob –
und sich erfuhr, seine Kräfte an zweie verteilend,
seinen ihm selber so neuen nachwachsenden Vorrat.

Fernen des Spieles! Da gab sich die fruchtende weiter
selig erfindender fort, als im spätesten Nachwuchs,
weit über Enkel hinaus –, die getroste Natur!
Freundin des Todes, denn in der leichten Verwandlung
wuchs sie ihn hundertmal durch ... O Puppe,
fernste Figur –, wie die Sterne am Abstand
sich zu Welten erziehn, machst du das Kind zum Gestirn.
Ist es dem Welt-Raum zu klein: Raum der Gefühle
spannt ihr erstaunt zwischen euch, den gesteigerten Raum.

Aber auf einmal geschiehts ... Was? Wann? – Namenlos,
Abbruch –
Was? – der Verrat ... gefüllt mit der Hälfte des Daseins
will sie nicht mehr, verleugnet, erkennt nicht.
Starrt mit geweigertem Aug, liegt, weiß nicht; nicht einmal
Ding mehr – – sieh, wie die Dinge
sich schämen für sie,
... (WA 3, 457 ff.)

1 Vgl. auch den frühen Entwurf (WA 3, 130 ff.) und die Fortsetzungsversuche (WA 3, 460 f.).
2 Vgl. auch: An Frau Weininger, 2. 12. 1920: »Was ist doch ein Kind für ein argloses Geschöpf –, wächst hinaus aus den ängstlichen und krankhaften Verhältnissen seiner Familie –, bildet sich, erwachsend und erwachsen, draußen, auf neuem Boden, seine eigene freiere und gefühltere Welt, – und wird doch, wird in den thätigsten Jahren, von allen Verhängnissen wieder eingeholt und in ein Martyrium gestürzt, dessen Boden – wenn es einen hat – tausend Meilen unter dem Niveau des Erträglichen liegt! Wozu? Mit welchem Recht?! –« (Schnack, 713). Durch einen Brief seines ehemaligen Lehrers, des Generalmajors von Sedlakowitz, war Rilke zudem an die Militärschulzeit seiner eigenen Kindheit erinnert worden (vgl. seine Antwort vom 9. 12. 1920; AB, 643 ff.).

145. An Merline, Schloss Berg 14. 12. 1920

Ma Chérie: que Dieu, notre Dieu à nous, le Dieu généreux, le tout-puissant de nos cœurs, que ce Dieu grand me permette de grandir maintenant et de me jeter dans mon âme! Qu'il me permette pour le temps de ce travail qui m'est imposé tout autant par les morts comme par ceux de l'avenir, de rester *au-dessus du sort* et d'accomplir cette chose claire et impartiale qu'on ne saurait pas dégager dans les brouillards de la vie –, nicht im Verhängnisse, dans le sens imaginatif de ce mot tragiquement expressif. S'il faut que je sombre après dans quelque »sort«, je me soumettrai. Mais peut-être alors mon cœur laborieux qui aura traversé tant de flammes sera-t-il sauvé dans sa propre nature *René*

(M, 120)

146. An Francine Brüstlein, Schloss Berg 27. 12. 1920

Wie war ich wieder glücklich, in jenen Oktobertagen [. . .] über sein Schimmern und Vibrieren, über das nirgends Leer- und Tonlos-sein dieser unvergleichlichen Stadt [Paris], die soweit Natur geworden ist, daß sie Jahreszeiten aus sich hervorbringt, die, zu denen des Himmels und der Erde hinzugeworfen, einen fortwährenden Überschuß ergeben, eine Voll-, eine Überzähligkeit, der man in unaufhörlichem Empfangen gegenübereilt. »Glücklich« – zum ersten Mal seit jenen sechs Jahren, – nicht im Sinne jener auswählenden und begünstigten Theilnehmung am Schönen und Erfreulichen –, glücklich im Besitze jenes viel *gerechteren Glücks,* das stark genug ist, das ungeheuere Ganze der Welt mit allen seinen inneren Bestreitungen und Widersprüchen in *Einem* aufzufassen und athemlos zuzugeben! Glücklich in jenem großmüthigen Sinne, in dem der Schwede Bellman[1] es war, wenn er an ausklingenden Sommerabenden im Kreise seiner Freunde auch noch dem Schwindsüchtigen zusang, Krankheit und Tod hereinreißend in die Fülle des Daseins, als ob es nichts gäbe, was nicht Reichthum würde für ein unrechnendes, dem immer einzigen Augenblick zugethanes Herz!

Was Sie mir da [. . .] zuschreiben, daß ich über den Abschied hinaus erreichbar und theilnehmend zu bleiben wüßte!, – das berührt mich so überaus wohlthuend, weil es ja in jene Vollzähligkeit des Lebens mit hineingehören würde, die ich immer, sowohl zu erleben, als befreundeten Menschen mitzutheilen bemüht bin. Und das will nicht sagen, daß man irgend ein Schweres abschwächen oder weniger zu Herzen nehmen sollte,

damit ihm solche Einräumung zu theil werde: im Gegentheil, je vollständiger wir es durchmachen, desto mehr reißt und drängt es uns mit seinem Gewicht dem Mittelpunkte des Lebens zu, dessen Gravitation so zentripetal orientiert ist, daß nur die, die sich künstlich leicht machen, sich ihm entfremden können. Wie sehr auch die und jene Loslösung vom Zuverlässigen oder Vertrauten oder Geliebten uns entsetzen mag –, die Irrthum, Fremde oder Trennung heißt –, was wir zuletzt erfahren (wenn wir nur die längste Langmuth gebrauchen), ist ein so vollkommenes, unerschütterliches, ja erhabenes *Eingelassensein ins Ganze,* daß jedes ihm Entgehen und Entgleiten nur eine leichte sinnliche Täuschung scheint, wie deren so viele jene vorläufige Wirklichkeit bilden, die wir erst nach und nach durch die eigentlichen Realitäten unserer größeren Verhältnisse ersetzen. Wie sollte, was ich da vertrete, nicht von allen Unsicherheiten und Bedrängnissen gelten, da es in einem höchsten Grade vom Tode gilt, ja dort eigentlich erst recht zu seinem reinsten und beständigsten Ausdruck kommt!
(Erster Absatz: Katalog, 259; zweiter Absatz: ergänzt nach der Handschrift, Deutsches Literaturarchiv, Marbach)

1 Der schwedische Dichter Carl Michael Bellmann (1740-95); vgl. auch ›Ode an Bellmann‹ (WA 3, 100 ff. und 432 ff.).

147. An Lou Andreas-Salomé, Schloss Berg 31. 12. 1920

Venedig: das war mein erster Anschluß ans Frühere; ich war fünf Wochen dort, wohnte nach der Abreise des Fstn. und der Fürstin T‹axis›, wie vor Jahren, allein in dem schönen *mezzanino,* von meiner Gigia genau wie einst mit freudiger Überstürzung bedient, und oben bei den Valmarana's ebenso freundschaftlich, ja familial aufgenommen wie um 1912. Das war schön, – aber mein Wunsch, alles unverändert zu finden, möglichst unverändert, ging so wörtlich in Erfüllung, daß man immerfort am Rande stand, über die unsäglichen Jahre hinüber, die bloße Wiederholung, das Nocheinmal zu erleben, was in unheimlichster Weise möglich war: denn die Umstände wurden ja immerfort auf ihre Gleichheit hin angesprochen, das

Herz aber, dessen Angehaltensein während der Kriegsjahre schuldtrug, daß es auch sein Äußerstes und Lebhaftestes war, unverwandelt zu sein –, nahm das von einsther Gleiche auch in der gleichen Verfassung hin: und da brach eben jene Nichts-als-Wiederholung herein, die mich beinah mit Entsetzen erfüllte, wenn ich sie nur von ferne voraussah. [. . .]

Wie anders Paris! Denn, denk nur, Lou, ich war dort! sechs Tage, Ende Oktober. Da war von keiner Wiederholung die Rede. Das Herz kam wohl auch dem Dortigen mit seinen Bruchstellen entgegen, aber die Anheilung vollzog sich in der ersten Stunde, und von da ab stürzte der Strom der hunderttausend Verwandlungen, neu und alt, unerhört und unbenennbar, durch den großen Kreislauf des endlich hergestellten Bewußtseins. Diese Tage! Es war Herbst, von jener pariser Pracht der Himmel und des Lichts, die diese Jahreszeit der Natur steigert um die Jahreszeit einer längst Natur gewordenen Stadt: welche Überflüsse im Licht, welche Durchdringlichkeit der Dinge, die sich atmosphärisch durchschwingen ließen und diese Vibrierung weitergaben, welche Einheit von Gegenstand und Gegenüber, Nähe und Tiefe der Welt, – welches Neusein der Morgen, welches Alter der Wasser, welche Zärtlichkeit und Fülle des Winds, obwohl er durch Straßen kommt. Und diese Straßen: oh sie waren nicht weniger geworden, nichts war unterdrückt, vermindert, entstellt oder auswählig geordnet –: sie besaßen ihre alte Vollzähligkeit, ihr Strömen, ihr ununterbrochenes Geschehen, ihre an allen Stellen spielende nirgends versagende Erfindung. Menschen kamen mir entgegen: ich erkannte sie, den und jenen, die mir an den gleichen Stellen, etwa der *rue de Seine,* seit soviel Jahren begegnet waren: sie hatten überstanden. Einer trug die gleiche Kravatte. Ich erkannte die Händler in den Geschäften, kaum gealtert –, die Zeitungsfrauen in den Kiosken, – ja, der Blinde auf dem *Pont du Carrousel,* um dessen Leben ich schon im Winter 1902 besorgt gewesen war[1] –, stand, verregnet und grau, an seiner Stelle: ich kann Dir nicht sagen, wie mich in diesem Moment das Glück der Heilung durchfluthete und überstieg, – da erst begriff ich, daß nichts verloren sei, und ein Fortsetzen möglich sein würde, trotz des eben noch so tief unterbrochenen Herzens. – Bücher waren noch die gleichen, in den Kästen der *Bouquinisten,* kleine Gegenstände erkannte ich, einzelne, in den Schaufenstern der Antiquare, und wo ein kleines, weniger bestaubtes Rund den Platz erkennen ließ, von dem eines weggenommen worden war, meinte ich zu errathen, *was* dort gestanden habe. Es war eine Rührung in meinem Herzen, die keiner Sentimente bedurfte. Eine Empfindung, die sich kaum antreten ließ, so vollkommen war sie in sich, so unberührbar, aber man stand fortwährend am Eingang dieses Vorhimmels, der von ihr heil erfüllt war, – es war das maltesche Paris in seiner ganzen Vollzähligkeit, und nun erst schien es mir völlig zu entgelten, daß ich es so tief erlitten und ertragen hatte, – nun trug es mich, ich machte kaum die Bewegungen eines Schwimmers, das Element trug und ersparte meiner Hingegebenheit alle Ausgaben. – Du kannst Dir denken, daß ich niemanden zu sehen versuchte, auch Marthe[2] nicht. Ich hatte keine Stelle meines Wesens frei, der Kontakt war so vollkommen, ich war überall angeschlossen, und so unerhört war dieses Aufgenommensein vom ersten Augenblick an, daß es mich keine Überwindung gekostet hätte, nach einer Stunde wieder abzureisen: ich war schon erfüllt und der ganzen unerschöpflichen Versöhnung versichert. Für solche Verfassung waren sechs Tage ein unbegreiflicher Überfluß, dazu alle von der gleichen herbstlichen Herrlichkeit –, und, bei dem unsicheren Verhältnis, daß ich ohnehin zum Monde habe, könnte ich beschwören, er sei alle jene Nächte in seiner ganzen Fülle und Rundung in den Himmeln geblieben, deren morgendliche Blässe ihn aufgelöst in den Glanz der Sonne hinübergab.

Und nun stell Dir vor, kaum hatte dieses wunderbare Erlebnis mich mir selber zurückgeschenkt, meinem weitesten Bewußtsein –, so sollte mir auch schon die nächste, seit Jahren erhoffte und nun erst recht unentbehrliche Gunst erwiesen sein: dieses kleine alte Schloß Berg wurde mir, *mir ganz allein*, als winterliche Zurückgezogenheit angeboten, und es war für meinen eigensten Gebrauch so völlig fertig, daß ich seit dem zweiten Tage meines Hierseins weder etwas ändern, noch umwünschen, noch der schweigsamen Wirtschafterin[3] mit dem mindesten Wort mich geltend machen mußte. Mit einem Schlage war, ähnlich wie auf Duino (nur daß dort ja eine lange Befreundung und gegenseitige Einpassung vorausgegangen war), jene einsame Zusäglichkeit hergestellt, die, wenn ich sie je nöthig hatte, über den letzten Jahren, zu dem Nöthigsten geworden war, zur Nothdurft, umso mehr als die überall erschütterte und in sich gemischte Welt kaum irgendwo eine derartige Abgelegenheit und reine Stille noch zu enthalten schien. Berg, weit von allem Bahnverkehr, ist schwer zu erreichen, außerdem nun durch strenge Sperren, die der Maul- und Klauenseuche halber verfügt worden sind, noch strenger abgetrennt, so daß ich selber seit vielen Wochen das Gebiet des Parkes nicht verlassen darf, – aber jede Einschränkung dieser Art bestärkt nur meine Geschütztheit und Sicherheit.

(LAS, 421 ff.)

1 Vgl. ›Die Aufzeichnungen des Malte Laurids Brigge‹: WA 11, 899 ff.
2 Marthe Hennebert (* 1894).
3 Leni Gisler.

Im Januar 1921 wird Rilke durch einen Brief der erkrankten Baladine Klossowska aus der eben erst mühsam in Gang gekommenen Arbeit gerissen. Vom 6. bis 22. Januar besucht er sie in Genf. Anschließend kehrt Baladine mit ihm nach Schloß Berg zurück. Erst am 1. Februar, nach einer gemeinsamen Reise nach Zürich, ist Rilke wieder allein.

148. An Merline, Schloss Berg 9. 2. 1921

Merline, Merline réveillez-vous, je vous supplie, regardez-moi en face, reconnaissez-moi! Jag doch den bösen Zauber davon, nimm Dein Herz neu zu mir zusammen. *Was soll ich denn thun?* Soll ich alles hinwerfen hier, diesen Schutz, diese Ruhe, die mir in stiller Vollendung meiner unterbrochenen Aufgaben die Heilung aus dem Verhängnis jener sechs Jahre zu gewähren schien? Wozu würde es Dir jetzt helfen, da ich doch nirgends eine richtige Stelle des Daseins habe und sie nie gewinnen werde, wenn ich meine Arbeit im Stich lasse: cela nous rendrait encore plus malheureux et mon malheur, si je ne pouvais pas rester à ma tâche, deviendrait tel en quelques mois que je ne saurais plus le supporter. – (M, 181)

Am 12. und 13. Februar besucht »Merline« Rilke zum zweiten Mal in Berg.

149. An Marie Taxis, Schloss Berg 17. 2. 1921

[. . .] ich habe Wochen, ja fast anderthalb Monate, dieses kostbaren Winters verloren und die Erschütterungen, die ich durchgemacht habe, waren viel zu groß, als daß meine Rückkehr in die hiesige Geborgenheit genügte, um ihre Folgen und Nachwirkungen auszuschließen. Immerhin, ich bin endlich wieder hier, – und nehme nun noch einmal den großen Anlauf, der mich im Dezember schon fast bis an den Sprung heran geschwungen hat; genau, wie damals in München, als ich vor den *Elegieen* stand, die Einrückung kam, so mischte sich auch diesmal wieder ein grob zugreifendes Schicksal ein, – es ist, als wär eine heimliche Feindschaft aufgeregt wider diese mir so unerläßliche große Arbeit – –; schließlich ists immer dieser eine, in meiner Erfahrung unversöhnliche Konflikt zwischen Leben und Arbeit, den ich in neuen unerhörten Abwandlungen durchmache und fast nicht überstehe. So sehr ich da schon gewählt habe, die Arbeit gewählt habe, so sollte doch mein Abkommen mit dem Leben nicht in einer Absage bestehen (fühl ich), was ja einfacher wäre, sondern ich hoffe immer, ihm, dem unerschöpflichen, eine Zustimmung abzuringen, so daß ich, ohne das Gemüth ihm zu verschließen, ohne Abkehr, doch auf der Seite meines Könnens und meiner Sicherheiten bliebe, ungefährdet, d. h. in Gesellschaft der unterworfenen Gefahr, *comme St. Jérôme avec son Lion qui dort à côté de son pupitre* –

Meine liebe Fürstin, Sie verstehen genug, aus diesen Andeutungen –, ich habe nur noch eine Form, in der der Ausguß des Schicksals mir gefährlich und furchtbar wird . . . (TT, 638 f.)

150. An Merline, Schloss Berg 20. 2. 1921

Oh Chère, riez franchement de moi, si ce que je vais vous dire, vous semble supersticieux – –, mais ne me parlez jamais des *Elégies* – – je vous supplie! Dans ma lettre d'hier vous avez bien pu vous convaincre que je suis loin, loin du travail. Je ferai tout mon possible, pour m'approcher, – mais si j'arrive lentement par une discipline rigoureuse de tous les jours, même en touchant au travail, je serai encore – et pour longtemps – loin de cette tâche suprême. Je ne peux employer aucune ruse, ni même aucun effort direct pour pénétrer dans cette sphère ineffable, qui ne m'était jamais accessible qu'après un temps de soumission absolue et d'obéissance quotidienne, employées d'abord à bien exécuter les ordres d'une valeur secondaire. Ce ne serait plus ma solitude, si je voulais vous en découvrir toutes les lois –, mais il m'est permis de vous confier que j'aurai un long chemin à faire pour être là où – on commence . . .

Ne m'en veuillez pas, très Chère, de vous exposer tout cela, sans vous cacher rien de ma sensibilité exagérée peut-être et peut-être (ce qui serait pire) pédantesque. La vie de tout homme qui est arrivé à un certain point de son engagement avec l'art, subit des défigurations qui, d'un certain côté, l'approche du maniaque; on a besoin de tant de témérité dans l'art même, qu'en dehors l'artiste, souvent, montre une ridicule pusillanimité; c'est que son courage, définitivement, est engagé ailleurs. Ich habe das, mit Vorliebe, *so* ausgedrückt: »es ist wahr, ich bin ein Hasenfuß, aber dafür darf ich manchmal auch der ganze Hase sein!« Das, mein ich, hat mich von Anfang an entschuldigt vor Gott –, nun mache es mich auch rein vor Dir, Geliebte. (M, 207 f.)

151. An Merline, Schloss Berg 22. 2. 1921

Nach allem, was ich je erfahren habe . . . kann ich nur wünschen, daß das Schicksal nichts mit uns vorhabe (wir sind kein Stoff für es) – sondern daß wir, außerhalb seiner, immer wieder, was ja seit je das Wesen unserer Entzückung war, uns eine fast göttliche Entrückung zu erweisen vermöchten, irgendwo auf Inseln im Raum, auf denen nicht die gewöhnliche Schwerkraft gilt: oh Geliebte, wir wollen nie überwachen, womit wir uns gerade hinreißen zueinander und zu jener Erhebung in den gemeinsamen Gott. Aber das Geheimnis, das wir in ihm erleben, soll immer *IHM* gehören und nie uns, so daß wir plötzlich damit dastehen in jener »wirklichen« Welt, wie mit einem Entwendeten, das die Blicke der Menschen auf sich zieht.

Laß mich nun, Liebste, laß mich die nächsten Monate, solang mir diese Zuflucht vergönnt ist, mein Leben ordnen und klären. (Ich kann nicht bestehen bleiben in dieser jahrelangen Trübe!): darum handelt es sich ja für mich nicht um die Elegien oder sonst ein Produktiv-werden – ich bin ja kein »Autor«, der »Bücher macht«. Selbst die Elegien (oder was mir eines Tages gewährt würde) waren ja nur eine Folge einer inneren Verfassung, eines inneren Fortschritts, eines Reiner- Umfassendergeworden-seins meiner ganzen unterbrochenen und verschütterten Natur. Darum erschrak ich so, als Du neulich von den Elegien sprachst, wie von einer »Arbeit« – und wies Dich (o verzeih mir!) beinah zurecht.

Versteh mich: so sehr ich meiner Arbeit gehör und diene – ich kann sie nicht hervorrufen – darum ergriff mich das Wort bei Bonsels[1] so, daß keiner je mehr erreicht habe, als Äußerstes, als die »Bereitschaft« – um »Bereitschaft« ring ich jetzt, da darf mich keiner anrühren oder erschüttern, denn sie ist wie die Entstehung eines Kristalls abhängig von den entferntesten Einflüssen, die uns nur erreichen, wenn wir in der Konstellation stehen und unverschoben von Zufall, Willkür, Begier oder Widerstand! Oh, meine Liebe, glaub mir doch, daß ich die »Welt« weiß, daß ich nichts will als »im Gesetz bleiben«: wie sollte Dir das irgendwann Schaden thun können? Wollen wir denn von unserer Liebe andere Erweisungen und Wohltaten als jene, die auf dem gleichen Gesetz beruhen: wehe der Liebkosung, die den Sternen entgegen ist!

Ich bin ohnmächtig jetzt, wie jeder, der sich unter der täglichen Einwirkung von Verhängnissen hat entwürdigen lassen, die Kriegsjahre schienen mich ins Unrecht zu setzen, mein ganzes Dasein war falsch in ihrem Zwielicht – ich muß wieder innen zu meinem Rechte kommen:

Deine Liebe hat in gewissen Stunden unendlich mitgewirkt an meiner Bestärkung – tagelang verdanke ich meine Zukunft ihrer Weite und Herrlichkeit. Aber die Entscheidungen fallen nur im Alleinsein, und ich muß das meine wieder einmal erfassen und ausfüllen und in die große Beziehungen einstellen dürfen, nach denen mich schon als Kind mehr verlangt hat, oh so unendlich mehr, als nach jedem Glück. (M, 213 ff.)

1 Der Schriftsteller Waldemar Bonsels (1880-1952).

152. An Merline, Schloss Berg 7. 3. 1921

[...] die Serenität des Gemüts, die müßte mir jetzt von Dir kommen, Geliebte. Ist es denn Eigensinn, wenn ich mir immer wieder einbilde, Du könntest der Schutzengel dieser Bedingungen sein, die doch Deine Liebe so unerschöpflich hervorzubringen weiß, so lange sie selber an ihren Ergebnissen teilnimmt. Ist es so viel anders, das Gleiche für den Abwesenden, stillen, In-sich-Beschäftigten zu tun –? (M, 239)

153. An Gräfin Mirbach, Schloss Berg 10. 3. 1921

[...] mir ist nicht *das* widerfahren, wovor Sie mich so einsichtig gewarnt haben, vor einem Forcieren, einem an die Arbeit angelegten drängenden, ungeduldigen Entweder-Oder –, nein; *nicht dies*. Sie schrieben so tröstlich und gläubig: »Ihre Arbeit, Ihre Kunst kommt, wann *sie* will« – ja, so ist es auch –, aber nun, um Neujahr ungefähr, war sie da, *sie war da* –, und im gleichen Augenblick traten Umstände an mich heran, dringende, schwere –, die mich ganz brauchten und denen ich das Recht einräumen mußte, mich auf der Stelle fort- und aus allem, das eben beginnen sollte –, und wofür die hiesigen Umstände unvergleichlich günstig und vorbereitet waren –, hinauszureißen. Ein Verhängnis: in der Wirkung genau wie damals, als ich eben in München anfangen wollte, mich zu besinnen und zusammenzufassen, – da kam die Einrückung; nun wars ja keine Einrückung diesmal, aber ein ebenso Unerbittliches, wider das ein Einspruch nicht geltend zu machen war. Jeder erlebt schließlich nur *einen* Konflikt im Leben, der sich nur immer anders vermummt und anderswo heraustritt –, der meine ist, das Leben mit der Arbeit in einem reinsten Sinne zu vertragen; wo sichs um die unendliche inkommensurable Arbeit des Künstlers handelt, da stehen die beiden Richtungen wider einander. Viele haben sich durch Leichtnehmen des Lebens geholfen, indem sie ihm, so zu sagen, unter der Hand entrissen, was sie *doch* nötig hatten, oder sich seine Werte zu Räuschen machten, deren trübe Begeisterung sie dann rasch in die Kunst hinüberwarfen –; andere hatten keinen Ausweg, als die Abkehr vom Leben, die Askese, und *dieses* Mittel ist freilich um vieles reinlicher und wahrer, als jener gierige Betrug am Leben zugunsten der Kunst. Aber für mich kommt auch dieses nicht in Betracht. Da doch letzten Grundes meine Produktivität aus der unmittelbarsten Bewunderung des Lebens, aus dem täglichen unerschöpflichen Staunen vor ihm hervorgeht (wie wäre ich sonst zu ihr gekommen?), so sähe ich auch *darin* eine Lüge, sein mir Zuströmen irgendwann abzulehnen; jede solche Versagung muß auch schließlich innerhalb der Kunst selbst, mag sie potentiell noch so viel durch sie gewinnen, als Härte zum Ausdruck kommen und sich rächen: denn wer sollte auf einem so empfindlichen Gebiet ganz offen und zusagend sein, wenn er dem Leben gegenüber eine mißtrauische, einschränkende und beängstigte Haltung hat! – So lernt man, ach wie langsam, das Leben geht über lauter »Anfangsgründen« hin – *wofür kann* mans dann am Ende ein klein wenig?

Rodin überlegte das oft in seinem Alter. Manchmal, um fünf Uhr morgens, fand ich ihn im Garten stehen, versunken in der Betrachtung der Hänge von Sèvres und St. Cloud, die sich aus den wunderbaren Herbstnebeln der Seine langsam hervorhoben, als kämen sie nun, vollkommen richtig gestaltet, zur Welt – – –, da stand er, der alte Mann, und überlegte: »*Wozu* kann ichs nun, dieses bewundern, wissen, wie viel dies ist, dieser Morgen ...?« Und ein Jahr später verstand er auch dieses nicht, *konnte es doch nicht,* hatte es doch nicht gekonnt, denn ein Einfluß, ein Schicksal, weit unter seinem Niveau, hatte ihn eingehüllt und mit den trübsten Verwirrungen umgeben, aus denen sich keine Herrlichkeit heraus erklärte! – (AB, 669 f.)

Vom 24. bis zum 30. April entsteht der Prosatext ›Das Testament‹, in dem Rilke in einer an die ›Aufzeichnungen des Malte Laurids Brigge‹ anknüpfenden, mittelbaren Weise das Fazit aus dem gescheiterten Arbeitswinter zieht. Unversöhnlicher als je zuvor sind hier die Pole »Kunst« und »Leben« gegeneinander gesetzt; unter den Aufzeichnungen findet sich auch ein Briefentwurf an die »Geliebte«:

154. Aus: ›Das Testament‹, Schloss Berg Ende April 1921
(Briefentwurf)

Schloß B . . ., ohne Datum:
immer.

Wem, Geliebte, wem, wenn nicht Dir, soll ich diesen schweren Abschluß meines Herzens anvertrauen? Wenn er Dich in Noth versetzt, bedenke, wie groß die Noth sein muß, aus der hinaus ich das Folgende aufschreibe.

Ich habe Unrecht gethan; Verrath. Ich habe die Umstände, die mir nach sechs Jahren der Zerstörung und Hinderung mit B . . . geboten waren, nicht ausgenutzt für die unaufschiebbare innere Aufgabe; sie ist mir vom Schicksal unter den Händen entwunden worden. Das muß ich mir nun eingestehen.

Du weißt, Liebe, wie mir jene Umstände, vom Zufälligsten bis ins Wesentlichste, zusagten, wie entschlossen ich sie antrat. Du wolltest das Deine thun, sie mir zu schützen: es ist uns nicht gelungen.

Am zweiten Dezember, gleich nach dem frohen Versuch, jene französisch geschriebene Préface[1] zu entwerfen, gelangen mir die ersten Zeilen jener Arbeit[2], in der meine neue innere Zusammenfassung sich ausbilden sollte. Am 4ten wurde ich durch die leidigen Correspondenzen meines Geburtstages unterbrochen, am 6ten kamen die ersten beunruhigenden Nachrichten aus G.[3]

Du weißt, wie es weiterging; Du weißt alles, ich habe nichts zu erzählen.

Siehst Du, es ist nun für mich bei meiner kleinen Fehlgeburt des 2ten Dezember geblieben, das Werk, das Leben, das mich erfüllte, hat sich in ihr fortgegeben.

Bald waren es gute, ja seelige Zeichen, bald Bedrängnisse und Verzweiflungen, die zu mir herüberwirkten, – die Erschütterungen nahmen kein Ende, Du konntest sie nicht verhüten.

(Was halfs, daß ich wußte, ich dürfe nur noch in meiner Arbeit beglückt und erschüttert sein!)

Und auch später, auch jetzt, auch in diesen letzten Wochen, ich brachte es nicht zu jenem Bewußtsein meiner natürlichen Einsamkeit, aus dem heraus allein ich meiner mächtig werden kann. Mein Herz war aus der Mitte seiner Kreise hinausgerückt, an die Peripherie, dorthin, wo es Dir am nächsten war –, dort mag es groß sein, fühlend, jubelnd oder beängstigt, – es ist nicht in *seiner* Konstellation, es ist nicht das Herz meines Lebens.

In unserer süßesten und vielleicht gerechtesten Stunde, Geliebte, hast Du mir versichert, daß Du nun alle Arten der Liebe zu mir fassen könntest. Ach, nimm Dich zusammen, ..., zu jener, wie sie nun heißen mag, die mir *mein* Leben gewährt, die es mir womöglich bestärkt. Ich kann nicht los von mir. Denn, wenn ich alles alles Meinige aufgäbe und, wie ich es manchmal ersehne, blindlings in Deine Arme überginge, mich darin verlöre –, so hieltest Du ja eben einen, der sich aufgegeben hat: nicht mich, nicht mich.

Ich kann mich nicht verstellen und nicht ändern. Genau wie in meiner Kindheit vor der gewaltsamen Liebe meines Vaters, so knie ich auch jetzt in der Welt und bitte die, die mich lieben, um Schonung. Ja, daß sie mich schonen! Daß sie mich nicht verbrauchen für ihr Glück, sondern mir beistehen, jenes tiefste einsame Glück in mir zu entfalten, ohne dessen Große Beweise sie mich doch am Ende nicht würden geliebt haben.

....

(T, 51 f.)

1 Vgl. Mitsou. Quarante Images par Baltusz. Préface de Rainer Maria Rilke (Zürich 1921). Rilke hatte zu einer Folge von Tuschzeichnungen des jungen Baltusz Klossowski (* 1908) eine Vorrede verfaßt (WA 11, 1099 ff.).
2 S. o. Nr. 144.
3 Aus Genf.

Am 10. Mai muß Rilke das anderweitig vermietete Schloß Berg verlassen. Damit beginnt die Suche nach dem »›Elegien‹-Ort« von neuem.

Die Zeit vom 10. Mai bis zum 28. Juni verbringt Rilke in der Pension »Le Prieuré« in Étoy, einer ehemaligen Augustiner-Probstei.

155. AN GUDI NÖLKE, ÉTOY 22. 5. 1921

Sie sehen *Berg* steht nicht mehr über diesem Brief! Seit elf Tagen bin ich fort, es war ein unendlich dankbares Gefühl, in dem ich Abschied nahm, dankbar gegen den schutzvollen Ort und vorwurfsvoll wider mich selbst, daß ich seiner Gewährung, die so vollkommen war, fast nur den Anfang dessen abzuringen vermochte, was dem innersten Auftrag entsprach. Immerhin es war ein Ganzes und Wunderbares, das‹s› *dies* mir gegeben war, – und auf dem Hintergrund unabsehlicher Ungewißheiten erst bekommt das in sich Erfüllte, Positive dieser vielen Monate einen wehmüthigen Contour und die Form eines Verlusts! (GN, 80 f.)

156. AN REINOLD VON WALTER, ÉTOY 4. 6. 1921

Ob ich in jenem Vertrauen zum Tode, von dem Sie mir schreiben, weitergekommen bin, wird sich auch nur innerhalb jener großen Arbeit[1] zeigen können. Sie haben recht, nichts ist uns so unbedingt aufgegeben, wie das tägliche Erlernen des Sterbens, aber nicht durch Absagen an das Leben bereichert sich unser Wissen um den Tod; erst die ergriffene und aufgebissene Frucht des Hiesigen vertheilt in uns seinen unbeschreiblichen Geschmack. (RvW, 401)

1 Den ›Elegien‹.

Im Juni besucht Marie Taxis Rilke in Étoy:

157. AN NANNY WUNDERLY-VOLKART, ÉTOY 10. 6. 1921

Gestern der Fürstin hier die zwei anderen fertigen Elegieen[1] gelesen, die sie noch nicht kannte: das war sehr schön!

(NWV, 484)

1 Die 3. und 4. Elegie.

158. An Rolf Freiherrn von Ungern-Sternberg, Étoy 26. 6. 1921

Ich kann mir ja, für lange hinaus, nicht gut eine andere Beschäftigung wünschen, als meine eigene und eigenste und dazu die stillsten, gleichmäßigsten, ihr günstigsten Bedingungen.

Schloß Berg war eine Vergünstigung dieser Art, – aber ob es gleich sechs Monate gewesen sind, die vergönnte Frist war am Ende doch zu kurz, mir die Vollendung des geräumig Begonnenen zu gewähren; auch ist meine innerliche Schreckhaftigkeit über den letzten Jahren so groß geworden, daß ein von vornherein absehbarer Termin des Bis-dahin schon fast genügte, mich zu hemmen. Daß ich ohne eine sichere Wohnung bin, ist durchaus *meine* Schuld; vielleicht, hätte meine Familie in den ihr durch die Zeiten hin vorlängst heimischen Ländern ihren alten Landbesitz behalten, ich hätte mir, wahrscheinlich, von der ererbten Stelle aus ein brauchbares Heimathsbewußtsein entwickeln können. Die Stadt, in der ich aufwuchs, bot keinen rechten Boden dafür, ihre Luft war weder die meines Athmens, noch die meines Flugs. So geschah's unvermeidlich, daß ich mir Wahlheimathen erwarb, nach dem Maaße der Entsprechung, das heißt, mir unwillkürlich eine Anstammung *dort* fingierte, wo das Sichtbare in seiner Bildhaftigkeit den Ausdrucksbedürfnissen meines Instinkts irgendwie genauer entgegenkam . . . Solange die Welt offen war und die Auswahl einer solchen kompositen Heimath uneingeschränkt, bildete sich aus allem so Erworbenen wirklich etwas wie eine schwebende und doch hinreichend tragende Stelle, gewissermaßen *über* den Ländern – (RUS, 325)

In den letzten Junitagen reisen Rilke und Frau Klossowska nach Sierre, auf der Suche nach einem Ersatz für Schloß Berg. Dabei stoßen sie durch Zufall auf das Château de Muzot:

159. An Nanny Wunderly-Volkart, Lausanne 4. 7. 1921

Der Tag (Rham [der Immobilienmakler] war schon wieder fort) schien schon im Ganzen gestrichen werden zu sollen, als wir uns abends (jetzt kommt das Wunder, Nike!) doch noch zu einem Ausgang, gewissermaßen vor dem eigenen Gewissen aufraffend, – denken Sie! im Schaufenster des *Coiffeur-Bazar*, dicht dicht am Bellevue, wo man täglich vorüberkommt, die Photographie eines Thurmes oder Schlößchens »du treizième siècle« entdeckten, mit – denken Sie! – mit der Aufschrift: »à vendre ou à louer«: Chère, et c'est peut-être mon Château en Suisse, peut-être!

Ce n'est que cela, bâtiment historique d'un caractère ravissant, vrai vieux manoir, entouré d'un petit jardin charmant, dans un site merveilleux; zehn Schritte höher eine kleine weiße Kirche (Kapelle) dédiée à Ste Anne, die gewissermaßen dazu gehörte, alles so wunderbar passend. Im Inneren an jeder Etage 3 Räume, zum Theil mit sehr austeren Möbeln des 17. Jahrhunderts! (Zum anderen Theil mit Scheußlichkeiten, die man fortthun müßte.) Wäsche, Geschirr wäre zu bekommen durch die Besitzer, die Küche ist fast ganz eingerichtet.

[. . .] das Valais überwiegt in meinen Wünschen auf jede Weise. Wie, *wie* redet und wirkt und handelt diese Landschaft zu mir! Jetzt genau wie damals im Oktober. Sie ist herrlich hart und groß, und in der Gegend unseres Schlößchens, wo es nicht nur Wein giebt, sondern auch Wiesen, Getreide, Obstbäume, – mitten im Harten beinahe zärtlich. – Das kleine manoir heißt Château de Muzot oder Muzotte (man spricht das t auch bei der ersteren Schreibart), ich kenne schon viel von seiner Geschichte, in der ältesten Zeit besaß es ein im Valais angesiedelter Zweig der de Blonay, später die de la Tour-Châtillon, die de Chevron, zum Schluß die Familie de Monthéis. Von der unglücklichen Isabelle de Chevron, femme de Jean de Monthéis, erzähl ich ein nächstes Mal –, von ihrer Hochzeit auf Muzot (um 1500) die 3 Tage währte, weiß man noch im Land, und ich kenn schon die Namen aller Hochzeitsgäste und wie sie einander geführt haben. Im ersten Stock ist eine kleine alte Kapelle, jetzt Magdkammer, aber mit wunderbarer gothischer Thürumrahmung, und darüber nicht etwa das Kreuz, sondern, im stärksten Relief, das ›Swastika‹, das geheimnisvolle indische Hakenkreuz, das später durch die Jahrhunderte das Abzeichen so seltsamer religiöser Bewegungen geworden ist und dessen Bedeutung heute noch nicht ganz enträthselt ist. Und das wär nicht das einzige Geheimnisvolle im manoir von Muzot. De Rham ließ sich davon erzählen und wollte kaum glauben, was er hörte. Dabei liegt das alte Gemäuer nicht etwa düster und abschreckend da, sondern voller Lieblichkeit. Zwei Rosenbogen im Garten stehen im vollsten Blühen und vermehren den Charme seiner Verzauberung. Und etwa in derselben Distanz wie vor dem Prieuré eine wunderbare Pappel, wie ein Wahrzeichen wieder und Ruf-Zeichen, als sagte, als bestätigte sie: sieh, dies ists! – – – *Ists* dies? Mein Instinkt spricht, aber ich weiß nicht, ob er allein spricht, viele Stimmen mischen sich in die seine. Die Probe mindestens, sollte, scheint mir, gewagt sein; wenn wir July und August etwa dort wohnten, wüßte ich dann wie weit Muzot für mich allein und für meinen strengen Winter wünschenswerth wäre.

[. . .] Das Ganze und die Landschaft, wohin man sah, war von unbeschreiblicher Beziehung und Schönheit. Wie herrlich ist dieses Valais. Was uns beim diesmaligen näheren Umsehen erschreckt hat, ist die extreme Armuth der Bevölkerung, wo die Dörfer im Steinigen und Ariden liegen, macht sie sich besonders auffällig, da wohnen die Leute verkrochen in fast fensterlosen uralten Masuren, ohne Licht, – überall alte verfallene Adelshäuser, grouillantes d'une progéniture sale et désespérée. – In der Gegend von Muzot ist alles ein wenig frischer und fröhlicher, aber gleich darüber hinaus, das alte Dorf Miège, ist wieder ein Schutthaufen von Elend. Mehr Spanien als Provence. (Wie stark übrigens, die vom ersten Augenblick an geahnten Zusammenhänge dort hinüber sein müssen, ersah ich aus einer Notiz über gewisse Pflanzen, die genau *nur* in diesen drei Ländern vorkommen; auch von Vögeln und Schmetterlingen gilt das gleiche. Wunderbare Beziehungen, die ich so stark empfand!)[1] (NWV, 496 ff.)

1 Vgl. auch: An Nanny Wunderly-Volkart, 15. 7. 1921: »Möglicherweise wäre dieses wunderbare spanisch-provençalische Valais die Umgebung für einen Elegien-Winter und Muzot hätte die Zukunft, mir dafür Schutz zu sein« (NWV, 509).

VII. Muzot:
Die Vollendung der ›Elegien‹

VII. Muzot
Die Vollendung der Elegien

In den letzten Julitagen arbeitet Rilke mit der Hilfe von Frau Klossowska daran, Muzot bewohnbar zu machen (vgl. NWV, 519 f.); am 26. Juli zieht er ein.

160. An Nora Purtscher-Wydenbruck, Muzot 17. 8. 1921

[. . .] dieses wunderbare Rhônetal, das mich zu zwei vorläufig verlorenen Landschaften hinbezieht: Spanien und die Provence –, die für mich – einst, vor 1914, – vom größten Einfluß waren und an die ich mich durch die hiesigen Umgebungen auf das seltsamste erinnert und wiederangeschlossen glaube. En fin de compte könnt ich nicht beschreiben, was mich hier hält, ich müßte denn eine Beschreibung des Valais überhaupt aufbringen, dieses vielleicht größesten Tals in Europa, in dessen Umgrenzung ein Spiel schön bestellter und bewachsener Hügel die reichsten Verwandlungen des Ausblicks vollzieht, es bilden sich Länder vor einem als schüfen sie sich erst – und was an Dingen (: Häusern und Bäumen) innerhalb dieser Perspektiven vorkommt, hat die Distanzen und Spannungen, die wir aus dem Aufgang der Sternbilder kennen[1]: als ginge aus diesem großartigen Entfaltet- und Aufeinanderbezogensein der Einzelheiten Raum hervor, – eine Erscheinung, die nicht so überzeugend könnte erfahren werden, wäre die Luft nicht von einer unbeschreiblichen Teilnehmung an allem Gegenstand, umschauerte sie ihn nicht so und machte sie nicht jeden Zwischenraum, bis in die Hintergründe hinein, zu ihrem Glück, zum Schauplatz so und so vieler gefühlter (dächte man!) Übergänge . . .

Das beiliegende Postkartenbild zeigt Muzot nicht auf gerechte Art; so viel ich dem widerspenstigen Hause vorzuwerfen habe, ich muß doch versichern, daß es unbeschreiblich reizvoller sei. Der kleine Garten besser seither, und gebärdiger aufgewachsen; Miège (die nächste Ortschaft) durch einen ravin getrennt, lange nicht so aufdringlich nahe; und die Pappel[2], die herrliche, die rechts vorne das Maß der Landschaft gäbe, ist nicht mit im Bilde. Gar nicht zu reden von Atmosphäre und Farbe: vorn das lichte lockige Grün des Weinbergs und der schöne heitere verger, und zwischen allem die Abstufungen der fühlendsten Perspektive. Und dann fürs Gehör: Stille, süßeste reinste, mit einem premier plan am Gut vorbeistürzender Wasser, gar nicht zu reden vom Hauslied des steten Brunnens vor meinem Burgturm, der übrigens (dies sei noch zur Entschuldigung seines ansprüchigen Titels gesagt) immer ein *vollständiges* Schlößchen gewesen ist, nicht ein Bestandteil davon, sondern eine ganze starke Wohnung, wie es dergleichen hier überall im Lande verstreut gibt; seine ältesten Herren waren die de Blonay, später die mächtigen, oft fürchterlichen de la Tour (-Chastillon), – dann die de Chevron und (durch Heirat) die de Montheys, vielleicht bis ins 17. Jahrhundert hinein; später mögen Vögte auf Muzot gesessen haben und dann durch die langen langsamen Jahrhunderte Bauern . . .

(AB, 688 f.)

1 Vgl. auch: An Marie Taxis, 25. 7. 1921: »der unbeschreiblichste (fast regenlose) Himmel nimmt von weit oben her an diesen Perspektiven teil und beseelt sie mit einer so geistigen Luft, daß das besondere Zueinanderstehen der Dinge, ganz wie in Spanien, zu gewissen Stunden jene Spannung aufzuweisen scheint, die wir zwischen den Sternen eines Sternbildes wahrzunehmen meinen« (AB, 678).
2 In seinem Brief vom 17. 11. 1924 an Clara berichtet Rilke vom Fällen dieser Pappel (Schnack, 948).

Château de Muzot. Ansichtskarte

Im September beschäftigt sich Rilke intensiv mit dem Werk Paul Valérys (1871-1945). Der französische Symbolist ist ihm nicht nur als Lyriker wichtig; er sieht in ihm auch einen Dichter, der eine lange Schaffenspause nicht nur überstanden hat, sondern sogar für sich fruchtbar machen konnte:

161. An Marie Taxis, Muzot 8. 9. 1921

[. . .] ich lese Paul Valéry (dessen herrlichen *Cimetière Marin* ich Ihnen zeigte); andere Sachen von ihm, die ich noch nicht kannte; er hat etwa durch zwanzig Jahre geschwiegen und Mathematik getrieben, erst seit 1915 giebt es wieder Gedichte von ihm, *en récompense de »la longue attente de sa vie«*. In seinem Gedicht *»Palme«* steht:

Patience, patience
patience dans l'azur,
chaque goutte de silence
est la chance d'un fruit mûr!

(Könnt ich das auch für mein Schweigen erhoffen.)[1]

Ihr *D. S.*

(TT, 686)

1 Maurice Betz notiert aus seinen Gesprächen mit Rilke hierzu: »Es hatte auf Rilke tiefen Eindruck gemacht, zu erfahren, daß Paul Valéry erst nach einer Pause von fünfundzwanzig Jahren wieder zu schreiben begonnen hatte. Er, der darunter litt, daß er sich seit 1914 nicht mehr dichterisch aussprechen konnte, hatte sich im Innersten getröstet gefühlt, als er die dichte und ›so wunderbar ausgeruhte‹ Kunst Valéry's entdeckte« (Betz, 98); vgl. auch Nr. 163.

162. An Nora Purtscher-Wydenbruck, Muzot 25. 9. 1921

Anderseits muß ich mir immer mehr vorhalten, daß mein nun ungefähr zehnjähriges Schweigen den Worten, mit denen ich es brechen möchte, eine merkwürdige Verantwortung auferlegt[1]: diese Worte, ja alle, die ich noch je werde zu formen haben, sind aus dem Stoff der unsäglichen Hemmnisse gemacht, die mir durch die Jahre (und besonders seit 1914) auferlegt gewesen sind, und sie werden schwer und massig sein von Natur. Nie war ich weniger in der Lage, mit leichten und gefälligen und gelegentlichen hervorzutreten. Mir scheint, als ob nur noch Eines, ein letztes Gültiges, *das Eine, das not tut,* mich zur Aussprache berechtige. (AB, 692)

1 Rilke lehnt mit diesem Brief die Bitte der Empfängerin ab, zu ihrem Gedichtband ein Vorwort zu verfassen. Vgl. auch: An André Gide, 23. 12. 1921 (AG, 134 f.); Gide hatte ihm die Übersetzung von ›Les Nourritures terrestres‹ (1897) angeboten.

Am 17. Oktober beginnt Rilke, wie schon in Locarno und Berg, mit dem Abtragen seiner Briefschulden als Vorstufe zum eigentlichen Arbeitsversuch:

163. An Gertrud Ouckama Knoop, Muzot 26. 11. 1921

[. . .] mancher könnte meinen, die Jahre, die der Krieg und der Nachkrieg mir mehr oder weniger unterschlagen haben, wären, dem Alter und der Lage nach, meine der Arbeit gerade verantwortetsten gewesen. (Und stehen leer! Ach: leer: sind überfüllt mit Entsetzen und Kummer.) Ich seh's eigentlich nicht im Sinne solcher Sorge an, Zeit und Alter sind mir immer weniger wesentlich geworden, Gott, wenn ich denke, wie flutets herüber über die Ränder der Kindheit –, und kann ich behaupten, daß meine Jugend je irgendwann zu Ende war?! Und selbst Leben und Tod! Wie offen die Wege von einem zum anderen für uns, wie nah, wie nah am Fast-es-schon-wissen, wie fast schon Wort dieses dieses, in dem sie zur (vorläufig namenlosen) Einheit zusammenstürzen. Dies also ängstigt mich nicht, und auch, (wenn man nur die Gnade des Gebens behält) wie's gegeben sei, ob an den Nächsten, neben mir Nehmenden, ob im Werk –: es möchte der Unterschied nicht zu entscheidend sein, zuletzt. Trotzdem, der Verkehr mit der Arbeit ist doch irgendwie älter in mir, unsägliche Erinnerungen gehören ihm in meiner ganzen Natur, – er besteht auf seinem Recht, und ich habe schließlich nichts zu tun, als es ihm einzuräumen. Mag nun dabei wirklich das »Werk« zustande kommen oder nur die ihm, der Intensität und Reinheit nach, innen entsprechende Besinnung –: eines wäre so viel wie das andere, – und das Alleinbleiben in meinem alten Turme wäre, so oder so, kein geringes gewesen. Denn so sehr der Künstler in einem auch das *Werk* meint, seine Verwirklichung, sein Dasein und Dableiben über uns hinaus –, ganz gerecht wird man erst, wenn man einsieht, daß auch diese dringendste Realisierung einer höheren Sichtbarkeit, von einem endlich äußersten Ausblick aus, nur als Mittel erscheint, ein wiederum Unsichtbares, ganz und gar Inneres und vielleicht Unscheinbares –, einen heileren Zustand in der Mitte des eigenen Wesens zu gewinnen.

[. . .] Paul Valéry [. . .] ein Wichtigstes, das Sie nicht versäumen dürfen. Vielleicht, daß Ihnen der Name längst vorgekommen ist; ich kenne ihn, seinen Inhalten nach, erst seit diesem Frühjahr, aber seither steht er mir unter den Ersten und Größesten, – ja, Großen. Das ist ein Mann, etwa aus der Umgebung und, wie wohl zu sagen erlaubt sein muß: Schulung Mallarmés, der zeitig mit merkwürdigen, an die Erscheinung Lionardos frei angeschlossenen Betrachtungen und einzelnen Gedichten hervortrat, damals nicht unbemerkt blieb, – dann aber zwei Jahrzehnte oder etwas mehr, aller Produktivität absagend, mathematischen Studien gehörte und erst um 1919 wieder vor der Öffentlichkeit erschien. Vollendet. Ein Dichter, der sich in jenen Beschäftigungen nur neue Maße und Präzisionen geholt zu haben scheint, um das Großartige seines Gefühlsraums und die Lage der darin erlebbaren Dinge unbestreitbar auszusprechen. Vielleicht kann ich Ihnen ein Fragment des Dialogs »Eupalinos ou l'Architecte«[1], das in einem der neueren Hefte der Nouvelle Revue Française abgedruckt ist, nächstens hinüberschicken. Soweit ichs überschaue, gibt es nichts aus den letzten Jahren, was ich lieber in Ihren Händen wüßte . . . (AB, 702 ff.)

1 1926 übersetzt Rilke diesen Dialog.

164. An Gräfin Mirbach, Muzot 2. 12. 1921

Den Sommer über hab ich ab und zu Menschen gesehen; ja, eine mir nahe Freundin[1] hat sich sogar geopfert, mir die Einrichtung und Bewirtschaftung meiner Zuflucht zu erleichtern und quasi in Gang zu setzen –, sie hat Wunder geleistet und hart gearbeitet: denn zu Allem kam die Calamität hinzu, daß um keinen Preis eine Bedienung zu bekommen war, – und als schließlich ein Engagement abgeschlossen war und man, was man in der Schweiz eine »Tochter« nennt, mit vieler Anstrengung aus dem Kanton Solothurn importiert hatte, da erwies sich besagte Tochter so unerfahren und unselbständig, daß erst wieder eine lange Schulung und Einübung nötig war, um sie im Hiesigen (ja freilich Neuen und vielfach Beschwerlichen) zu akklimatisieren.

Dieser zweite Mensch, ohne den man nicht auskommt –: welches Problem! Voriges Jahr, in Berg, wo eben alles so unvergleichlich stimmte, war es gelöst durch ein einfaches natürliches Mädchen voller Takt, Anstand und Anpassung –, – aber ich wußte gleich, daß dies eine Ausnahme sei. Hätt ich die Kraft, mich besser zu isolieren, so würd ich ja immer die Hülfe eines gleichgestellten, beistehenden Menschen jedem Dienstverhältnisse vorziehen (das doch immer eine zweideutige Sache ist in den heutigen Verhältnissen und gewissermaßen eine Ausrede: seit nämlich in den Menschen, durch soziale Aufklärung, der Instinkt und die Unschuld unterdrückt worden ist, daß »Dienen« eine ebenso blühende und fruchtende Lebensform sei, wie irgendeine andere Anwendung, wenn sie nur aus lebendigem Gemüt hervorgeht). Aber jede ebenbürtige, auf Hülfe gestellte, menschliche oder freundschaftliche Beziehung müßte mir, so wie ich einmal bin, einen Grad von Umgang zumuten, der mir schon gleich wieder zu unabsehlichen Ausgaben des Gemüts verleitend wäre und zu einer Rivalität gegen die Arbeit führen würde, fast unvermeidlich. Vielleicht ist es nur in *diesen* Jahren, wo mir so viel Arbeit und Besinnung nachzuholen bleibt, so gefährlich für mich, aber mir wird immer deutlicher, wie ich, wahrhaftig, zwischen Umgang und Arbeit mich zu entscheiden habe, als ob ich tatsächlich nur noch *Eines* zu geben hätte, das entweder unmittelbar an den Nächsten sich mitteilt, oder aber im Tresor der künstlerischen Gestaltung dauernder und gewissermaßen zu allgemeinerem Gebrauch aufbewahrt bleibt. Andere künstlerisch arbeitende Menschen haben (so scheint es wenigstens) eine Menge Vorräte für den nahen und nächsten Verkehr, ja, weit entfernt, daß dieser an ihnen zehre, vermehren sie mittels seiner sogar den Besitzstand und die innere Spannung, die dann auf der anderen Seite ihrer künstlerischen Leistung zugute kommen. Bei mir ist das nie so gewesen, – jetzt aber spaltet es sich immer mehr zum Kreuzweg auseinander, als ob nur noch ein *Einziges* in mir wäre, das entweder so oder so, nach entschlossener Entscheidung, mitzuteilen bliebe, das sich aber nicht auf zweierlei Arten weitergeben läßt. Und obgleich es, von einem höchsten Ausblick aus, auch schon wieder gleichgültig sein möchte, ob einer sein Letztes und Wesentliches so oder so ausgebe: in einem unscheinbar weiterwirkenden Worte an einen Freund, oder, nachweisbarer und weithin sichtbar, in ein durch seine Verwandlung Überlebendes dauernd eingeformt: so drängt mich doch meine ganze Anlage und der Verlauf meines Lebens mehr nach dieser letzten Form der Aussprache und Weitergabe hin (gewiß nicht aus Eitelkeit!) und verpflichtet mich irgendwie zu ihr. Aber dieser immer neue Konflikt, der aus solcher Bestimmung entspringt, und dieses viele Gerede um die Einsamkeit, die man sich sichern und schützen möchte! In Paris war sie von selbst und *unbetont* da –, und mußte weiter gar nicht gerechtfertigt und verteidigt sein; jeder hat sie dort, der sie braucht, und selbst die Bekanntheit eines Namens (die einen ja freilich dort nicht bedrohte!) ist nicht notwendig ein Hindernis, allein zu sein. (War es nicht Baudelaire: allein! War es nicht Verlaine . . .?) – Wie sehr übrigens reicht man doch fürs ganze Dasein mit ein paar, mit fünf, sechs, vielleicht neun tatsächlichen Erlebnissen aus, die, nur abgewandelt, sich immer wieder in die Mitte des Herzens stellen. So erinnere ich, als junger Mensch die erstaunteste Verlegenheit durchgemacht zu haben, wenn ich mir eine Stunde Einsamkeit in meinem Zimmer dadurch gesichert hatte, daß ich, vor der Neugierde, wie sie ja in Familien üblich ist, erklärte, *wozu* ich diese Stunde brauche, was ich vorhätte in ihr: das allein genügte, um das errungene begrenzte Alleinsein im vornhinein wertlos zu machen, es gleichsam vorweg zu verkaufen. Der Ton, der auf diese Stunde gefallen war, vereitelte ihre Unschuld, beschlagnahmte sie, machte sie unfruchtbar, leer, und ehe ich noch mein Zimmer betrat, war mir mein Verrat dort zuvorgekommen und erfüllte es bis in alle Ecken mit Ausgegebenheit, Geheimnislosigkeit und Öde. (Und so ähnlich ist es noch heute! Sei es, weil es wirklich so *ist*, sei es, weil die Suggestion jener frühen Erfahrung so stark alles spätere beeinflußt und bis heute noch überwältigt!) Von solchen Erlebnissen her muß man die Existenz der Kinder ansehen, ihre Enttäuschungen und oft so inkommensurablen Nöte, über die sie sich ja, während sie ihnen widerfahren, noch gar keine Rechenschaft geben können; so daß, was wir jetzt retrospektiv begreifen, damals, als es erlitten wurde, nur als Unlust, Unart, als irgend eine *Un-Un-Un* konnte registriert werden . . .

(AB, 707 ff.)

1 Baladine Klossowska.

165. An Nanny Wunderly-Volkart, Muzot 7. 12. 1921

Chère, wenn Sie Frida[1] doch, im Anschluß an ihre Rechnungsablegung, einmal schreiben, vielleicht spielen Sie's so mit ein, Sie wüßten, daß ich nun meine Correspondenzen nachgeholt habe und daß nächstens eine strenge Arbeitszeit für mich beginnt und erinnern sie, so als obs ganz aus Ihnen käme, daß sie dann *so wenig wie möglich mich anspräche,* auch bei Tisch nicht, oder wenn sie mich sonst unbeschäftigt glaubt, besonders auch nicht, wenn ich von meinen Ausgängen nachhause komme, weil ich dann meistens irgendetwas im Kopf halbfertig habe, das nicht durch Ansprachen unterbrochen und gestört sein will. – Sie hat natürlich zuweilen (ich begreif es so gut) das Gefühl, nicht nur mit sich selbst sprechen zu wollen, und ich habe das wohl auch unterstützt, indem ich so manches fragte, wie das ja natürlich ist, – aber sie hat nicht (wie Leni) den Blick dafür, *wann* man etwas sagen kann und wann nicht, und macht ab und zu, selbst wenn ich ihr, am Schreibtisch *ausdrücklich* den Rücken kehre, etwas ›Konversation‹ aus dünnen Fädchen. Mir ists schwer, ihr die dann abzuschneiden, es könnte die Unbefangenheit unseres Umgangs stören, die doch auch wieder nöthig ist. Aber ein Wink von Ihnen, den Sie richtig werden zu formulieren wissen, daß Sie dächten, nun würde bald u. s. w. . . *die* Zeit beginnen, in der ich eigentlich *immer* arbeite und in der man gut thäte, nur das Nöthigste zu mir zu reden und womöglich nur wenn *ich* anfange ...... ein solcher Wink wird gewiß alles ins Rechte bringen. Und man kann ihr auch jetzt schon sagen, daß ich mich voraussichtlich in den Weihnachtstagen gar nicht werde unterbrechen lassen durch keinerlei Ausnahme oder Feier, damit das . . . . ›Geistlein‹ nicht anfängt plötzlich Lichtlein auf jedes Wörtlein aufzusetzen . . . . Das ist vielleicht ein bischen trist für das »junge Mädchen«, wie sie sich selber mit Vor- und Nachliebe nennt, – aber im Ganzen beklagt sie sich nicht über ihr Alleinsein, obwohl M. Pont ihr, scheints, immer in den Kopf setzt, wie denn das da oben möglich sei in solcher Abgelegenheit und Einsamkeit und ob wir uns nicht heillos langweilten! Aber sie versichert dann offenbar immer, es ginge sehr gut und wiederholt es mir zuhause des Ausführlicheren. Sie verstehen, Liebe, ich beklage mich nicht, sie ist wirklich gut in ihre Aufgabe hineingewachsen, kocht jetzt wirklich ganz respektabel und verständig und drängt sich in *keiner* Weise auf, – nur, daß *mir* eben, zu Zeiten, jedes Angeredetwerden zu viel ist, nicht weil es mich selbst so sehr störte; viel mehr stört mich die Furcht, daß es jeden Augenblick geschehen könne. (NWV, 594 f.)

1 Frida Baumgartner (* 1895), die seit dem 15. Oktober als Haushälterin in Muzot arbeitet.

166. An Anton Kippenberg, Muzot 11. 12. 1921

[. . .] es hat vielleicht sein Günstiges, wenn es mir an Mitteln fehlt, mich auch nur für einen Tag aus meinem alten Turm zu entfernen, in dem eingehalten zu sein ja nun meinen Bedürfnissen und Aufgaben am genauesten entspricht.

Und da wär ich nun bei denen, bei den Aufgaben. Die größte[1] ist so durchaus von der Gnade abhängig, daß ich über ihre Erfüllbarkeit nichts zu versichern wage; aber es fehlt mir ja auch nicht an anderen, verhältnismäßig in meine Macht gerückten. Am genugtuendsten wärs, wir gewährten uns die »Gesamtausgabe«, wenn es gilt, einen gewissen, wenigstens vorläufigen Abschluß der Michelangelo-Übertragungen zu feiern, um vielleicht diesen Band gleich noch mit in sie einzustellen. Es wird sich in den nächsten Monaten gewiß erkennen lassen, wie weit mindestens dieses Ziel noch entfernt ist (– von dem anderen, unendlich eigentümlicheren gar nicht zu reden).

(AK, 404)

1 Die ›Elegien‹.

167. An Nanny Wunderly-Volkart, Muzot 13. 12. 1921

Nanny von Escher schrieb für die Weihnachtsbeilage der N. Z. Z.[1] einen kleinen Aufsatz über Schloß Berg am Irchel, der später in einem 2ten Bändchen von Alt-Zürich seinen Platz haben würde [...] Aber nun erweist sich etwas höchst, höchst merkwürdiges. Daß es auf Berg, sowohl im 18ten wie zu Anfang des 19ten Jahrhunderts Dichter muß gegeben haben –, sie zitiert einige aus den 24 Strophen jenes Gedichtes (Beilage), das dem Tode jenes jungen Escher gewidmet war, der vom Montblanc tötlich abstürzte – – –. Sagen Sie selbst: erinnert nicht etwas etwas im Ton dieser Strophen an ...... den Grafen C. W.[2] Wenigstens an die Akzente mit denen er sich zuerst einstellte?? – Und daß Nanny v. Escher den Ausdruck »jugendlichen Toten«, der fast so in einer der Elegieen vorkommt, (»jugendlich Toten« heißt es dort[3]) gerade *diesen* Ausdruck anwenden mußte! (NWV, 607 f.)

1 Nanny von Escher, Plauderei über Schloß Berg, in: Neue Zürcher Zeitung vom 25. 12. 1921; teilweise abgedruckt: NWV, 609 f.
2 S. o. Nr. 143.
3 Vgl. 1. Elegie, V. 61: »Es rauscht jetzt von jenen jungen [sic!] Toten zu dir«.

168. An Katharina Kippenberg, Muzot 14. 12. 1921

[. . .] dem Briefschreiben selbst kann ich momentan nicht viel abgewinnen; meine Feder, diese, müde, hat innerhalb zehn oder vierzehn Tagen ungefähr 400 solcher Seiten mit Buchstabenstreifen gemustert –, so enorm waren die Rückstände aus den Monaten, da die Sorge um Muzot und um meinen Winter mir zur täglichen Ablenkung ausschlug. (KK, 445)

169. An Professor Dr. Wilhelm Fliess, Muzot 15. 12. 1921

Daß Ihre Arbeit stetig im Stillen fortschreite, ist ja das durchaus Beste, was man von einer unsrigen Arbeit berichten kann. Die meine leidet immer noch zu sehr unter den Unterbrochenheiten der letzten Jahre; einmal sind ja tatsächlich deren Nachwirkungen noch nirgends überwunden und zur Ruhe gekommen, andererseits hat mir schon allein die Erfahrung, daß eine solche Unterbrechung dem Geistigen kann bereitet werden von heut auf morgen, eine Schreckhaftigkeit in meinem Blut zurückgelassen, die die Konzentrierung, wie ich sie früher mir zu schaffen wußte, eigentümlich erschwert. (GB V, 66 f.)

170. An Ellen Delp, Muzot 4. 1. 1922

Auch ich, wenn ich Dir zeigen könnte, wie, *wie* klein ich, für Jahre hinaus, dastehe, neben dem, was ich mir vornehme oder was mir aufgegeben ist: Ich bin auch sofort verdeckt davon, um so mehr, als das, was getan sein will, schon um 1914 wäre zu tun gewesen –, nun ist es zwar nicht größer geworden, da es schon damals erwachsen und eigentlich inkommensurabel war –, aber mich haben die bösen Jahre gerollt wie einen Kiesel in ihren Sturzwellen und haben mir das Herz fast aufgerieben, so daß es nun, unverhältnismäßig vermindert, neben seiner (seit je) größesten Aufgabe dasteht. (AB, 726)

171. An Gertrud Ouckama Knoop, Muzot 4. 1. 1922

Verehrte Freundin, was soll ich sagen? – So wenig Sie neulich imstande waren, nach Abschrift jener Aufzeichnungen[1], mir noch irgend etwas daneben zu schreiben, so wenig fähig bin ich nun selbst, mich Ihnen mitzuteilen, solange ich noch der Leser jener Blätter bin, über sie gebeugt, immer, trotz alles Aufblicks. Ich hatte das alles gar nicht geahnt, kaum von den Anfängen jener Krankheit wußte ich Genaueres –, und nun wars mit Einem die Einführung in ein mich so vielfältig Berührendes, Ergreifendes, Überwältigendes. Läse man dies, und es beträfe irgendein junges Mädchen, das man nicht gekannt hat, so wärs schon nahe genug. Und nun gehts Wera an, deren dunkler seltsam zusammengefaßter Liebreiz mir so unsäglich unvergeßlich und so unerhört heraufrufbar ist, daß ich, im Augenblick, da ich dies schreibe, Angst hätte, die Augen zu schließen, um ihn nicht mit einem Male mich, in meinem Hier- und Gegenwärtigsein, ganz übertreffen zu fühlen.

Wie sehr, wie sehr, wie sehr *ist* sie das alles gewesen, *das,* wovon diese Erinnerungen Ihres Schmerzes ein so tiefes unwiderrufliches Zeugnis ablegen, – und, nicht wahr? wie wunderbar, wie einzig, wie unvergleichlich ist ein Mensch! Da entstand nun, da alles sich aufbrauchen durfte, plötzlich, was sonst für ein langes Da (Wo?)-sein hätte vorreichen mögen, da entstand nun dieses Übermaß von Licht in dem Herzen des Mädchens, und in ihm erscheinen, so unendlich erhellt, die beiden äußersten Ränder ihres reinen Einsehens: *dieses,* daß der Schmerz ein Irrtum sei, ein im Körperlichen entspringendes dumpfes Mißverständnis, das seinen Keil hineintreibt, seinen steinernen Keil, in die Einheit Himmels und der Erde –, und auf der anderen Seite dieses einige Einssein ihres, allem erschlossenen Herzens *mit* dieser Einheit der seienden und währenden Welt, diese Zusage ans Leben, dieses freudige, dieses gerührte, dieses bis ins Letzte fähige Hineingehören ins Hiesige – ach, ins Hiesige nur?! Nein, (was sie nicht wissen konnte in diesen ersten Angriffen des Abbruchs und Abschieds!) – – – ins *Ganze,* in ein viel mehr als Hiesiges. Oh, wie, wie liebte sie, wie reichte sie mit den Antennen ihres Herzens über alles hier Erfaßliche und Umfängliche hinaus –, in jenen süßen schwebenden Leid-Pausen, die, voll vom Traum der Genesung, ihr noch vergönnt waren ...

[...]

Mir aber, Verehrteste, mir ists wie eine ungeheure Verpflichtung zu meinem Innersten und Ernstesten und (wenn ichs auch nur von fern erreiche) Seligsten gewesen, daß ich am ersten Abend eines neuen Jahres *diese* Blätter habe in Besitz nehmen dürfen. Ihr Rilke

(AB, 727 ff.)

1 Die Krankengeschichte von Wera Ouckama Knoop, aufgezeichnet von ihrer Mutter; Rilke hatte sie vermutlich am 1. 1. 1922 erhalten.

172. An Gräfin Sizzo, Muzot 6. 1. 1922

Wenn ich froh war, Sie mit diesen Bildern[1] so herzlich beschäftigt zu sehen, so kann ich Ihrem Eifer zu den Gedichten des Marien-Lebens[2] nicht so viel Recht geben. Ich rechne dieses kleine Buch nur sehr nebenbei zu meiner Produktion; denn es ist auch nur »nebenbei« entstanden, als eine äußerlich veranlaßte Rückkehr zu einem alten Plan. Ich glaube der Name »Duino« steht irgendwo darin; es war ein wunderbarer Winter, den ich ganz einsam auf diesem starken (nun auch im Kriege untergegangenen) Schlosse, allein mit den Stürmen des Karst und dem Meer, zubrachte –; ein memorabler Winter: ich begann in dieser, nur durch die Leidenschaften des Weltraums erregten Einsamkeit die vielleicht größeste und reinste Arbeit meines Herzens – (auch sie durch den Krieg, wo nicht, wie Duino selbst, zerstört, so doch tief unterbrochen –), und der Strom des begnadeten Geistes war so gewaltig in mir, daß ich, nebenan, auch noch diese kleine Mühle des Marien-Lebens mit unter halten durfte. (GS, 16 f.)

1 Mitsou. Quarante Images par Baltusz [Sohn von Baladine Klossowska]. Préface de Rainer Maria Rilke (Zürich 1921).
2 ›Das Marien-Leben‹: Geschrieben zwischen 15. und 23. 1. 1912 auf Schloß Duino; veröffentlicht Anfang Juni 1913 (WA 2, 665 ff.).

173. An Marie Taxis, Muzot 9. 1. 1922

Meine theuere Fürstin, so steht, mit Ihrem gütigen Neujahrs-Gruß, wieder einmal Duino vor mir, während ich hier beschäftigt bin, den dortigen Erinnerungen so nah als möglich zu kommen, in meiner Einsamkeit, an sie anzuschließen, sie fortzusetzen–, das Verlorene mindestens *in* mir wieder aufzubauen!

[. . .]

Ich bin jetzt endlich mit der mühsamen Aufarbeitung meiner Briefrückstände fertig, hunderte und hunderte lagen angehäuft, und kann an Innerlicheres denken; aber es kostet mich einen unbeschreiblichen *effort,* mich zu konzentrieren. Die Landschaft ist herrlich, auch in diesem eingeschneiten Zustande, ob er mir gleich immer vor Augen hält, wie wenig Sympathie ich für den Winter habe. – Im Übrigen hab ich meinen stämmigen Thurm glücklich über die Schwelle 1922 hinübergehoben und da steht er nun: Gott helfe ihm!

(TT, 693 ff.)

174. An Nora Purtscher-Wydenbruck, Muzot 12. 1. 1922

Mein stilles Muzot bewährt sich –, besser, als ich mich in ihm bewähre. Es ist schlimm, daß die große Mühe zur Konzentrierung, die mir, über den Krieg hinaus, nachgeht, mir immer noch zu tun gibt. Wo ist jenes leichte glückliche In-sich-gehen, wie ich es früher gekannt habe! Nun ists ein Kampf mit wirklichen und eingebildeten und erinnerten Widerständen –, aber, bei Ausdauer in Stille und Abgeschiedenheit, hoff ich doch schließlich auf einen kleinen oder mittleren Sieg. (GB V, 95)

175. An Robert Heinz Heygrodt, Muzot 12. 1. 1922

Das Publikum hat längst vergessen, daß es [das Kunstwerk] kein ihm angebotener Gegenstand ist, sondern ein in ein imaginäres Dasein und Dauern rein hingesteller, und daß sein Raum, eben dieser Raum seines Dauerns, nur scheinbar identisch ist mit dem Raume der öffentlichen Bewegungen und Umsätze. Eitelkeit des Produzierenden einerseits, auf der anderen Seite sein Weich- und Schwachwerden, indem er meinte, eine unmittelbare Hülfe und Heilkraft an die Bedürftigen mitzuteilen, haben ihn dazu gebracht, den Irrtum des Kunstempfängers fortwährend zu bestärken und zu komplizieren. Diesem Verhängnis gegenüber scheint es mir die allergrößte, ja dringendste Aufgabe der Kunstforschung zu sein, dem künstlerischen Werke seine besondere unbeschreibliche Situation zu schaffen, die ihm in früheren Zeiten durch das natürliche Vorhandensein zeitloserer, ausgesparter, dem Göttlichen vergönnter Stellen erleichtert war. Im Tempel, in der Kathedrale, ja in der Mitte einer Häuslichkeit, deren Herdstelle noch unwillkürlich, über die tägliche Nutzbarkeit hinaus, kraft ihres unendlichen Feuers, bedeutend war,: hatte das Kunst-Ding seine eigentümlich abgesonderte und doch in Alles (rascher vergängliche) hinüberwirkende Existenz. Wo ist sein Platz mitten im heutigen Gedräng? – Indem die Sichtbarkeit des Göttlichen (zugleich mit der aller höheren Werte, z. B. dem des Geldes, das dem Golde längst nicht mehr gleichzusetzen ist) mehr und mehr abnimmt, – ja das Schicksal selbst, seine entscheidenden Bewegungen und Geschehnisse mehr und mehr ins Unsichtbare zurückzieht und es immer schwerer machen dürfte, dem Wesentlichen ein *sichtbares* Äquivalent aufzustellen, ergibt sich das Kunstwerk als ein auch schon Verdrängtes aus einer Welt, die bis ins Letzte vom Schlag und Rückschlag des Scheinbaren ausgefüllt ist. – Trotzdem bringen wir es hervor, – nicht anders könnend –, unsäglich gehemmt und betroffen durch die Mißverständnisse, denen es, in seiner tief absichtslosen Natur, ausgesetzt ist, und heil und im Hervorbringen gerecht nur so lange, als wir möglichst wenig von der Bewunderung oder Verurteilung wissen, die unsere Leistung draußen erregt und verursacht hat. (Worüber ich wieder bei dem großen Beispiel Cézannes, bei seinem eigensinnigen Ausweg angekommen wäre.)

In einer solchen Zeit, wie der unsrigen, käme es (um zusammenzufassen) viel mehr darauf an, die Lage des Kunstwerkes gegen den Aufnehmenden hin sicherzustellen, als seinen Zusammenhang mit dem Hervorbringer zu untersuchen, für den nächstens nichts dringender wird geworden sein, als daß man alle Aufmerksamkeit von ihm weglenkt und – – ihn gewähren läßt. (AB, 731 f.)

176. An Nanny Wunderly-Volkart, Muzot 15. 1. 1922

Chère, Sie sehen, ich muß schon einen Gepäckwagen miethen, um alle meine Curiositäten vor Sie zu bringen. Diesmal nummeriere ich gar nicht, sondern schreibs so nach meiner Liste herunter –, aber die drei Enttäuschungen voran.

Nämlich, Angela's Bibel[1] kam zwar gestern (mit dem kleinen Elegien-Manuscript[2], das ich noch nicht aufzuschlagen wage) – aber auch Angela's Bibel enthält *nicht* die ›Apokryphen‹, die sonst in jeder älteren Bibelausgabe aufgenommen waren. Ich sehe keinen Rath, als irgend eine billige Bibel zu kaufen, die diese Schriften enthält (darüber ein kleines beiliegendes Zettelchen, das Sie einfach tel quel an Ebell oder sonst jemanden geben) eine *gewöhnliche* Ausgabe, im Luther'schen Text, *keine* wissenschaftliche; denn ich brauche zwei Stücke aus den Apokryphen dringend, dringendst, – hatte mich so gut damit beruhigt, daß sie in Angela's zweibändiger Bibel vorkommen würden. (NWV, 639)

1 Angela Guttmann (1890-1922); Rilke hatte bereits am 13. Dezember des Vorjahres Frau Wunderly-Volkart um die bei ihr deponierte Bibel gebeten. Es geht ihm dabei besonders um die »sogenannten ›Apokryphen‹ (Stücke in Esther, Buch Judith, Weisheit, Makkabäer, Jünglinge im Feuerofen etc.)« (NWV, 609).
2 Die Handschrift T (siehe Handschriftenverzeichnis).

Am 31. Januar schreibt Rilke als »Auftaktgedicht« zu den Elegien den folgenden Text:

177. Solang du Selbstgeworfnes fängst, ist alles
Geschicklichkeit und läßlicher Gewinn –;
erst wenn du plötzlich Fänger wirst des Balles,
den eine ewige Mit-Spielerin
dir zuwarf, deiner Mitte, in genau
gekonntem Schwung, in einem jener Bögen
aus Gottes großem Brücken-Bau:
erst dann ist Fangen-Können ein Vermögen, –
nicht deines, einer Welt. Und wenn du gar
zurückzuwerfen Kraft und Mut besäßest,
nein, wunderbarer: Mut und Kraft vergäßest,
und schon geworfen *hättest* ..... (wie das Jahr
die Vögel wirft, die Wandervogelschwärme,
die eine ältre einer jungen Wärme
hinüberschleudert über Meere –) erst
in diesem Wagnis spielst du gültig mit.
Erleichterst dir den Wurf nicht mehr; erschwerst
dir ihn nicht mehr. Aus deinen Händen tritt
das Meteor und rast in seine Räume . . . (WA 3, 132)[1]

1 Als Widmungsgedicht für Nanny Wunderly-Volkart eingeschrieben in ein Exemplar des von Fritz Adolf Hünich herausgegebenen Bandes: Aus der Frühzeit Rainer Maria Rilkes (Leipzig 1921).

Zwischen dem 2. und 5. Februar entstehen die meisten der Gedichte für den ersten Teil der ›Sonette an Orpheus. Geschrieben als ein Grab-Mal für Wera Ouckama Knoop‹ (WA 2, 727 ff.).

Am 7. Februar nimmt Rilke die Arbeit an den ›Elegien‹ wieder auf. In nur zwei Tagen schreibt er die 7. (am 7. 2. 22) und die 8. Elegie (7./8. 2. 22).

177 a. Entwurf zur 8. Elegie, V. 56-60

Und sieh des Vogels
halbe Fröhlichkeit
er weiss von beidem

wie bei den Etruskern
der Deckel
Figur
der Sarg

(Bisher unveröffentlichte Bleistiftnotiz Rilkes auf einem Brief des Freiherrn von Aretin vom 5. 2. 1922, in Sierre erneut abgestempelt am 8. 2. 1922. Handschrift im Rilke-Archiv, Gernsbach.)

Am 8. Februar entwirft Rilke ein Nachwort, das einen geplanten zweiten Teil zu den ›Elegien‹ mit dem Titel ›Fragmentarisches‹ rechtfertigen will. Dieser soll eine Reihe von Gedichten und Bruchstücken aus der langen Entstehungszeit des Hauptwerkes aufnehmen (siehe Handschriftenverzeichnis, Abschnitt 5):

178. Entwurf, Muzot 8. 2. 1922

Nachwort
Die uralten Mauern jenes adriatischen Schlosses, die das Entstehen der ersten Elegien (im Winter 1912) beschützt haben, sind in tötlichen Jahren vernichtet worden; das Gedicht hat sie überdauert.
Aber auch den Bestand und Fortgang dieser Arbeiten haben die unabwendlichen Einflüsse mit Zerstörung und Unheil bedroht: sie gehen, da wir sie nun vorlegen, wie aus tiefer Verschüttung hervor. Dies möge entschuldigen, wenn wir uns nicht scheuen, neben vollendeten Stücken, einiges Fragmentarische der Erhaltung zu empfehlen. Der Verfasser und der Insel-Verlag.

(I. Schnack, Die Rilke-Handschriften der Sammlung Kippenberg, in: Jahrbuch der deutschen Schillergesellschaft 7 (1963), S. 541)

Am 9. Februar entsteht als erste die 9. Elegie; dabei verwendet Rilke zwei Bruchstücke vom März 1912 als Anfang (V. 1-6a) und Schluß (V. 77-79).

179. Aus den Entwürfen zur 9. Elegie:

a) 1922 beginnt Rilke die Arbeit an der 9. Elegie mit der Frage:

wessen sollen wir uns
rühmen in Räumen
wo wir die geringsten
des Gefühls wären –
Anfänger, Neulinge
    – wenn nicht.
        Siehe
            ich weiss
                ein Thor

(Aus MS 152; Rilke-Archiv, Gernsbach)

b) zum Kern der Elegie findet sich folgender Entwurf:

[*auf einem vierseitigen Manuskriptbogen, ohne Angabe von Versgrenzen*]

[*S. 1:*] Holst du doch auch vom Hang nicht die unsägliche Erde, dir (*oder:* die *?*) je (*?*) im (*?*) Thal ... sondern den wörtlichen den blauen Enzian. ... So: das Haus ... das Fenster. Nimms mit mach es zum Sternbild Es will unsichtbar werden in Dir, sich verwandeln, wenn du ihm diese nicht giebst

[*S. 2:*] Mitten im Hingang hats keine andere Zuflucht als dein verwandelndes Herz um dort unsichtbar zu sein.
So bring von dieser Neigung zum hiesigen das Deutliche mit

[*S. 3:*] im Hingang es hat keine andere Zuflucht

[*dies sehr groß auf einer eigenen Seite, offensichtlich als Vorstufe zum Text aus S. 2*]

[*S. 4:*] Nein weil wirs s e i n wollen Einmal dieses gewesen sein. Irdische. Was mitnehmen. Was behalten. Die Schmerzen; die ... Erfahrungen der Liebe. Warum Unsägliches, wenn auch riesig, mitnehmen hin, wo alles so sein wird unsäglich. Im Weltall hier ist des Säglichen Zeit sprich. Benenn's.

(MS 153; Rilke-Archiv, Gernsbach)

c) Zu V. 35 ff.:

[*auf einem halben gefalteten Quartbogen; ohne Angabe von Versgrenzen:*]

[*S. 1:*] dieser voreilige Vortheil eines nahen Verlusts
[*S. 2 u. 3 quer:*] Nur daß wir einst eine Schwelle hatten, die wir ein wenig mitverbrauchten, nicht viel .... (Leichte) daß uns ein Glas deutlicher wurde weil wir einander fühlten (auch trinkend) ... die Dinge umfassen
dazu[1], Nur, daß wir wüßten endlich behielten[1]!

(MS 154; Rilke-Archiv, Gernsbach)

(Rekonstruiert nach:
- Wodtke, 168,
- Bassermann, 88 ff.,
- Eva Cassirer-Solmitz, Rainer Maria Rilke (Heidelberg 1957): Kapitel »Die ›Duineser Elegien‹«, S. 3.

Überprüft an den Handschriften im Rilke-Archiv, Gernsbach.)

1 Doppelt unterstrichen.

180. An Nanny Wunderly-Volkart, Sierre 9. 2. 1922 (Telegramm von 17[10])

Sieben Elegien[1] nun im ganzen fertig; jedenfalls die wichtigsten. Freude und Wunder. Rilke

(NWV, 668)

1 In der Zählung des vollendeten Zyklus handelt es sich um die 1., 2., 3., 4., 7., 8. und 9. Elegie.

Von Sierre zurückgekehrt schreibt Rilke noch am gleichen Tag den Hauptteil der ›Gegen-Strophen‹ – V. 1-4 waren bereits vorhanden – und schließt die kleine Lücke in der fast vollendeten 6. Elegie. Nach Abschluß der bisher entstandenen neun Elegien hält Rilke den Zyklus bereits für vollendet.

181. Notiz auf einem zur Handschrift K gehörigen Umschlagsblatt[1], Muzot 9. 2. 22 (abends)

Vier vollendete
Elegien[2]

und eine fünfte[3]: des 7. Februar 1922. und die sechste (stille)[4]: vom 7./8. Febr. (am gleichen Tage, dem 8., das Nachwort[5] geschrieben über die Anfügung des »Fragmentarischen«).
und nun, an diesem großen Neunten Februar: die siebente: (Lorbeer)[6], die achte, (Oh daß ihr hier, Frauen . . .)[7] und die Helden-Elegie[8], ergänzt! Dazu für das erste des »Fragmentarischen Theils« das Gedicht: »Liebe der Engel ist Raum/«[9] –: alles hier inliegend, in Abschrift.
(Am Abend des neunten Februars, endlich, eines feierlichen Tags.)
(Bisher unveröffentlicht; Deutsches Literaturarchiv, Marbach)

1 Siehe Handschriftenverzeichnis sowie Nr. 185.
2 Dies in lateinischer Schrift, groß und mit Bleistift geschrieben in der Mitte der Seite; darunter ein Querstrich und dann mit Tinte und in deutscher Schrift der fortlaufende Text.
Bei den »vier Elegien« handelt es sich um die 1., 2. (die Kippenberg bereits vorlagen – als Teil der Handschrift AK) sowie um die 3. und 4. Elegie (beide in älteren, leicht überarbeiteten Handschriften); vgl. die Angaben zur Handschrift K im Handschriftenverzeichnis.
3 Die spätere 7. Elegie.
4 Die spätere 8. Elegie.
5 S. o. Nr. 178.
6 Die spätere 9. Elegie.
7 Die ursprünglich als 5. Elegie vorgesehenen ›Gegen-Strophen‹.
8 Die spätere 6. Elegie. Die endgültige Anordnung der Elegien in der Folge der Druckfassung, wie sie auch die beiden später entstandenen, zur Handschrift K gehörigen Inhaltsverzeichnisse (s. u. Nr. 221 und Handschriftenverzeichnis) aufweisen, ist also von Rilke erst nach dem 9. Februar entschieden worden; in den vor 22 entstandenen Handschriften sind entsprechend die meisten Elegien noch unbenannt, lediglich der Platz der 1., 2. und 10. Elegie hat wohl immer festgestanden.
9 Siehe die Aufstellung der für den ›Fragmentarischen Theil‹ vorgesehenen Gedichte im Handschriftenverzeichnis, Abschnitt 5.

182. An Merline, Muzot 9. 2. 1922 (abends)

Merline, je suis sauvé!

Ce qui me pesait et m'engoissait le plus est fait, et glorieusement, je crois. Ce n'était que quelques jours: mais jamais je n'ai supporté un pareil ouragan de cœur et d'esprit. J'en tremble encore – cette nuit j'ai pensé défaillir; mais voilà, j'ai vaincu . . . Et je suis sorti pour caresser ce vieux Muzot, tout à l'heure au clair de lune.

Maintenant commence un travail calme, pondéré, journalier, sûr –, qui me semblera wie eine Windstille, après cette tempête divine, trop fort pour n'importe qui . . .

Je ne peux pas écrire. Mais il va vous suffire d'avoir de ces bonnes nouvelles. Donnez-moi des vôtres, chérie, – chère chère Amie . . . *René*

(M, 393)

183. An Anton Kippenberg, Muzot 9. 2. 1922 (spät abends)

Mein lieber Freund,

spät, und ob ich gleich kaum mehr die Feder halten kann, nach einigen Tagen ungeheuren Gehorsams im Geiste –, es muß . . ., Ihnen muß es noch heute, jetzt noch, eh ich zu schlafen versuche, gesagt sein:

ich bin überm Berg!

Endlich! Die »Elegien« sind da. Und können heuer (oder wann sonst es Ihnen recht sein mag,) erscheinen. Neun große, vom Umfang etwa der Ihnen schon bekannten; und dann ein zweiter Teil, zu ihrem Umkreis Gehöriges, das ich »Fragmentarisches«[1] nennen will, einzelne Gedichte, den größeren verwandt, durch Zeit und Anklang.

So.

Lieber Freund, jetzt erst werd ich atmen und, gefaßt, an Handliches gehen. Denn dieses war überlebensgroß –, ich habe gestöhnt in diesen Tagen und Nächten, wie damals in Duino, – aber, selbst nach jenem Ringen dort –, ich habe nicht gewußt, daß ein *solcher* Sturm aus Geist und Herz über einen kommen kann! Daß mans übersteht! daß mans übersteht.

Genug, es ist da.

Ich bin hinaus gegangen, in den kalten Mondschein und habe das kleine Muzot gestreichelt wie ein großes Tier –, die alten Mauern, die mirs gewährt haben. Und das zerstörte Duino.

Das Ganze soll heißen: Die Duineser Elegien.

Man wird sich an den Namen gewöhnen. Denk ich. Und: mein lieber Freund: *dies,* daß *Sie* mirs gewährt haben, mirs geduldet haben: *zehn* Jahre! Dank! und immer geglaubt: *Dank!*

Daß Sie dies (Sie und die Herrin) begrüße, wenn Sie vom Geburtstag, dem hohen, Ihrer Mutter zurückkehren.

Ihr Rilke

(AB, 741)

1 Siehe Handschriftenverzeichnis, Abschnitt 5.

184. An Nanny Wunderly-Volkart, Muzot 10. 2. 1922 (morgens)

Oh Nike, petite Victoire, fièrement ailée à jamais, wie sind Sie doch sicher vorangeflogen, unbeirrt, immer . . . . und haben dem Geist den Raum seines Athmens offen gehalten –,

Der Sieg! Der Sieg!

Neun Elegien.

Noch auf dem Heimweg, gestern, vom Telegramm[1], schloß und bildete sich die Achte und Neunte[2] um kleine und größere frühere Bruchstücke.

Nike, ach, daß ich *dies* noch erleben durfte, – was, erleben: *sein,* es sein, das Un-geheuere! . . . Nicht einen Tag länger hätt ichs ausgehalten (wie in Duino damals, – ärger) alles, was Geweb in mir ist, Bindung, krachte im Sturm . . . ich muß schon gut gefügt sein, daß ichs ausgehalten habe.

Gebe mir Gott nun ruhige, gelassene Arbeiten, menschliche, nicht mehr diese, die über alles Bürgerliche und Ver-bürgte der Kraft hinausgehen . . .

Es ist gethan, *gethan!*

Der Blut- und Sagenkreis von zehn (zehn!) seltsamen Jahren hat sich geschlossen. – Es war, jetzt fühl ichs erst ganz, wie eine Verstümmelung meines Herzens, daß dieses nicht *da* war!

Dieses, nun Seiende.

R.

Vendredi, un peu plus tard, vers 2 heures!

Athemlos, Chère, kam Ihr Brief, der in jeder Zeile, in jedem Zwischenraum bewegte, eben herein, – *wie* ist er gelaufen. Er ist *vor* dem Telegramm hier gewesen.

Dank.

Ihre Freude hat, Liebe, alle Gegenwart auf Muzot, *alle:* es giebt keine Stelle, wo man sie nicht anrührte oder athmete. Sie ist *in* die Dinge gesprungen und von dort aus springt sie, in kleinen Fontänen, überall in die Luft, immer wieder.

Eben bringt Frida, das wiedererstandene Kännchen herein, das ja nun sogar schöner geworden ist und auch dieses, scheints, weiß-mit, glänzt, feiert –, ach es thut wie ein Schwan dort auf dem Ofen-Tische!

Und so viel merkwürdiges Zusammentreffen; das Stehpult (das erwünscht war, weil, in den kalten Tagen, der Platz am anderen /: die Sonette an Orpheus, ja, sind *dort* geschrieben:/ wieder zu frierig wurde, auch stell ich abends dort nur Lichter hin, keine Lampe) das neue Pult also kam, (es steht, ein bischen wie unterwegs, neben der anderen hohen Truhe links, d. h. *vor* ihr, an ihrem Ende gegen die Schlafkammerthür zu) – aber es hat mir jetzt, tief in die seltsamen Nächte hinein wunderbare Dienste gethan! Dies.

Und gestern, grad als ich ›fertig‹ geworden war, brachte ein außergewöhnlicher Briefbote weiße Hyazinthen, in *diesem* Augenblick, – aus Vevey, unbekannt von wem! – Sie stehen auf einer der Fensterbänke des Eßzimmers unten und haben es schon ganz mit ihrem süßen zögernden Wesen eingenommen.

Assez, Chère, merci à vous, et *par* vous à l'univers!

Und *dies* auch noch, das Rähmchen! So daß das Kindheits-Bildchen gestern zusah und beim ›Triumph‹ dabei war; es steht an seiner Stelle, wie seit immer! R.

(NWV, 668 ff.)

1 S. o. Nr. 180.

2 ›Gegen-Strophen‹ und 6. Elegie.

Am 11. Februar entsteht dann noch der Hauptteil der 10. Elegie; Rilke verwirft die erste, fragmentarische Fassung aus dem Spätherbst 1913 (Nr. 63) und setzt bei V. 13 neu an:

185. Notiz auf einem zur Handschrift K gehörigen Umschlagsblatt[1], Muzot 11. 2. 1922

Und dazu, heut, am elften, das unerhörte große Geschenk der Zehnten Elegie die (wie in den, noch duineser Anfangszeilen[2] sogar schon geplant war) die letzte bleiben soll. Amen.
(Bisher unveröffentlicht; Deutsches Literaturarchiv, Marbach)

1 Auf dem gleichen Blatt wie Text Nr. 181; oberhalb der zwei Bleistiftzeilen quer aufs Papier geschrieben.
2 Auf Schloß Duino entstanden 15 Verse, von denen die ersten zwölf in die Endfassung übernommen wurden.

186. An Nanny Wunderly-Volkart, Muzot 11. 2. 1922 (½3 Uhr)

Nike,

Zehn!

eben die zehnte, letzte vollendet. Und herrlich!!

R.

Sende dann wahrscheinlich schon Montag, wenn alles eingetragen ist, Ihr kleines ›Dépôt‹[1], das glorreich ergänzte, (wer hätt's gedacht!!!) an Sie zurück, damit gleich eine genaue, genaueste Niederschrift noch an anderer Stelle bewahrt sei. Und Sie, Chère, sind die *erste,* darin zu lesen, und die erste, die es Kippenberg zeigen wird, im März! (NWV, 670)

1 Die Handschrift T (siehe Handschriftenverzeichnis).

187. An Marie Taxis, Muzot 11. 2. 1922 (abends)

Endlich,

Fürstin,

endlich, der gesegnete, wie gesegnete Tag, da ich Ihnen den Abschluß – soweit ich sehe – der

Elegien

anzeigen kann:

Zehn!

Von der letzten, großen (: zu dem, in Duino einst, begonnenen Anfang: »Daß ich dereinst, am Ausgang der grimmigen Einsicht/Jubel und Ruhm aufsinge zustimmenden Engeln ...«) von dieser letzten, die ja auch, damals schon gemeint war, die *letzte* zu sein, – von dieser – zittert mir noch die Hand!

Eben, Samstag, den elften, um sechs Uhr abends, ist sie fertig! –

Alles in ein paar Tagen, es war ein namenloser Sturm, ein Orkan im Geist (wie damals auf Duino), alles, was Faser in mir ist und Geweb, hat gekracht, – an Essen war nie zu denken, Gott weiß, wer mich genährt hat.

Aber nun *ists*. Ist. Ist.

Amen.

Ich habe also dazu hin überstanden, durch alles hindurch. Durch Alles. Und das wars ja, was not tat. *Nur* dies.

Eine, hab ich Kassner zugeeignet.[1] Das Ganze ist *Ihrs*. Fürstin, wie sollts nicht! Wird heißen:

Die Duineser Elegien

Im Buch wird (: denn ich kann Ihnen nicht geben, was Ihnen, seit Anfang, gehört hat) *keine* Widmung stehn, mein ich, sondern:

Aus dem Besitz ...

Und nun, Dank für Ihren Brief und alle seine Mitteilungen; ich war sehr gespannt darauf.

Von mir, nicht wahr?, heute nur dies ... es ist ja, endlich, »etwas«!

Leben Sie wohl, teuere Fürstin. Ihr D. S.

Eben, ein gütiger Brief der Fürstin Oettingen. Bitte empfehlen Sie mich ihr zu Gnaden. Ich schreibe bald. – Alles Herzlichste dem Fürsten, Kassner – usw.

P. S. Halten Sie es, bitte, liebe Fürstin, nicht für eine Ausflucht meiner Faulheit, wenn ich sage, warum ich Ihnen die neuen Elegien jetzt *nicht* abschreibe und schicke: ich wäre eifersüchtig auf Ihre Lektüre. Mir ist zu Mut, als sollt *ichs* sein, durchaus, der sie Ihnen *zuerst* liest. Wann? – Nun, *hoffentlich,* bald.
D. S.

(AB, 742 f.)

1 Die 8. Elegie.

188. An Lou Andreas-Salomé, Muzot 11. 2. 1922 (abends)

Lou, liebe Lou, also:

in diesem Augenblick, diesem, Samstag, den elften Februar, um 6, leg ich die Feder fort hinter der letzten vollendeten *Elegie,* der zehnten. Jener, (auch damals schon war sie bestimmt, die letzte zu werden) zu dem schon in Duino geschriebenen Anfang: »Daß ich dereinst am Ausgang der grimmigen Einsicht/Jubel und Ruhm aufsinge zustimmenden Engeln . . . .« Soviel davon da war, las ich Dir, aber es sind nur eben die ersten zwölf Zeilen geblieben, alles übrige ist neu und: ja, sehr, sehr, sehr herrlich! – Denk! Ich habe überstehen dürfen bis dazu hin. Durch alles. Wunder. Gnade. – Alles in ein paar Tagen. Es war ein Orkan wie auf Duino damals: alles, was in mir Faser, Geweb war, Rahmenwerk, hat gekracht und sich gebogen. An Essen war nicht zu denken.

Und stell Dir vor, noch *eins,* in einem anderen Zusammenhang, eben vorher (in den »Sonetten an Orpheus«, fünfundzwanzig Sonetten, geschrieben, plötzlich, im Vorsturm, als ein Grabmal für Wera Knoop), schrieb ich, *machte,* das *Pferd*[1], weißt Du, den freien glücklichen Schimmel mit dem Pflock am Fuß, der uns einmal, gegen Abend, auf einer Wolga-Wiese im Galopp entgegensprang –:

wie

hab ihn gemacht als ein »Ex-voto« für Orpheus! – Was ist Zeit? – *Wann* ist Gegenwart? Über so viel Jahre sprang er mir, mit seinem völligen Glück, ins weitoffene Gefühl.

So wars eins nach dem andern.

Jetzt *weiß* ich mich wieder. Es war doch wie eine Verstümmelung meines Herzens, daß die Elegien nicht da – waren.

Sie sind. Sie sind.

Ich bin hinausgegangen und habe das kleine Muzot, das mirs beschützt, das mirs, endlich, *gewährt* hat, gestreichelt wie ein großes altes Tier.

Deshalb schrieb ich Dir nicht auf Deinen Brief, weil ich immer schon in diesen Wochen, ohne zu wissen worauf, auf *dieses* zuschwieg, mit immer weiter nach innen genommenem Herzen. Und nun, heute, liebe Lou, nur dies. Du solltest es gleich erfahren. Und Dein Mann auch. Und Баба[2] –, und das ganze Haus, bis in die alten guten Sandalen[3] hinein!

Dein alter Rainer

PS. / Liebe Lou, meine, gestern nacht atemlos geschriebenen Blättchen, diese zwei, konnten, eingeschrieben, nicht fort, heute am Sonntag, so hab ich die Zeit wahrgenommen, Dir *drei* der vollendeten Elegien (die Sechste, Achte und Zehnte) abzuschreiben. Die anderen drei[4] schreib ich dann im Lauf der Tage, nach und nach, und schick sie bald. Es ist mir so gut, wenn Du sie hast. Und außerdem beruhigts mich, wenn sie noch irgendwo, draußen, in genauen Abschriften[5], sicher bewahrt, existieren.

Aber nun muß ich einen Augenblick an die Luft, solang noch die Sonntagssonne in ihr ist. Прощай[6]

(AB, 743 ff.)

1 ›Die Sonette an Orpheus. Erster Teil‹, Sonett XX (WA 2, 743 f.); vgl. auch LAS, 611.

2 Lous Hund.

3 In Lous Haus stand für Rilke immer ein Paar Sandalen bereit.

4 Also die 5., 7. und 9.

5 Diese Abschriften gehören zur Handschrift L (siehe Handschriftenverzeichnis).

6 Proschtschaj (russ.): leb wohl.

189. An Nanny Wunderly-Volkart, Muzot 12. 2. 1922

Dimanche soir
(La première feuille de l'envoi
récent!)

Voici,
Chère,
votre dépôt:[1]
complété, magnifié, – heureux de vous revenir!
Je le laisse *tel,* dans son
vieux papier, mal habillé.
Napoléon
l'était aussi aux jours d'une de ses grandes victoires, dont il ne voulait pas amoindrir l'éclat par un vain concours de toilette!

Mais vraiment, je le dis de grand cœur, c'est *lui,* le petit livre de Soglio, qui brille et qui est fier –:
pas moi /
jamais
je n'étais plus humble, plus à genoux:
oh
infiniment!

R. (NWV, 671)

1 Die Handschrift T (siehe Handschriftenverzeichnis).

190. An Mary Dobrčensky, Muzot 12. 2. 1922[1]

Liebe Gnädigste Gräfin,
heute danke ich Ihnen für viel, viel mehr, als Sie erwarten und wissen könnten, nicht nur für Ihren Brief –, alles so Liebe und Gute darin, nicht nur für das Buch der Fürstin Lichnowský (das ich eben, auf Ihre Erwähnung hin, in Zürich bestellen wollte, als es schon, dank Ihres lieben raschen Entschlusses, von Innsbruck her, bei mir eintraf –) sondern noch einmal, ja nun wirklich noch einmal für ....., verehrte Freundin, (Sie müssen sichs noch einmal gefallen lassen:): für die *ganze Schweiz!* – denn, sehen Sie, was zu thun ich damals hergekom-

men war, jener Abschluß der großen, vor zehn Jahren auf Duino begonnenen Arbeiten, hat sich mir eben, in einem Orkan innerster Fähigkeit, hier in dem stillen Muzot, herrlich und fast unerwartet, erfüllt:

die »Elegien« sind da!

(Auszugsweise bei Schnack, 785; hier ergänzt nach der Handschrift, Rilke-Archiv der Schweizerischen Landesbibliothek, Bern)

1 Rilke setzt den Brief am 19. 2. fort; s. u. Nr. 195.

Zwischen dem 12. und dem 15. Februar schreibt Rilke den ›Brief des jungen Arbeiters‹ – einen fiktiven Brief an den belgischen Dichter Émile Verhaeren (1855-1916):

191. Aus: ›Der Brief des jungen Arbeiters‹[1]

Und darum wohnen sie auch nicht in Christus[2], die Eigensinnigen des Herzens, die ihn immer wieder herstellen und leben von der Aufrichtung der schiefen oder völlig umgewehten Kreuze. Sie haben dieses Gedräng auf dem Gewissen, dieses Anstehen auf der überfüllten Stelle, sie tragen Schuld, daß die Wanderung nicht weitergeht in der Richtung der Kreuzarme. Sie haben aus dem Christlichen ein métier gemacht, eine bürgerliche Beschäftigung, sur place, einen abwechselnd abgelassenen und wieder angefüllten Teich. Alles, was sie selber tun, ihrer ununterdrückbaren Natur nach (soweit sie noch Lebendige sind), steht im Widerspruch mit dieser merkwürdigen Anlage, und so trüben sie ihr eigenes Gewässer und müssen es immer wieder erneun. Sie lassen sich nicht vor Eifer, das Hiesige, zu dem wir doch Lust und Vertrauen haben sollten, schlecht und wertlos zu machen, – und so liefern sie die Erde immer mehr denjenigen aus, die sich bereit finden, aus ihr, der verfehlten und verdächtigten, die doch zu Besserm nicht tauge, wenigstens einen zeitlichen, rasch ersprießlichen Vorteil zu ziehn. Diese zunehmende Ausbeutung des Lebens, ist sie nicht eine Folge, der durch die Jahrhunderte fortgesetzten Entwertung des Hiesigen? Welcher Wahnsinn, uns nach einem Jenseits abzulenken, wo wir hier von Aufgaben und Erwartungen und Zukünften umstellt sind. Welcher Betrug, Bilder hiesigen Entzückens zu entwenden, um sie hinter unserm Rücken an den Himmel zu verkaufen! O es wäre längst Zeit, daß die verarmte Erde alle jene Anleihen wieder einzöge, die man bei ihrer Seligkeit gemacht hat, um Überkünftiges damit auszustatten. Wird der Tod wirklich durchsichtiger durch diese hinter ihn verschleppten Lichtquellen? Und wird nicht alles hier Fortgenommene, da nun doch kein Leeres sich halten kann, durch einen Betrug ersetzt, – sind die Städte deshalb von so viel häßlichem Kunstlicht und Lärm erfüllt, weil man den echten Glanz und den Gesang an ein später zu beziehendes Jerusalem ausgeliefert hat? Christus mochte recht haben, wenn er, in einer von abgestandenen und entlaubten Göttern erfüllten Zeit, schlecht vom Irdischen sprach, obwohl es (ich kann es nicht anders denken) auf eine Kränkung Gottes hinauskommt, in dem uns hier Gewährten und Zugestandenen nicht ein, wenn wir es nur genau gebrauchen, vollkommen, bis an den Rand unserer Sinne uns Beglückendes zu sehen! *Der rechte Gebrauch, das ists.* Das Hiesige recht in die Hand nehmen, herzlich liebevoll, erstaunend, als unser, vorläufig, Einziges: das ist zugleich, es gewöhnlich zu sagen, die große Gebrauchsanweisung Gottes, *die* meinte der heilige Franz von Assisi aufzuschreiben in seinem Lied an die Sonne, die ihm im Sterben herrlicher war als das Kreuz, das ja nur dazu da stand, in die Sonne zu *weisen.* Aber das, was man die Kirche nennt, war inzwischen schon zu einem solchen Gewirr von Stimmen angeschwollen, daß der Gesang des Sterbenden, überall übertönt, nur von ein paar einfachen Mönchen aufgefangen war und unendlich bejaht von der Landschaft seines anmutigen Tals. Wie oft mögen wohl solche Versuche gemacht worden sein, die Versöhnung herzustellen zwischen jener christlichen Absage und der augenfälligen Freundschaft und Heiterkeit der Erde. Aber auch sonst, auch innerhalb der Kirche, ja in ihrer eigenen Krone, erzwang sich das Hiesige seine Fülle und seinen angeborenen Überfluß. Warum rühmt man es nicht, daß die Kirche stämmig genug war, nicht zusammenzubrechen unter dem Lebensgewicht gewisser Päpste, deren Thron beschwert war mit Bastardkindern, Kurtisanen und Ermordeten. War nicht in ihnen mehr Christentum, als in den dürren Wiederherstellern der Evangelien, – nämlich, lebendiges, unaufhaltsames, verwandeltes. Wir wissen ja nicht, will ich sagen, *was* aus den großen Lehren werden will, man muß sie nur strömen und gewähren lassen und nicht erschrecken, wenn sie plötzlich in die zerklüftete Natur des Lebens fortstürzen und unter der Erde sich in unkenntliche Betten wälzen.

[. . .]

Es ist ja überhaupt *alles* in den alten Kirchen, gar keine Scheu vor etwas, wie in den neuen, wo nur gewissermaßen die guten Beispiele vorkommen. Hier ist auch das Arge und Böse und das Fürchterliche; das Verkrüppelte, das was in Not, das was häßlich ist und das Unrecht –, und man möchte sagen, daß es irgendwie geliebt sei um Gottes willen. Hier ist der Engel, den es nicht giebt, und der Teufel, den es nicht giebt; und der Mensch, den es giebt, ist zwischen ihnen, und, ich kann mir nicht helfen, ihre Unwirklichkeit macht ihn mir wirklicher. Ich kann das, was ich fühle, wenn es heißt: ein Mensch, dort drin besser zusammennehmen, als auf der Straße unter den Leuten, die rein nichts Erkennbares an sich haben. Aber das ist schwer zu sagen. Und das, was ich nun sagen will, ist noch schwerer aus‹zu›drücken. Was nämlich den »Patron«, die Macht, angeht (das ist mir auch so langsam dort drin, wenn wir ganz in der Musik standen, klar geworden), so giebt es nur *ein* Mittel wider sie: weiter zu gehen als sie selbst. Ich meine das so: Man sollte sich anstrengen, in jeder Macht, die ein Recht über uns beansprucht, gleich alle Macht zu sehen, die ganze Macht, Macht überhaupt, die Macht Gottes. Man sollte sich sagen, es giebt nur *eine,* und die geringe, die falsche, die fehlerhafte *so* verstehen, als wär sie das, was uns mit Recht ergreift. Würde sie nicht unschädlich auf diese Weise? Wenn man in jeder Macht, auch in arger und boshafter, immer die Macht selbst sähe, ich meine *das,* was zuletzt recht behält, mächtig zu sein, überstünde man da nicht, heil sozusagen, auch das Unberechtigte und Willkürliche? Stellen wir uns nicht zu allen den unbekannten großen Kräften genau so? Keine erfahren wir in ihrer Reinheit. Wir nehmen jede zunächst hin mit ihren Mängeln, die vielleicht unseren Mängeln angemessen sind. – Aber hat nicht bei allen Gelehrten, Entdeckern und Erfindern, die Voraussetzung, daß sie es mit großen Kräften zu tun hätten, plötzlich zu den größesten geführt? Ich bin jung, und es ist viel Aufbegehrung in mir; ich kann nicht versichern, daß ich nach meiner Einsicht handle in jedem Falle, wo Ungeduld und Unlust mich hinreißen, – im Innersten aber weiß ich, daß die Unterwerfung weiter führt als die Auflehnung; sie beschämt, was Bemächtigung ist, und sie trägt unbeschreiblich bei zur Verherrlichung der richtigen Macht. Der Aufgelehnte drängt aus der Anziehung eines Machtmittelpunktes hinaus, und es gelingt ihm vielleicht, dieses Kraftfeld zu verlassen; aber darüber hinaus steht er im Leeren und muß sich umsehen nach einer anderen Gravitation, die ihn einbeziehe. Und diese ist meist von noch minderer Gesetzmäßigkeit als die erste. Warum also nicht gleich in jener, in der wir uns vorfinden, die größeste Gewalt sehen, unbeirrt durch ihre Schwächen und Schwankungen? Irgendwo stößt die Willkür von selber ans Gesetz, und wir ersparen Kraft, wenn wir ihr überlassen, sich selber zu bekehren. Freilich das gehört zu den langen und langsamen Vorgängen, die so völlig in Widerspruch stehen mit den merkwürdigen Überstürzungen unserer Zeit. Aber es wird neben den schnellsten Bewegungen immer langsame geben, ja solche von so äußerster Langsamkeit, daß wir ihren Verlauf gar nicht erleben können. Aber dazu, nicht wahr, ist ja die Menschheit da, daß sie abwarte, was über den Einzelnen hinausreicht. – Von ihr aus gesehen, ist das Langsame oft das Schnellste, das heißt, es erweist sich, daß wir es nur langsam nannten, weil es ein Unmeßbares war.

Nun giebt es, scheint mir, ein völlig Unermeßliches, an dem mit Maßstäben, Messungen und Einrichtungen sich zu vergreifen, die Menschen nicht müde werden. Und hier in jener Liebe, die sie mit einem unerträglichen Ineinander von Verachtung, Begierlichkeit und Neugier die »sinnliche« nennen, hier sind wohl die schlimmsten Wirkungen jener Herabsetzung zu suchen, die das Christentum dem Irdischen meinte bereiten zu müssen. Hier ist alles Entstellung und Verdrängung, obwohl wir doch aus diesem tiefsten Ereignis hervorgehen und selber wieder in ihm die Mitte unserer Entzückungen besitzen. Es ist mir, wenn ich es sagen darf, immer unbegreiflicher, wie eine Lehre, die uns *dort* ins Unrecht setzt, wo die ganze Kreatur ihr seligstes Recht genießt, in solcher Beständigkeit sich, wenn auch nirgends bewähren, so doch weithin behaupten darf.

[. . .]

Ein Kirchlicher würde mich darauf verweisen, daß es die Ehe gäbe, obwohl ihm nicht unbekannt wäre, wie es mit dieser Einrichtung bestellt ist. Es nützt auch nichts, den Willen zur Fortpflanzung in den Gnadenstrahl zu rücken –, mein Geschlecht[3] ist nicht nur den Nachkommen zugekehrt, es ist das Geheimnis meines eigenen Lebens –, und nur weil es dort, wie es scheint, den mittleren Platz nicht einnehmen soll, haben so viele es an ihren Rand verschoben und darüber das Gleichgewicht verloren. Was hilft alles! Die entsetzliche Unwahrheit und Unsicherheit unserer Zeit hat ihren Grund in dem nicht eingestandenen Glück des Geschlechts, in dieser eigentümlich schiefen Verschuldung, die immerfort zunimmt und uns von der ganzen übrigen Natur trennt, ja sogar von dem Kind, obwohl, wie ich in jener unvergeßlichen Nacht erfuhr, seine, des Kindes, Unschuld durchaus nicht darin besteht, daß es, sozusagen, kein Geschlecht kenne, – »sondern, so sagte Pierre fast tonlos, jenes unbegreifliche Glück, das uns an *einer* Stelle erwacht mitten im Fruchtfleisch der geschlossenen Umarmung, ist noch in seinem ganzen Körper überall namenlos verteilt«. Um die eigentümliche Lage unserer Sinnlichkeit zu bezeichnen, müßte man also sagen dürfen: Einmal waren wir *überall* Kind, jetzt sind wirs nur noch an einer Stelle. – Wenn aber nur ein einziger unter uns ist, dem das gewiß wäre und der die Beweise dafür aufzuzeigen die Fähigkeit besäße, warum lassen wirs geschehen, daß eine Generation nach der anderen unter dem Schutt christlicher Vorurteile zu sich kommt und sich rührt wie der Scheintote im Finstern, in einem engsten Zwischenraum zwischen lauter Absagen!?

[. . .]

Ihre Gedichte kenne ich nur aus jener Vorlesung neulich abend, ich besitze nur wenige Bücher, die meistens mit meinem Beruf zu tun haben. Ein paar allerdings, die von Kunst handeln, und Historisches, was ich mir eben verschaffen konnte. – Die Gedichte aber, das müssen Sie sich nun gefallen lassen, haben diese Bewegung in mir hervorgerufen. Mein Freund sagte einmal: Gebt uns Lehrer, die uns das Hiesige rühmen. Sie *sind* ein solcher[4]. (WA 11, 1114 ff.)

1 Der ›Brief‹ geht zurück auf die Brouillons einer ›Erinnerung in [sic!] Verhaeren‹, die sich auf demselben Schreibblock befinden, der auch

den Schluß der 10. und den Anfang der 5. Elegie enthält; vgl. die Erläuterungen des Herausgebers Ernst Zinn WA 12, 1506 ff.; Materialien zur »brieflichen Entwicklungsgeschichte des Arbeiter-Briefes« finden sich bei Storck, 307 ff.

2 Siehe auch oben Nr. 41.

3 Zur Frage der Sexualität vgl. auch die bekannte Stelle im Brief an Rudolf Bodländer vom 23. 3. 1922: »Das Entsetzliche ist, daß wir keine Religion besitzen, in der diese Erfahrungen, so wörtlich und handgreiflich wie sie sind (: denn: zugleich so unsäglich und so unantastbar), in den Gott gehoben werden dürfen, in den Schutz einer phallischen Gottheit, die vielleicht die *erste* wird sein müssen, mit der wieder eine Götterschar bei den Menschen einbricht, nach so langer Abwesenheit« (AB, 778 f.); bei Storck (Anhang), 156 f. sind weitere Belegstellen zu Rilkes Vorstellung von einer »phallischen Gottheit« gesammelt.

4 Vor allem seine Lektüre der ›Flammes hautes‹ ließ Rilke in Verhaeren einen »Rühmer des Hiesigen« sehen (s. o. Nr. 116); weitere Belegstellen zum Verhältnis Rilke – Verhaeren bei Storck, 310 f.

Am 14. Februar schreibt Rilke die 5. Elegie, die statt der ›Gegen-Strophen‹ in den Zyklus aufgenommen wird; er widmet sie Frau Hertha Koenig.

192. An Nanny Wunderly-Volkart, Muzot 15. 2. 1922

Chère,

Nun hat's, ebenso unvermuthet wie Alles, ebenso wunderbar –, noch einen strahlenden Nach-Sturm gegeben gestern, Dienstag, vom Aufstehen an bis um drei Uhr! Der ganze Tag war umgeworfen davon und es gab weder Essen noch sonst etwas Reguläres. Eine heilige, elementarische Unordnung: Die ›Saltimbanque‹-Elegie kam zur Welt! – die *elfte* also! – Sie wird nun gerade die noch leeren Blätter in dem lieben Soglio-Buch[1], denk ich, ausfüllen; aber es ist nicht schade, daß es schon fort war. Ich trage sie später dort ein –, vor der Hand, legen Sie, bitte, diese Abschrift[2] mit unter die Spange Ihres kleinen Dépôts. Übrigens bleibt die große *Zehnte* auf alle Fälle die *letzte* in der Reihe der Elegien, die Saltimbanques werden eingeordnet hinter dem ›Frauen‹-Gedicht (also *vor* der Helden-Elegie); das ›Frauen‹-Gedicht, mit seinem seltsamen andersartigen Aufbau, seinen Strophen und gestemmten faserigen Gegen-Strophen, wird wahrscheinlich *nicht* als Elegie gelten, sondern als eine Art ›Zwischenstück‹, oder es wird unter den zweiten Theil des Buches, ins ›Fragmentarische‹ versetzt werden, wo es auch in guter Gesellschaft bliebe. – Sie sehen ich rede, Liebe, recht sehr in der Voraussetzung, daß Sie ›hineinsehen‹!, besonders, wenn's jetzt stiller wird und Sie, ohne die »Männer«, ein paar Tage allein bleiben.

[...]

Chère, merci de votre bonne bonne lettre; oui, c'est un curieux moment pour moi. Merveilleux et pourtant si simplement beau: *je suis de nouveau le contemporain de moi-même!* Ich habe mich eingeholt –, voilà tout. Mais, relativement, c'est toujours quelque chose . . .

Frida[3] hat brav stand gehalten in diesen Tagen, da Muzot auf hoher See des Geistes trieb. Nun war sie wirklich das . . . ›Geistlein‹. Kaum da und doch sorgend und ohne Angst, wenn ich hier oben ungeheuere Kommando-Rufe ausstieß und Signale aus dem Weltraum empfing und sie dröhnend beantwortete mit meinen immensen Salutschüssen! – Sie ist wirklich tapfer, das Geistlein. Und freudig und infiniment de bonne volonté. (NWV, 672 f.)

1 Die Handschrift T (siehe Handschriftenverzeichnis).
2 Die Handschrift W (siehe Handschriftenverzeichnis).
3 Frida Baumgartner, Rilkes Haushälterin auf Muzot.

193. An Anton Kippenberg, Muzot 15. 2. 1922

Ja, lieber Freund, Ihre Wünsche hab ich ganz ins Herz genommen! In einem großen Nachsturm sind noch *zwei* Elegien hinzu entstanden[1] –, eigentlich die, die mich nun am meisten beschenken und beglücken, von einer herrlichen Bildung und in der gewaltigsten Herkunft beruhend.

Was für ein Segen, an den ich lange nicht mehr gewöhnt war. – Endlich ist das Nachholen im Herzen getan –, und ich bin endlich wieder Zeitgenosse meiner selbst!

Nun, hoff ich, kommen Sie bald ins Wallis, – denn mir ists ganz ungeduldig, Ihnen, lieber Freund, unsern neuen großen Besitz zu zeigen –, mehr: ihn mit Ihnen zu teilen! (AB, 746)

1 Die 10. und 5. Elegie.

Damit sind (bis auf eine kleine Veränderung am Schluß der 7. Elegie – s. u. Z200)die ›Duineser Elegien‹ vollendet – mehr als zehn Jahre nach ihrem Beginn auf Schloß Duino.

Aus den Arbeitsblöcken des Februars kennen wir auch einige Aufzeichnungen Rilkes, die er zwischen den ›Elegien‹ notiert hat:

194. Aufzeichnungen aus den Manuskriptentwürfen der ›Elegien‹, Muzot Februar 1922

a) Wie wunderbar sind die geheimen Kräfte des Lebens an der Arbeit. Zu eigen gehört uns nichts als die Geduld. Aber was ist sie für ein echtes Vermögen, und welche Zinsen trägt sie zu ihrer Zeit. (Bassermann, 346)

b) Kunst kann nicht dadurch hilfreich sein, daß wir helfen wollen und uns um die Nöte der anderen besonders bemühen, sondern insofern wir unsere eigenen Nöte leidenschaftlicher durchmachen, dem Überstehen einen vielleicht manchmal . . . deutlicheren Sinn geben und uns die Mittel entwickeln, das Leiden in uns und seine Überwindung genauer und deutlicher auszusprechen, als das denjenigen möglich, die die Kräfte an anderes zu wenden haben. (GB I, 19*; Vorwort)

c) Ja es ist ein sehr wunderbares Gefühl und doch so einfach: ich habe mich eingeholt. Je suis, ce que je n'étais pas depuis longtemps, le contemporain de mes choses. Chacune me touche de sa plus subtile essence. L'ange de toute chose me regarde. (Wodtke, 9)

VIII. Nach den ›Duineser Elegien‹

Zwischen dem 15. und dem 23. Februar entsteht der zweite Teil der ›Sonette an Orpheus‹ (WA 2, 749 ff.). Zugleich berichtet Rilke in vielen, enthusiastischen Briefen seinen Freunden und Bekannten von dem langersehnten Erfolg:

195. An Mary Dobrčensky, Muzot 19. 2. 1922[1]

dies, liebe Gräfin, schrieb ich vor einer Woche, im gleichen Augenblick, da ich die Feder hinter der letzten (zehnten) Elegie fortgelegt hatte. – Nun setze ich heute fort, die andere Freude auszusprechen, diese große, Sie in Algier zu wissen! Ich kenne dort vieles (zwar H. M.[2] nicht), aber Algier selbst gut und sehr gut Biskra und seine Umgebungen. Besonders aber hab ich den gewaltigen Eingang in die Wüste geliebt, dieses Gebirgs-Thor von El-Kantara! Dort steht, ganz im Anfang der köstlichen, unerschöpflich erfrischten Oase (steht oder stand ...) das kleine Café oder Hôtel der Mme Bertrand, ein einfaches braunes Haus –, dort wollte ich, – hatte ich mir vorgenommen –, noch einmal wohnen, ein Frühjahr lang. Still, seßhaft gewissermaßen, nicht als Reisender – »seiend«, wie mir das allein nur noch ergiebig wird. Rasche Reisen, besonders in unbekannten Welttheilen, lassen nur Verwirrung zurück; so die meine damals, wo ich in *einem* Winter Algerien, Tunis und Aegypten aufzufassen hatte. Besser, im unscheinbarsten Ort einer solchen großmächtigen Fremde lange *wohnen,* als viel »Sehenswerthes« auf ein Mal durchmachen müssen! – Trotzdem, natürlich, ist's mir nicht umsonst gewesen. Das hab ich gerade bei meiner jetzigen Arbeit wieder gesehen. – Übrigens, trotz »Fremde«, war mir das arabische Wesen, nach dem russischen, das nächste.

[...]

Wie schön wärs, liebe Gräfin, wie sehr mir zu Herzen beglückend (zu dem nun endlich leichteren!), Sie auf meinem kleinen Muzot zu empfangen. Ich bin hinausgegangen, am Abend, da's *gethan* war, und hab seine alten Mauern, weiß Gott, gestreichelt, die mirs geschützt haben, das so unbeschreiblich Meine. – Daß ichs doch habe erreichen dürfen, über soviel aufgesprungene Abgründe hinüber! Es scheint mir noch wie ein Traum. Aber was für ein herrlicher!

(Auszugsweise bei Schnack, 788; hier ergänzt nach der Handschrift, Rilke-Archiv der Schweizerischen Landesbibliothek, Bern)

1 Hiermit setzt Rilke seinen Brief vom 12. 2. fort; s. o. Nr. 190.
2 Hammam-Meskontine, der Aufenthaltsort der Gräfin.

196. An Gräfin Sizzo, Muzot 19. 2. 1922

[. . .] vor allem meine Bewunderung für den harmonischen Schloßbau von Adamocz[1]! Das kleine Bild hat ein paar Tage vor mir gestanden und ich möchte fast denken, das unwillkürliche Anschauen habe (indem von solcher Ordnung und stillen Ordonnanz mehr, als wir denken, Einfluß auf uns übergeht) zu der Klarheit und Gesetzmäßigkeit meiner Arbeitstage ein Seiniges beigetragen. Wie groß muß Ihre Freude sein an diesem schön beherrschten Haus! [. . .]

Das alte Muzot, auf dem Boden einer härteren Zeit, ist ja auch aus der Tiefe des métiers heraus erbaut und erhalten gewesen – wäre es mein, ich würde freilich versuchen, de radoucir quelque peu son tempérament –; aber auch so –, mögen sie mich schließlich länger oder kürzer beschützt haben, werden mir seine alten Mauern unvergeßlich sein: unter ihrem strengen Schutz ist es mir endlich in diesen jüngsten Wochen gelungen, die Fäden meiner wichtigsten Arbeit, die alle von der Schärfe der letzten Jahre quer durchschnitten waren, wieder aufzunehmen und im einst angefangenen Geweb fortzuführen. Es war (ich habe nach so bösen Unterbrochenheiten die Hoffnung auf eine heilbare Kontinuität wenigstens *dieser* Bestrebungen schon fast aufgegeben gehabt!) – es war eine unaussprechliche Gnade für mich, wieder im Eigensten bewegt und getrieben zu sein: zuletzt ist ja auch der entschlossenste Wille wenig in diesen Dingen, wenn nicht die reinste Eingebung des Geistes ihm, unvorsehlich und unbegreiflich, zu Hilfe kommt.

Und da, wie ich alle die Verstörungen bedachte, die die verhängnisvollen Jahre an anderen und an mir verschuldet haben, entstand mir auch eine, wie mir scheint, gültige Antwort auf jene Frage in betreff der berühmten »Schwierigkeiten«, die die Menschen so oft für erziehlich und förderlich auszugeben sich geneigt fühlen. Ich meine, es müßte ein großes gewaltiges Gebet geben, des *einen* Flehens, es möchte jeder nur *sein* Schweres auf seinem Weg finden, ich will sagen, *das,* das zu den einmal eingesehnen und leidenschaftlich bejahten Aufgaben seines Lebens immerhin in einer gewissen Proportionalität stünde: dieses dürfte dann groß, ja außerordentlich übermächtig, es dürfte sogar tödlich sein. Denn wer, wenn er einen wahrhaften Kampf auf sich nimmt, hat nicht auch die verschwiegene heilige Freudigkeit, in ihm unterzugehen . . ., aber *in* ihm, nicht außerhalb, nicht auf einem Gebiet, wo sein Bestes, Ernstestes, Geübtestes, seine Kräfte, sein Urteil, seine entwickelte Erfahrung gelähmt erscheinen oder überhaupt nicht in Betracht kommen können. Ist die Frage nicht tatsächlich *so* zu beantworten? – Und ganz besonders, wenn man an den Künstler denkt, dessen Aufgaben auf seinem eigensten Gebiet ihn ohnehin völlig und unerreichlich übertreffen. *Ihm,* vor allem anderen, wäre zu wünschen und zu vergönnen, daß ihm (womöglich schon von Jugend an) nur *sein* Schweres widerführe! Je weiter man in der Kunst vordringt, desto enormer steht sie einem vor dem Herzen. Ja, der Kampf in ihr (ich sag es nun wieder aus unmittelbarster erschütternder Erfahrung) wäre aussichtslos, ohne – das Wunder; aber eben durch dieses ist sie ja auch, was sie ist, *nicht* durch uns, nicht durch uns. (AB, 747 ff.)

1 Schloß in Ungarn, Wohnsitz der Gräfin Sizzo.

197. An Lou Andreas-Salomé, Muzot 19. 2. 1922

Daß Du da bist, liebe, liebe Lou! mir das so ins innerste Herz hinein froh zu bestätigen! – Über dem Lesen Deines guten mitwissenden Briefes: wie überkams mich noch einmal, diese Sicherheit von allen Seiten, daß es nun *da* ist, *da,* das so lang, das seit je Erstandene!

Ich hatte vor, Dir heute die anderen drei Elegien abzuschreiben, da es schon wieder Sonntag geworden ist! Aber nun ist, denk Dir, in einem strahlenden Nachsturm, noch eine Elegie dazugekommen, die der »Saltimbanques«. Das ist aufs wunderbarste ergänzend, nun erst scheint mir der Elegien-Kreis wirklich geschlossen. Sie kommt nicht als Elfte hinzu, sondern wird (als Fünfte) eingefügt, vor der »Helden-Elegie«. Das bisher dort stehende Stück schien mir ohnehin, durch die andere Art seines Aufbaus, an jenem Platz nicht berechtigt, obwohl als Gedicht schön. Dieses wird sie ersetzen (und wie!), und das verdrängte Gedicht[1] kommt unter den Abschnitt »Fragmentarisches«[2], der, als zweiter Teil des Elegien-Buches, alles ihnen Gleichzeitige enthalten wird, was die Zeit, sozusagen, vor dem Entstehen zertrümmert oder in seiner Ausbildung so abgeschnitten hat, daß es Bruchflächen aufweist. – Und so sind also auch die »Saltimbanques« da, die mich eigentlich schon seit der allerersten Pariser Zeit so unbedingt angingen und mir immer seither aufgegeben waren[3].

Aber nicht genug daran, kaum war diese Elegie auf dem Papier, so gingen auch schon die »Sonette an Orpheus« weiter; heute ordne ich diese neue Gruppe (als deren zweiten Teil) – und habe Dir schnell auch einige, die mir die schönsten scheinen, abgeschrieben (: behalten!). Alle aus diesen Tagen und noch ganz warm. Nur unser russischer Schimmel (wie grüßt er Dich, Lou!) ist aus dem früheren ersten Teil, aus dem Anfang dieses Monats.

Und damit Schluß, heute. Ich muß Briefe nachholen, deren sich nun mehrere zur Beantwortung angesammelt haben.

Ich weiß wohl, es kann eine »Reaktion«[4] geben –, nach solchem Geworfenwerden das Auffallen irgendwohin; aber ich falle schließlich in den hier schon näheren Frühling, und dann: da ich die Geduld haben durfte, die lange, zu dem nun Erreichten hin –, wie sollte ich nicht eine kleine Nebengeduld leisten können, durch schlechtere Tage; und schließlich müßte die Dankbarkeit (wovon ich noch nie so viel hatte) auch in ihnen alles Verdrießliche und Verwirrende überwiegen!

Dank, daß Du mir, trotz Deiner vielen Arbeit, gleich geschrieben hast!

Dein alter Rainer

Die Elegien 5, 7, 9. –: bald!

(AB, 749 f.)

1 Die ›Gegen-Strophen‹.
2 Siehe Handschriftenverzeichnis, Abschnitt 5.
3 S. o. Nr. 1.
4 S. u. Nr. 250 und Nr. 260.

198. An Anton Kippenberg, Muzot 23. 2. 1922

Der Anlaß, ja, mein lieber herzlicher Freund, neulich war mir so groß, daß es mich nicht einmal wunderte, Ihre seltne eigene Schrift zu sehen –, und was Sie mir in ihr zu Hause schrieben, war mir mich ganz ergreifend –, also (wie schon die Sprache selbst damit meint) völlig nah. Ich danke Ihnen, daß Sie meinen seit lange größesten Fortschritt so mit mir teilen –: mögen uns alle solchen Schritte immer die gute alte Gemeinsamkeit neu erfahren und feiern lassen.

Nun sehe ich aus Ihrem Briefe, daß Sie, lieber Freund, die Handschrift der »Elegien« schon jetzt erwarten; eigentlich, in der schönen, nun so vollkommen frohen Aussicht Ihres doch schon nahe absehbaren Besuchs auf Muzot, gedachte ich, Ihnen das Manuskript von hier mitzugeben; es hätte dies den Vorteil gehabt, daß Sie die neuen Elegien – so wie ihrer Zeit die zwei frühen – zuerst aus meinem Vorlesen würden aufgenommen haben. Wenn Sie es aber vorziehen, die Blätter schon eher dort zu haben (etwa um noch vor Ihrer Reise Verfügung zu treffen in bezug auf die Papier- und Druckfragen des künftigen Buches), so läßt sich auch das leicht und gerne einrichten. Die vorliegenden Reinschriften der sechs neuen Elegien können, mit den schon vorhandenen Abschriften der vier ersten zusammen[1], sehr gut, so wie sie sind, als Druckvorlage dienen; es bliebe da nichts mehr zu besorgen. – Was mich noch eine Weile beschäftigen könnte, wäre höchstens die bedenkliche Zusammenstellung jenes zweiten Teils, den ich, wie Sie schon wissen, »Fragmentarisches« zu überschreiben beabsichtige. An und für sich dürften die vollendeten zehn großen Gedichte freilich auch allein hinausgehen, wenn auch der Band dann eben kein sehr starker würde. Es wäre nicht so sehr, um ihm ein volleres Ansehen zu geben, daß ich die Anfügung jenes anderen Teils befürworten wollte –; aber diese Gedichte, den Elegien verwandt und ihnen durchaus zeitgenössisch, blieben sonst für immer zurück.[2] Um so mehr, als ich mir eigentlich für später bloße Ansammlungen von Gedichten, die man von Zeit zu Zeit zusammennähme, ohne daß ein gemeinsamer Impuls an ihrem Ursprung steht, kaum mehr vorstellen mag.[3]

Hier wäre nun diesmal, unter jenem Abschnitt des »Fragmentarischen«, zum Teil solches, das gewissermaßen schon vor der Entstehung, infolge unvermeidlicher Erschütterungen des ganzen Daseins, zerbrochen war und nur in Stücken herausgestellt werden konnte, – anderes, das zwar heil zustande kam, aber dann unterbrochen blieb: es würden in beiden Fällen nur solche Arbeiten vor meinem Urteil bestehen, die auch in ihren Bruchflächen noch Ausdruck sind, Gestaltung, Ding ... Die meisten dieser (nicht sehr zahlreichen) Arbeiten sind übrigens im Lauf der Jahre an vorläufigen Orten im Druck erschienen; es wird sehr wenige darunter geben, die Sie nicht wiedererkennen würden. Die Auswahl gedenke ich auf jeden Fall zu besorgen, jetzt in den nächsten Wochen, um sie dann, mit dem übrigen, bei Ihnen in Vorschlag zu stellen. (AB, 751 f.)

1 Die Handschrift K (siehe Handschriftenverzeichnis).
2 Siehe Handschriftenverzeichnis, Abschnitt 5, sowie oben Nr. 183.
3 S. u. Nr. 267.

199. An Marie Taxis, Muzot 25. 2. 1922

Ja, denken Sie, ein solcher Überfluß! – So wie damals neben den ersten großen *Elegien* (auf Duino), in vor- und nachbewegten Nebenstunden, das *Marien-Leben* sich einstellen mochte, so ist diesmal eine Reihe von (etwas über fünfzig) Sonetten entstanden, »die *Sonette an Orpheus*« genannt, geschrieben im Gedächtnis an ein vor zwei Jahren verstorbenes ganz junges Mädchen. –

[...] Ich gestehe, es hätte einen ganz besonderen *charme* für mich, liebe Fürstin, Ihnen Ihre *Elegien* an der Stelle zu lesen, wo sie nun entstanden sind und wo das Ganze zum Abschluß sich runden durfte.[1] Außerdem verdient das alte Muzot, daß Sie es kennen und überaus verdiente es die herrliche große, großmüthige Landschaft, die schon jetzt anfängt, dem Frühling zuzuneigen. W a n n würden Sie denn reisen?! Nun, wir schreiben uns über das Alles bei Zeiten –; es wäre herrlich, kämen Sie her. Tausend Grüße Ihr *D. S.*

(TT, 700 f.)

1 Den gleichen Wunsch äußert Rilke noch einmal in: An Marie Taxis, 16. 3. 1922 (TT, 703).

Am 26. Februar ändert Rilke den Schluß der 7. Elegie; die erste Fassung endete mit den Versen: »Glaub nicht, daß ich werbe, / Engel, und würb ich dich auch! Du kommst nicht – aus Rücksicht« (Steiner, 321). In der endgültigen Fassung ist »aus Rücksicht« gestrichen und durch die neue Begründung der Verse 87 ff. ersetzt (s. o. Nr. 31 als Vorklang des neuen Schlusses).

200. An Lou Andreas-Salomé, Muzot 27. 2. 1922

Gestern, Lou, war ein Sonntag, der wirklich nach der Sonne hieß, von früh bis spät (und sie war schon wie sommerlich hier, über der ihr so weit ins Erdreich hinein vertrauten Landschaft). Und als ich ins Arbeitszimmer kam, früh, standen Rosen da –, und, unten, auf dem Frühstückstisch, – ohne begreiflichen Grund, ein Gugelhupf und ein Schälchen mit den ersten Himmelsschlüsseln aus unseren Wiesen, weich noch und sehr kurz im Stengel, aber schon ganz glücklich. Das alles traf von selbst zusammen, und Dein Brief kam dann gegen Mittag wie in heller Verabredung dazu, voll wie er war, voll Einsehen und Freude! Der gab mir den Anstoß, daß ich Dir dann am Nachmittag noch die übrigen drei neuen Elegien abschrieb, erst die der »Saltimbanques« und dann noch eine und noch eine; es wurde eben dunkel, als ich fertig war, gegen ¾7! – Nun hast Du sie also.[1] – Ein Verzeichnis nach Anfangszeilen leg ich Dir bei; solltest Du nun die Dritte und Vierte nicht besitzen? – Dann schreib ich auch diese noch gelegentlich für Dich ab; aber die Hauptsache ist, daß jetzt diese neuen alle, diese Wiederaufnehmenden, bei Dir sind, liebe Lou, *mit Dir lebend:*

Прощай [2] Rainer

(AB, 755 f.)

1 Die Handschrift L (siehe Handschriftenverzeichnis); neu übersandt die 5., 7. und 9. Elegie.
2 Proschtschaj (russ.): lebe wohl.

Am 7. März sind Von der Mühlls zu Besuch in Muzot; Rilke liest zum ersten Male aus den ›Elegien‹ und ›Sonetten‹ vor:

201. An Nanny Wunderly-Volkart, Muzot 8. 3. 1922

Chère, bis in meinen Schlaf hinein wirkte das Vorgefühl und Bewußtsein dieser enormen Neuerung, dieses – bald hätte ich gesagt – »Rückfalls«: *ein Besuch!* Menschen, Gespräche, Zufälle .... Es war eine seltsame Verfassung, gestern, in der ich aufwachte und aufstand: halb ferial, halb besorgt, halb freudig, halb voll unsagbarem Bedauern um etwas, was sich nun, da Menschen bevorstanden, entfernte, zurückzog ....

Aber dann wars eine gar kleine Sache, der Besuch, der Zeit nach [...] schließlich besahen wir Muzot eingehend, und am Ende konnte ich sogar (ich wußte, Frau v. d. M.[1] wünschte es sich sehr) noch vorlesen: Die Saltimbanque-Elegie, die Helden-Elegie, und eben jenes Sonett (Sei allem Abschied voran ....)[2], das sie doch kennen sollte, da ihr Bruder verstanden hatte, es so wunderbar vorzulesen.[3] – Alles das kam gut und rein zu seinem Recht, ohne Einschränkung durch den kleinen Zeitrahmen. [...] Am Abend merkte ich, daß es von außerordentlicher Weisheit des Schicksals gewesen sei, mir diese erste ›Mahlzeit des Umgangs‹ so knapp zuzuschneiden; mehr wäre leicht zuviel gewesen. Befinde ich mich doch thatsächlich in der Lage eines Menschen, der Menschen ›gefastet‹ hat, und so kann ich zunächst wohl, selbst die ›bekömmlichsten‹ nur in kleinen Bissen vertragen. (Und bin heute sehr glücklich über den wieder ganz meinigen Tag!)

[...]

Man wird nach und nach darauf kommen, einzusehen, wie leicht, durch ein Versehen, die Sphäre der konsekutivischen (zeitlichen) Auffassung überschritten werden kann, – ja, wie die Dinge (die ja langsamer als wir vergehen, also eigentlich eine andere Zeitrechnung haben) immer mit einer uns abgekehrten Seite *anderswo* sind: *dem Vergangenen, das sie gesehen haben, – dem Künftigen, in dem sie dastehen werden, von vornherein und immer ausgesetzt.*[4] (NWV, 695 ff.)

1 Theodora (Dory) Von der Mühll (* 1896), die Schwester des Schweizer Diplomaten und Historikers Carl Jacob Burckhardt (1891 bis 1974).
2 WA 2, 759 f.
3 Zur Erinnerung an den Besuch schenkt Rilke Frau Von der Mühll die Handschrift V, die die vorgelesenen Texte enthält; vgl. Handschriftenverzeichnis und: An Dory Von der Mühll, 10. 3. 1922 (AB, 758 f.).
4 S. u. Nr. 252.

202. An Rudolf Bodländer, Muzot 13. 3. 1922

Was ich künstlerisch schreibe, wird wohl bis zuletzt irgendwo die Spuren des Widerspruchs aufweisen, mittels dessen ich mich angetreten habe, – und doch, wenn Sie mich fragen, so möchte ich nicht, daß es *dies* sei, was vor allem von diesen Arbeiten ausginge: nicht die Aufforderung zu irgendeiner Auflehnung und Befreiung, nicht das Ausspringen aus dem sie Umgebenden und ihnen Anfordernden, möchten – so wünschte ich – junge Menschen aus diesen Schriften schließen; vielmehr, daß sie in einer neuen Verträglichkeit das Gegebene, Zugemutete, unter Umständen Notwendige hinnähmen, vor ihm nicht nach auswärts, sondern ins Tiefere auswichen, dem Druck der Verhältnisse nicht so sehr widerstrebten, als vielmehr ihn ausnutzten, um durch ihn in eine dichtere, tiefere, eigentümlichere Schicht der eigenen Natur eingesetzt zu werden.

Wenn ich heute so spreche und also vielmehr ein Hinnehmen, Sich-Vertragen und Aushalten befürworte (das ich selber nicht geleistet habe) –, so ist dies (hier prüfe ich mich streng) nicht eine Nachgiebigkeit des älteren Mannes, – sondern die Zeiten sind in der Tat andere geworden; zwischen jenem schwersten Jahrzehnt meiner Kindheit und der heutigen (selbst schlimmsten) Einstellung ist ein mit Zeitmaßen überhaupt kaum abschätzbarer Unterschied; mag auch jetzt noch zwischen Vater und Sohn der Abgrund täglich neu aufgerissen sein, gewisse Verständnisse sind über ihn hinüber möglich, ja so geläufig geworden, daß man sie gar nicht mehr zählt. Und dieses vor allem: der junge Mensch selbst ist weit entfernt, in jenem Sinne, in dem unsereiner es in allen entscheidenden Nöten war, allein und verlassen zu bleiben: das bloße Gleichaltrigsein hat eine besondere Bedeutung und Zuverlässigkeit angenommen (seit dem Jahr 1913 halt ich das Buch eines Frühverstorbenen in Ehren, – Henry Franck, La Danse devant l'Arche – in dem diese Erfahrung zuerst in den eindringlichsten Rhythmen gefeiert erschien), – und ich meine mich nicht zu täuschen, daß ich, wäre ich *jetzt* jung, in den reichsten Anschlüssen emporlebte, mitgerissen von solchen meines Alters, ihre meisten Begeisterungen teilend und ihren Bedrängnissen, vom eigenen Gemüt her, einvertraut.

Jenes »Schwer-nehmen« des Lebens, von dem meine Bücher erfüllt sind –, ist ja keine Schwermütigkeit, Lieber (und dieses »furchtbar« und jenes »tröstlich«, zu dem Sie sich, mir so ergreifend, bekannt haben, wird in diesen Büchern immer näher zusammenrücken, bis es schließlich *Eines* sein wird in ihnen, ihr einziger wesentlicher Inhalt) – jenes Schwernehmen will ja nichts sein, nicht wahr?, als ein Nehmen nach dem wahren Gewicht, also ein Wahr-nehmen; ein Versuch, die Dinge mit dem Karat des Herzens zu wägen, statt mit Verdacht, Glück oder Zufall. Keine Absage, nicht wahr?! *keine Absage;* oh, im Gegenteil, wieviel unendliche Zustimmung und immer noch Zustimmung zum Da-Sein!

[. . .] Also, *darüber* müßten wir, zum Schluß, genau verständigt sein, Freund und Bruder: daß die Kunst nicht zuletzt wieder Künstler zu stiften vorhat. Sie meint keinen zu sich hinüber zu rufen, ja, es ist immer meine Vermutung, daß es ihr auf eine Wirkung überhaupt nicht ankäme. Indem aber ihre Gestaltungen, aus unerschöpflichem Ursprung ununterdrückbar hervorgegangen, seltsam still und übertrefflich unter den Dingen dastehen, könnte es geschehen, daß sie *jeder* menschlichen Betätigung unwillkürlich irgendwie vorbildhaft werden durch ihre angeborene Uneigennützigkeit, Freiheit und Intensität. (AB, 761 ff.)

203. An Anton Kippenberg, Muzot 13. 3. 1922

Noch eines, zum Schluß. Der Ihrem Briefe mitgegebene, bei der Insel eingelangte Brief erwies sich als erfreuende, ja ergreifende Beigabe; ein junger Mensch[1], der sich seit drei Jahren dagegen wehrte, ihn zu schreiben, schrieb ihn nun endlich doch, neunzehnjährig. Und datierte ihn mit dem gleichen Tage, an dem, von hier, meine Anzeige der vollendeten Elegien an Sie abging (dem 12. Februar)! Und es berührt mich, als hätte er schon diese, die Duineser Elegien, gemeint, wenn er von sich und einigen ihm nahen Gleichaltrigen versichert:

»Unaufhörlich wachsen wir bei der Arbeit, Ihre Furchtbarkeiten durch Ihre Tröstlichkeiten zu überstehen.« Er konnte nicht ahnen, wie sehr ich gerade dieser Aufnehmung unwillkürlich entgegenkomme, indem jenes »Furchtbare« und dieses »Tröstliche« in meiner reiferen Leistung immer näher zusammenrücken, ja in mehr als einer Elegie mögen beide schon eines geworden sein, ein Einziges: das Wesentliche. (AB, 766)

1 Rudolf Bodländer studierte Jura und wurde Bankkaufmann; Rilkes Antwort ist der obige Brief, Nr. 202.

204. An Gudi Nölke, Muzot 16. 3. 1922

Inzwischen [. . .] ist der gewährendste Segen über mir gewesen –, den größten Theil des Februars wars ein Sturm im Geist und im Herzen, einer der größten, der größte –, von dem ich je bewegt und hingerissen war. Denken Sie: der aufgerissen gewesene, so lange klaffende Abgrund ist überbrückt: ich war endlich imstande, jene gewaltsam aufgehaltene unterbrochene Strömung in mir fortzuführen. Ja, um die Elegien handelt sichs, um die großen Engels-Gedichte, an die Sie auch rühren in Ihrem Brief –, sie sind da, *zehn* nun, und damit zu einem Kreise geschlossen, ab-geschlossen. Und in ihrer innen doch immer vorhanden gewesenen – so erwies es sich – Kontinuität, haben sie sich so zurechtgefunden und fortgesetzt, daß nur sehr wenige der, vor zehn, vor neun, vor sieben Jahren, auf Duino, in Spanien, in Paris aufgezeichneten Bruchstücke außerhalb geblieben sind; der lang zurückgehaltene Guß umformte und umschloß die meisten Fragmente so vollkommen oder trug sie, sie nun mitreißend, an ihre eigentlichen, seit je vorgemeinten Stellen, daß alles wie das Gelingen eines ununterbrochenen Geistes dasteht, in völligem, mir unaussprechlich köstlichen Zusammenhang. – Wenn ich Ihnen also auch aus dem großen neuen Buch (das nun vielleicht lange nichts aufnehmen wird) nichts vorlesen könnte in der nächsten Zeit, so ist dafür das andere kleine alte Buch, das aus Soglio, mit dem neuen Gewinn ganz erfüllt, – und damit das Wunder vollkommen sei, reichte es, dem Umfang nach, *genau* für die zehn großen Gedichte aus und umschließt sie nun wirklich als der ihnen angemessenste Behälter[1]. (Katalog, 277)

1 Die Handschrift T (siehe Handschriftenverzeichnis).

205. An Gräfin Sizzo, Muzot 17. 3. 1922

Meine verehrteste Gnädigste Gräfin,
der siebenzehnte ist ein zu schönes Datum, als daß ich mich nicht versucht fühlen sollte, es gleich über ein paar Blättchen zu setzen, mit denen ich bitte, Ihren (gestern eingetroffenen) gütigen Brief erwidern zu dürfen. – Ich darf dies um so mehr, als meine Arbeit, die tief und lang unterbrochen gewesene, gerettet scheint –, nicht nur *sie* liegt nun vor, sondern auch ein kleiner Band »Sonette« (die Sonette an Orpheus) ist mir in den Unvorsehlichkeiten des Arbeitssturms gewissermaßen hinzugeschenkt worden. – Was aber jene größeren Gedichte angeht, ja, so handelt es sich um jene, im Winter 1912 auf Duino begonnenen, dann in Spanien und Paris fortgeführten Arbeiten, deren Vollendung und Ausgestaltung Krieg und Nachkrieg – wie ich oft fürchten mußte – zu vereiteln drohten. Das wäre hart gewesen; denn diese Gedichte enthalten das Wichtigste und Gültigste, was ich um die Zeit meiner Lebensmitte festzustellen vermocht hatte –, und es wäre das bitterste Verhängnis gewesen, an der reifsten inneren Stelle abgesagt zu bleiben und *das* nicht gestalten zu dürfen, wofür so viel Voraussetzungen von Leid und so viel Vermutungen der Seligkeit vorgewirkt hatten. Diese »Elegien« (so waren die Gedichte von Anfang an genannt, – es werden nun *zehn* sein –) sollen nun unter dem Titel: »Die Duineser Elegien« erhalten bleiben, um so mehr, als die Kriegsläufte die schützenden Mauern jenes wunderbaren adriatischen Schlosses (in dessen gastlicher Einsamkeit die ersten beiden Elegien und mehrere Fragmente, die nun in den späteren Gedichten vorkommen, entstanden sind) fast bis auf die letzte Spur zerstört haben (: »Le buste survit à la cité« schrieb Théophile Gautier[1], wenn ich recht zitiere, in einem seiner vollendeten Sonette).

Auch hier, auch hier, ach auch hier –, steht Leben und Kunst irgendwie im Widerspruch. Da Sie Dehmels[2] gedenken, so ließe sich, gerade im Gedanken und Anschluß an *ihn*, dieser Konflikt merkwürdig behandeln; Dehmels Wunsch, den Dichter ins Leben zu stellen (Briefe, die er mir schrieb, ließen auch erkennen, wie sehr er immer wieder auf *dieses* Thema zurückkam –) ging wohl zunächst aus von der Scheu, von dem Abscheu vor dem Schreibtisch-Literaten, in welcher Abneigung er sich z. B. mit seinem Freunde Detlev von Liliencron[3] so herzhaft einig fand (und schließlich mit wem nicht?!), aber zuletzt lag doch da irgendwo ein Fehler vor, ein nicht tief genug Gedacht- und Beobachtet-haben. Ist etwa um den Schreibtisch herum, an den sich einer, sagen wir, zurückzöge, *kein* Leben mehr, reicht Schicksal, Dasein, Nichtsein und alles Bedrängende, Gefährliche und Mächtige etwa nicht bis an diesen dorthin (sagen wir) Geflüchteten? Was seine Hervorbringung schwach, unwahr, überflüssig oder lächerlich macht, ist nicht sein Platz, an dem er sich hält, sondern daß er an diesem Platze (der ebenso gut eine vitale Mitte darstellen könnte wie irgend ein anderer Platz auf der Welt) vom Leben *ab*sehen lernt, das ihn auch dort umdrängt und umbrandet, – daß er das Leben *überhaupt* nicht mehr gewahrt, sondern nur das Papier und den Tintenfleck am Federfinger: *das* macht diesen – eminent deutschen – Typus so hoffnungslos und widerwärtig. Aber warum ihn bekämpfen –, genügt es nicht, ihn zu übersehen? – Soviel Dinge, des Untergangs wert, kommen am besten zu ihrem Ende, wenn man sie gewähren läßt, sie sind ja ohnehin immerfort dabei, sich *ab*zuleben. – Aber Dehmel war eine kämpferische Natur, kämpferisch bis zur völligen Geschmacklosigkeit (insofern hafteten ihm auch die achtziger Jahre des vorigen Jahrhunderts noch verhängnisvoll an, die die geschmacklosesten gewesen sein möchten, die die Geschichte aller Zeiten aufzuweisen hätte –). Sein Kämpferisches um jeden Preis hatte, innerhalb seines eigenen Werkes und in seinem Umgang, gute und schlimme Folgen, wie es eben kam. – Dieser Entschluß in ihm, keine Grenzen gegen das »Leben« (man muß es schon in Anführungszeichen setzen) aufzurichten, wird nicht unschuldig sein an dem, was Sie als das, plötzlich, Unsympathische, ja Abstoßende in seinen Büchern empfinden; damit das Leben nur ja *da* sei, war er imstande, »Rohmaterial des Lebens«, unverarbeitet, in einen sonst starken und verwandelten Vers zu wälzen –, eine jener Rohheiten zu begehen, in denen die Menschen sich, ab und zu, die unmittelbare Gegenwart ihrer Kraft zu beweisen vorgeben. Meine Bewunderung für Dehmels Kunst war in meiner Jugend trotzdem sehr groß –, aber ich verstand schon damals sehr gut, als mir einmal jemand gestand, er habe mitten in einem schönen Dehmelschen Gedicht Angst, umzublättern, denn es könne auf der nächsten Seite eine Brüskerie geschehen, die *dem* um so schmerzhafter sein mußte, der eben in die wahrhaftige Herrlichkeit einiger Verszeilen fühlend und mitwissend eingetreten war.

[. . .] – Daß einer auf seinem angeborenen Platz aufsänge, sei es auch hinter einer Maschine oder am Pflug (was ja sogar eine recht vergünstigte Lage wäre!), ist natürlich in der Ordnung; andererseits aber wäre es falsch, überall das »métier« gelten zu lassen, um den künstlerisch Schreibenden (ich vermeide das abscheuliche »Schriftsteller«) von dem seinen zu verdrängen. Niemand dächte daran, einen Seiler, Schreiner oder Schuster von ihrem Handwerk weg »ins Leben« zu stoßen, damit sie bessere Seiler, Schreiner und Schuhmacher seien; auch den Musiker, den Maler, den Skulpteur ließe man eher bei dem Ihrigen gewähren. Nur bei dem Schreibenden scheint das Handwerk so gering, so von vornherein *gekonnt* (Schreiben kann jeder), daß manche (und unter ihnen auch gelegentlich Dehmel) der Meinung waren, der damit Beschäftigte gerate sofort ins leere Spielen, wenn man ihn zu sehr mit seinem Métier allein lasse! Aber welcher Irrtum! Schreiben zu können ist, weiß Gott, nicht minder »schweres Handwerk«, um so mehr, als das Material der anderen Künste von vornherein von dem täglichen Gebrauch abgerückt ist, während des Dichters Aufgabe sich steigert um die seltsame Verpflichtung, *sein* Wort von den Worten des bloßen Umgangs und der Verständigung gründlich, wesentlich zu unterscheiden. *Kein* Wort im Gedicht (ich meine hier jedes »und« oder »der«, »die«, »das«) ist *identisch* mit dem gleichlautenden Gebrauchs- und Konversations-Worte; die reinere Gesetzmäßigkeit, das große Verhältnis, die Konstellation, die es im Vers oder in künstlerischer Prosa einnimmt, verändert es bis in den Kern seiner Natur, macht es nutzlos, unbrauchbar für den bloßen Umgang, unberührbar und bleibend: eine Verwandlung, wie sie sich, unerhört herrlich, zuweilen bei Goethe (Harzreise im Winter), oft bei George vollzieht. – Wie verschieden Dehmels Auffassung auch in dieser Beziehung gewesen sein mochte, ging überraschend deutlich aus einer kleinen Kontroverse hervor, die gelegentlich einer Begegnung, vor vielen Jahren, zwischen uns aufsprang. Dehmel, (der immer eine Art abwartender Besorgtheit für mich hatte, wie ich später merken konnte) stellte mich gradezu zur Rede über mein ständiges Wohnen im Auslande. Ich konnte ihm unmöglich *alle* Gründe dafür anführen (seine Haltung später im Kriege bewies mir erst recht, wie wenig er die meisten verstanden hätte), so beschränkte ich mich, unter anderem zu sagen – mich dessen keineswegs rühmend, sondern es, wenn man so will, als eine Schwäche zugebend –, daß ich arbeitend, kein Deutsch (das meistens so widerwärtig schlecht und faul gesprochene!) um mich hören könne, sondern es vorzöge, dann von einer anderen, mir als Umgangsmittel vertrauten und sympathischen Sprache umgeben zu sein: durch solche Isolierung (die er als enorm »unpatriotisch« empfunden haben mag) nähme dann, erzählte ich ihm, das Deutsch *in mir* eine eigentümliche Sammlung und Klarheit an; abgerückt von allem täglichen Gebrauch empfände ich es als das mir angemessene herrliche (wie herrliche: nur, vielleicht, über das Russische so zu verfügen, gäbe eine noch größere Gamme, noch weitere Kontraste des Ausdrucks!) – Material –. Dehmel staunte meine Versicherung so ratlos an, daß ich scherzhaft noch hinzufügte, es wäre ja auch beispielsweise für einen Bildhauer ungemein peinlich, wenn der Ton, den er zu modellieren habe, gleichzeitig noch überall (zu Verständigungszwecken oder sonst praktischen Anwendungen) höchst ungefähr und nachlässig verschmiert würde . . . Wir lachten beide, und das Gespräch wurde in dieser Richtung nie fortgeführt.

(AB, 766 ff.)

1 Théophile Gautier (1811-72): franz. Dichter; der zitierte Vers ist aus ›Émaux et Camées‹ und lautet vollständig: »Tout passe. – L'art robuste/Seul a l'éternité./Le buste/Survit à la cité.«
2 Richard Dehmel (1863-1920); 1914 hatte der Lyriker eine betont nationalistische Haltung eingenommen.
3 Detlev von Liliencron (1844-1909), Lyriker.

206. An André Gide, Muzot 15. 5. 1922

Wenn ich ein wenig zurückhaltend bin, so liegt das an der ständigen Ungewißheit, in der ich von einem Monat zum anderen lebe; es ist mir unmöglich, jetzt vorauszusehen, *wo* ich im August sein werde –: wenn ich weit weg wäre, fürchte ich, auf das Treffen[1] verzichten zu müssen, denn ich habe viel von jener Leichtigkeit des Reisens eingebüßt, die mir einst so natürlich war. Es kann jedoch sein, daß ich in Muzot bleibe; der Schweizer Freund[2], der diesen alten Turm bis jetzt für mich gemietet hat, tut die Absicht kund, ihn zu kaufen (sein Besuch war es, der meinen Brief verzögert hat). Für den Fall, daß er Käufer von Muzot würde, könnte ich hier nach Belieben bleiben, unbegrenzt; denn da dieser Freund in Winterthur geschäftlich festgehalten ist, würde er nur selten auf diesem neuen Besitz wohnen und jedesmal nur für ein paar Tage; ich würde also Hausherr bleiben, was mir angenehm wäre, denn ich habe diese alte einsame Behausung, in der ich die einst in Duino begonnenen »Elegien« habe zu Ende bringen können, liebgewonnen. Das war der stärkste Beweis von innerer Kontinuität, den ich mir selber hätte geben können; dieses Werk des Willens und der Gnade hat mir mein Bewußtsein unversehrt zurückgegeben, und seitdem scheint mir der Augenblick – selbst der schlechte – wieder besser zu meinem ganzen Leben zu passen. (AG, 142)

1 Rilke schlägt eine Einladung Gides zu den »Entretiens de Pontigny« ab.

2 Werner Reinhart (1884-1951); vgl. auch: An Clara Rilke, 12. 5. 1922 (GB V, 149 f.) und: An Nanny Wunderly-Volkart, 19. 4. 1922 (NWV, 736 f.); Reinhart kauft das Château und überläßt es Rilke.

207. An Lisa Heise, Muzot 19. 5. 1922

Mein inneres Gärtnern war herrlich diesen Winter. Das plötzlich wieder heile Bewußtsein meiner tief bestellten Erde ergab mir eine große Jahreszeit des Geistes und eine lange nicht mehr gekannte Stärke des Herzstrahles. Die mir über alles lieben (1912 in großartiger Einsamkeit begonnenen und seit 1914 fast ganz unterbrochenen) Arbeiten konnten wieder aufgenommen –, konnten, unter unendlicher Fähigkeit, zu Ende gebracht werden. – Daneben ging eine kleine Arbeit her, fast ungewollt, ein Nebenstrom, über fünfzig Sonette, die Sonette an Orpheus genannt, und geschrieben als ein Grabmal für ein jung verstorbenes Mädchen. (Sieben daraus hab ich für Sie in ein kleines Heft eingetragen, das ich hier beifüge.) Wäre diese Auswahl größer geworden, oder könnte ich Ihnen die andere, die große Hauptarbeit vorlegen, – Sie würden merken, wie, an manchen Stellen, die Ergebnisse unserer Winter einander ähnlich sind. Sie schreiben von dem in jedem Moment schon Erfülltsein, schon Überreichsein des inneren Daseins, von einem (wenn man nur recht zusieht) alle,später möglichen Entbehrungen und Verluste schon von vornherein überwiegenden und gleichsam widerlegenden – Besitz. – Genau dies habe ich diesen langen Winter in der Tiefe meiner Arbeit erfahren, mehr und unwiderruflicher, als ich es bisher wußte: daß das Leben jedem späteren Armwerden mit den seine Maße übertrefflichsten Reichtümern schon längst zuvorgekommen sei. – Was also bliebe zu fürchten? – Nur, daß man dies vergäße! Aber um uns, in uns, *wieviel* Hülfen zur Erinnerung!

Rainer Maria Rilke

(AB, 786 f.)

Vom 6. bis zum 9. Juni ist Marie Taxis zu Besuch bei Rilke; am 7. Juni liest er ihr in Muzot die ›Elegien‹ vor, tags darauf im Hôtel Bellevue in Sierre die ›Sonette an Orpheus‹:

208. An Nanny Wunderly-Volkart, Sierre 9. 6. 1922

Nun und dann der 7te, vorgestern, war der große Tag auf Muzot. Den muß ich Ihnen *mündlich* erzählen, Liebe. Es war wunderbar, *wie* die Fürstin die Elegieen aufnahm[1] (das milieu that ein Seiniges dazu) und, ich kann sagen, ich war mit ihr Hörer und Aufnehmer und habe mich mir selber geschenkt, indem ich wunderbar las. Und zum ersten Mal las ich *alle*

Elegien, die ersten, der Fürstin seit so lange vertrauten eingerechnet, in einem Zug. Das heißt, vormittag, bis zum déjeuner, sieben, nachmittag die drei übrigen. Es war ein Leben in den Gedichten für uns beide: die Fürstin sagte mir nur, in inniger Ergriffenheit: »Serafico (wie sie mich nennt) – ich bin froh, daß ich *lebe*« ....

[. . .]

Gestern: Donnerstag, wars uns Beiden, der Fürstin und mir, eine nicht mindere Erschütterung: ich las ihr, hier, in ihrem Zimmer im Bellevue, die Sonette an Orpheus, *alle,* – auch *das* that ich zum ersten Mal in *einem* Zug, und indem ich dies so rasch nach den Elegien that, wurde uns beiden klar, wie nahe an ihnen diese Gedichte sich bewegen, wie geschwisterlich sie, in ihrer Art, die gleichen Motive sich aneignen und mittheilen . . . diese Sonette schienen uns gestern – auch mir – erstaunlich, freilich es war fast über die Kraft, sie in Einem zu lesen und keine geringe Leistung, sie in Einem aufzunehmen. Aber die Fürstin that das mit einer Geistes- und Herzensgegenwart, die wirklich wunderbar war. [. . .] Mme de Battenberg[2] lebt ihr Leben zwischen Musik, Blumen und Paul Valéry, den sie mit sehr verstehender Bewunderung liest –, auch sie hat schon einige von den Elegien vorgelesen bekommen und hat sie erstaunlich zu Herzen genommen*. Wie etwas ihr in Wahrheit Erfaßliches. Es ist wahr, daß sie, seit jener Conférence in Bern, unserer ersten Berührung, nicht aufgehört hat, mit meinen Büchern beschäftigt zu sein, – so war sie auf diese Töne verhältnismäßig vorbereitet.

* Elle est fille d'un poète, puisque le vieux roi du Montenegro était le rhapsode, le plus émouvant, de son pays.

(NWV, 755 ff.)

1 Vgl. auch: An Katharina Kippenberg, 10. 6. 1922 (KK, 464), An Nora Purtscher-Wydenbruck, 14. 7. 1922 (GB V, 157 f.) und unten Nr. 212.

2 Fürstin von Battenberg, geb. Prinzessin von Montenegro; auch ihr und ihrem Mann liest Rilke die ›Elegien‹ und ›Sonette‹ vor.

209. An Elisabeth Aman-Volkart, Muzot Juni 1922 (undatiert)

Meine verehrte Gnädigste Frau,

was war das für ein lieber Einfall von Ihnen, mir die Elemente der »Kätzchenkunde« in Ihrer Sendung[1] und dem ergänzenden Briefe so übersichtlich und augenfällig vorzustellen; nein, nach diesem bedarf es nun durchaus keiner weiteren oder genaueren Auskunft: ich bin überzeugt! Es gibt also keine »hängenden« Weidenkätzchen[2] (merkwürdigerweise), und gäbe es irgendeine rare tropische Ausnahme, so könnte ich sie doch nicht brauchen. Die Gedichtstelle, die ich auf die sachliche Richtigkeit hin kontrollieren wollte, steht und fällt damit, daß der Leser, mit dem *ersten* Gefühl, gerade dieses *Fallende* der Kätzchen ergreife und auffasse, sonst verliert das dort gebrauchte Bild allen Sinn. Es muß also die durchaus *typische* Erscheinung dieses Blütenstandes aufgerufen werden –, und mir ist auch sofort, vor den sehr unterrichtenden Abbildungen Ihres Büchleins, klar geworden, daß jener Strauch, der mir, vor Jahren, den nun in meiner Arbeit verwendeten Eindruck vermittelt hat, eine Haselnuß gewesen sein müsse; deren Gezweig ist am dichtesten, *vor* dem Austritt ihrer Blätter, mit langen, senkrecht abhängenden Kätzchen ausgestattet. Ich weiß also, was ich wissen mußte, und vertausche im Text »Weide« gegen »Hasel«. (AB, 789)

1 Ludwig Klein, Unsere Waldbäume, Sträucher und Zwergholzgewächse (Heidelberg 1910).

2 In der 10. Elegie war ursprünglich von den »Kätzchen der leeren/ Weide« (V. 107 f.) die Rede. Nach der Auskunft von Frau Aman ersetzte Rilke »Weide« durch »Hasel«.

210. An Marie Taxis, Muzot 14. 6. 1922

Meine theuere Fürstin,

Sie haben mir einen so bewegten Brief geschrieben, mit diesem Wort vom »wollenden Schicksal«[1] darin: Ihr Staunen und das meine darüber, daß es so siegreich kommen konnte, wie es nun da ist, sind einander gleich und unsere Freuden an dem unendlichen Gelingen sind von der tiefsten heiligsten Verwandtschaft: so ist nie in ein vollendetes Buch mit mehr Recht eine Zueignung eingeschrieben worden; die, die in den *Elegien* stehen wird, wird in einem geheimnisvollsten Sinne wahr und berechtigt sein, wenn es dort heißen wird: *Aus dem Besitz* . . . .

Und die Sonette, die ich neben ihrem älteren und erhabenen Geschwister, den *Elegien,* etwas leicht nahm, haben erst Sie mir, Fürstin, hat mir die wunderbare Art Ihres Hörens, in ihrer ganzen Bedeutung geschenkt. Glauben Sie Ihre Aufnehmung hat mir erst die Leistung, die da war, abgeschlossen und reich und beglückend vollendet.

[. . .]

Ein lieber Brief kam von der Pia[2], und Kippenbergs Besuch steht, obwohl noch nicht genau fixiert, in naher Aussicht: das wird dann der letzte Schritt zu dem äußeren endgültigen Dasein unserer *Elegien* sein. (TT, 715 ff.)

1 In ihrem Brief vom 11. 6. 1922 hatte die Fürstin geschrieben: »Und noch immer staune ich über das wollende Schicksal das sie bei der Hand führte, bis die herrlichste Frucht gereift war« (TT, 713).
2 Contessina Agapia di Valmarana.

211. An Merline, Muzot 21. 6. 1922

Vous rappelez-vous la date de ce jour que nous sommes montés la première fois à Muzot avec Mlle Raunier[1]? Je ne l'ai point marquée, et même je ne suis pas sûr de me souvenir de la date de notre première entrée à Muzot . . . Serez-vous là pour un de ces anniversaires? Non, il faudrait plutôt célébrer celui de cette adorable matinée de dimanche où nous étions campés sur le talus en face de Muzot, sans y pouvoir entrer encore . . . vous étiez doucement occupée à faire le premier »portrait« de Muzot et moi, entre temps, j'allais m'agenouiller à la petite chapelle blanche . . . Vous rappelez-vous comme cette matinée était longue et bonne, et légère et toute pénétrée d'une tendre bénédiction? Tâchez, si c'est possible, de retrouver cette date . . . René.

(M a, 166 f.)

1 S. o. Nr. 159.

212. An Dory von der Mühll, Muzot 23. 6. 1922

Es war mir eine tiefe Bewegung, die Aufnehmung zu erleben, die die Fürstin T. den Elegien zu bereiten wußte![1] Einen Tag las ich ihr alle zehn, den folgenden die Fünfzig Sonette an Orpheus, deren innere Einheit und deren Zusammenhang mit den Elegien, die sie herrlich parallelisieren, mir erst über diesem Anhören fühlbar geworden ist. Beide Arbeiten sind mir so, als ob es nicht meine wären (weil sie ohnehin, ihrer Natur nach, *mehr* sind als »von mir«), nun eigentlich geschenkt worden –, die Fürstin staunte, und ich, wenn ich ganz wahr sein darf, ja, ich staunte mit, tout simplement, mit meinem reinsten innigsten Staunen. – Womit ja alles in bester Ordnung wäre. –

(AB, 791 f.)

1 S. o. Nr. 208.

213. An Marie Taxis, Muzot 18. 7. 1922

Diese Woche – endlich – erwarte ich Kippenbergs (wenn anders nicht die unglücklichen Vorgänge in Deutschland und das Fallen der Mark ihnen die langversprochene Reise ganz verdorben hat). Kommen sie wirklich, so wird man jetzt die Termine für das Erscheinen der *Elegien* und der *Sonette* ansetzen können. Gleich nach dem Besuche Kippenbergs erhalten Sie dann auch Ihr handschriftliches Exemplar der *Elegien*[1]; da es nicht allein die genaueste, sondern auch die formal schönste Niederschrift der *Elegien* (es giebt außerdem nur die Niederschrift für den Druck und die Abschriften bei Lou Andreas-Salomé[2]) darstellt, so wollte ich dieses Manuscript noch solange hier behalten, bis Kippenberg es sähe: dann aber geht es sofort und für alle Zeit in Ihren Besitz über!

(TT, 725)

1 Die Handschrift T (siehe Handschriftenverzeichnis); Rilke hatte die Handschrift von Frau Wunderly-Volkart zurückerbeten, um den Kippenbergs daraus vorzulesen; vgl.: An Nanny Wunderly-Volkart, 18. 7. 1922 (NWV, 777).

2 Die Handschriften K und L (siehe Handschriftenverzeichnis).

Vom 20. Juli bis Ende November ist Baladine Klossowska zu Gast auf Muzot; gegen Ende Juli trifft das Verlegerehepaar Kippenberg in Sierre ein und Rilke liest auch ihnen die ›Elegien‹ vor:

214. An Marie Taxis, Muzot 14. 8. 1922

Meine theuere Fürstin,

das wird k e i n Brief heute, nur ein kleines Begleitwort zu den nun ganz und gar Ihnen zugehörigen *Elegien.*[1] Ich schrieb in den kleinen Band nur eben d a s, was auch in der Ausgabe festgestellt sein wird: daß diese Gedichte aus Ihrem B e s i t z e stammen. Sie haben sie im Hören viel zu vollkommen zu eigen genommen, als daß ich, selbst gelegentlich dieser Niederschrift, noch Raum hätte für die mindeste Gebärde des Gebens oder Zueignens; auch hier kann ich nur konstatieren, daß Ihnen alles dies, Seite für Seite, schon gehöre.

Kippenbergs sind inzwischen hier gewesen[2], – und haben auch ihrerseits die freundlichste und gründlichste Aufnehmung bewiesen, die sich denken läßt. Wenn nicht unerwartete äußere Hindernisse den Gang der Verwirklichung verlangsamen, so werden wir die erste Buchausgabe von Beidem, von den *Elegien* und den *Sonetten an Orpheus,* noch vor Ablauf des Jahres in Händen halten. Das wird uns Allen, fühl ich, die genau gleiche Freude sein! (TT, 726 f.)

1 Rilke sendet der Fürstin mit diesem Brief die Handschrift T.
2 Vgl. auch: An Nanny Wunderly-Volkart, 3. 8. 1922 (NWV, 778 f.).

215. An Nanny Wunderly-Volkart, Muzot 12. 10. 1922

Ginge es, so säße ich vielleicht noch über Weihnachten auf Muzot fest, das hätte den Vorzug, daß ich hier Elegieen und Sonette bis in den Buchzustand hinein, d. h. einschließlich Correctur-Lesen u. s. f., abschließen und noch manches (besonders an Übersetzungen) für meine Gesammtausgabe, in der Stille und Gunst des gewohnten Zimmers vorbereiten könnte. (NWV, 788)

216. An Gudi Nölke, Muzot 31. 10. 1922

Sie sehen (im inneren Umschlag am Schlusse des beiliegenden Hefts), daß die Ergebnisse aus dem März und Februar 1922 jetzt schon in ihre Dauer und Greifbarkeit übergeführt werden! Die Duineser Elegieen sind, ebenso wie die Sonette an Orpheus, im Druck: von diesen letzteren hat man ein paar Proben in das vorliegende Insel-Schiff eingestellt. – Aber wenn die inneren Realisationen noch die Unterlagen haben, die unaussprechlichen und so oft unerweislichen, die man sich tant bien que mal ausgebildet hat: welche Strömung trägt heute (und wohin?) ein gedrucktes Buch und was einer sonst etwa sichtbar verwirklichen mag? Nur noch geflügelte Dinge, die sich über so viel Abgrund (der weiter und weiter aufreißt) in Schwebe halten, sind daseinsfähig, sind gerettet und retten vielleicht, falls sie stark genug sind, den oder jenen zu sich hinaufzuheben. (GN, 96)

217. An Nanny Wunderly-Volkart, Muzot 8. 11. 1922

Nur dies; ich *kann* nicht mehr, es ist zu viel des Schreibens, und dazu drei Tage Fehlerjagd in den Druckbogen der Sonette und der Elegien, chasse des syllabes qui m'énerve terriblement –. (NWV, 812)

In ein Exemplar des ›Malte Laurids Brigge‹ schreibt Rilke ein Widmungsgedicht ein, das das Schlußmotiv der 10. Elegie aufgreift:

218. Widmungsgedicht, Muzot 21. 12. 1922[1]

ODETTE R....

Tränen, die innigsten, *steigen!*

O wenn ein Leben
völlig stieg und aus Wolken des eigenen Herzleids
niederfällt: so nennen wir Tod diesen Regen.

Aber fühlbarer wird darüber, uns Armen, das dunkle –,
köstlicher wird, uns Reichen, darüber das seltsame Erdreich.[2]

(WA 3, 251)

1 Geschrieben für Frau Marg. Masson-Ruffy, im Gedenken an ihre früh verstorbene Schwester Odette Ruffy.
2 Vgl. 10. Elegie, V. 106 ff.

In seinem zweiten Arbeitswinter auf Muzot übersetzt Rilke hauptsächlich Gedichte Paul Valérys. Im Dezember erscheint im Inselschiff die 4. Elegie als Faksimiledruck aus der Handschrift K:

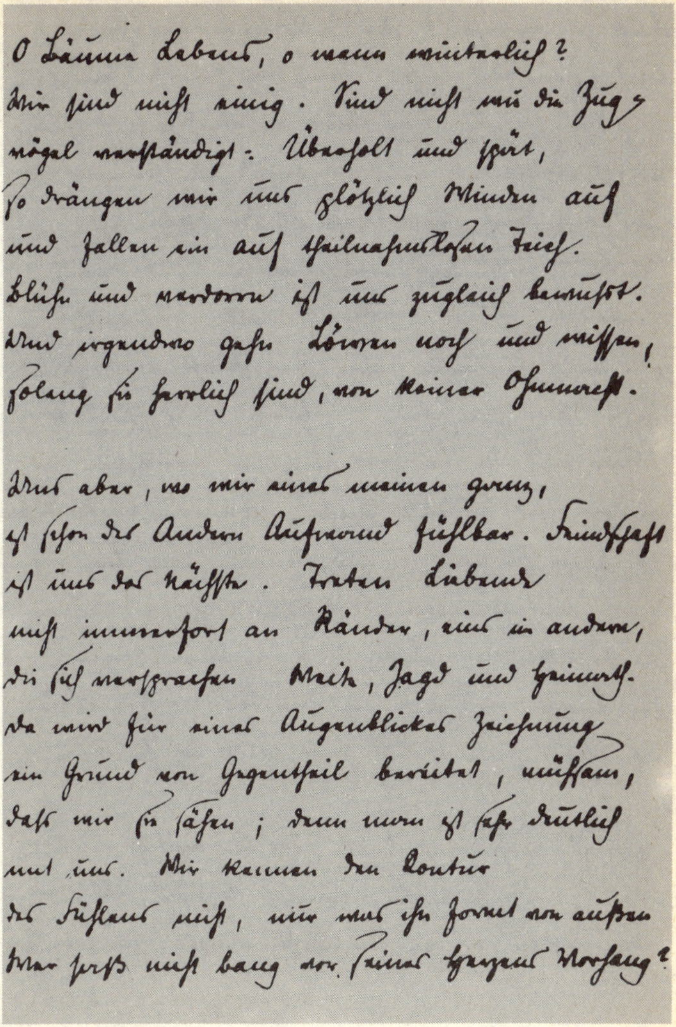

O Bäume Lebens, o wann winterlich?
Wir sind nicht einig. Sind nicht wie die Zug-
vögel verständigt. Überholt und spät,
so drängen wir uns plötzlich Winden auf
und fallen ein auf theilnahmslosen Teich.
Blühn und verdorrn ist uns zugleich bewußt.
Und irgendwo gehn Löwen noch und wissen,
solang sie herrlich sind, von keiner Ohnmacht.

Uns aber, wo wir Eines meinen, ganz,
ist schon des Andern Aufwand fühlbar. Feindschaft
ist uns das Nächste. Treten Liebende
nicht immerfort an Ränder, eins im andern,
die sich versprachen Weite, Jagd und Heimath.
Da wird für eines Augenblickes Zeichnung
ein Grund von Gegentheil bereitet, mühsam,
daß wir sie sähen; denn man ist sehr deutlich
mit uns. Wir kennen den Contur
des Fühlens nicht, nur was ihn formt von außen.
Wer saß nicht bang vor seines Herzens Vorhang?

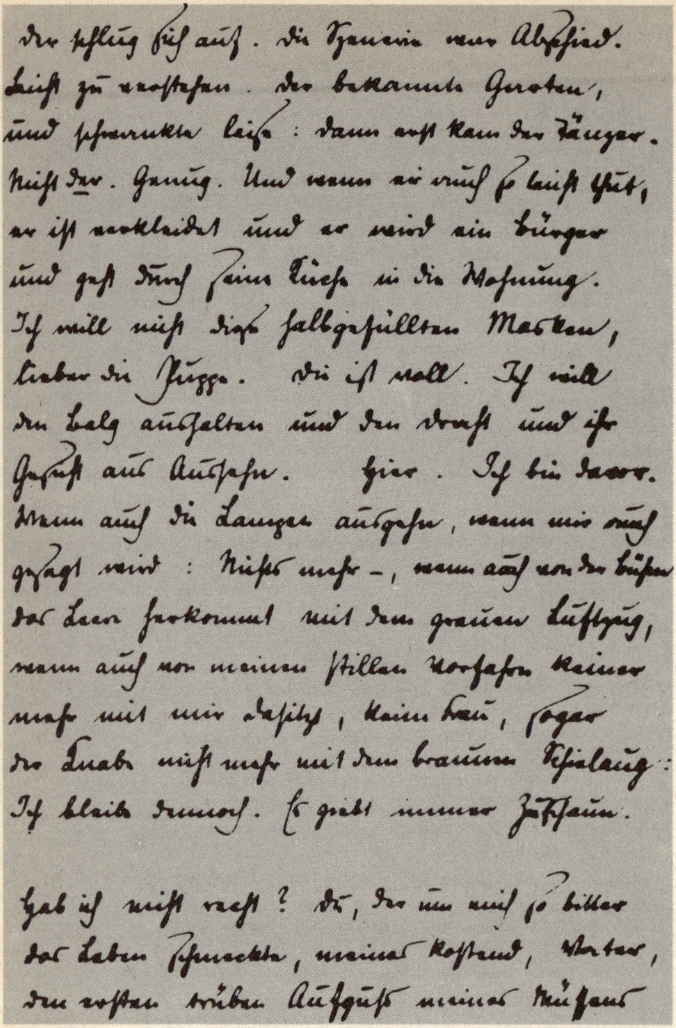
Der schlug sich auf. die Szenerie war Abschied.
Leicht zu verstehen. der bekannte Garten,
und schwankte leise: dann erst kam der Tänzer.
Nicht der. Genug. Und wenn er auch so leicht tut,
er ist verkleidet und er wird ein Bürger
und geht durch seine Küche in die Wohnung.
Ich will nicht diese halbgefüllten Masken,
lieber die Puppe. die ist voll. Ich will
den Balg aushalten und den Draht und ihr
Gesicht aus Aussehn. Hier. Ich bin davor.
Wenn auch die Lampen ausgehn, wenn mir auch
gesagt wird: Nichts mehr –, wenn auch von der Bühne
das Leere herkommt mit dem grauen Luftzug,
wenn auch von meinen stillen Vorfahrn keiner
mehr mit mir dasitzt, keine Frau, sogar
der Knabe nicht mehr mit dem braunen Schielaug:
Ich bleibe dennoch. Es giebt immer Zuschaun.

Hab ich nicht recht? Du, der um mich so bitter
das Leben schmeckte, meines kostend, Vater,
den ersten trüben Aufguß meines Müssens

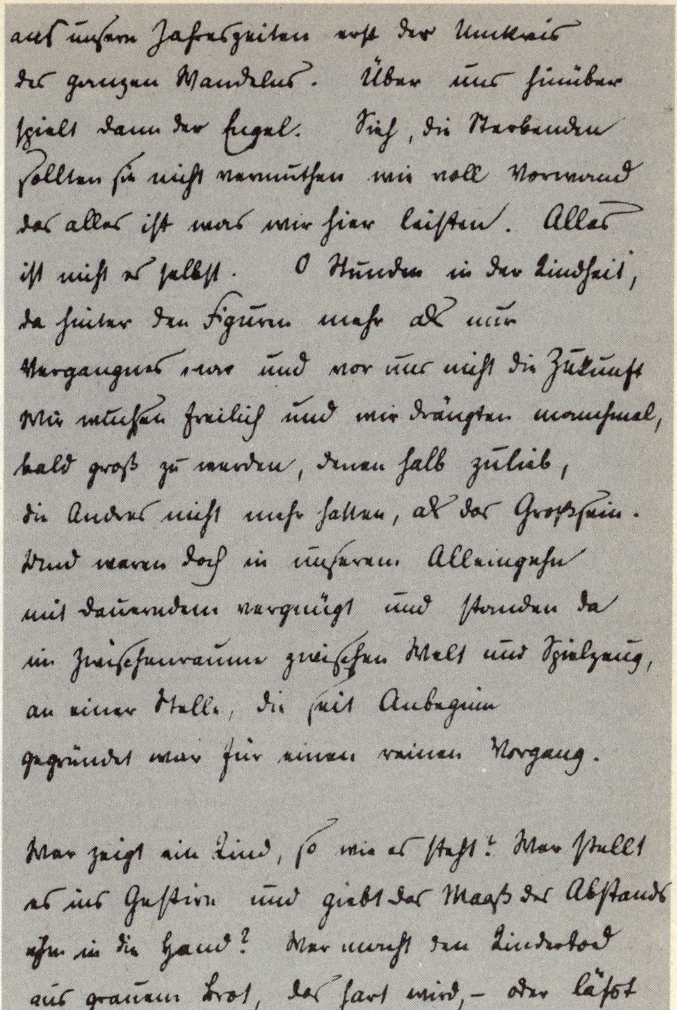
aus unsern Jahreszeiten erst der Umkreis
des ganzen Wandelns. Über uns hinüber
spielt dann der Engel. Sieh, die Sterbenden,
sollten sie nicht vermuthen, wie voll Vorwand
das alles ist, was wir hier leisten. Alles
ist nicht es selbst. O Stunden in der Kindheit,
da hinter den Figuren mehr als nur
Vergangnes war und vor uns nicht die Zukunft
Wir wuchsen freilich und wir drängten manchmal,
bald groß zu werden, denen halb zulieb,
die andres nicht mehr hatten, als das Großsein.
Und waren doch in unserem Alleingehn
mit Dauerndem vergnügt und standen da
im Zwischenraume zwischen Welt und Spielzeug,
an einer Stelle, die seit Anbeginn
gegründet war für einen reinen Vorgang.

Wer zeigt ein Kind, so wie es steht? Wer stellt
es ins Gestirn und giebt das Maß des Abstands
ihm in die Hand? Wer macht den Kindertod
aus grauem Brot, das hart wird, – oder läßt

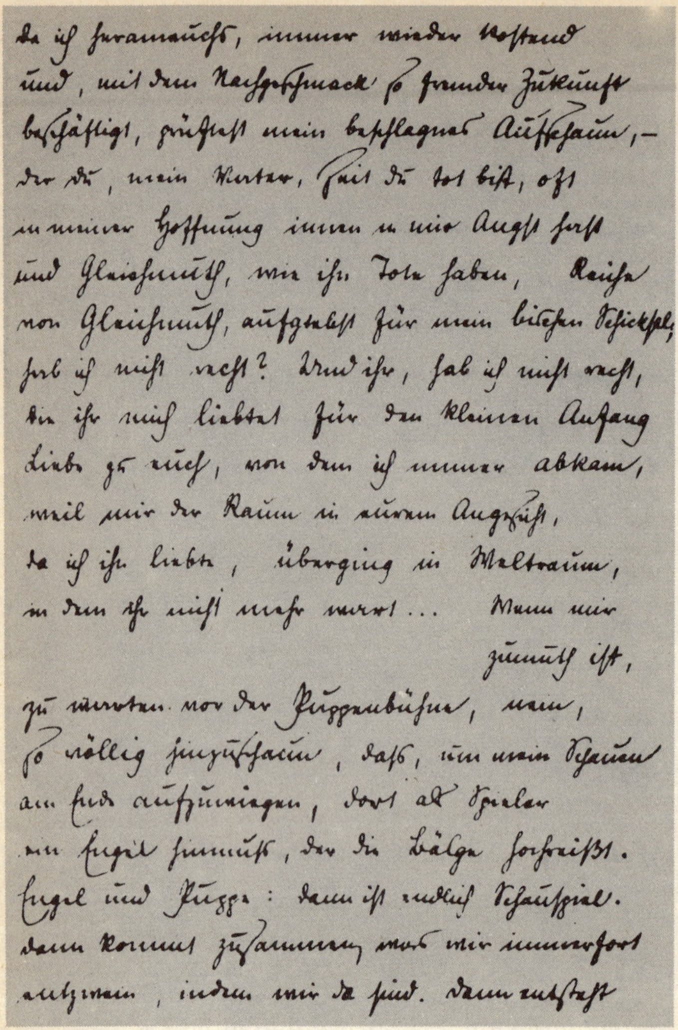
da ich heranwuchs, immer wieder vorwärts
und, mit dem Nachgeschmack so fremder Zukunft
beschäftigt, prüfte mein beschlagnes Aufschaun, —
der du, mein Vater, seit du tot bist, oft
in meiner Hoffnung innen in mir Angst hast
und Gleichmuth, wie ihn Tote haben, Reiche
von Gleichmuth, aufgiebst für mein bißchen Schicksal,
hab ich nicht recht? Und ihr, hab ich nicht recht,
die ihr mich liebtet für den kleinen Anfang
Liebe zu euch, von dem ich immer abkam,
weil mir der Raum in eurem Angesicht,
da ich ihn liebte, überging in Weltraum,
in dem ihr nicht mehr wart... Wenn mir
zumuth ist,
zu warten vor der Puppenbühne, nein,
so völlig hinzuschaun, daß, um mein Schauen
am Ende aufzuwiegen, dort als Spieler
ein Engel hinmuß, der die Bälge hochreißt.
Engel und Puppe: dann ist endlich Schauspiel.
dann kommt zusammen, was wir immerfort
entzweien, indem wir da sind. dann entsteht

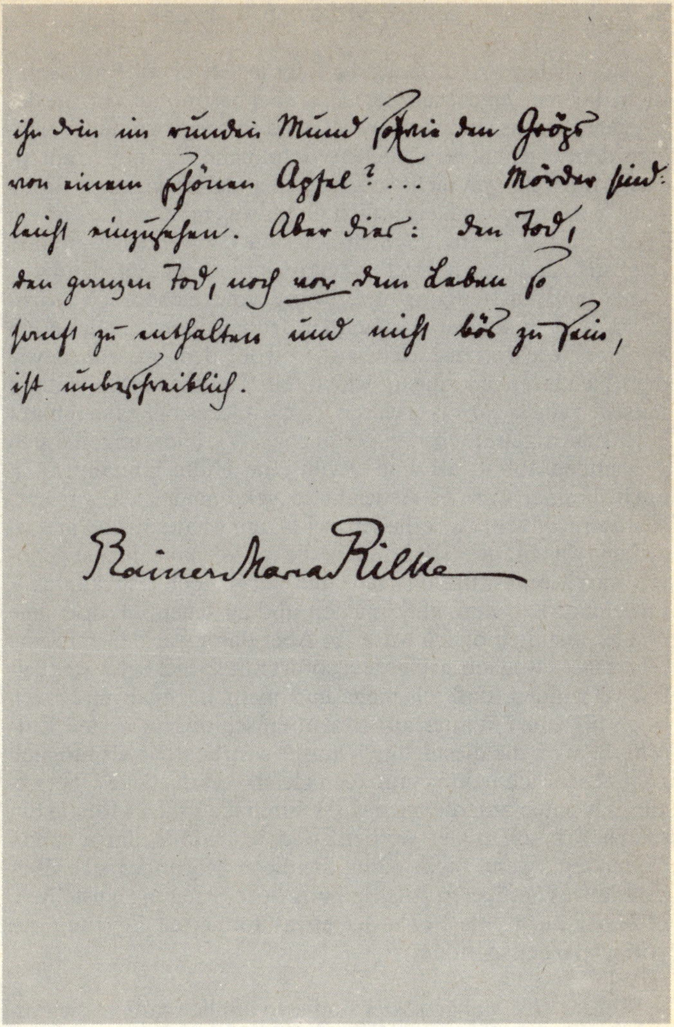
ihn drin im runden Mund so wie den Gröps
von einem schönen Apfel? ... Mörder sind
leicht einzusehen. Aber dies: den Tod,
den ganzen Tod, noch vor dem Leben so
sanft zu enthalten und nicht bös zu sein,
ist unbeschreiblich.

Rainer Maria Rilke

Faksimile der 4. Elegie, Reinschrift Rilkes als Druckvorlage (Teil der Handschrift K, siehe Handschriftenverzeichnis). Erstdruck dieser Handschrift, zugleich Erstveröffentlichung der Elegie – damals noch mit der Überschrift ›Die fünfte Elegie‹–: Inselschiff 4 (1922) H. 1, S. 18-22

219. An Gräfin Sizzo, Muzot 6. 1. 1923

Einer solchen Arbeitsausgabe folgt jedesmal ein Ratlossein, nicht daß man eigentlich leer wäre, aber bestimmte Vorräte des eigenen Wesens sind verwandelt, sind fortgegeben und gleichsam dem eigenen persönlichen Gebrauche für immer entzogen. Man mag sich nicht sofort nach anderem innerem Besitz umsehen – man weiß eigentlich nicht, was man mag, es ist ein Zustand des Zögerns, des Sich-langsam-Umwendens[1] – und es zeigt sich, daß man in solcher Zeit ungern »Ich« sagt, denn was wäre, ohne Anstrengung und Zwang, von solchem Ich auszusagen? Oft in solchen Momenten, früher, kam mir dann ein äußerer Wechsel zustatten, was sowohl dem Ausruhen wie dem Neuanfangen günstig war (– ein Teil meiner Unstetheit mag sich sogar daraus erklären, daß ich jedesmal nach Ablauf einer derartigen Intensitätsperiode *jede* Veränderung, die sich von außen anbot, als eine erwünschte Hülfe hinnahm . . .); auch diesmal wäre es vielleicht so gekommen, ich war entschlossen, Muzot zu verlassen, sei es, um wieder nach Paris zu ziehen (was für gewisse Studien, die ich vorhabe, längst geboten wäre), sei es, um unsere – mir selber noch unbekannte – Urheimat, Kärnten, aufzusuchen und zu sehen, ob dort eine Niederlassung möglich wäre . . . Aber dann war der mindeste Versuch, beweglich zu werden, sofort mit so viel Schwierigkeiten verbunden, daß ich mehr und mehr nachgab und mich noch für einen Winter auf Muzot einschloß, im besten Entschluß, auch die diesmalige Klausur so fruchtbar als möglich zu machen. Ich nahm denn auch gleich verschiedene Übersetzungsarbeiten auf, die mich wohl durch die stillen Monate hin reichlich beschäftigen werden, und ich würde darin schon weiter sein, wenn nicht gesundheitliche Störungen sich über jeder etwas heftigeren Anstrengung oder Erregung einstellten, offenbar auch eine Folge der etwas forcierten Leistung der vorigen Arbeitsperiode.

[. . .]

»Wehe denen, die getröstet sind«, so ähnlich notiert die mutige Marie Lenéru[2] in ihrem merkwürdigen »Journal«, und hier[3] wäre ja auch Trost eine der vielen Ablenkungen, eine Zerstreuung, also im tiefsten ein Leichtsinniges und Unfruchtbares. – Selbst die Zeit »tröstet« ja nicht, wie man oberflächlich sagt, sie räumt höchstens ein, sie ordnet, – und nur weil wir die Ordnung, zu der sie so still mitwirkt, später so wenig genau nehmen, ja sie so wenig betrachten, daß wir das nun Eingestellte und Besänftigte, im großen ganzen Versöhnte, statt es dort zu bewundern, nur weil es uns nicht mehr so wehe tut, für eine unsrige Vergeßlichkeit und Schwäche des Herzens halten. Auch wie wenig *vergißt* es, das Herz – und wie stark wäre es, wenn wir ihm nicht seine Aufgaben entzögen, ehe sie völlig und eigentlich geleistet sind! – Nicht sich trösten wollen über einen solchen Verlust, müßte unser Instinkt sein, vielmehr müßte es unsere tiefe schmerzhafte Neugierde werden, ihn ganz zu erforschen, die Besonderheit, die Einzigkeit gerade *dieses* Verlustes, seine Wirkung innerhalb unseres Lebens zu erfahren, ja wir müßten die edle Habgier aufbringen, gerade um *ihn,* um seine Bedeutung und Schwere, unsere innere Welt zu bereichern .... Ein solcher Verlust ist, je tiefer er uns trifft, und je heftiger er uns angeht, desto mehr eine *Aufgabe,* das nun im Verlorensein hoffnungslos Betonte neu, anders und endgültig in Besitz zu nehmen: *dies* ist dann unendliche Leistung, die alles Negative, das dem Schmerz anhaftet, alle Trägheit und Nachgiebigkeit, die immer einen Teil des Schmerzes ausmacht, auf der Stelle überwindet, dies ist tätiger, innenwirkender Schmerz, der einzige, der Sinn hat und unserer würdig ist. Ich liebe nicht die christlichen Vorstellungen eines Jenseits, ich entferne mich von ihnen immer mehr, ohne natürlich daran zu denken, sie anzugreifen ...; sie mögen ihr Recht und Bestehen haben, neben so vielen anderen Hypothesen der göttlichen Peripherie – aber für mich enthalten sie zunächst die Gefahr, uns nicht allein die Entschwundenen ungenauer und zunächst unerreichbarer zu machen –; sondern auch wir selber, uns in der Sehnsucht hinüberziehend und *fort* von hier, werden darüber weniger bestimmt, weniger irdisch: was wir doch, *vor* der Hand, so lange wir *hier* sind, und verwandt mit Baum, Blume und Erdreich, in einem reinsten Sinne zu bleiben, ja immer erst noch zu werden haben! Was mich angeht, so starb mir, was mir starb, sozusagen in mein eigenes Herz hinein: der Entschwundene, wenn ich ihn suchte, nahm sich in mir eigentümlich und so überraschend zusammen, und es war so rührend zu fühlen, daß er nun *nur* noch dort sei, daß mein Enthusiasmus, seiner dortigen Existenz zu dienen, sie zu vertiefen und zu verherrlichen, fast in demselben Augenblick die Oberhand bekam, in dem sonst der Schmerz die ganze Landschaft des Gemüts überfallen und verwüstet haben würde. Wenn ich mich erinnere, wie ich – oft bei äußerster Schwierigkeit, einander zu verstehen und gelten zu lassen – meinen Vater geliebt habe! Oft in der Kindheit verwirrten sich die Gedanken und das Herz erstarrte mir über der bloßen Vorstellung, er könne einmal nicht mehr sein; mein Dasein schien mir so völlig durch ihn bedingt (mein von vornherein doch so anders gerichtetes Dasein!), daß sein Fortgehen meiner innersten Natur gleichbedeutend war mit meinem eigenen Untergang . . ., aber so tief steckt der Tod im Wesen der Liebe, daß er ihr (wenn wir ihn nur *mit*wissen, ohne uns durch die ihm angehängten Häßlichkeiten und Verdächte beirren [zu] lassen) nirgends widerspricht: *wo* schließlich kann er eins, das wir unsäglich im Herzen getragen haben, anders hin verdrängen, als *in* eben dieses Herz, wo wäre die »Idee« dieses geliebten Wesens, ja seine unaufhörliche Wirkung (: denn *wie* könnte *die* aufhören, die doch schon, da es mit uns lebte, von seiner greifbaren Gegenwart mehr und mehr unabhängig war) . . . wo wäre diese immer schon geheime Wirkung gesicherter, als *in uns*?! Wo können wir ihr näher kommen, wo sie reiner feiern, wann ihr besser gehorchen, als wenn sie mit unseren eigenen Stimmen verbunden auftritt, als ob unser Herz eine neue Sprache gelernt hätte, ein neues Lied, eine neue Kraft! – Ich werf es allen modernen Religionen vor, daß sie ihren Gläubigen Tröstungen und Beschönigungen des Todes geliefert haben, statt ihnen Mittel ins Gemüt zu geben, sich mit ihm zu vertragen und zu verständigen. Mit ihm, mit seiner völligen, unmaskierten Grausamkeit: diese Grausamkeit ist so ungeheuer, daß sich gerade bei ihr der Kreis schließt: sie führt schon wieder an das Extrem einer Milde, die so groß, so rein und so vollkommen *klar* ist (aller Trost ist trübe!), wie wir nie, auch nicht im süßesten Frühlingstag, Mildigkeit geahnt haben. Aber zur Erfahrung dieser tiefsten Milde, die, empfänden sie nur einige von uns mit Überzeugung, vielleicht alle Verhältnisse des Lebens nach und nach durchdringen und transparent machen könnte: zur Erfahrung *dieser* reichsten und heilsten Milde hat die Menschheit niemals auch nur die ersten Schritte getan, – es sei denn in ihren ältesten, arglosesten Zeiten, deren Geheimnis uns fast verloren gegangen ist. Nichts, ich bin sicher, war je der Inhalt der »Einweihungen«, als eben die Mitteilung eines »Schlüssels«, der erlaubte, das Wort »Tod« *ohne* Negation zu lesen; wie der Mond, so hat gewiß das Leben eine uns dauernd abgewendete Seite, die *nicht* sein Gegenteil ist, sondern seine Ergänzung zur Vollkommenheit, zur Vollzähligkeit, zu der wirklichen heilen und vollen Sphäre und Kugel des *Seins*.

Man sollte nicht fürchten, daß unsere Kraft nicht hinreichte, irgend eine, und sei es die nächste und sei es die schrecklichste Todeserfahrung zu ertragen; der Tod ist nicht *über* unsere Kraft, er ist der Maßstrich am Rande des Gefäßes: wir sind *voll,* sooft wir ihn erreichen – und Voll-sein heißt (für uns) Schwer-sein . . . das ist alles. – Ich will nicht sagen, daß man den Tod *lieben* soll; aber man soll das Leben so großmütig, so ohne Rechnen und Auswählen lieben, daß man unwillkürlich ihn (des Lebens abgekehrte Hälfte) immerfort mit einbezieht, ihn mitliebt – was ja auch tatsächlich in den großen Bewegungen der Liebe, die unaufhaltsam sind und unabgrenzbar, jedesmal geschieht! Nur weil wir den Tod ausschließen in einer plötzlichen Besinnung, ist er mehr und mehr zum Fremden geworden, und da wir ihn im Fremden hielten, ein Feindliches.

Es wäre denkbar, daß er uns unendlich viel näher steht, als das Leben selbst . . . Was wissen wir davon?! Unser effort (dies ist mir immer deutlicher geworden mit den Jahren, und meine Arbeit hat vielleicht nur noch den *einen* Sinn und Auftrag, von dieser Einsicht, die mich so oft unerwartet überwältigt, immer unparteiischer und unabhängiger . . . seherischer vielleicht, wenn das nicht zu stolz klingt . . . Zeugnis abzulegen), . . . unser effort, mein ich, kann *nur* dahin gehen, die *Einheit* von Leben und Tod vorauszusetzen, damit sie sich uns nach und nach erweise. Voreingenommen, wie wir es *gegen* den Tod sind, kommen wir nicht dazu, ihn aus seinen Entstellungen zu lösen . . . glauben Sie nur, liebe gnädigste Gräfin, daß er ein *Freund* ist, unser tiefster, vielleicht der einzige durch unser Verhalten und Schwanken niemals, niemals beirrbare Freund . . . und *das,* versteht sich, *nicht* in jenem sentimentalisch-romantischen Sinn der Lebensabsage, des Lebens-Gegenteils, sondern unser Freund, gerade dann, wenn wir dem Hier-Sein, dem Wirken, der Natur, der Liebe . . . am leidenschaftlichsten, am erschüttertsten zustimmen. Das Leben sagt immer zugleich: Ja und Nein. Er, der Tod (ich beschwöre Sie, es zu glauben!) ist der eigentliche Ja-Sager. Er sagt *nur:* Ja. Vor der Ewigkeit.

Denken Sie an den »Schlafenden Baum«[4]. Ja, wie gut, daß es mir einfällt. Denken Sie an alle die kleinen Bilder und die Zuschriften dazu – *wie* haben Sie da, im jugendlichen arglosen Vertrauen, immerfort *beides* in der Welt erkannt und bejaht: das Schlafende und das Wache, das Lichte und das Dunkle, die Stimme und das Schweigen . . . la présence et l'absence. Alle die scheinbaren Gegenteile, die irgendwo, in einem Punkte zusammenkommen, die an einer Stelle die Hymne ihrer Hochzeit singen – und diese Stelle ist – vor der Hand – unser Herz!

Immer Ihr dauernd ergebener Rilke

(AB, 802 ff.)

1 Siehe auch: An Nanny Wunderly-Volkart, 9. 1. 1923: »alles ist neu, ein neuer Anfang (: wessen?) und sehr, sehr schwer, wie, bekanntlich, aller Anfang. – Aber es muß, es soll so sein und nicht anders« (NWV, 844).
2 Marie Lenéru (1875-1918), Journal (Paris 1922).
3 Anfang November war Margot Sizzos Mutter, die Gräfin Livia Crouy-Chanel gestorben; siehe auch Nr. 227.
4 Ein Bild in einem Photobuch der Gräfin mit Landschaftsaufnahmen aus ihrer Kindheit; vgl.: An Gräfin Sizzo, 12. 4. 1922 (GS, 35 ff.).

Um die Jahreswende liest Rilke die zweite Korrektur für die Buchausgabe der ›Elegien‹:

220. Vermerk Rilkes auf einem Blatt mit Korrekturnotizen zu den ›Elegien‹, geschrieben während der Drucklegung

Gleichsam als Aufschrift einer Apotheker-Vase gedacht; Abkürzung von *Subrisio Saltat (orum)*[1]. Die Aufschriften dieser Gefäße erscheinen fast immer in Abkürzung, – aber nun müßte der Punkt *so* gesetzt sein, daß das Wort *Saltat,* (das auch dem Gang des Verses entspricht) als ein abgekürztes kenntlich gemacht wird. *Wie*?[2]

(Ernst Zinn, Mitteilungen zu R. M. Rilkes Ausgewählten Werken, in: Dichtung und Volkstum 40 (1939), S. 132)

1 5. Elegie, V. 61.
2 In den Entwürfen finden sich mehrere Varianten: »Sorris. Saltimb.«, »Pulv. risus salt.«, »Pulvis risus Saltimb.« (Ernst Zinn, Ebd.).

•

In der Handschrift K, die als Druckgrundlage diente, findet sich auch eine Aufstellung Rilkes über die Entstehungsdaten der ›Elegien‹, die ursprünglich in die Buchausgabe aufgenommen werden sollte:

221. Inhaltsverzeichnis zur Handschrift K, Muzot vermutlich Sommer 1922

‹Die Entstehung der »Duineser Elegien«
Nach einer Aufzeichnung des verewigten Dichters›[1]

Die erste Elegie
Wer, wenn ich schriee . . . Duino 1912

Die zweite Elegie
Jeder Engel ist schrecklich . . . Duino 1912

Die dritte Elegie
Eines ist, die Geliebte zu singen . . .
Duino 1912, Paris 1913

Die vierte Elegie
O Bäume Lebens, o wann winterlich? München 1915

Die fünfte Elegie
Wer aber *sind* sie, sag mir, die Fahrenden . . . Muzot 1922

Die sechste Elegie
Feigenbaum, seit wie lange schon . . .
Toledo, Ronda 1912,
Paris 1914, Muzot 1922

Die siebente Elegie
Werbung nicht mehr, nicht Werbung, entwachsene Stimme ... Muzot 1922

Die achte Elegie
Mit allen Augen sieht die Kreatur ... Muzot 1922

Die neunte Elegie
Warum, wenn es angeht, also die Frist des Daseins
Toledo?
Spanien? Muzot 1922

Die zehnte Elegie
Daß ich dereinst, an dem Ausgang der grimmigen Einsicht ...
Duino 1912, Paris 1914, Muzot 1922

(Das Inselschiff 12 (1930/31), S. 70 f.)

1 Titel von Anton Kippenberg; die Angaben Rilkes sind nicht immer zuverlässig, vgl. die Tabelle zur Entstehung der ›Elegien‹ im Anhang dieses Bandes.

222. An Marie Taxis, Muzot 7. 1. 1923

Dann: die Nacht auf das Neue Jahr zu. Wissen Sie, liebe Fürstin, was ich mir über seine Schwelle breiten konnte, die Correctur-Abzüge der *Elegien,* das war, nicht wahr?, der rechte Teppich um (standesgemäß) hinüber zu kommen. Es fügte sich denn auch thatsächlich, daß ich – ich hatte Mitternacht nicht kommen fühlen – mitten in der fünften *Elegie* war, als das neue Weltjahr in die Räume trat.[1] – Demnach wird die Ausgabe, wenn man alle Erschwerungen in Rechnung zieht, die jetzt entgegenwirken bei der Herstellung eines Buchs, vor Februar kaum an den Tag kommen. Die *Elegieen,* fürs erste nur in 330 Exemplaren gedruckt, davon 30 nicht in den Handel kommen, werden so vorerst nur eine eingeschränkteste Öffentlichkeit berühren, aber dafür verspricht diese einmalige Erstedition (die ihr bald folgende bekommt ein anderes Format) sehr schön zu werden! (TT, 740 f.)

1 Vgl. auch: An Nanny Wunderly-Volkart, 9. 1. 1923 (NWV, 844) und: An Lou Andreas-Salomé, 13. 1. 1923: »Im Ausklang der Mitternacht und in der ersten Stille von 1923 war ich eben mitten im Corrigieren und Lesen der fünften *Elegie*! Ich freue mich, daß ich *so* anfangen durfte (wenn überhaupt ein Abschnitt zugegeben sein soll.)« (LAS, 454). Siehe auch Nr. 223.

223. An Katharina Kippenberg, Muzot 10. 1. 1923

Arme Freundin: ich meine, auch dieses Doppeltsein[1] in den Sonetten angerührt zu haben, dieses Gefangensein in der Krankheit und sein so nahe an Einem beginnendes ›Draußen‹ . . . ., dort, wo von Wera Knoop selbst die Rede oder doch der Anklang ist –, kenn ichs doch so genau, so gut, besonders von dem vielen Kranksein der Kindheit her –, aber auch von später; für mich ist ja Gesundsein alles; darum hab ich auch instinktiv, vom etwa 22ten Jahr ab, mein Leben darauf gerichtet gehabt, die mir persönlich erreichbaren Gleichgewichte durch die genauesten Korrekturen der mir angetanen oder von mir übernommenen Irrtümer herzustellen, damit daraus Leistung, wirkliche Leistung (und nicht nur wieder eine durch die Kunst dargestellte Korrektur) aufwachsen könne. Und noch jetzt, *wie* empfind ich in jedem Moment Krankseins die Verurteilung, das Ausgesondert-werden . . . Hat man dann Zeit krank zu sein, *muß* man sie haben, diese viele uneingeteilte Zeit, – so entstehen freilich aus ihr wieder neue Einsichten und Beziehungen zum Ganzen: das was *wahr* ist in ihr, in der Krankheit, dieses Ringen der Natur nach ihrem alten Recht, bewirkt unerwartete Anschlüsse an alles übrige Wahre, – und es ist wohl kein Schmerz umsonst.

Liebe Freundin, die Fünfte Elegie[2]: ich weiß nicht, ob sie mir nicht die liebste ist. Denken Sie, es kam die zweite Korrektur zur Durchsicht, ich las fast die ganze Neujahrsnacht und es traf sich, daß ich gerade mitten in der Fünften war, als das Jahr antrat.[3] Ich zog nur, mich unterbrechend, den Vorhang zurück und sah in den Himmel hinaus, der ausdruckslos war, ohne Sterne.

[. . .]

Es ist wahr, ich bin seltsam angreifbar jetzt, – nach jenen großen Arbeiten ist wieder, wie damals nach dem Malte, ein

Abschnitt gegeben und ein sich Neu-einstellen, ein ganz Neu-Anfangen –, ein neuer Mut und eine neue Verzagtheit, fast nichts ist alt an mir: o Anfängerschaft ohne Ende!

(KK, 481 ff.)

1 Katharina Kippenberg hatte in ihrem Brief vom 4. 1. 1923 geschrieben: »Dichter, ich habe schon damals immer mir gewünscht, Orpheus möchte jenes merkwürdigen Doppelreiches von Krankheit und Genesung gedenken, von Verzweiflung und Hoffnung, wo der Mensch in schwarzem Dunkel sitzt und sieht in ein strahlendes Draußen« (KK, 478 f.); Frau Kippenberg war längere Zeit schwer krank gewesen.
2 Im oben erwähnten Brief von Frau Kippenberg hieß es: »Ich las Ihre wehe, wehe fünfte Elegie, aber die 5. sind doch die saltimbanques? – doch, *müssen* es sein, die Waage-haltenden, nun, sie ist ja zum Glück erst die fünfte, man muß zur *letzten* kommen« (KK, 479).
3 S. o. Nr. 222.

224. An Ilse Jahr, Muzot 22. 2. 1923

Vielleicht auch wendest Du Dich gar nicht so sehr an den, der ich *bin;* vielleicht redest Du den an und jubelst mit dem, der ich vor zwanzig Jahren war, als ich jene Bücher schrieb, die Dir die nächsten wurden, unmittelbar Deine, so daß Du durch sie zuerst zum Menschen, zum Menschlich-Brüderlichen hin offen und flutend wurdest. (. . . das, dieser Anschluß an die menschliche Nachbarschaft und Nähe, widerfuhr auch mir erst sehr spät, und wäre mir ohne gewisse Zeiten in meiner Jugend, die ich in Rußland verlebte, wohl kaum je so rein und so vollkommen vergönnt gewesen, wie man ihn doch muß erfahren dürfen, um ohne falsche Nieten ins Ganze, ins Herrliche des Lebens eingelassen zu sein. Ich fing mit den *Dingen* an, die die eigentlichen Vertrauten meiner einsamen Kindheit gewesen sind, und es war schon viel, daß ich es, ohne fremde Hilfe, bis zu den Tieren gebracht habe . . . Dann aber tat sich mir Rußland auf und schenkte mir die Brüderlichkeit und das Dunkel Gottes, in dem allein Gemeinschaft ist. So *nannte* ich ihn damals auch, den über mich hereingebrochenen Gott, und lebte lange im Vorraum seines Namens, auf den Knieen . . . Jetzt würdest Du mich ihn kaum je nennen hören, es ist eine unbeschreibliche Diskretion zwischen uns, und wo einmal

Nähe war und Durchdringung, da spannen sich neue Fernen, so wie im Atom, das die neue Wissenschaft auch als ein Weltall im Kleinen begreift. Das Faßliche entgeht, verwandelt sich, statt des Besitzes erlernt man den Bezug, und es entsteht eine Namenlosigkeit, die wieder bei Gott beginnen muß, um vollkommen und ohne Ausrede zu sein. Das Gefühlserlebnis tritt zurück hinter einer unendlichen Lust zu allem Fühlbaren . . ., die Eigenschaften werden Gott, dem nicht mehr Sagbaren, abgenommen, fallen zurück an die Schöpfung, an Liebe und Tod . . .; es ist vielleicht immer wieder nur das, was schon an gewissen Stellen im Stundenbuch sich vollzog, dieser Aufstieg Gottes aus dem atmenden Herzen, davon sich der Himmel bedeckt, und sein Niederfall als Regen. Aber jedes Bekenntnis dazu wäre schon zu viel. Mehr und mehr kommt das christliche Erlebnis außer Betracht; der uralte Gott überwiegt es unendlich. Die Anschauung, sündig zu sein und des Loskaufs zu bedürfen als Voraussetzung zu Gott, widersteht immer mehr einem Herzen, das die Erde begriffen hat. Nicht die Sündhaftigkeit und der Irrtum im Irdischen, im Gegenteil, seine reine Natur wird zum wesentlichen Bewußtsein, die Sünde ist gewiß der wunderbarste Umweg zu Gott – – –, aber warum sollten *die* auf Wanderschaft gehen, die ihn nie verlassen haben? Die starke innerlich bebende Brücke des Mittlers hat nur Sinn, wo der Abgrund zugegeben wird zwischen Gott und uns –; aber eben dieser Abgrund ist voll vom Dunkel Gottes, und wo ihn einer erfährt, so steige er hinab und heule drin (das ist nötiger, als ihn überschreiten). Erst zu dem, dem auch der Abgrund ein Wohnort war, kehren die vorausgeschickten Himmel um, und alles tief und innig Hiesige, das die Kirche ans Jenseits veruntreut hat, kommt zurück; alle Engel entschließen sich, lobsingend zur Erde! (AB, 819 f.)

Im Frühjahr wird Rilke von einer Reihe von Freunden in Muzot besucht; es kommen unter anderem Frau Wunderly-Volkart, die Dichterin Regina Ullmann und Ellen Delp. Im März erscheinen die ›Sonette an Orpheus‹.

225. An Claire Studer-Goll, Muzot 11. 4. 1923

Wenn ich nun dies Mal nicht gleich geantwortet habe, so lags daran, daß ich meinte, Dir auch gleich meine beiden Bücher mitschicken zu können, das Ergebnis des Winters 1921 auf 1922 (oder genauer eines einzigen, über alles menschliche Maß hinaus gesegneten Monats, des Februars 1922 –): diese würden mich bei Dir mit einem Schlage verantwortet haben. Denn daß mein Schweigen so vorhalten konnte, lag *nur* an diesem Ergriffensein durch die Arbeit; nie hab ich so ungeheure Stürme des Ergriffenwerdens durchgemacht, ich war ein Element, Liliane, und konnte alles, was eben Elemente können; und obgleich diese Hoch-Zeit, menschlich gemessen, kurz war (länger hätte mein Körper sie kaum ausgehalten) so war eben doch alles vorher und nachher von ihr bestimmt und befehligt, – und Briefschreiben, das ja die gleiche Feder beanspruchte, kam nur dort in Betracht, wo's ganz unvermeidlich war. (AB, 824 f.)

226. An Gertrud Ouckama Knoop, Muzot 12. 4. 1923

Ein Mensch[1], der so, seit lange, im Offenen[2] und Ganzen – in dem, was er das »Offene« nannte und was der ungeheuere heile Kreis-Lauf des Lebens und Todes war – verweilte, kann (wenn nicht eine tückische Krankheit verwirrend und quälend dazwischen kam) nicht anders als einverständigt gestorben sein. Aber wie? –

Daß er doch die Sonette an Orpheus noch gekannt hätte!

(Schnack, 849)

1 Alfred Schuler (1865-1923); der Privatgelehrte war am 8. April gestorben. Rilke erkundigt sich nach den näheren Umständen seines Todes; zum Verhältnis Rilke – Schuler vgl. die Materialien: Katalog, 218 f.

2 Vgl. 8. Elegie, V. 2 und passim.

227. An Gräfin Sizzo, Muzot 12. 4. 1923

Mehr als einmal schon hab ich Ihnen angedeutet, wie ich mehr und mehr in meinem Leben und in meiner Arbeit nur noch von dem Bestreben geführt bin, überall unsere alten Verdrängungen zu korrigieren, die uns die Geheimnisse entrückt und nach und nach entfremdet haben, aus denen wir unendlich aus dem Vollen leben könnten.[1] Die Furchtbarkeit hat die Menschen erschreckt und entsetzt: aber wo ist ein Süßes und Herrliches, das nicht zu Zeiten *diese* Maske trüge, die des Furchtbaren? Das Leben selbst – und wir kennen nichts außer ihm – ist es nicht furchtbar? Aber sowie wir seine Furchtbarkeit zugeben (nicht als Widersacher, denn wie vermöchten wir ihr gewachsen zu sein?), sondern irgendwie in einem Vertrauen, daß eben diese Furchtbarkeit ein ganz *Unsriges* sei, nur ein, vor der Hand, für unsere lernenden Herzen noch zu Großes, zu Weites, zu Unumfaßliches ... so wie wir, meine ich, seine schrecklichste Furchtbarkeit bejahen, auf die Gefahr hin, an ihr (d. h. an unserem Zuviel!) zu Grunde zu gehen – erschließt sich uns eine Ahnung des Seligsten, das um diesen Preis unser ist. Wer nicht der Fürchterlichkeit des Lebens irgendwann, mit einem endgültigen Entschlusse, zustimmt, ja ihr zujubelt, der nimmt die unsäglichen Vollmächte unseres Daseins nie in Besitz, der geht am Rande hin, der wird, wenn einmal die Entscheidung fällt, weder ein Lebendiger noch ein Toter gewesen sein. Die *Identität* von Furchtbarkeit und Seligkeit zu erweisen, dieser zwei Gesichter an demselben göttlichen Haupte, ja dieses einen *einzigen* Gesichts, das sich nur so oder so darstellt, je nach der Entfernung aus der, oder der Verfassung, in der wir es wahrnehmen ...: dies ist der wesentliche Sinn und Begriff meiner beiden Bücher, von denen nun das eine, die Sonette an Orpheus, schon in Ihren gütigen Händen ist.

Ich hatte Freunde[2] hier zum Besuch um Ostern und habe (zum dritten Mal nun) diese Gedichte vorgelesen; dabei erfuhr ich, jedes Mal, wie sehr man der Aufnehmung zu Hülfe kommen kann, durch kleine, nebenbei ausgesprochene Erklärungen. Aber dafür ist das persönliche Vorlesen notwendig ... Während des Lesens, neulich abends, gedachte ich Ihrer, liebe Gnädigste Gräfin, und wünschte mir so sehr einmal dieses

Buch, Blatt für Blatt, mit Ihnen durchzusehen, um Ihnen jedes einzelne Gedicht in seiner ganzen Stärke hinzustellen. Ich weiß jetzt, es ist keines da, das nicht klar und ergiebig wäre, wenn auch manche dem unsäglichen Geheimnis so nahe gestellt sind, daß sie nicht zu erklären bleiben, sondern eben nur ... auszuhalten. Aber ich erfuhr, wieviel meine Stimme, unwillkürlich, zur Deutung beiträgt, schon deshalb, weil das ganze Mysterium der Entstehung dieser Verse noch in ihr zittert und sich, in unbeschreiblichen Schwingungen, auf den Anhörer überträgt. (AB, 827 ff.)

1 Wie bei Nr. 219 ist auch hier der Tod der Gräfin Crouy-Chanel der Anlaß für Rilkes Ausführungen.
2 Werner Reinhart, der Muzot für Rilke gekauft hatte, der Maler Edmund Karl von Freyhold (1878-1944) und die Geigerin Alma Moodie (1900-1943); vgl. auch: An Nanny Wunderly-Volkart, 25. 4. 1924 (NWV, 996).

Im Juni 1923 erscheint eine Vorzugsausgabe der ›Duineser Elegien‹: 300 Exemplare auf Büttenpapier, 5 auf Japanpapier. Von einer kleinen Reise zurückgekehrt, findet Rilke die ›Elegien‹ auf Muzot vor:

228. An Anton Kippenberg, Muzot 29. 6. 1923

In dieser kurzen ansässigen Pause bleibt mir nicht Zeit, die viele angesammelte Post durchzusehen; dafür will ich Ihnen beiden, liebe Freunde, doch mindestens gesagt haben, wie außerordentlich schön ich die zwei (oder drei, wenn man die auf Japanpapier besonders zählt) Ausgaben der »Elegien« verwirklicht finde. Gestalt und Einband sind ein Ganzes, in seiner ungesuchten, aber gewählten Vollendung einfach Vollkommenes! Weit entfernt, ungeduldig oder gar (wie Sie meinen) ungehalten gewesen zu sein über die Verzögerung des Erscheinens, danke ich Ihnen erst recht, daß Sie so viel Zeit, Mühe und Erwägung an das Gelingen eines Bandes wenden wollten, der Sie und die Insel nun ebenso lobt, wie er die

Elegieen, die er enthält, ehrt und feiert! Ich bin Ihnen und der Herrin gegenüber voll freudigsten Dankes![1] (AK, 432)

1 Vgl. auch: An Anton Kippenberg, 20. 7. 1923: »ich selbst bin immer noch der Allerbeschenkteste durch die vollkommene Vollendung, die Sie, liebe Freunde, diesem nun völlig Bestehenden gegeben haben« (AK, 436).

Ab 22. August ist Rilke im Sanatorium Schöneck bei Beckenried am Vierwaldstätter See zur Behandlung.

229. An Clara Rilke, Kuranstalt Schöneck 10. 9. 1923

Meine liebe Clara,

Dein reiner und großer Brief hat mir die fühlbarste Freude bereitet, ich habe ihn wieder und wieder gelesen, und er wird (in dieser Kurzeit, in die ich, mit Absicht, wenig Bücher mitnahm) eine Lesung bedeuten, zu der ich immer, wie zum unmittelbar Reichsten und Stärkendsten, zurückkehre, Du wirst ja selber verstehen, welche tiefe Genugtuung, ja Beglückung, ich mir daraus hole, daß Du imstande warst, die Elegien so aufzunehmen und sie, ohne weiteres, als einen Einklang und eine Eintracht empfandest zu jenen unendlich tröstlichen Einsichten, die Dich, von der Tiefe Deiner Natur her, jetzt eben bewegen (und so weit voraus und über das greifbarste »Elend« stellen). (GB V, 213 f.)

Am 22. September verläßt Rilke Schöneck und kehrt nach Zwischenaufenthalten bei Schweizer Freunden am 27. Oktober nach Muzot zurück; bis zum 20. November wohnt auch Baladine Klossowska im Château.

Im Oktober erscheint die »gewöhnliche« Ausgabe der ›Elegien‹ (1.-10. Tausend). In den folgenden Monaten verschickt Rilke zahlreiche Exemplare an seine Freunde und Bekannten, häufig mit eingetragenen Widmungsgedichten. Das zuerst entstandene läßt erkennen, daß Rilke mit einem neuen »Arbeits-Anfang« an die Produktivität des ›Elegien‹-Winters anzuknüpfen sucht, aber unter gleichzeitiger Abkehr von der Werkstufe der ›Duineser Elegien‹ und ›Sonette an Orpheus‹ mit den zugehörigen Symbolgestalten, Formen und Stilmitteln:

230. Widmungsgedicht für Baladine Klossowska (»Merline«)[1], Muzot 8. 11. 1923

Zueignung an M . . . .
geschrieben am 6. und 8. November 1923
(als Arbeits-Anfang eines neuen Winters auf Muzot)

Schaukel des Herzens. O sichere, an welchem unsichtbaren
Aste befestigt. Wer, wer gab dir den Stoß,
daß du mit mir bis ins Laub schwangst.
Wie nahe war ich den Früchten, köstlichen. Aber nicht Bleiben
ist im Schwunge der Sinn. Nur das Nahesein, nur
am immer zu Hohen plötzlich das mögliche
Nahsein. Nachbarschaften und dann
von unaufhaltsam erschwungener Stelle
– wieder verlorener schon – der neue, der Ausblick.
Und jetzt: die befohlene Umkehr
zurück und hinüber hinaus in des Gleichgewichts Arme.
Unten, dazwischen, das Zögern, der irdische Zwang,
der Durchgang
durch die Wende der Schwere –, vorbei: und es spannt sich
die Schleuder,
von der Neugier des Herzens beschwert,
in das andere Gegenteil aufwärts.
Wieder wie anders, wie neu! Wie sie sich beide beneiden
an den Enden des Seils, diese Hälften der Lust.

Oder, wag ich es: Viertel? – Und rechne, weil er sich weigert,
jenen, den Halbkreis hinzu, der die Schaukel verstößt?
Nicht ertäusch ich mir ihn, als meiner hiesigen Schwünge
Spiegel. Errat nichts. Er sei
einmal neuer. Aber von Endpunkt zu Endpunkt

meines gewagtesten Schwungs nehm ich ihn schon in Besitz:
Überflüsse aus mir stürzen dorthin und erfülln ihn,
spannen ihn fast. Und mein eigener Abschied,
wenn die werfende Kraft an ihm abbricht,
macht ihn mir eigens vertraut. (WA 3, 254 f.)

1 Entwurf dazu am 6. 11. 23 (WA 3, 478 f.).

231. An Katharina Kippenberg, Muzot 21. 11. 1923

Die allgemeine – (denn: ›gewöhnlich‹ kann man sie wirklich nicht nennen) – die allgemeine Ausgabe der Elegien hat mich hier erwartet. Sie ist von der reinsten Gestaltung, und, so sehr man durch die herrliche große Ausgabe verwöhnt ist, es müßte natürlich sein, die Gedichte in dieser gebräuchlichen ebenso groß zu lesen. Bis jetzt ist mir eigentlich der Pappband noch näher als die Halbleder-Ausstattung; vielleicht nur, weil ich den lila Papierton dem (an sich schönen) orangenen vorziehe. (KK, 511)

232. An Sidonie Nádherný, Muzot 28. 11. 1923

Das ist es, wenn ich genau sein will, was mir fehlt, am Eingang dieses dritten völlig einsamen Winters, daß ich nicht zwischendurch irgendwo im Weiten, Weitoffenen gewesen bin, neue Elemente mitbringend in die unwillkürliche Verwandlung. Eine Reise. Nun, wäre die Kur, die nichts genutzt hat, nicht so scheinbar unaufschiebbar gewesen, so würde ich ja wahrscheinlich irgend eine größere Bewegung vollzogen haben und hätte nun de quoi me rappeler ... So bin ich ein bischen zu allein mit dem Bewußtsein des gewaltigen effort meiner beiden letzten Winter; manchmal fühl ich den unendlichen Lohn des Gelingens, oft aber auch macht sich geltend, was diese Leistung, diese »Rettung« von soviel Gefährdetem und Unterbrochenem gekostet hat; und in solchen Momenten bekommen die Übelstände des Körpers leicht die Oberhand. (SN, 329 f.)

233. Widmungsgedicht für Max Picard, Muzot November 1923

Für Max Picard

Da stehen wir mit Spiegeln:
einer dort ......, und fangen auf,
und einer da, am Ende nicht verständigt;
auffangend aber und das Bild weither
uns zuerkennend, dieses reine Bild
dem andern reichend aus dem Glanz des Spiegels.
Ballspiel für Götter. Spiegelspiel, in dem
vielleicht drei Bälle, vielleicht neun sich kreuzen,
und keiner jemals, seit sich Welt besann,
fiel je daneben. Fänger, die wir sind.
Unsichtbar kommt es durch die Luft, und dennoch,
wie ganz der Spiegel ihm begegnet, diesem
(in ihm nur völlig Ankunft) diesem Bild,
das nur so lang verweilt, bis wir ermessen,
mit wieviel Kraft es weiter will, wohin.

Nur dies. Und dafür war die lange Kindheit,
und Not und Neigung und der tiefe Abschied
war nur für dieses. Aber dieses lohnt.

(Muzot, um Weihnachten 1923)
(WA 3, 255 f.)

234. An Nora Purtscher-Wydenbruck, Muzot 20. 12. 1923

Vergessen Sie nicht, daß die Elegien 1912 auf Duino begonnen wurden; das müßte sie Ihnen noch näher bringen. Die beiden ersten entstanden dort ganz, aber auch Fragmente der späteren waren vorausgekommen; andere Bruchstücke datieren: Toledo, Ronda, Paris; dann aber kam die tiefe verhängnisvolle Unterbrechung, und nun hat erst Muzot alles Vorhandene und jenes dazu noch zu Leistende in ein Ganzes und Heiles und Bleibendes gerettet: womit ein geistiges Jahrzehnt geschlossen erscheint. (GB V, 222)

235. An Nanny von Escher, Muzot 22. 12. 1923

Ich kann aber und mag es nicht Weihnachten werden lassen, ohne die beiden Bücher in Ihre Hände zu legen, die dieses Jahr an den Tag gekommen sind. Die »Elegien« und die »Orpheus-Sonette«. [. . .]

Vieles, darüber täusche ich mich nicht, wird Ihnen schwer zugänglich sein im Verlauf und Zusammenhang der Verse. Nicht als ob ich meinte, eine andere Zeit zu vertreten, denn Sie gehören zu denen, die sich nicht von den Jüngeren entfernt haben (und, nebenbei erwähnt, darf ich selbst mich, seit November, in die Generation der Großväter rechnen, bürgerlich gesprochen also zu den »Alten«) . . .

Aber es liegt im Wesen dieser Gedichte, in ihrer Kondensierung und Verkürzung (darin, wie sie häufig lyrische Summen nennen, statt die Posten anzureihen, die zum Ergebnis nötig waren), daß sie mehr angelegt erscheinen, mittels der Eingebung des Gleichgerichteten, als mit dem, was man »Verstehen« nennt, allgemein erfaßt zu werden. Zwei innerste Erlebnisse waren für ihre Hervorbringung entscheidend: Der im Gemüt mehr und mehr erwachsene Entschluß, das Leben gegen den Tod hin offen zu halten, und, auf der anderen Seite, das geistige Bedürfnis, die Wandlungen der Liebe in dieses erweiterte Ganze anders einzustellen, als das im engeren Lebenskreislauf (der den Tod einfach als das Andere ausschloß) möglich war. Hier wäre, sozusagen, die »Handlung« dieser Gedichte zu suchen, und ab und zu steht sie, glaub ich, einfach und stark, im Vordergrund. (AB, 851 f.)

236. Eintragung in ein Vorzugsexemplar der ›Duineser Elegien‹ für Lou Andreas-Salomé, Muzot 22. 12. 1923

für Lou,
die es seit immer mit mir besitzt,
dies nun endgültig Gestaltete:
Rainer
(Muzot, um Weihnachten 1923)

(LAS, 462)

237. An Nanny Wunderly-Volkart, Muzot 23. 12. 1923

Die kleinen Päckchen, hélas, bedeuten gar keine Überraschung. Ich dachte, es könnte Ihnen lieb sein, neben der großen, feierlich zugeschriebenen, eine kleine intime Ausgabe der ›Elegien‹ zu besitzen, die überall leicht neben die Hand zu legen wäre. Ich habe diese mit ein paar Versen[1] (halb aus dem vorigen, halb aus diesem Winter) Ihnen zugerückt; Sie finden die Entstehungszeiten der einzelnen Gedichte drin vermerkt; aber nicht dies allein: ich habe das Buch ganz, Wort für Wort, gelesen, Sie können keine Zeile darin gehen, die ich nicht gegangen bin, (ganz abgesehen davon, daß ich ja jede gemacht habe ... Ich?!).

Dann kommt ein kleines Heftchen, das einer Erklärung bedarf. Vor einigen Tagen schrieb ich den jährlichen Weihnachtsbrief an meine arme Mutter; Sie wissen, er entspricht einer alten Verabredung zu unserer Sechs-Uhr-Stunde des Vierundzwanzigsten; ich versuche dann jedesmal *so* zu ihr zu sprechen, wie es für ihr Gemüth tröstlich und theilnehmend sein möchte, und doch auch so, daß mir, über dieser Zusprache, redlich zu Muthe sei. Ja, es war sogar immer mein Versuch und Wunsch, diesen Anlaß, damit er nicht allein wahr, sondern auch feierlich gesteigert erscheine, zu einem Mittel meiner eigenen Erhebung auszugestalten. Es war diesmal besonders schwer, da es galt, der verlassenen alten Frau, die beiden Bücher (Orpheus-Sonette und Elegien), von denen sie schon durch Zeitungsnotizen mochte erfahren haben und, die zu empfangen, sie gewiß im Stillen erwartet ...., ihr diese beiden fremdartigen Bücher doch einigermaßen, mittels irgend einer Anleitung, in die zitternden Hände zu legen. Ich wußte, wie ich das thun würde, erst, als sich der Brief vor meinen Augen aus der Feder niederschlug, unter einem einzigen Diktat, an dem nicht eine Sylbe zu ändern oder zu ergänzen blieb. Als ich aber diese rasch geschriebenen vier Seiten las, da mochte ich sie nicht so hinausgehen lassen. Auf einmal kam mir vor, daß sie Ihnen, Liebe, *mit*-gehörten. Hatte ich Unrecht? Niemand hat in meinem Leben so unbeirrt die Tradition jener großen Erfreuung fortgesetzt und gepflegt, zu der ich an der Thür des Weihnachtszimmers war erzogen worden; niemand, Nike, seit ich lebe, hat so wie Sie meinen Wunsch zur Freude erkannt und geehrt, ja geehrt – ich kann es nicht anders sagen –, *Sie* haben gewußt, daß das weiterführe, mir Freude zu machen: und so bin ich weitergekommen dabei, über ein glarner Tüchlein und über Paris, über Schloß Berg und über ein kleines Wort von Ihnen, zur rechten Zeit zugeworfen, über Großes und Kleines, das gleich groß ist in der liebenden Befreundung;

weitergekommen, durch Freude, Chère,

voilà.

Und Sie selber sind darüber nicht zurückgeblieben. – So war mir zu Muth und zu Herzen, als ich Ihnen den Weihnachts-Brief an die mehr als Siebzigjährige, die Urgroßmutter der neuen kleinen Christine[2], abschrieb in das kleine (fast hätt ich geschrieben:) Notenheft[3]. Es sind auch nur ein paar Noten zu einem nach Innen zu singenden Gesang, und wenn Sie sie, vom Blatt weg, sich hineinsingen können, so hab ich recht gehabt mit meiner Zuwendung. (NWV, 946 f.)

1 Nr. 238.
2 Rilkes Enkeltochter (1923-48).
3 Nr. 239.

238. Widmungsgedicht für Nanny Wunderly-Volkart, vollendet Muzot Weihnachten 1923[1]

Für *Nike*
Weihnachten 1923

Alle die Stimmen der Bäche,
jeden Tropfen der Grotte,
bebend mit Armen voll Schwäche
geb ich sie wieder dem Gotte

und wir feiern den Kreis.

Jede Wendung der Winde
war mir Wink oder Schrecken;
jedes tiefe Entdecken
machte mich wieder zum Kinde –,

und ich fühlte: ich weiß.

Oh, ich weiß, ich begreife
Wesen und Wandel der Namen;
in dem Innern der Reife
ruht der ursprüngliche Samen,

nur unendlich vermehrt.

Daß es ein Göttliches binde,
hebt sich das Wort zur Beschwörung,
aber, statt daß es schwinde,
steht es im Glühn der Erhörung

singend und unversehrt. (WA 3, 256 f.)

1 Geschrieben in eine einfache Ausgabe der ›Duineser Elegien‹ mit dem Vermerk: »(Das kleine Hand-Exemplar)«.
V. 1-7: entstanden am 31. 1. oder 1. 2. 1922,
V. 8-11: kurze Zeit später hinzugefügt (die falsche Versangabe in WA 4, 776 beruht wohl auf einem Druckfehler),
V. 12 ff.: kurz vor Weihnachten 23 zum Zweck der Widmung.
Beilage zum obigen Brief (Nr. 237).

239. Aus: An Sophie Rilke, Muzot (vor Weihnachten 1923)

/Aus dem Briefe, geschrieben für den Weihnachts-Abend 1923, an meine Mutter nach Franzensbad. /
Diese Abschrift – weihnachtlich – für Nike[1]. R./

»Unsere herzliche Sechs-Uhr-Tradition hat lauter frohe und treue Eigenschaften: aber ist es nicht eine der schönsten, die sie uns zu gute kommen läßt, daß wir uns nicht allein, jedes Jahr, die alte Weihnachts-Freude schenken, gegenseitig, sondern, daß dieser zwischen uns vertrauliche Gebrauch auch noch die Weihnachts-*Vor*freude aufleben und dauern läßt, die vor der geschlossenen Thür verhaltene, die immer von so starker herzklopfender Bedeutung war! Denn, indem jeder von uns, infolge der Entfernung, die unsere Briefe zu überwinden haben, genöthigt wird, da er schreibt, sich einige Tage vor dem Fest schon seine ganze heimliche Gegenwart vorzustellen, ja, aus ihr heraus, das zu fühlen, was dem Anderen: – Dir – die Sechs-Uhr-Stunde betonen und erfüllen soll, ist er unversehens in der großen reichen Vorfreude drin und spricht mitten aus ihr. Von nirgends her ist ja Freude erkennbar und ergreifbar, als von der Vor-Freude aus. Also, meine liebe Mama, da bin ich, in ihr, in dieser wohlbekannten Vorfreude, die Freude sein wird, wenn Du dieses liest und mich, im Inneren dieser Zeilen, in Deine Arme schließest. Aber laß mich noch eine Weile bei der Vor-Freude bleiben. *Die* habt Ihr mich ja, Du und Papa, in einer unvergleichlichen Weise, gelehrt, mittels der Vorbereitungen und Überraschungen, die bei uns zu diesem Fest gehörten. Was schlug mir das Herz, vom Geburtstag an, über den St. Nikolaus-Tag auf Weihnachten zu, und wie steigerte sich diese seine Erregtheit immer noch mehr, am 21ten, am 22ten, am 23ten, – bis, an dem seltsam ausgesparten Nachmittag des Vierundzwanzigsten, in seinem nicht mehr zu steigernden Sturm jene Wind-Stille eintrat, die im Menschlichen mit dem Zuviel sich einstellt, und in deren reine Athemlosigkeit dann die Glocken, die Glockenbündel einbrachen, die dem Aufspringen der Thüren zuvorflogen durch die Dämmerung des unvergleichlichen Wintertags ....

Vielleicht bin ich deshalb, meine liebe Mama, ein solcher Rühmer der Freude geworden (sie dem Glück, auch noch dem, was die Menschen ein großes Glück nennen, unbedenklich vorziehend), weil Ihr mich zu so großer Vor-Freude erzogen habt und an diesem einen Tag, in dem so viel Erfüllung geheimnisvoll zusammenkam, meinem Herzen zumuthetet, in der Leistung der Vorfreude ein Maaß der Freude anzunehmen, das völlig unaussprechlich war. Die Freude selbst war es dann ja auch: unaussprechlich. Vielleicht schlug in sie etwas Verwirrung hinein, etwas Taumel fiel über sie her, etwas seelige Müdigkeit beschlug sie ...., so daß man in ihr nicht mehr so klar, nicht mehr so rein leistend war, nicht mehr so unbeschränkt (und uneigennützig) aktiv, wie in den engelhaften Wehen der Vor-Freude. Dort ging man, man stieg, stieg –, hier, in der Freude, war man über einen äußersten Rand gehalten und meinte nicht anders zeitweise, als zu fallen, tief und weich zu fallen . . . (ach, hinab zu flattern, wie ein Federchen aus einem Flügel . . .)

Denn, wer weiß, vielleicht ist das Leben so unendlich diskret, daß die Freude schon Einbildung ist: vielleicht ist ja das ganze Irdische, in seiner letzten Zusammenfassung, in der auch noch der größte Schmerz, als eine Einzelheit, untergeht, nichts als eine einzige Vor-Freude, – – – und die Freude, die uns hier überträfe, wartet anderswo.

Feiern wir, meine liebe gute Mama, heuer in diesem Sinn unser stilles gemeinsames Fest; lassen wirs – was die Geburt des Heilands ja auch war – das Fest der Vor-Freude sein. Denn die Freude war die Erlösung, war die Auferstehung, war die Himmelfahrt: und siehe: diese Ereignisse und Offenbarungen der letzten Freude, der äußersten, übertrafen sogar Maria so sehr, daß sie ihr nur noch als ein seeliger Schmerz faßbar waren.

In diesem Sinne lies auch meine beiden neuen Bücher, die Arbeiten meines vorletzten (des ersten) Muzot-Winters: als einen Versuch, irgendwie Leben und Tod in einer übergroßen *Freude,* die ohne Namen bleibt, zusammenzufassen und Alles, was uns hier geschieht, so auszusprechen, daß es sich feiern läßt wie eine VOR-FREUDE, um des Zitterns, um der Erwartung, um des Geheimnisses willen . . . . Amen.« (NWV, 947 ff.)

1 Beilage zu Nr. 237.

240. Widmungsgedicht für Monique Saint-Hélier und Blaise Briod, Muzot Weihnachten 1923

‹À Monique et Blaise Briod›

Et à la lampe et à votre feu
ces grandes pages seront familières;
si de comprendre vous fatigue un peu
tenez les simplement à la lumière
qu'elle les dore à son gré.
Ces grandes pages aiment à se taire:
Tant de silence y a collaboré. (WA 4, 642)

Vom 28. Dezember 1923 bis zum 20. Januar 1924 ist Rilke erneut in ärztlicher Behandlung; diesmal in der Klinik Val-Mont sur Territet über dem Genfer See.

241. Widmungsgedicht für Fanette Clavel, Muzot 23. 1. 1924

Frau Fanette Clavel
Wenkenhof, zugeeignet: in Erinnerung und Ergebenheit

Schweigen. Wer inniger schwieg,
rührt an die Wurzeln der Rede.
Einmal wird ihm dann jede
erwachsene Silbe zum Sieg:

über das, was im Schweigen nicht schweigt,
über das höhnische Böse;
daß es sich spurlos löse,
ward ihm das Wort gezeigt.

RMR (Muzot, Januar 1924)
(WA 3, 258)

242. Widmungsgedicht für Robert und Jenny Faesi, Muzot 24. 1. 1924

Für Robert Faesi
und Frau Jenny Faesi
in herzlicher Zuwendung

Wo sich langsam aus dem Schon-Vergessen
einst Erfahrnes uns entgegenhebt,
rein gemeistert, milde, unermessen
und im Unantastbaren erlebt:

Dort beginnt das Wort, wie wir es meinen;
seine Geltung übertrifft uns still.
Denn der Geist, der uns vereinsamt, will
völlig sicher sein, uns zu vereinen.

RMR. (Muzot, im Januar 1924)
(WA 3, 258)

Anfang Februar entstehen die ersten der französischen Gedichte, von denen ein großer Teil in die spätere Gedichtsammlung ›Vergers‹ (WA 4, 515 ff.) aufgenommen wird.

243. Widmungsgedicht für Hans Carossa, Muzot 7. 2. 1924

Für Hans Carossa

Auch noch Verlieren ist *unser;* und selbst das Vergessen
hat noch Gestalt in dem bleibenden Reich der Verwandlung.
Losgelassenes kreist; und sind wir auch selten die Mitte
einem der Kreise: sie ziehn um uns die heile Figur.

(Muzot, im Februar 1924)

(WA 3, 259)

244. Widmungsgedicht für Hugo von Hofmannsthal, Muzot 11. 2. 1924

Für Hugo von Hofmannsthal
im Februar 1924, dem Monate seines Gedenktages

Das Füllhorn[1]

Schwung und Form des gebendsten Gefäßes,
an der Göttin Schulter angelehnt;
unsrer Fassung immer ungemäßes,
doch von unserm Sehnen ausgedehnt –;

in der Tiefe seiner Windung faßt es
aller Reife die Gestalt und Wucht,
und das Herz des allerreinsten Gastes
wäre Form dem Ausguß solcher Frucht.

Obenauf der Blüthen leichte Schenkung,
noch von ihrer ersten Frühe kühl,
alle kaum beweisbar, wie Erdenkung,
und vorhanden, wie Gefühl . . .

Soll die Göttin ihren Vorrath schütten
auf die Herzen, die er überfüllt,
auf die vielen Häuser, auf die Hütten,
auf die Wege, wo das Wandern gült?

Nein, sie steht in Überlebensgröße,
hoch, mit ihrem Horn voll Übermaaß;
nur das Wasser unten geht, als flöße
es ihr Geben in Gewächs und Gras.

Rilke.
(Muzot, am 11. Februar 1924)
(WA 3, 149 f.)

1 Vgl. auch das unmittelbar vorher entstandene franz. Gedicht ›Corne d'Abondance‹ (WA 4, 521).

245. Widmungsgedicht für Gertrud Ouckama Knoop, Muzot 12. 2. 1924[1]

Für Gertrud Ouckama Knoop
in Freundschaft

. . . Erfahren in den flutenden Verkehren,
die durch die wehrlos dichten Wände ziehn,
war er entschlossen, keine zu entbehren,
der Stimmen . . ., und sie hielten sich an ihn.

Sie kamen sanft wie der verschwebte Samen,
der oft vom Park her in die Fenster drang;
er kannte nicht den reinen Blumennamen,
der in ihm wuchs aus ihrem Untergang . . . (WA 3, 259)

1 »Um Mitternacht« entsteht in Weiterentwicklung dieses Gedichtes ›Der Magier‹ (WA 3, 150) und als nächstes das französische ›Le Magicien‹ (WA 4, 649).

246. Widmungsgedicht für Witold Hulewicz[1], Muzot Mitte Februar 1924

Dem getreuen und tätigen Vermittler: Witold Hulewicz
(Olwid) in Dankbarkeit: Rainer Maria Rilke

Glücklich, die wissen, daß hinter allen
Sprachen das Unsägliche steht;
daß, von dort her, ins Wohlgefallen
Größe zu uns übergeht!

Unabhängig von diesen Brücken
die wir mit Verschiedenem baun:
so daß wir immer, aus jedem Entzücken
in ein heiter Gemeinsames schaun.

(Muzot, im Februar 1924)
(WA 3, 259 f.)

1 (1895-1941), polnischer Schriftsteller, der zahlreiche Werke Rilkes ins Polnische übersetzte.

247. Widmungsgedicht für Pia di Valmarana, Muzot 19. 2. 1924

À Pia di Valmarana

Si la langue ne tout vous retient,
si un peu de moi se précise,
rendez à l'air de Venise
un peu de mon cœur *vénitien*.

Il le fut à combien d'heures
doucement initié,
et croyez qu'il le demeure,
même éloigné . . . (WA 4, 653)

248. Widmungsgedicht für Jean Strohl, Muzot 20. 2. 1924

Ciel Valaisan[1]

Comment notre cœur lorsqu'il vibre
a-t-il tant besoin
que tout un ciel de loin
lui donne des conseils d'équilibre.

Mais ce ciel depuis toujours
a de nos cris l'habitude;
ami de la terre rude,
il en adoucit le contour. (WA 4, 653)

1 Im Begleitbrief heißt es über die ›Elegien‹: »Ce livre [. . .] reflète en mainte ligne l'influence de ce Valais que nous aimons tant« (Schnack, 902).

249. An Alfred Schaer, Muzot 26. 2. 1924

Aber ich frage mich oft, ob nicht das an sich Unbetonte den wesentlichsten Einfluß auf meine Bildung und Hervorbringung ausgeübt hat: der Umgang mit einem Hund; die Stunden, die ich zubringen konnte, in Rom einem Seiler zuschauend, der in seinem Gewerb eine der ältesten Gebärden der Welt wiederholte, . . . genau wie jener Töpfer[1], in einem kleinen Nil-Dorf, neben dessen Scheibe zu stehen, mir unbeschreiblich, in einem geheimsten Sinne ergiebig war. Oder daß es mir vergönnt gewesen ist, mit einem Hirten durch die Landschaft der »Baux« zu gehen, oder in Toledo, mit ein paar spanischen Freunden und ihren Gefährtinnen, in einer verarmten kleinen Pfarrkirche eine uralte Novene singen zu hören, die einmal, im 17ten Jahrhundert, als man die Überlieferung dieses Gebrauchs unterdrückte, in derselben Kirche von Engeln gesungen war . . . Oder daß ein so inkommensurables Wesen wie Venedig mir vertraut ist, bis zu dem Grade, daß Fremde mich in der Vielwendigkeit der »Calli« mit Erfolg nach jedem Ziele fragen konnten, das ihnen erwünscht war . . ., dies alles, nicht wahr?, war »Einfluß« –, und der größeste bleibt vielleicht zu nennen: daß ich *allein* sein durfte in so viel Ländern, Städten und Landschaften, ungestört, mit der ganzen Vielfalt, mit allem Gehör und Gehorsam meines Wesens einem Neuen ausgesetzt, willig ihm zuzugehören und doch wieder genötigt, mich von ihm abzuheben . . .

Nein, in diese einfachen Vollziehungen, die das Leben mit uns begeht, können, wenigstens später, Bücher nicht ganz entscheidend herüberwirken; vieles, was, aus ihnen, mit seinem Gewicht sich in uns legt, mag da rein aufgewogen sein durch die Begegnung mit einer Frau, durch eine Verschiebung in der Jahreszeit, ja durch den bloßen Wechsel des Luftdrucks . . ., dadurch zum Beispiel, daß unversehens zu einem so und so beschaffenen Morgen ein »anderer« Nachmittag gehört, – oder was Ähnliches dergleichen uns fortwährend widerfährt.

(AB, 860 f.)

1 Vgl. 9. Elegie, V. 57 f.

Am 6. April ist Paul Valéry auf Muzot zu Besuch – die erste persönliche Begegnung der beiden Dichter.

250. An Lou Andreas-Salomé, Muzot 22. 4. 1924

Was Du nach jener ungeheuren Fähigkeit des ersten Winters auf Muzot vorausgesehen hattest, der Rückschlag[1], ist eingetroffen, und er war einen Moment so heftig und verwirrend, daß ich, kurz nach Weihnachten, Muzot verließ und in die Kuranstalt Val-Mont (überhalb Montreux) ging, außerstande (zum ersten Mal seit vielen Jahren) mit mir selber fertig zu werden. Es waren kuriose Wochen.

[. . .] Ich hab aber auch nicht verleugnet, was ich Dir damals schrieb, vor zwei Jahren: daß ich nach der Herrlichkeit dieser Leistung gern ertragen will, was mir etwa möchte an Rückschlag auferlegt werden. Ich halts aus. Und war auch nicht ganz untätig dabei: ein ganzer Band französischer Gedichte (für mich merkwürdig; einige Mal nahm ich sogar das gleiche

Thema französisch und deutsch vor, das sich dann, von jeder Sprache aus, zu meiner Überraschung, anders entwickelte: was sehr gegen die Natürlichkeit des Übersetzens spräche) ist (irgendwie unabweisbar) entstanden, sonst manches daneben, und meine Lektüre war den ganzen Winter über lebhaft und von ergiebigster Aufnehmung. (AB, 862 f.)

1 S. o. Nr. 197.

Vom 28. Juni bis zum 23. Juli wohnt Rilke in Bad Ragaz, wo sich auch die Fürstin Taxis aufhält. Am 2. August kehrt er nach Muzot zurück. Dort entstehen von Anfang August bis Anfang September die ›Quatrains Valaisans‹ (WA 4, 555 ff.), im Oktober als deutschsprachiger Beitrag zur letzten Werkstufe (1923 bis 26) u. a. die Gedichte ›Mausoleum‹ (WA 3, 500 f.) und ›Handinneres‹ (WA 3, 178).

251. An Gräfin Mirbach, Muzot 9. 8. 1924

[. . .] indem Sie meine schweren Bücher so lebhaft und unmittelbar aufzufassen fähig waren, trotz der unendlichen unvermeidlichen Schwierigkeiten, die diese Verse mit sich bringen (nicht so sehr wegen ihrer Dunkelheit, sondern weil ihre Ausgangspunkte oft verborgen sind, wie Wurzelwerk) – Da Sie ganz ohne Hülfe zu so viel Auffassung fähig waren, so hat, scheint mir, doch fast etwas wie ein Wiedersehen zwischen uns stattgefunden, bei dem Sie allerdings arg bemüht gewesen sind und ich (was mich persönlich angeht) arg ausgeschaltet! Aber es läßt sich ja kaum sagen, bis zu welchem Grade ein Mensch in eine künstlerische Verdichtung von der Konzentration jener Elegien und einzelner Sonette sich überzuführen vermag; oft ist es seltsam für die Lage des Hervorbringenden, an den dünneren Tagen des Lebens, (den vielen!) *solche* Essenz des eigenen Daseins, in ihrem unbeschreiblichen Überwiegen, neben sich zu fühlen. Die Vorhandenheit eines solchen Gedichts steht eigentümlich hinaus über die Flachheit und Nebensächlichkeit des täglichen Lebens, und doch ist aus ihm dieses

Größere, Gültigere abgewonnen und abgeleitet worden, man weiß selbst kaum wie; denn kaum ist es getan, gehört man schon wieder ins allgemeine blindere Schicksal, zu denen, die vergessen, oder wissen als wüßten sie nicht, und die durch ein geläufiges Ungefähr- oder Ungenau-sein dazu beitragen, die Fehlersummen des Lebens zu vermehren. So ist jede große künstlerische Leistung, bis in ihr letztes mögliches Gelingen hinein, zugleich Auszeichnung und Demütigung für den, der dazu fähig war. Freilich hat das dichterische Wort eine Atmosphäre der Freiheit um sich, die uns fehlt; es hat keine Nachbarn, außer wieder andere gleichwertige Bildungen, und zwischen ihm und ihnen mag eine Geräumigkeit sich ausgestalten, ähnlich der des gestirnten Himmels: ungeheuere Distanzen und die unabsehlichen Bewegungen höherer Ordnung, für die uns jede Übersicht abgeht . . .

Und wie sehr steht noch alles, bis ins Zufälligste, unter dem Zeichen jener Erschütterungen, die die Ordnungen zerstört haben, in denen wir aufgewachsen sind. Wievieles Natürliche, ja Selbstverständliche, denk ich mir oft, kommt heutzutage nicht zustande, weil die Welt noch aus den Fugen ist und die Luft, die wir atmen und mit dem Gegendruck unserer Adern und Nerven aushalten, voller Rückschläge? Wievieles, was sonst mit dem Gang der normalen Strömungen einem zutrieb, muß man jetzt *wollen,* um es zu erreichen –, und darüber wird die Welt indiskret und verkrampft; denn das Beste, uns natürlich Zukommende, entstellt sich schon allein dadurch, daß es in die ungeduldigen Bereiche des Willens einbezogen wird . . .

(AB, 867 ff.)

252. An Nora Purtscher-Wydenbruck, Muzot 11. 8. 1924

Ich bin überzeugt, daß diese Erscheinungen [mediales Schreiben und spiritistische Séancen], wenn man sie hinnimmt, *ohne sich in sie zu flüchten,* und willens bleibt, sie immer wieder in das *Ganze* unseres Daseins einzuordnen, das ja voll nicht minder wunderbarer Geheimnisse ist in allen seinen Ereignissen –, ich bin, sage ich, überzeugt, daß diese Erscheinungen nicht einer falschen Neugier in uns entsprechen, sondern uns tatsächlich *unbeschreiblich angehen* und (wenn man sie ausschlösse) doch immer wieder an irgendeiner Stelle sich geltend zu machen fähig wären. Warum sollten sie nicht, wie alles noch Unerkannte oder überhaupt Unerkennbare, ein Gegenstand unserer Bemühung, unseres Staunens, unserer Erschütterung und Ehrfurcht sein?

Ich war eine Weile geneigt, so wie Sie es nun scheinen, »äußere« Einwirkungen bei diesen Versuchen anzunehmen; ich bin es nicht mehr in demselben Maße. So ausgedehnt das »Außen« ist, es verträgt mit allen seinen siderischen Distanzen kaum einen Vergleich mit den Dimensionen, *mit der Tiefendimension unseres Inneren,* das nicht einmal die Geräumigkeit des Weltalls nötig hat, um in sich fast unabsehlich zu sein. Wenn also Tote, wenn also Künftige einen Aufenthalt nötig haben, *welche* Zuflucht sollte ihnen angenehmer und angebotener sein, als dieser imaginäre Raum? Mir stellt es sich immer mehr so dar, als ob unser gebräuchliches Bewußtsein die Spitze einer Pyramide bewohne, deren Basis in uns (und gewissermaßen unter uns) so völlig in die Breite geht, daß wir, je weiter wir in sie niederzulassen uns befähigt sehen, desto allgemeiner einbezogen erscheinen in die von Zeit und Raum unabhängigen Gegebenheiten des irdischen, des, im weitesten Begriffe, *weltischen* Daseins. Ich habe seit meiner frühesten Jugend die Vermutung empfunden (und hab ihr auch, wo ich dafür ausreichte, nachgelebt), daß in einem tieferen Durchschnitt dieser Bewußtseinspyramide uns das einfache *Sein* könnte zum Ereignis werden, jenes unverbrüchliche Vorhanden-Sein und Zugleich-Sein alles dessen, was an der oberen »normalen« Spitze des Selbstbewußtseins nur als »Ablauf« zu erleben verstattet ist. Eine Gestalt anzudeuten, die Vergangenes und noch nicht Entstandenes einfach als Gegenwärtigkeit letzten Grades aufzufassen fähig wäre, ist mir schon, seinerzeit, im »Malte« Bedürfnis gewesen[1], und ich bin überzeugt, daß diese Auffassung einem wirklichen Zustande entspricht, mag er auch durch alle Vereinbarungen unseres ausgeübten Lebens widerrufen sein.

[. . .] Wer, innerhalb der dichterischen Arbeit, in die unerhörten Wunder unserer Tiefen eingeweiht, oder doch von ihnen, wie ein blindes und reines Werkzeug, irgendwie gebraucht wird, der mußte dazu gelangen, sich im Erstaunen eine der wesentlichsten Anwendungen seines Gemüts zu entwickeln. Und da muß ich gestehen, mein größtes, mein leidenschaftlichstes Staunen ist bei meiner Leistung, ist bei gewissen Bewegungen in der Natur, *mehr noch* als etwa bei den medialen Begebnissen, so ergreifend sie mir ab und zu geworden sind. Aber ich habe gerade diesen gegenüber, während ich sie gehorsam, ernst und ehrfürchtig hinnehme, den merkwürdigen Instinkt, ihnen sofort, wenn sie in mich ein- und übergehen, Gegengewichte in meinem Bewußtsein aufzuwecken: nichts wäre mir fremder, als eine Welt, in der solche Mächte und Eingriffe die Oberhand hätten. Und seltsam: je mehr ich so handle (nach jeder nächtlichen Sitzung z. B. bemüht, den Anblick der gestirnten stillen Nacht sofort für ebenso großartig und gültig zu halten . . .), desto mehr glaube ich mich mit dem Wesentlichen jener Ereignisse im Einverständnis. Sie wollen, scheint mir, eher vertragen sein, als anerkannt; eher nicht abgelehnt, als gerufen; eher zugegeben und geliebt, als gefragt und ausgenutzt sein. Ich bin, zum Glück, medial vollkommen unbrauchbar, aber ich zweifle keinen Augenblick, daß ich mich auf *meine* Weise den Einflüssen jener oft heimatlosen Kräfte eröffnet halte und daß ich nie aufhöre, ihren Umgang zu genießen oder zu erleiden. Wie viele Worte, wie viele Entschlüsse oder Zögerungen mögen auf Rechnung ihrer Einwirkung zu schreiben sein! Im Übrigen gehört es zu den ursprünglichen Neigungen meiner Anlage, das Geheime *als solches* aufzunehmen, nicht als ein zu Entlarvendes, sondern als das Geheimnis, das *so* bis in sein Innerstes, und überall, geheim ist, wie ein Stück Zucker an jeder Stelle Zucker ist. Möglicherweise, so aufgefaßt, löst es sich unter Umständen in unserm Dasein oder in unserer Liebe, während wir sonst nur eine mechanische Zerkleinerung des Geheimsten erreichen, ohne daß es eigentlich in uns überginge. Ich bin (das wäre am Ende die einzige Stelle in mir, wo eine langsame Weisheit anzusetzen vermöchte) völlig ohne Neugier dem Leben, meiner eigenen Zukunft, den Göttern gegenüber . . . Was wissen wir von den Jahreszeiten der Ewigkeit und ob gerade Erntezeit wäre! Wie viele Früchte, die für uns gemeint waren oder deren Gewicht es einfach mit sich gebracht hätte, daß sie uns zugefallen wären, – wieviel solcher Früchte haben neugierige Geister im Reifen unterbrochen, eine voreilige, verfrühte Kenntnis, oft ein Mißverständnis davontragend, um den Preis einer zerstörten (späteren) Erbauung oder Ernährung.

[. . .] Auch *Sie* werden nicht auskommen ohne die Erweckung von Gegengewichten: die Ihnen ja zum Glück nicht fehlen, da künstlerische Arbeit, Haus, Familie, Natur – und, nicht zuletzt die Tiere, Ihr Herz und Ihre Teilnehmung inständig beschäftigen. Diese freilich, diese Mitwisser des Ganzen, die Tiere, die in einem breiteren Durchschnitt des Bewußtseins ihre Selbstverständlichkeit haben, leiten am ehesten schon wieder – hinüber und sind dem medialen Zustand nahe.[2] (AB, 870 ff.)

1 Gemeint ist der Graf Brahe (WA 11, 735 und passim).
2 Vgl. die Gedanken der 8. Elegie.

253. Widmungsgedicht für Hermann Haller, Muzot 12. 8. 1924

Unser ist das Wunder vom geballten
Wasser, das der Magier vollbracht.
Welche Freude, welche Macht,
Leben, das dahinstürzt, aufzuhalten!

Aber freilich: als bemühte Über
sind wir doch nicht Herren der Gewalten;
denn nun reißen sie uns dort hinüber,
und wir stürzen still in die Gestalten. (WA 3, 263)

254. Widmungsgedicht für A. G. Kröller, Muzot Mitte August 1924[1]

Zueignung /
geschrieben für Frau A. G. Kröller /

Nach so langer Erfahrung sei *»Haus«*,
»Baum« oder *»Brücke«*[2] anders gewagt;
immer dem Schicksal eingesagt,
sag es sich endlich *aus!*

Daß wir das tägliche Wesen entwirrn,
das jeder anders erfuhr,
machen wir uns ein Nachtgestirn
aus der gewußten Figur.

(Muzot, im August 1924). Rainer Maria Rilke.

(WA 4, 792)

1 Entwurf dazu: WA 3, 496. Rilke dediziert den Elegienband im Namen von Clara Rilke.

2 »Haus«, »Baum« oder »Brücke«: Anspielung auf 9. Elegie, V. 31 f.: »Sind wir vielleicht *hier,* um zu sagen: Haus,/Brücke, Brunnen, Tor, Krug, Obstbaum, Fenster, –«.

Vom 24. November ab ist Rilke ein zweites Mal Patient in Val-Mont. Am 7. Januar 1925 bricht er unmittelbar von dort nach Paris auf – seit Jahren seine erste größere Reise.

255. Widmungsgedicht für Thankmar Freiherr von Münchhausen, Paris Mitte Februar 1925

. . . . Antwort zu geben jedem, dem geringsten
Anruf des Lebens, das sich zu dir kehrt:
oh Gunst, oh Geist, oh unaufhörlich Pfingsten!
Und jeder Gegen-Wert erweckt dir Wert.

(Paris, Ende May 1925)

(WA 3, 266)

256. An Anton Kippenberg, Paris 20. 6. 1925

Und schließlich, zu unseren Probebogen aus den Elegieen[1]. Ich habe die drei Proben alle diese Tage auf meinem Tische ausgebreitet gehabt, in Erinnerung an Ihren guten Gebrauch, in typographischen Zweifeln, das Aug immer wieder (und oft unversehens) über die fraglichen Felder zu schicken. Ich war erst (mit Ihnen) für die Probe I, neige aber nun mehr und mehr zum Vorschlag II, der sich als der lesbarste und dem Zeilenbau angemessenste, bei wiederholter Prüfung, herausstellt. (III scheidet von vornherein aus!) Es tritt ja allerdings, im Falle II, eine leichte Überlastung des Satzes nach rechts zu ein, aber sie unterbricht die Übung des Lesens bei weitem weniger, als die Mittelstellung des überzähligen Versendes, durch die überdies die falsche Vorstellung entsteht, daß der Vers nach der Mittellage ausgerichtet wäre. An die naturgemäße Verteilung der Probe II gewöhnt man sich verhältnismäßig rasch, sie gehorcht und dient einer Not auf die einfachste Weise; wir dürfen uns ja auch wohl damit trösten, daß nicht alle Seiten der Elegieen so zahlreiche Umbrüche mit sich bringen werden; Sie haben, vermut ich, ein stärkstes Exempel gewählt. (AK, 493 f.)

1 Es geht um die geplante Gesamtausgabe.

In Paris führt Rilke lange Gespräche mit dem französischen Romancier Maurice Betz (1898-1946), der seine ›Aufzeichnungen des Malte Laurids Brigge‹ ins Französische übersetzt hat:

257. Gesprächsnotiz von Maurice Betz, Paris um den 20. 6. 1925

Die Baux, die Allyscamps, Orange – Rilke hatte, ehe er sein Buch abschloß, hie und da diese magischen Worte gesät, hinter denen sich für ihn gewaltige Landschaften auftaten, zu denen früher oder später zurückzukehren, er immer gedachte. Würde er eines Tages diese Schlüsselworte aussprechen, die er gewissermaßen als Vorrat in den letzten Kapiteln der *Aufzeichnungen* niedergelegt hatte? Er träumte davon. So wie Muzot den Zyklus der Elegien geschlossen hatte, so mochte die Provence, wie er glaubte, Worte und Bilder bergen, die seit 1909 Zeit gehabt hatten, zu reifen, und die sich vielleicht bald in neuer Verbindung entfalten würden. Und manche Dinge, die in den *Aufzeichnungen* nur angedeutet sind, würden dann den mächtigen Hintergrund des späteren Werkes bilden. Es war ein Prosawerk, an das er dachte, ein Buch, das den *Duineser Elegien* das sein könnte, was die *Aufzeichnungen* den *Neuen*

Gedichten und dem *Buch der Bilder* gewesen waren. Er sprach davon – als Antwort auf von mir gestellte Fragen – nicht ohne innere Hemmungen überwinden zu müssen. (Betz, 200)

In Paris begegnet Rilke auch dem französischen Romancier und Kritiker Edmond Jaloux (1878-1949):

258. Gesprächsnotiz von Edmond Jaloux (undatiert)

Rilke lui-même m'a confié, un jour, que, quand il relisait *Les Élégies,* il lui arrivait souvent de ne plus retrouver le sens qu'il avait voulu donner à un vers, soit que l'impression primitive eût été si ductile et si rapide que toute image précise s'en fût retirée, soit, tout au contraire, qu'à force de relire un de ses vers, réputés obscurs, il eût fini par s'apercevoir qu'il y avait mis infiniment plus de choses qu'il n'avait désiré le faire à première vue. (EB, 55 f.)

Am 1. September ist Rilke wieder in Muzot. Sein sich ständig verschlechternder Gesundheitszustand führt zu einem zweiten Kuraufenthalt in Ragaz (16.-30. 9.); am 14. Oktober kehrt er nach Muzot zurück. Mit ›Jetzt wär es Zeit‹ (WA 3, 185) entsteht ein letztes »Auftaktgedicht«, dem der Grabspruch und, als vielleicht wichtigste Gedichte der letzten Werkstufe Rilkes, ›Idol‹ (WA 3, 185) und ›Gong‹ (WA 3, 186) folgen.

259. An Nanny Wunderly-Volkart, Muzot 29. 10. 1925

Merci du ›Stein der Weisen‹[1]: j'ai lu avec intérêt les premiers chapitres; n'est-ce pas une sorte de Bonsels[2] avec, en plus, cette clarté de l'œil scandinave, qui, comme le crépuscule de leurs nuits claires d'été, ne s'éteint jamais complètement?, je ne sais pas si Bonsels eût été capable de la découverte qui, certainement, je le devine, *porte* ce livre et y importe avant tout: (Das »Offene«)[3]. Es handelt sich hier um eine lebenswandelnde Erfahrung, verwandt jener, die mir damals in Duino zum eigenthümlichsten Bewußtsein kam und die ich, später, unter der Überschrift ›Erlebnis‹ in einem (der älteren) Inselalmanache habe abdrucken lassen.[4] (NWV, 1062)

1 Roman von Anker Larsen (Leipzig 1924).
2 Waldemar Bonsels (1880-1952).
3 Vgl. 8. Elegie, V. 2 und passim.
4 Insel-Almanach auf das Jahr 1919, S. 40-43; jetzt: WA 11, 1036 ff. Vgl. auch oben Nr. 116 und Nr. 117.

260. An Lou Andreas-Salomé, Muzot 31. 10. 1925

Liebe Lou,

Du schriebst mir, damals als die *Elegien* da waren, vorhanden, gerettet, – ich solle nicht erschrecken, wenn es mir, im Rückschlag[1], schlecht ergehen sollte eines Tages, und ich weiß noch, daß ich muthig antwortete; aber nun bin ich d o c h erschrocken, siehst Du, ja ich lebe seit zwei Jahren mehr und mehr in der Mitte eines Schreckens, dessen greifbarste Ursache (eine an mir selbst ausgeübte Reizung) ich, mit teuflischer Besessenheit immer dann am Meisten steigere, wenn ich eben meine, die Versuchung dazu überwunden zu haben. Es ist ein entsetzlicher Cirkel, ein Kreis böser Magie, der mich einschließt wie in ein Breughel'sches Höllenbild. Nun haben sich, seit einem Monat, Erscheinungen eingestellt, die geeignet sind, jene gewisse Phobie[2] in mir zu unterhalten, von der heute so viele Menschen verfolgt sind ... Untergraben wie meine treue Natur jetzt ist, durch die Dauer und den Wahnsinn der Heimsuchung, genügt diese alles überwiegende Angst, um mich mir nun ständig zu enteignen. Ich weiß nicht, wie ich s o weiterleben soll.

Es ist zwei Jahre her, daß ich zuerst, gewahrend, wie die widerwärtige Neigung, jene Reizung auszuüben, meinen Willen überlistete und überwuchs, ärztlichen Rath aufsuchen ging im Sanatorium »Valmont« überhalb Montreux. Ich fand dort einen noch jüngeren aufmerksamen Arzt (Dr. Haemmerli) [...] er sah (und sieht) meine Lage in so viel leichterem Licht, als ich sie immer wieder und immer mehr, in der Athmosphäre des Verhängnisses befangen, zu ertragen und zu leisten verurtheilt bin. Ich blieb am Ausgang des Jahres 1924 bis in den Januar dieses Jahres hinein noch einmal in seiner Beobachtung in Valmont, und reiste von dort am 8. Januar nach Paris –, nicht ganz jene Erwartung theilend, durch die Dr. Haemmerli mich zu stützen versuchte: daß nämlich ein so völliger Wechsel der Umgebung und aller Einflüsse mich, mit einem Schlage, dem Rhythmus der unsinnigen Versuchung entreißen würde, womit dann, wie er meinte, alle in den Körper hineingeworfenen Reflexe ihr Abklingen haben würden. Aber der Sieg kam nicht und nicht die Erleichterung. Stell Dir vor, daß die Besessenheit, sich den alten Schaden mit allen seinen Nachwirkungen und Drohungen anzutun, stärker war, mächtiger, als Paris: es wurde das Leiden einer langen Niederlage, und wenn ich, weit über mein Maaß, bis in den August hinein in Paris geblieben bin, so war's nur aus Beschämung, als derselbe Verstrickte in meinen Thurm zurückzukehren, in dessen völliger Abgeschiedenheit, wie ich befürchtete, diese mesquinen Teufel erst recht ihr Spiel mit mir übertreiben würden. Nun, da seit Ende September, diese neuen Erscheinungen (Knötchen innen an der Lippe, die H‹aemmerli› für Cysten hält, andere Ärzte gaben andere, beruhigende? Auslegungen) zu den anderen hinzugekommen sind, sah ich H. einen Augenblick – in Zürich, wo wir uns zufällig gleichzeitig aufhielten – wieder, und wieder war der Abstand zwischen seiner objektiven Feststellung und der subjektiven, kaum mehr wechselnden Grundfarbe meines Zustands enorm.

Meine liebe Lou: (Du hast soviel alte Wörterbücher meiner Klagensprache in Deinem Besitz), giebt Dir das irgend ein Bild meiner Niederlage? Es lag wohl in einer Einfalt meiner Natur, daß sie in so absurden Gegebenheiten sich abspielen sollte. Siehst Du jemanden im Umkreis Deiner Welt, der mir helfen könnte?: Ich sehe nur Dich, aber wie Dich wirklich erreichen? Reisen könnte ich jetzt schwerlich, könntest Du's? Bis hierher? Als mein Gast? Wenn auch nur für ein paar Tage . . .? (Das ist eine Frage, mit der ich seit einem Jahr zurückhalte). Hätt ich Dich doch längst gerufen. (LAS, 475 ff.)

1 S. o. Nr. 197.

2 Rilke fürchtete, an Krebs erkrankt zu sein.

261. An Witold Hulewicz (Briefstempel: Sierre, 13. 11. 25)

Fragen:	Rilkes Antworten:
4. Betrifft die »Elegien«. –	Hier, lieber Freund, wag ich selbst kaum etwas zu sagen. An der Hand etwa der Gedichte selbst, ließe sich manches Aufklärende versuchen, aber so? *Wo* anfangen?

Und bin *ich* es, der den Elegien die richtige Erklärung geben darf? Sie reichen unendlich über mich hinaus. Ich halte sie für eine weitere Ausgestaltung jener wesentlichen Voraussetzungen, die schon im »Stundenbuch« gegeben waren, die sich, in den beiden Teilen der »Neuen Gedichte«, des Welt-Bilds spielend und versuchend bedienen und die dann im Malte, konflikthaft zusammengezogen, ins Leben zurückschlagen und dort beinah zum Beweis führen, daß dieses so ins Bodenlose gehängte Leben unmöglich sei. In den »Elegien« wird, aus den gleichen Gegebenheiten heraus, das Leben wieder möglich, ja es erfährt hier diejenige endgültige *Bejahung,* zu der es der junge Malte, obwohl auf dem richtigen schweren Wege »des longues études«, noch nicht führen konnte. *Lebens- und Todesbejahung erweist sich als Eines in den »Elegien«.* Das eine zuzugeben ohne das andere, sei, so wird hier erfahren und gefeiert, eine schließlich alles Unendliche ausschließende Einschränkung. Der Tod ist die uns abgekehrte, von uns unbeschienene *Seite des Lebens:* wir müssen versuchen, das größeste Bewußtsein unseres Daseins zu leisten, das in *beiden unabgegrenzten Bereichen* zu Hause ist, *aus beiden unerschöpflich genährt* . . .Die wahre Lebensgestalt reicht durch *beide* Gebiete, das Blut des größesten Kreislaufs treibt durch beide: es *gibt weder ein Diesseits noch Jenseits, sondern die große Einheit,* in der die uns übertreffenden Wesen, die »Engel«, zu Hause sind. Und nun die Lage des Liebes-Problems in dieser so, um ihre größere Hälfte erweiterten, in dieser nun erst *ganzen,* nun erst *heilen Welt.* Es nimmt mich wunder, daß Ihnen die »Sonette an Orpheus«, die mindestens ebenso *»schwer«* sind, von der gleichen Essenz erfüllt, nicht hilfreicher sind zum Verständnis der »Elegien«. Diese sind 1912 (auf Duino) begonnen, in Spanien und Paris – fragmentarisch – fortgeführt bis 1914; der Krieg unterbrach diese meine größeste Arbeit vollständig; als ich 1922 (hier) diese wieder aufzunehmen wagte, kamen den neuen Elegien und ihrem Abschluß die, in wenigen Tagen, stürmisch sich auferlegenden »Sonette an Orpheus« (die *nicht* in meinem Plane waren) zuvor. Sie sind, wie das anders nicht sein kann, aus derselben »Geburt« wie die »Elegien«, und daß sie plötzlich, ohne meinen Willen, im Anschluß an ein frühverstorbenes Mädchen[1], aufkamen, rückt sie noch mehr an die Quelle ihre Ursprungs; dieser Anschluß ist ein Bezug mehr nach der Mitte *jenes* Reiches hin, dessen Tiefe und Einfluß wir, überall unabgegrenzt, mit den Toten und den Künftigen teilen. Wir, diese Hiesigen und Heutigen, sind nicht einen Augenblick in der Zeitwelt befriedigt, noch in sie gebunden; wir gehen immerfort über und über zu den Früheren, zu unserer Herkunft und zu denen, die scheinbar nach uns kommen.[2] In jener größesten *»offenen«* Welt *sind* alle, man kann nicht sagen »gleichzeitig«, denn eben der Fortfall der Zeit bedingt, daß sie alle *sind*. Die Vergänglichkeit stürzt überall in ein tiefes Sein. Und so sind alle Gestaltungen des Hiesigen nicht nur zeitbegrenzt zu gebrauchen, sondern, soweit wirs vermögen, in jene überlegenen Bedeutungen einzustellen, an denen wir Teil haben. Aber *nicht im christlichen Sinne* (von dem ich mich immer leidenschaftlicher entferne), sondern, in einem rein irdischen, tief irdischen, selig irdischen Bewußtsein gilt es, das *hier* Geschaute und Berührte in den weiteren, den weitesten Umkreis einzuführen. Nicht in ein Jenseits, dessen Schatten die Erde verfinstert, sondern in ein Ganzes, in *das Ganze*. Die Natur, die Dinge unseres Umgangs und Gebrauchs, sind Vorläufigkeiten und Hinfälligkeiten; aber sie sind, solang wir hier sind, *unser* Besitz und unsere Freundschaft, Mitwisser unserer Not und Froheit, wie sie schon die Vertrauten unserer Vorfahren gewesen sind. So gilt es, alles Hiesige nicht nur nicht schlecht zu machen und herabzusetzen, sondern gerade, um seiner Vorläufigkeit willen, die es mit uns teilt, sollen diese Erscheinungen und Dinge von uns in einem innigsten Verstande begriffen und verwandelt werden. Verwandelt? Ja, denn unsere Aufgabe ist es, diese vorläufige, hinfällige Erde uns so tief, so leidend und leidenschaftlich einzuprägen, daß ihr Wesen in uns »unsichtbar« wieder aufersteht.[3] *Wir sind die Bienen des Unsichtbaren. Nous butinons éperdument le miel du visible, pour l'accumuler dans la grande ruche d'or de l'Invisible.*[4] Die »Elegien« zeigen uns an diesem Werke, am Werke dieser fortwährenden Umsetzungen des geliebten Sichtbaren und Greifbaren in die unsichtbare Schwingung und Erregtheit unserer Natur, die neue Schwingungszahlen einführt in die Schwingungs-Sphären des Universums. (Da die verschiedenen Stoffe im Weltall nur verschiedene Schwingungsexponenten sind, so bereiten wir, in dieser Weise, nicht nur Intensitäten geistiger Art vor, sondern wer weiß, neue Körper, Metalle, Sternnebel und Gestirne.) Und diese Tätigkeit wird eigentümlich gestützt und gedrängt durch das immer raschere Hinschwinden von so vielem Sichtbaren, das nicht mehr ersetzt werden wird. Noch für unsere Großeltern war ein »Haus«, ein »Brunnen«[5], ein ihnen vertrauter Turm, ja ihr eigenes Kleid, ihr Mantel: unendlich mehr, unendlich vertraulicher; fast jedes Ding ein Gefäß, in dem sie Menschliches vorfanden und Menschliches hinzusparten. Nun drängen, von Amerika her, leere gleichgültige Dinge herüber, Schein-Dinge, *Lebens-Attrappen* ... Ein Haus, im amerikanischen Verstande, ein amerikanischer Apfel oder eine dortige Rebe, hat *nichts* gemeinsam mit dem Haus, der Frucht, der Traube, in die Hoffnung und Nachdenklichkeit unserer Vorväter eingegangen war ... Die belebten, die erlebten, die *uns mitwissenden Dinge* gehen zur Neige und können nicht mehr ersetzt werden. *Wir sind vielleicht die Letzten, die noch solche Dinge gekannt haben.* Auf uns ruht die Verantwortung, nicht allein *ihr* Andenken zu erhalten (das wäre wenig und unzuverlässig), sondern ihren humanen und larischen Wert. (»Larisch«, im Sinne der Haus-Gottheiten.) Die Erde hat keine andere Ausflucht, als unsichtbar zu werden: *in* uns, die wir mit einem Teile unseres Wesens am Unsichtbaren beteiligt sind, Anteilscheine (mindestens) haben an ihm, und unseren Besitz an Unsichtbarkeit mehren können während unseres Hierseins, – *in* uns allein kann sich diese intime und dauernde Umwandlung des Sichtbaren in Unsichtbares, vom sichtbar- und greifbarsein nicht länger Abhängiges vollziehen, wie unser eigenes Schicksal in uns fortwährend *zugleich vorhandener und unsichtbar wird.* Die *Elegien* stellen diese Norm des Daseins auf: sie versichern, sie feiern dieses Bewußtsein.

Sie stellen es vorsichtig in seine Traditionen ein, indem sie uralte Überlieferungen und die Gerüchte von Überlieferungen für diese Vermutung in Anspruch nehmen und selbst im ägyptischen Totenkult ein Vorwissen solcher Bezüge heraufrufen. (Obwohl das »Klageland«[6], durch das die ältere »Klage« den jungen Toten führt, *nicht* Ägypten *gleichzusetzen* ist, sondern nur, gewissermaßen, eine Spiegelung des Nillandes in die Wüstenklarheit des Toten-Bewußtseins.) Wenn man den Fehler begeht, *katholische* Begriffe des Todes, des Jenseits und der Ewigkeit an die Elegien oder Sonette zu halten, so entfernt man sich völlig von ihrem Ausgang und bereitet sich ein immer gründlicheres Mißverstehen vor. Der »Engel« der Elegien hat nichts mit dem Engel des christlichen Himmels zu tun (eher mit den Engelgestalten des Islam) . . . Der Engel der *Elegien* ist dasjenige Geschöpf, in dem die Verwandlung des Sichtbaren in Unsichtbares, die wir leisten, schon vollzogen erscheint. Für den Engel der Elegien sind alle vergangenen Türme und Paläste existent, *weil* längst unsichtbar, und die noch bestehenden Türme und Brücken unseres Daseins *schon* unsichtbar, obwohl noch (für uns) körperhaft dauernd. Der Engel der Elegien ist dasjenige Wesen, das dafür einsteht, im Unsichtbaren einen höheren Rang der Realität zu erkennen. – Daher »schrecklich«[7] für uns, weil wir, seine Liebenden und Verwandler, doch noch am Sichtbaren hängen. – Alle Welten des Universums stürzen sich ins Unsichtbare, als in ihre nächsttiefere Wirklichkeit; *einige Sterne steigern sich unmittelbar und vergehen im unendlichen Bewußtsein der Engel –, andere sind auf langsam und mühsam sie verwandelnde Wesen angewiesen, in deren Schrecken und Entzücken sie ihre nächste unsichtbare Verwirklichung erreichen. Wir sind,* noch einmal sei's betont, *im Sinne der Elegien, sind wir diese Verwandler der Erde, unser ganzes Dasein, die Flüge und Stürze unserer Liebe, alles befähigt uns zu dieser Aufgabe* (neben der keine andere, wesentlich, besteht). (Die Sonette zeigen Einzelheiten aus dieser Tätigkeit, die hier unter den Namen und Schutz eines verstorbenen Mädchens gestellt erscheint, deren Unvollendung und Unschuld die Grabtür offen hält, so daß sie, hingegangen, zu jenen Mächten gehört, die die Hälfte des Lebens frisch erhalten und offen nach der anderen wundoffenen Hälfte zu.) Elegien und Sonette unterstützen einander beständig –, und ich sehe eine unendliche Gnade darin, daß ich, mit dem gleichen Atem, diese beiden Segel füllen durfte: das kleine rostfarbene Segel der Sonette und der Elegien riesiges weißes Segel-Tuch.

Möchten Sie, lieber Freund, hier einigen Rat und Aufschluß erkennen und, im Übrigen, sich selber weiterhelfen. Denn: Ich weiß nicht, ob ich je mehr sagen könnte.

Ihr R. M. Rilke

(AB, 896 ff.)

1 Wera Knoop, s. o. Nr. 170.
2 S. o. Nr. 252.
3 Vgl. 7. Elegie, V. 50 ff. und 9. Elegie, V. 67 ff.; s. o. Nr. 252.
4 Zum Ursprung dieser Metaphorik aus Maeterlincks ›Leben der Bienen‹ vgl: WA 10, 545 f.; siehe auch: An Franz Xaver Kappus, 23. 12. 1903 (AB, 66).
5 Vgl. 9. Elegie, V. 31 f. und passim.
6 10. Elegie.
7 Vgl. 1. Elegie, V. 7 und 2. Elegie, V. 1.

262. An Arthur Fischer-Colbrie, Muzot 18. 12. 1925

[. . .] hier geschah, und alles war hilfreich dazu, in der strengen Einsamkeit des Winters 1921/22, der kaum mehr erhoffte Wiederanschluß an die Arbeitsbruchstellen des Jahres Vierzehn, und er war so rein und so leidenschaftlich, und dabei von solcher Milde des Anheilens, daß aus wenigen Wochen unbeschreiblicher Hingebung das Ganze der Elegien sich erhob, als ob es niemals abgebrochen, ja in seinen einzelnen Brocken schon erstarrt gewesen wäre. Daß ein Mensch, der sich durch das heillose Zusetzen jener Jahre bis in seinen Grund zerspalten gefühlt hatte, in ein Früher und ein damit unvereinliches absterbendes Jetzt: daß ein solcher Mensch die Gnade erfährt, wahrzunehmen, wie in noch geheimerer Tiefe, *unter* diesem aufgerissenen Spalt, die Kontinuität seiner Arbeit und seines Gemüts sich wiederherstellte . . ., scheint mir mehr als nur ein privates Ereignis zu sein; denn es ist damit ein Maß gegeben für die unerschöpfliche Schichtung unserer Natur, und wie viele, die aus dem einen oder anderen Grunde sich zerrissen glauben, dürften aus diesem Beispiel der Fortsetzbarkeit eine eigentümliche Tröstung ziehen.

(Der Gedanke liegt mir nahe, daß auch diese Tröstung irgendwie ins Gelingen der großen Elegien eingegangen sei, so daß sie sich vollzähliger aussprechen, als sie ohne Gefährdung und Rettung getan haben würden.) (AB, 915)

263. Widmungsgedicht für Lorenz Lehr, Muzot 18. 12. 1925

Musik

Für Herrn Lorenz Lehr

Die, welche schläft . . . . Um bei dem reinen Wecken
so wach zu sein, daß wir zu Schläfern werden
von ihrem Wachsein überholt . . . . Oh Schrecken!
Schlag an die Erde: sie klingt stumpf und erden,
gedämpft und eingehüllt von unsern Zwecken.
Schlag an den Stern: er wird sich dir entdecken!

Schlag an den Stern: die unsichtbaren Zahlen
erfüllen sich; Vermögen der Atome
vermehren sich im Raume. Töne strahlen.
Und was hier Ohr ist ihrem vollen Strome,
ist irgendwo auch Auge: diese Dome
wölben sich irgendwo im Idealen.

Irgendwo *steht* Musik, wie irgendwo
dies Licht in Ohren fällt als fernes Klingen . . . .
Für unsre Sinne einzig scheint das so
getrennt . . . Und zwischen dem und jenem Schwingen
schwingt namenlos der Überfluß . . . . Was floh
in Früchte? Giebt im Kreis des Schmeckens
uns seinen Wert? Was teilt ein Duft uns mit?
(Was wir auch tun, mit einem jeden Schritt
verwischen wir die Grenzen des Entdeckens.)

Musik: du Wasser unsres Brunnenbeckens,
Du Strahl der fällt, du Ton der spiegelt, du
selig Erwachte unterm Griff des Weckens,
du durch den Zufluß rein ergänzte Ruh,
Du mehr als wir . . ., von jeglichem Wozu
befreit . . . . (WA 3, 266 f.)

Vom 20. Dezember an ist Rilke zu einem weiteren Kuraufenthalt in Val-Mont.

264. An Lev P. Struve, Val-Mont 25. 2. 1926

Mein lieber Herr X.[1],

derjenige, der *doch* leben bleibt, ist sicher besser dran, als Mitia: ich kenne beide, Katia und Mitia, seit Monaten (durch die gute französische Übertragung »Le Sacrement de l'Amour«), die zu lesen ich mich umso mehr angezogen fühlte, als ich Ivan Bounine voriges Jahr, in Paris, auf das sympathischste begegnen durfte . . . Nun, Mitia's »Fall« ist einer von den vielen Fällen der Ungeduld (und der reinsten und rührendsten einer), in denen ein junger Mensch die Neugierde verliert, den Ablauf eines unerträglichen Zustandes abzuwarten und zu vertrauen, daß nach dieser Pein, in die die ganze Welt eingegangen und einbezogen ist, ein anderes (vielleicht nicht sofort leichteres) aber jedenfalls *Anderes* folgen muß, das schon durch sein Anders-sein erträglicher und leistbarer sich herausstellen dürfte. Erst schien mir Mitia's Schicksal nichts mit den Verfassungen gemein zu haben, auf die mein Gedicht hinweist. Und doch, ja, Sie haben recht, als der »Liebende« ist er in diesen Versen freilich mitgenannt. Obwohl er den Irrtum begeht, eben die weitgetrennten Zustände, die die Achte Elegie wider einander ausspielt, zu vermengen. Die Geliebte, Katia, diese süße empfängliche Katia, gewährt ihm erst jene Sicht in's Offne, die dem großen unbewußtwissenden Tierblick (vielleicht) nahe kommt; aber kaum hat er das geliebte Mädchen verlassen, so erfüllt er, aus Verlassenheit und Sehnsucht, diese ihm eröffnete gegenstandslose Weite, diese Seligkeit, die nichts als Raum ist, mit der gleichfalls geliebten, ihm vertraulichen Welt, die ihm dann, beim Verlust Katia's, notwendig *mit* verloren gehen mußte; so daß ihm nichts bleibt, als das »néant«, das Nirgends, in dem er mutig und logisch untergeht.

Eine kleinste Spur Neugierde (ich gebrauche absichtlich dieses an sich geringe Maß) nach einem Zustand, der auf diese Verzweiflung folgen mußte, würde vielleicht auch ihn noch gerettet haben, obzwar er ja wirklich alle Welt, die er wußte und sah, auf das klein forttreibende Schifflein Katia aufgehäuft hatte ...; da fuhr ihm die Welt nun davon. »Le Sacrement de l'Amour« nennt besser, was da geschieht, als der deutsche Titel: »Mitia's Liebe«. Mitia's Liebe wäre eher die *nicht* verlorene Katia gewesen, das (?) Glück, der Kampf, das Schicksal neben ihr, das Einander-doch-Verlieren, das, so wie Katia nun einmal ist, nicht ausgeblieben wäre ... In diesem Verstande ist Bounine's kleiner Roman ein fast altmodisches Buch; *uns* liegt es so viel näher zu betrachten, was *in* und zwischen denen geschieht, die sich nicht so verlieren und sich doch anders, im Leben, weil die Liebe nicht erlernt ist, verlieren müssen.

Diese Achte Elegie ruft ja indessen den Liebenden nur vorübergehend auf, um eine menschliche Verfassung zu zeigen, die, einen Augenblick, jene Sicht ins Offene gewähren mag, von der ich vermute, daß sie des Tieres (in unserem Sinne) »Sorglossein« ausmacht. Sie müssen den Begriff des »Offenen«, den ich in dieser Elegie vorzuschlagen versucht habe, *so* auffassen, daß der Bewußtseinsgrad des Tieres es in die Welt einsetzt, ohne daß es sie sich (wie wir es tun) jeden Moment gegenüber stellt; das Tier ist *in* der Welt; wir stehen *vor ihr* durch die eigentümliche Wendung und Steigerung, die unser Bewußtsein genommen hat ... Mit dem »Offenen« ist also nicht Himmel, Luft und Raum gemeint, auch *die* sind, für den Betrachter und Beurteiler, »Gegenstand« und somit »opaque« und zu. Das Tier, die Blume, vermutlich, *ist* alles das, ohne sich Rechenschaft zu geben und hat so vor sich und über sich jene unbeschreiblich offene Freiheit, die vielleicht nur in den ersten Liebesaugenblicken, wo ein Mensch im anderen, im Geliebten, seine eigene Weite sieht, und in der Hingehobenheit zu Gott bei uns (höchst momentane) Aequivalente hat.

Leidend im Augenblick, schreib ich nur dieses Wenige und Unzulängliche, dafür aber in derselben Stunde, da Ihr Brief mich hier erreicht hat. Möchten diese Zeilen Ihnen, lieber Leser der schweren Elegien, zu einigem Beistand ausfallen.

(Betz, 289 ff.)

1 Der Empfänger des Briefes, ein russischer Leser der ›Elegien‹, hatte auf gewisse Verwandtschaften zwischen Iwan Bunins Roman ›Le Sacrement de l'Amour‹ und der 8. Elegie hingewiesen.

265. An Anton Kippenberg, Val-Mont 11. 3. 1926

Heute nur noch eine Bitte, die ich längst bei Ihnen vorbringen wollte: könnten Sie mir einmal ein Exemplar der »Sonette an Orpheus« und vielleicht auch eines der »Elegien« mit weißen Blättern, die gut Tinte vertragen, nicht »fließen«, durchschlagen lassen, dergestalt, daß zwischen je zwei Textseiten ein freies Blatt eingeschoben erscheint? Die Lust wandelt mich an, ab und zu kurze Kommentare, zu meinem eigenen Gebrauch und zum Nutzen einiger Freunde, den schwierigeren Gedichten beizuordnen; das wäre eine merkwürdige Arbeit, bei der ich mir über die Stellung dieser Verse innerhalb meiner eigenen inneren Proportionen eigentümlich Rechenschaft geben müßte. Kommt es nun dazu oder nicht, in jedem Fall wärs mir lieb, die beiden Bücher, ganz besonders die »Sonette«, auf diese Weise meiner gelegentlichen Neigung vorbereitet zu finden. (Ohne Eile, natürlich!)[1] (AK, 510 f.)

1 Für die Erledigung bedankt sich Rilke in seinem Brief vom 22. 4. 1926 (AK, 513); nach Auskunft von Ernst Zinn ist es zu den geplanten Eintragungen wohl nicht gekommen.

266. An eine junge Freundin, Val-Mont 17. 3. 1926

Ich würde Ihnen gern diejenigen Tatsachen aus meinem Leben kenntlich machen, die fähig wären, Ihre aufmerksame und ergriffene Beschäftigung mit meinen Schriften zu belohnen . . ., aber welche sind das? Vielleicht müßte man auf die Kindheit zurückgehen, vielleicht wäre es nötig, von einigen Reisen zu sprechen, von Begegnungen, von dem Gelebthaben in den und jenen Städten. Sie können sich wohl denken, wieviel Einfluß Umgebungen auf mich gehabt haben, mehrere Länder, in denen ich, durch eine wiederholte Geduld und Langmut meines Schicksals, nicht nur als Reisender mich habe aufhalten, sondern wo ich habe wirklich *wohnen* dürfen, unter den lebhaftesten Anschlüssen an die Gegenwart und Vergangenheit dieser Länder . . . Italien kannte und liebte ich seit meinem achten Jahr, – es war in seiner deutlichen Vielfalt und Formfülle, sozusagen, die Fibel meines beweglichen Daseins. Das Entscheidende war Rußland: weil es mir, in den Jahren 1899 und 1900, nicht allein eine mit nichts zu vergleichende Welt, eine Welt unerhörter Dimensionen, eröffnete, sondern auch, durch seine humanen Gegebenheiten, mir gewährte, mich unter Menschen brüderlich eingelassen zu fühlen (eine unerläßliche Erfahrung, auf die ich indessen, als einziges Kind meiner Eltern und fast ohne wirklichen Verkehr bis dahin –, in keiner Weise vorbereitet war). Rußland (Sie erkennen das in Büchern, wie etwa dem Stundenbuch) wurde, in gewissem Sinne, die Grundlage meines Erlebens und Empfangens, ebenso wie, vom Jahre 1902 ab, Paris – das unvergleichliche – zur Basis für mein Gestaltenwollen geworden ist. Unter dem großen Einfluß Rodins, der mir eine lyrische Oberflächlichkeit und ein billiges (aus lebhaft bewegtem, aber unentwickeltem Gefühl stammendes) À peu près überwinden half, durch die Verpflichtung, bis auf weiteres, wie ein Maler oder Bildhauer, *vor der Natur* zu arbeiten, unerbittlich begreifend und nachbildend. Das erste Ergebnis dieser strengen guten Schulung war das Gedicht Der Panther[1] – im Jardin des Plantes in Paris –, dem man diese Herkunft ansehen mag. Seit jenem Jahr (1902) blieb mein Wohnsitz nach Paris verlegt, was nicht hindert, daß ich mich zwischendurch viele Monate lang in Italien, in Skandinavien (Dänemark und Schweden) aufhielt, Algier, Tunis und Ägypten kennen lernte, die französische Provinz[2] und schließlich, als bedeutendstes Ereignis nach Rußland und dem unerschöpflichen Paris: Spanien, von Toledo aus, wo ich einen Winter über (1912) gewohnt habe. Die erste wirkliche Zusammenfassung so verschiedenartiger, nur durch die unbedingte Aneignung verwandter Einflüsse erfolgte in meinen jüngsten Büchern, den »Sonetten an Orpheus« und den schwierigen »Elegien« (die schon 1912 begonnen worden waren, um dann die lange Unterbrechung des Krieges zu erleiden). Soviel wüßte ich etwa in Kürze anzudeuten. (AB, 928 ff.)

1 WA 2, 505 – das wohl bekannteste der ›Neuen Gedichte‹.
2 Lies: Provence.

Am 1. Juni kehrt Rilke nach Sierre zurück, wo er zunächst im Hôtel Bellevue wohnt, da Muzot gerade renoviert wird. Neben weiteren französischen Gedichten entsteht eine Übersetzung von Valérys ›Fragments du Narcisse‹ (Übertragungen, 305 ff.) und am 9. Juni die ›Elegie an Marina Zwetajewa-Efron‹ (WA 3, 271 ff.).

267. An Katharina Kippenberg, Muzot 30. 6. 1926

Dieses Zusammen-raffen des Verschiedengearteten[1], *nur,* weil es in den Laden zunimmt, widerspricht immer mehr meiner Vorstellung von einem Gedicht-Buch (und ich bin ja auch über die bloße geordnete An-Sammlung mit dem Orpheus und den großen Elegien endgültig hinausgekommen)[2]. (KK, 599)

1 Bezieht sich auf die von Rilke in das sogenannte »braune Buch« eingetragenen Reinschriften meist unveröffentlichter Gedichte: ›Aus Taschen-Büchern und Merk-Blättern – in zufälliger Folge – 1925‹ = Aus Rainer Maria Rilkes Nachlaß, Dritte Folge (Wiesbaden 1950). Katharina Kippenberg hatte daraus neun Stücke für den Insel-Almanach 1927 ausgewählt, darunter ›Klage‹ (Nr. 76) und ›Das Füllhorn‹ (Nr. 244).

2 Vgl. auch oben Nr. 198, sowie zwei Gesprächsnotizen, die Maurice Betz mitgeteilt hat: »Vom ›Stundenbuch‹, von den ›Duineser Elegien‹ und den ›Sonetten an Orpheus‹ war er der Ansicht, daß dies keine Sammlungen von Gedichten wären, sondern symphonisch aufgebaute Gesänge, deren Teile eng miteinander verknüpft waren und die man nicht zertrennen oder zerstücken konnte, ohne Verrat zu begehen« (Betz, 181) und »Tatsächlich habe ich versucht, die gleiche Einheit [wie dem ›Stunden-Buch‹] auch den ›Duineser Elegien‹ und den ›Sonetten an Orpheus‹ mitzuteilen, und zweifellos war es zum Teil dieses Bedürfnis nach Einheit, das die Vollendung der ›Elegien‹ so sehr verzögert hat« (Betz, 112 f.).

Vom 20. Juli bis zum 30. August ist Rilke ein letztes Mal in Bad Ragaz; im September wohnt er als Gast österreichischer Freunde in Lausanne. In dieser Zeit liest er einmal bei Carl J. Burckhardt, dem Schweizer Diplomaten und Historiker, die ersten vier ›Elegien‹ vor.

Zurück in Muzot übersetzt Rilke Valérys Prosadialoge ›Eupalinos‹ und ›L'Ame et la Danse‹. Sein sich rasch verschlechternder Gesundheitszustand zwingt ihn schließlich, am 30. November wieder zur Behandlung nach Val-Mont zu reisen. Dort stirbt er am 29. Dezember.

Anhang

A Handschrift der 5. Elegie

67 a

1 (1) Aber wer[1] sind sie, sag mir, die
2 Fahrenden, diese
3 ein wenig
4 (2) flüchtigern noch als wir selbst,
5 die dringend von früh an
6 (3) wringt ein wem, wem zu
7 liebe
8 [niemals (einhaltender) Wille]
9 (4) niemals [nachgiebiger] (*darüber:* zufriedener) Wille, sondern
10 (5) er wringt sie, biegt sie schlingt [sie]
11 und schwingt sie
12 (6) wirft sie und fängt sie zurück, wie
13 aus geölter
14 (7) glatterer Luft kommen sie nieder (*darüber:* [wieder]*?*)
15 (8) auf den verzehrten, von ihrem ewigen
16 (9) Aufsprung dünnern in (*?*) Teppich, diesen
16a verlorenen

---

1 Verbessert zu: »Wer aber«.

67 b

(11) Der wie ein Pflaster daliegt, als
hätte der Vorstadt-
(12) Himmel der Erde dort wehe gethan.
...... Und kaum dort[1]

1 Z. 269 ff.: vgl. gegenüber Z. 18 ff.

(10) im Weltall.
Teppich [im Frein] Kaum Pflaster (*darüber:* Teppich)
und zuviel
Vorstadt Himmel
Teppich (*?*) aber auch (*?*) kaum
dort (*?*)
(13) aufrecht zeigend[1] des Dastehns
(14) großen Anfangsbuchstaben[2] . . .
selbst[3] die stärksten
(15) Männer, zum Scherz, rollt sie
[schon] (*darunter:* plötzlich) wieder das Schicksal[4]
(16) [so] wie August der Starke bei
Tisch
(17) einen zinnen Teller

(18) Ach und um diese
(19) Mitte die Rose des Zuschauns
(20) blüht und entblättert. Um diese[5]
Stempel und Staubfäden
die sich immer wieder selber

---

1 Darüber: »da, und gezeigt«.
2 »-en« gestrichen.
3 Ersetzt durch: »schon auch«.
4 Ersetzt durch: »der immer kommende [riesige(*?*)] Griff«.
5 »diesen«; wiederaufgenommen in Z. 273.

Z. 18-22 gestrichen; nicht mehr vollständig zu entziffern.
Z. 34, 35 gestrichen.

68 b

41 Stempel und und . . . .[1] Pistillen
42 die sich selber zur Scheinfrucht innen
43 wieder befruchten, ihrer
44 niemals bewußten, von (*?*) einem
45 [?] Glänzen der dünnen[2] Oberfläche
46 leicht scheinlächelnden Unlust
273 (20) um diesen
274 (21) Stampfer, die Keule, den von dem
275 eignen
276 (22) blühenden Staub [überfüllten]
277 getroffnen
278 zur Scheinfrucht
279 (23) der Unlust wieder[3] befruchteten
280 ihrer
281 (24) niemals bewußten glänzend
282 [mit der] (*ersetzt durch:*) mit dünnster
283 (25) Oberfläche leicht scheinlächelnden
284 Unlust.

---

1 Eingefügt: »starken«.
2 Geändert zu: »dünnsten«.
3 Umgestellt: »wieder der Unlust«.

Z. 41-46 gestrichen.
Z. 273 ff.: vgl. S. 75a Z. 147-149 und S. 68 b Z. 41 ff.

69 a

36 befruchten [mit] zur Scheinfrucht
37 aus praller ganz (*eingefügt:* außen) lächelnder
Unlust
38 niemals . . . . .
39 Stempel und stille Pistille
40 die sich von selber zur Scheinfrucht immer wieder
47 (26) Und (*?*)[1] der welke faltige Stemmer
48 (27) der alte der nur noch trommelt
49 (28) [so] eingegangen in seiner (*eingefügt:* gewaltigen)
Haut
50 als hätte sie früher
51 (29) zwei Männer enthalten, und einer
52 (30) wäre nun schon auf dem Kirchhof, und
53 er überlebte den
54 andern
55 (31) [stille] (*darüber:* taub und) manchmal ein wenig
56 (32) [arm] (*darunter:* wirr) in der verwitweten Haut
57 (33) Der Schwiegersohn[2], als wär er der
58 Sohn eines Nackens
59 (34) und einer Nonne, prall und
60 strammig erfüllt
61 (35) mit Muskeln und Einfalt.

---

1 Verbessert zu: »da«.
2 Ersetzt durch: »Aber der Mann«.

Z. 36-38 gestrichen.
Z. 39, 40 gestrichen.

(Nach Pulv. risūs saltimb.[1]
(73) Wo o wo ist der Ort, ich trag ihn
im Herzen
(74) wo sie noch (*eingefügt:* lange) nicht konnten, [wo]
[sie] n o c h voneinander/
abfalln
(75) wie sich bespringende nicht recht/ / /
(76) paarige Thiere
(77) wo die Gewichte noch schwer sind
(78) wo noch von ihren vergeblich
(79) [im] wirbelnden[2] Stäben die Teller
torkeln
(nächstes linkes Blatt)

1 Markierung zur Einordnung der Stelle; also nach S. 79 b, Z. 257.
2 Verbessert aus »gewirbelten«.

70 a

Ein Engel pflückend
das kleinblüthige
rasch eingehende Lächeln
das auf der Zunge [lasch] bitter
schmeckt.
gepreßt Öl in eine Phiole
Sorris. Saltimb.

Der Ort, wo's noch nicht gekonnt
ist wo die
Teller
noch von den Stäben
torckeln
und wo . . . . . .
Euch bekommt das Schicksal
geschenkt, immer wenn
es noch jung ist
zum Spielen

70 b

(81) Und plötzlich in diesem Nirgends
plötzlich
(82) die unsägliche Stelle, wo sich das
reine Zuwenig
(83) unbegreiflich verwandelt,
(84) umspringt / in jenes [je] leere
(85) Zuviel /. Wo die vielstellige
Rechnung
(86) zahlenlos aufgeht . . .

III[1]

1 Markierung zur Einordnung der Stelle; also vor dem »IV« von S. 71 b.

71 a

Wo mans noch nicht kann
und dann die
Stelle,
wo sich das (*eingefügt:* zu) reine Zuwenig
verwandelt
in ein leeres Zuviel
wo die vielstellige zahlenlose
Rechnung
aufgeht

Liebliche deine Fransen sind
statt deiner glücklich
gewesen
über den jungen Brüsten.
(der Knabe)

nach Rechnung
aufgeht
305 (87) [O dieser Platz um] (*darüber:* Plätze, o Platz in
Paris, [dieser]
306 (geborener) (*darüber:* unendlicher) Schauplatz
307 (88) wo die Modistin La Mort
308 (89) die ruhlosen Wege der Erde, endlose
309 Bänder
310 (90) [schwingt] schlingt und windet und
311 [neue]
312 neue aus [ihnen] ihnen
313 (91) Schleifen erfindet, Rüschen, [künstliche]
314 [Blumen] (*darüber:* Blumen),
315 Kokarden, künstliche Knospen
316 alle /
317 (92) unwahr gefärbt
318 für die billigern
319 (93) Winterhüte des Schicksal

Diese Seite ist am Rande mit einer römischen »IV« beziffert.

daß die Modistin Lamort
die endlos langen Wege
der Erde, die Bänder zu Rosetten
und Schleifen [schwin] (*darunter:*) ordnet
und schlingt um
die billigen Hüte des Schicksals
Frühlings-
(Winter)
Knospen —
und (?) Früchte
dazu
Plätze ihr in
Paris,
jeder ein ewiger
Schauplatz
wo die Modistin
La Mort

Z. 104-109 schräg auf der rechten Seite; links davon Zeichnung: Hut (?).

73 a

mit den Bändern der endlosen
Wege der Erde putzt
die billigen
Winterhüte des Schicksals
Büschel (*?*), Knospen, Früchte
Blumen, jede anders
gefärbt
und jede/
Frühling[1]
vielleicht erst deine
Fransen manchmal
für dich glücklich
waren, oder die Seide
die schwarze in Ohnmacht
an deinen
[wa]

---

1 Eingekreist

warmen . . . . Brüsten
unter der Schulter
nicht heimlich
öffentlich unter
der Schulter ——
Und Knabe du, der wie's
nur Früchte kennen im
Herbst aufsprang
Anprall
an die harte Erde
Anprall ans
Grab[1]

1 Z. 135 f.: doppelt große Buchstaben.

Knabe,
der das kaum begonnene
Gesicht schon anfängt
zu verlieren an den
es brauchenden Körper

Ihr dem menschlichen
Leid / während einer
seiner langen Genesungen
geschenktes
Spielzeug

Teppich als Hätte dort
der Himmel der
Erde wehe gethan

76 a

Wie oft war ich dort
in meinem Herzen
wo sie noch nicht
können.

Engel
des Knaben
Lächeln
Gehst du dann und
pflückst rasch
von der heißen (*?*) . . . .
seines Mundes dieses
kleinblühende

77 a

186 (102) Würfen sie dann ihre letzten
187 immer ersparten
188 (103) immer verborgenen, die wir
189 nicht kennen,
190 ewig
191 (104) gültigen Münzen des Glücks
192 vor das endlich
193 (105) wahrhaft lächelnde Paar auf
194 gestillem (*verbessert aus:* dem stillen)[1]
195 (106) Teppich. —

S c h l u ß[2]
162 (94) Engel: es wäre ein Platz, den
163 wir nicht wissen, und dorten
164 (95) auf unsäglichem Teppich [spielten] (*darüber:*) zeigten[3]
165 die Liebenden [sich]
166 [die] die hier

---

1 Daher wohl der Schreibfehler.
2 Doppelt unterstrichen.
3 Gestrichen; am unteren Rand: »XzeigtenX« als Verweis auf S. 78 a Z. 172.

Z. 165 f. gestrichen.

es zum Können nicht bringen und
könnten
(101) vor den Zuschauern rings den
unzähligen lautlosen
Toten:
(95) Xzeigten die LiebendenX[1]
(96) die's hier/bis zum
Können nicht bringen ihre
(97) kühnen [reinen] (*darüber:* [reinen] hohen) Figuren
des
(98) Herzschwungs, ihre Thürme aus
Lust
aus vertheilten Gleichge-
wichten gebaut
mit nach oben
(99) ihre, längst, wo Boden nie war,
nur aneinander
(100) lehnenden Leitern,
bebend!!
und könnten[2]

---

1 Anschluß an S. 77 a Z. 164.
2 Viermal unterstrichen.

Z. 178-180 gestrichen.

abfällt, [mit] und
anprallt ans Grab: . . .

---

selten /
zärtlichen Mutter[1], doch an den Körper ver-
liert sich
der es flächig verbraucht, das schüchtern
[begonnene]
kaum versuchte Gesicht —. Und wieder

---

1 Ab Z. 263: Stichworte zum Einschub nach S. 80 a Z. 214 f.

Z. 261 f.: vgl. S. 74 a Z. 135 f.
Z. 264 ff.: vgl. S. 75 a Z. 137-141.

Muskeln und Einfalt[1]
(36) Oh ihr
(37) die ein Leid, das noch
(38) klein war/einst als
Spielzeug bekam in einer
(39) seiner/langen Genesungen.

---

(40) Du d e r mit dem Aufschlag wie
(41) nur Früchte ihn kennen, unreif
(42) täglich hundert Mal abfällt
vom Baum der gemeinsam/
(43) erbauten Bewegung der rascher
(44) als Wasser in wenig / Minuten
Lenz, Sommer und Herbst
hat,
(46) manchmal in halben
Pausen will dir
(47) ein liebes/Antlitz
entstehn,
hinüber

1 Stichworte zum Anschluß an S. 69 a Z. 61.

79 b

245 Thränen[1] . . .
246 (56) Und [dann] dennoch (*darüber:* [heißhin] blindlings)/ das [muthige]
247 (57, 58) Lächeln. Engel oh nimms
248 pflück's, das kleinblüthige
249 (59) bittere Heilkraut. Schaff
250 eine Vase, verwahrs,
251 stell's unter jene
252 (60) uns n o c h nicht offenen
253 Freuden + (in schöner) Urne
254 mit blauer blumiger Aufschrift
255 [Es] (*darunter:* Sie) heiße:
256 [Sorris. Saltimb.]
257 Pulv. risūs Saltimb.
258 (60, 61) + in lieblicher Urne / rühms
259 mit blumiger schwungiger (*über:* [??])
260 Aufschrift.

1 Stichwort zur Einfügung nach S. 80 a Z. 226.

Z. 245 ff.: vgl. S. 70 a Z. 62-68 und S. 76 a Z. 154-161.
Zur Niederschrift dieser Seite hat Rilke den Block herumgedreht.

80 a

(48) zu deiner dir selten
(50) zärtlichen Mutter, aber schon wieder
(51) klatscht der Mann in die Hand, zu dem
Ansprung
(52) und eh[e][1] dir/jemals ein Schmerz[en]/
/deutlicher wird in
der Nähe des immer
(53) trabenden Herzens,/ — kommt das
Brennen der Fußsohln
(54) ihm, seinem Ursprung zuvor mit
ein paar dir
(55) rasch in die Augen (gejagten) gestürzten
leiblichen Thränen

---

(62) Du (*eingefügt:* [aber], *darüber:* dann) Liebliche
(63) du, von den reizendsten Freuden
(64) stumm Übersprungne: vielleicht sind
(65) deine Fransen glücklich für dich
(66) oder über den jungen prallen
(67) Brüsten die grüne
(68) metallene Seide / fühlt
[fühlt sich] sich unendlich
verwöhnt und
entbehrt
nichts!

1 Nochmals »ehe« und daneben »eh«; letzteres die endgültige Formulierung.

Z. 227 ff.: vgl. S. 71 a Z. 88-91 und S. 73 a f. Z. 119-129.

238 (70) du immerfort anders
239 [hingelegte]
240 auf alle die Waagen der schwankenden
241 Handlung
242 (71) hingelegte Marktfrucht des
243 Gleichmuths
244 (72) öffentlich unter den Schultern.
245 [Du aber M][1]
320 hier
321 dann das vom
322 Nichtkönnen

---

323 Das von der
324 Modiste

---

325 und der schöne
326 Schluß[2]
327 (61) Subrisio
328 Saltat.[3]

---

1 Vgl. S. 69 a Z. 57.
2 Doppelt unterstrichen.
3 Z. 327 f.: schräg in der linken unteren Ecke.

Bei einer letzten Redaktion der Handschrift nimmt Rilke – nunmehr mit Tinte – folgende (meist stilistische) Verbesserungen vor:

S. 67 b: Z. 269 »Der wie ein Pflaster daliegt« zu »Aufgelegt wie ein Pflaster«

S. 69 a: Z. 52 »wäre« mit »läge« überschrieben
Z. 57 vor »Mann« wird »junge, der« eingefügt

S. 69 b: Z. 289 »abfalln« zu »abfieln«

S. 71 b: Z. 307 vor »Lamort« »Madame« eingefügt

S. 77 a: Z. 186 »sie« durch »die« ersetzt

S. 78 a: Z. 169 »den« gestrichen

S. 80 a: Z. 225 Von den Alternativen »(gejagten)« und »gestürzten« streicht Rilke zunächst die zweite, macht sie dann durch darunter gesetzte Punkte wieder gültig, entscheidet sich schließlich doch für die erste und streicht die um »gejagten« gesetzte Klammer.

S. 81 a: Z. 240 »die Waagen der schwankenden Handlung« ersetzt durch »des Gleichgewichts schwankende Waagen«.

Die Druckfassung weicht von der redigierten Handschrift nur in wenigen Details ab, z. B.:

S. 68 b: Z. 274 »Keule« ersetzt durch »Stempel«

S. 71 b: Z. 315 »Knospen« ersetzt durch »Früchte«.
(Rekonstruiert nach: Hans Jäger, Die Entstehung der fünften Duineser Elegie Rilkes, in: Dichtung und Volkstum 40 (1939), S. 213-36; überprüft nach der Handschrift im Rilke-Archiv, Gernsbach.)

Das Manuskript Rilkes nimmt die Seiten 67-81 eines Notizblockes vom Format 13,5 x 20,8 cm ein (Hochformat) und ist mit Bleistift geschrieben. Offensichtlich benutzte Rilke zunächst jeweils die Vorderseiten des Blocks (im Abdruck rechts und hier mit »a« nach der Seitenziffer gekennzeichnet) und fügte Ergänzungen, Erweiterungen und Verbesserungen später auf der gegenüberliegenden Rückseite des jeweils vorhergehenden Blattes (links; »b«) hinzu. Die Zeilenzählung entspricht der von Hans Jäger vermuteten Chronologie der Niederschrift. Streichungen Rilkes sind durch eckige Klammern gekennzeichnet.

B Handschriftenverzeichnis

1. Reinschriften der 1. und 2. Elegie (1912 und später)

B Reinschrift der 1. Elegie in das in Weimar gekaufte »kleine blaue Buch« vom 21. 1. 1912 sowie eine (wohl gesonderte) Reinschrift der 2. Elegie für Marie Taxis, die am 18. 5. 1912 vermutlich nach dieser – verschollenen – Vorlage eine eigenhändige Abschrift angefertigt: die Handschrift F (vgl. TT, 151). Siehe Nr. Z 13, 21, 26, 59.

E[abc] Schreibmaschinenkopie (mit Durchschlägen) der 1. und 2. Elegie; Vorlage wahrscheinlich die Handschrift B. Geschrieben 1912 oder später; ein Eigenexemplar und je ein Exemplar für Marie Taxis und Anton Kippenberg (Teil der Handschrift K; s. u.).

M Abschrift der 2. Elegie, in Büttenpapier-Umschlag mit Titel: ›Die Elegien 1912‹; Nr. 478 in: Katalog der Rilke-Sammlung Richard von Mises (Frankfurt/Main 1966).

C Reinschrift der 1. und 2. Elegie, geschrieben für Clara Rilke. Da Marie Taxis noch im Spätsommer 1913 eine Abschrift der ersten beiden Elegien für Clara Rilke nach München schickt (s. o. Nr. 59), dürfte C erst später entstanden sein.

2. Die ›Elegien‹ nach dem Stand von 1914/19

S Reinschrift der 1., 2., 6. (unvollendet), 3. (unvollendet) und 10. (erste Fassung) Elegie (alle unbeziffert). Betitelt »Elegien«, datiert »(Weihnachten 1914 und Neujahr 1915) Berlin«.

AK Dieses Elegienkonvolut schickte Rilke am 4. 11. 1918 an den Inselverlag; es sollte als letztwillige Fassung gelten, falls das Werk unvollendet bleiben würde. Das Manuskript umfaßt folgende Texte:

– »Die Elegien« (Umschlagtitel); enthalten:
3. Elegie,
4. Elegie,
6. Elegie: V. 1-31; dann in der Zeilenmitte: »(Mütter der Helden)« als Anhaltspunkt zum Schließen der Textlücke; darunter »(Fragment:)« und V. 42 bis 44, also der Elegienschluß,
10. Elegie: die 46 Verse der ersten Fassung (in diesem Band Nr. 63).
Alle Elegien sind unbeziffert; nur die 3. und 4. Elegie tragen am Schluß den Vermerk: »(Ende der ... Elegie)«, gelten also als abgeschlossen. Ursprünglich gehörte hierher auch eine Abschrift der 1. und 2. Elegie; es dürfte sich dabei um die Schreibmaschinenkopie E^c gehandelt haben, die 1922 in die als Druckvorlage dienende Handschrift K übernommen wurde.
– »Anfänge und Fragmente/aus dem/Umkreis der Elegien«; diese Beilage enthält die meisten der 1918 vorliegenden Fragmente. Es handelt sich um folgende Texte (hier chronologisch geordnet):
›Soll ich noch einmal Frühling haben‹ (Febr. 1912; oben Nr. 28),
›Siehe ich lebe. Woraus?‹ (März 1912; späterer Schluß der 9. Elegie),
›Wen aber des Leidens je der Eifer‹ (Frühsommer 1912; oben Nr. 33),
›Oh, daß ihr hier‹ (Sommer 1912; V. 1-4 der ›Gegen-Strophen‹; oben Nr. 35),
›Unwissend vor dem Himmel meines Lebens‹ (Frühjahr 1913; oben Nr. 53 a),
›Was, was könnte dein Lächeln mir‹ (Frühjahr 1913; oben Nr. 53 b),
›Ich bins, Nachtigall‹ (Frühjahr 1913; oben Nr. 57),
›Wo wir uns hier‹ (Juli 1914; oben Nr. 77),
›Immer wieder‹ (Ende 1914; oben Nr. 86).
Nicht aufgenommen und daher wohl bereits verworfen sind die Fragmente
›Soll ich die Städte rühmen‹ (Ende Januar 1912; oben Nr. 24).

›Blicke hielten mich hin, Sterne‹ (ca. 1. Februar 1912; oben Nr. 27) und
Auch der bereits vorhandene Anfang der 9. Elegie (V. 1-6a; März 1912) fehlt hier.

– »Fragliches zu den Elegien« (Umschlagtitel); enthalten:
›Ausgesetzt auf den Bergen des Herzens‹ (20. 9. 1914; oben Nr. 82). Über der Abschrift mit blauem Bleistift ein Fragezeichen; unter dem Text mit gleichem Stift der Vermerk: »? Elegien oder Gedichte?«;
›Musik: Atem der Statuen‹ (11/12. 1. 1918; WA 3, 111).

Siehe Nr. 112.

LAS Reinschrift für Lou Andreas-Salomé, vervollständigt vermutlich im Mai 1919. Die Handschrift entspricht in bezug auf die hier gesammelten ›Elegien‹ und ›Anfänge und Fragmente aus dem Umkreis der Elegien‹ genau dem Elegienkonvolut AK. Statt der dort unter dem Titel »Fragliches zu den Elegien« beigefügten zwei Gedichte findet sich hier jedoch der Text: ›Bestürz mich, Musik‹ (Mai 1913; WA 3, 60 f.). Siehe Nr. Z 57, 58, 118 Z; sowie LAS, 400 ff., wo die Handschrift abgedruckt ist.

NWV Abschrift der 1., 2., 3. und 10. (V. 1-15) Elegie, geschrieben 1919 für Nanny Wunderly-Volkart; Umschlagtitel: »Aus den Elegien/weihnächtliche Niederschriften für Nike (Locarno, 1919)«.
Siehe Nr. 124 und NWV, 1226.

YW »Drei Stücke/aus den Duineser Elegien«, geschickt an Yvonne de Wattenwyl mit einem Brief vom 28. 1. 1920. Die Handschrift, deren Aufenthaltsort nicht zu ermitteln war, umfaßt Abschriften der 1. und 2. Elegie (Überschrift: »Die sogenannte Engel-Elegie«), sowie ein »drittes Stück«, zu dem keine näheren Angaben vorliegen.
Siehe Nr. 132.

3. Vollständige Reinschriften der vollendeten Elegien (1922)

K Vorlage für den Druck, von Rilke an Anton Kippenberg geschickt. Dieses Elegienkonvolut umfaßt:

- 1. und 2. Elegie in der Abschrift E^c,
- 3., 4. (siehe Abbildung 5) und 6. Elegie in älteren, 1922 redigierten und vervollständigten Abschriften,
- 5., 7., 8., 9. und 10. Elegie in Reinschriften aus dem Februar 1922,
- ein Faltblatt mit Erläuterungen (in diesem Band erstmals veröffentlicht; Nr. 181 und Nr. 185),
- eine Aufstellung der Elegienabfolge »Die Folge der ›Elegien‹ nach den Anfangs-Zeilen«, die im Gegensatz zu obigem Faltblatt der endgültigen Reihenfolge entspricht,
- ein Inhaltsverzeichnis (vermutlich das mit Bleistift geschriebene Konzept zum Inhaltsverzeichnis der Handschrift T), das später im ›Inselschiff‹ abgedruckt wird (in diesem Band Nr. 221).

In weiterem Sinne zugehörig sind:

- der Entwurf eines Nachworts für den geplanten 2. Teil zu den ›Elegien‹, geschrieben am 8. 2. 1922 (in diesem Band Nr. 178),
- ein Umschlag mit der Überschrift »Fragmentarisches« (s. u. unter Ziffer 5).

Siehe Nrn. 181, 185, 198, 213, 221.

‹A› Rilkes Arbeits- und Handexemplar, aus dem die oben beschriebene Handschrift K hervorgegangen ist; getrennt erhalten sind demnach noch:

- Reinschrift der ersten Fassung der 10. Elegie (geschrieben 1914, 1922 mit Bleistift überarbeitet; in diesem Band Nr. 63),
- Reinschrift der ›Gegen-Strophen‹,
- die Sammlung ›Anfänge und Fragmente aus dem Umkreis der Elegien‹ aus dem Herbst 1918, die identisch ist mit den Textzusammenstellungen in AK und LAS.

Weitere Elegienreinschriften waren nach 1922 nicht in Rilkes Besitz.

T Reinschrift der Endfassung mit kleinen Abweichungen (im einzelnen nachgewiesen bei: Steiner); geschrieben für Marie Taxis in ein kleines, im Hochsommer 1919 in Soglio erhaltenes Schreibbuch. Eingetragen in drei Stufen:
- 1.-4. Elegie: eingeschrieben im Winter 1920/21 auf Schloß Berg,
- 6.-10. Elegie: eingeschrieben im Februar 1922,
- 5. Elegie: nachgetragen wahrscheinlich erst im Sommer 1922.

(Ein Faksimiledruck des Manuskripts T ist 1948 mit einem Begleitwort von Ernst Zinn erschienen.)
Siehe Nrn. 176, 186, 189, 192, 204, 213, 214.

L Reinschrift der Endfassung für Lou Andreas-Salomé; zusammengesetzt aus:
- 1.-4. Elegie aus der Handschrift LAS,
- 6., 8. und 10. Elegie in Abschriften vom 12. 2. 1922,
- 5., 7. und 9. Elegie in Abschriften vom 26. 2. 1922.

Siehe Nrn. 188, 200, 213.

4. Teilabschriften aus der Endfassung

(W) Abschrift der 5. Elegie, am 15. 2. 1922 an Nanny Wunderly-Volkart abgeschickt; verschollen.
Siehe Nr. 192.

V Abschrift der 5. und 6. Elegie, am 10. 3. 1922 an Dory Von der Mühll abgeschickt.
Siehe Nr. 201.

5. ›Fragmentarisches‹

‹Frag.› Noch nach der Vollendung des Elegienzyklus plante Rilke für die Buchausgabe einen »Zweiten Theil« mit dem Titel ›Fragmentarisches‹. Dieser sollte all das aufnehmen, was an Fragmenten und einzelnen Gedichten nicht in die ›Elegien‹ eingegangen war, vom Dichter jedoch für zugehörig gehalten wurde. Im Februar 1922 stellte Rilke so eine Folge von Gedichthandschriften zusammen, die ursprünglich in dem bei der Handschrift K erwähnten Umschlag mit dem Titel ›Fragmentarisches‹ enthalten war. Dazu gehörten folgende Texte (in chronologischer Folge):

- ›Erscheinung‹ (Frühjahr 1912; WA 3, 40 f.),
- ›Perlen entrollen‹ (vollendet Ende 1912; hier Nr. 43),
- ›Die Spanische Trilogie‹ (6.-14. 1. 1913; WA 3, 43 ff.),
- ›An den Engel‹ (14. 1. 1913; hier Nr. 46),
- ›So angestrengt wider die starke Nacht‹ (Ende Februar 1913; WA 3, 52 f.),
- ›Überfließende Himmel‹ (April 1913; WA 3, 54),
- ›Narziß. Dies also‹ (April 1913; hier Nr. 56),
- ›Christi Höllenfahrt‹ (April 1913; WA 3, 57 f.),
- ›Die Tauben‹ (April 1913; WA 3, 60),
- ›Bestürz mich, Musik‹ (Mai 1913; WA 3, 60 f.),
- ›Hinter den schuld-losen Bäumen‹ (1. Hälfte August 1913; WA 3, 61 f.),
- ›Witwe‹ (Herbst 1913; WA 3, 62),
- ›Ob ich damals war‹ (Herbst 1913; WA 3, 66 f.),
- ›Gedanken der Nacht‹ (Dezember 1913; WA 3, 67 f.),
- ›Die große Nacht‹ (Januar 1914; hier Nr. 64),
- ›Hinhalten will ich mich‹ (Anfang Januar 1914; WA 3, 75),
- ›Zu der Zeichnung, John Keats im Tode darstellend‹ (27. 1. 1914; WA 3, 75 f.),
- ›Hebend die Blicke‹ (Februar 1914; WA 3, 77 f.),
- ›Wie der Abendwind‹ (Winter 1913/14; WA 3, 78),
- ›Du im Voraus verlorne Geliebte‹ (Winter 1913/14; WA 3, 79),
- ›Wendung‹ (20. 6. 1914; hier Nr. 74),
- ›Klage‹ (Anfang Juli 1914; WA 3, 84),
- »›Man muß sterben weil man sie kennt.‹« (Juli 1914; WA 3, 85),

- ›Es winkt zu Fühlung‹ (August/September 1914; hier Nr. 79),
- ›Immer wieder, ob wir der Liebe Landschaft‹ (Ende 1914; hier Nr. 86),
- ›Liebesanfang‹ (Frühjahr oder Sommer 1915; WA 3, 99 f.),
- ›Der Tod Moses‹ (beendet Oktober 1915; WA 3, 102 f.),
- ›Der Tod‹ (9. 11. 1915; WA 3, 103 f.),
- ›Laß dir, daß Kindheit war‹ (Dezember 1920; hier Nr. 144),
- ›Gegen-Strophen‹ (V. 1-4 Sommer 1912; hier Nr. 35; vollendet 9. 2. 1922; WA 3, 136 ff.),
- ›Wir in den ringenden Nächten‹ (9. 2. 1922; WA 3, 138); es handelt sich ursprünglich um die mittlere Strophe eines dreistrophigen Gedichtes ›Liebe der Engel ist Raum‹ (WA 3, 474 f.; vgl. dazu Nr. 181); die 1. und 3. Strophe hat Rilke gestrichen.
- ›Manchen ist sie wie Wein‹ (um den 23. 2. 1922; WA 3, 139).

Berücksichtigt wurden nur von Rilke selbst angefertigte oder – wie im Fall von E^{abc} – mindestens von ihm benutzte Elegienabschriften. Zugrundegelegt sind die einschlägigen, unten angeführten Werke der Sekundärliteratur, besonders der wichtige Aufsatz von Ernst Zinn, sowie die in diesem Band gesammelten Materialien. Die Herausgeber konnten darüber hinaus im Deutschen Literaturarchiv in Marbach Einblick in die Handschriften AK und K nehmen.

Literaturnachweis

Rainer Maria Rilke, Die Duineser Elegien. Wiedergabe der Handschrift des Dichters aus dem Besitz der Fürstin Marie von Thurn und Taxis-Hohenlohe. Mit einem Begleitwort von Ernst Zinn (Zürich 1948).

Rainer Maria Rilke, Handschriften, Bücher mit Widmungen, Briefe. Auktionskatalog für die Versteigerung vom 23. 11.

1962. Ein Exemplar im Deutschen Literaturarchiv, mit handschriftlichen Notizen von Ernst Zinn.
Klaus W. Jonas/Ingeborg Schnack, Rainer Maria Rilke's Manuscripts in German and Austrian Collections, in: Monatshefte für deutschen Unterricht, deutsche Sprache und Literatur 56 (1964), S. 61-73.
Ingeborg Schnack, Die Rilke-Handschriften der Sammlung Kippenberg, in: Jahrbuch der deutschen Schillergesellschaft 7 (1963), S. 536-80.
Fritz Kunle, R. M. Rilke. Die Duineser Elegien. Eine Bibliographie 1912-1968. Erweiterte Seminararbeit der Universität Karlsruhe, 1969, S. 1-3.

C Tabelle zur Entstehung der ›Elegien‹

Entstehungsort und -zeit	1. Elegie	2. Elegie	3. Elegie	4. Elegie	5. Elegie	6. Elegie	7. Elegie	8. Elegie	9. Elegie	10. Elegie	Anfänge und Fragmente
Duino											
21. 1. 1912	beendet										
Ende Jan. 1912											Nr. 24: ›Soll ich‹
Jan./Feb. 1912		beendet									
ca. 1. 2. 1912											Nr. 27: ›Blicke hielten‹
Februar 1912											Nr. 28: ›Soll ich noch‹
Anfang 1912			1. Ansatz							V. 1-15	
Feb./März 1912						1. Ansatz					
März 1912									V. 1-6a + 77-79		
Venedig											
Frühsommer 1912											Nr. 33: ›Wen aber‹
Sommer 1912											Nr. 35: ›Gegen-Strophen‹ (V. 1-4)
Ronda											
Jan./Feb. 1913						V. 1-31					
Paris											
Frühjahr 1913											Nr. 53a: ›Unwissend vor‹ Nr. 53b: ›Was, was könnte‹
Mai 1913											Nr. 57: ›Ich bins‹
Spätherbst 1913			beendet			V. 42-44				erweitert	
Jahresende										1. fragm. Fassung	

nach Mitte Juli 1914								Nr. 77: ›Wo wir uns hier‹
München/Berlin? Ende 1914								Nr. 86: ›Immer wieder‹
München 22./23. 11. 1914	beendet							
Schloß Berg Dezember 1920								Nr. 144: ›Laß dir‹
Muzot								
7. 2. 1922				beendet				
7./8. 2. 1922					– – – – beendet			
9. 2. 1922						beendet		›Gegen-Strophen‹ (WA 3, 136ff.) beendet
9. 2. 1922 abends			beendet					
11. 2. 1922							beendet (neu ab V. 13)	
14. 2. 1922		beendet						
26. 2. 1922				neuer Schluß				

Ermittelt nach den Angaben von Ernst Zinn (WA 2, 872f. und passim) sowie nach den Materialien dieses Bandes.

Editorisches Nachwort

1. Alle in diesen Materialienband aufgenommenen Selbstzeugnisse Rilkes zu den ›Duineser Elegien‹ sind mit einer *Kennziffer* versehen, die in Querverweisen, Anmerkungen und Registern zur Kennzeichnung des betreffenden Textes verwendet wird. Bei Verweis auf einen der verbindenden Zwischentexte wird vor bzw. hinter der Kennziffer ein Z beigefügt.
   Die zugrundegelegte *Textausgabe* ist jeweils mit Buchstabensigel – aufzuschlüsseln nach dem *Quellenverzeichnis* – und Seitenangabe nachgewiesen.

2. Alle *Gedichte* und *Prosadichtungen* Rilkes werden nach der zwölfbändigen ›Werkausgabe‹ (WA) zitiert, die in Text und Seitenzahl identisch ist mit der sechsbändigen Ausgabe der ›Sämtlichen Werke‹ (SW), beide besorgt von Ernst Zinn. Für die Umrechnung unserer Belegstellen ist also nur zu berücksichtigen, daß jeweils zwei Bänden der WA ein Band der SW entspricht.

3. Da eine historisch-kritische Ausgabe der ›Elegien‹ bekanntlich nicht vorliegt, erschien es den Herausgebern sinnvoll, die wenigen meist an verstreuten und entlegenen Orten veröffentlichten *Entwürfe* Rilkes in diesem Band zu sammeln – wenn auch die philologische Zuverlässigkeit mitunter zweifelhaft erschien. Hinzugefügt wurde die Vorstufe zu einigen Versen der 8. Elegie (Nr. 177 a), die Frau Hella Sieber-Rilke erst vor kurzem im Archiv Gernsbach aufgefunden hat. Überall dort, wo bereits im Entwurf der Text der Endfassung erreicht ist, wird die entsprechende Verszahl aus den ›Elegien‹ der Zeile in Klammern vorangestellt.
   Einen Sonderfall stellt die zuletzt entstandene *5. Elegie* dar (Anhang, Teil A). Hans Jäger hat in seinem Aufsatz ›Die Entstehung der fünften Duineser Elegie Rilkes‹ (Dichtung und Volkstum 40 (1939), S. 213-36) Rilkes Handschrift nachgedruckt, allerdings dabei den Text in die Reihenfolge gebracht, die er für die Niederschrift der Elegie ermittelt zu haben glaubt. Um den Leser von dieser Rekonstruktion

unabhängig zu machen und den Prozeß der Entstehung und Veränderung der Dichtung anschaulicher darzustellen, haben die Herausgeber es unternommen, aus Jägers Darstellung die Originalhandschrift wiederzugewinnen. Das Ergebnis konnte noch während der Drucklegung mit dem in Gernsbach liegenden Manuskript verglichen und an einigen Stellen verbessert werden. Das gleiche gilt für die Entwürfe zur 2. und 9. Elegie.

4. Die überwiegende Mehrheit der in diesen Band aufgenommenen *Briefe* und *Aufzeichnungen* liegen bereits veröffentlicht vor. Bei mehrfach abgedruckten Texten wurde in der Regel nach der zugänglicheren Ausgabe zitiert. Unsere Kürzungen sind durch das übliche Auslassungszeichen [. . .] gekennzeichnet. In den zugrundegelegten Briefausgaben sind Auslassungen der Herausgeber oft nicht von den durch Rilke selbst häufig benutzten drei Punkten . . . zu unterscheiden; hier, wie auch sonst in bezug auf Orthographie und Interpunktion, folgen wir ohne Veränderungen dem bisherigen Abdruck; nur offensichtliche Druckfehler wurden stillschweigend berichtigt. Kürzungen an Textanfang und -schluß werden nicht eigens gekennzeichnet – bei Briefen weist das Fehlen von Anrede oder Unterschrift ohnehin ausreichend auf sie hin. Nur bei Beginn mitten im Satz ist dem Text ein Auslassungszeichen vorangestellt.
   Die Texte Nr. 132, 146, 190, 195, 204, 226, die bisher nur in Ingeborg Schnacks ›Rilke-Chronik‹ oder dem von Joachim W. Storck besorgten Ausstellungskatalog auszugsweise veröffentlicht waren, wurden an den Handschriften überprüft, gegebenenfalls korrigiert und in drei Fällen (Nr. 146, 190, 195) dem Umfang nach erweitert.
   Bislang völlig unveröffentlicht waren die Texte Nr. 83, 104, 181 und 185. Abgesehen von offensichtlichen Schreibfehlern folgen Orthographie und Interpunktion in allen Fällen den im Deutschen Literaturarchiv, Marbach, aufbewahrten Manuskripten.

5. Aufzeichnungen über *Gespräche* mit Rilke aus der Flut der Erinnerungsbücher fanden – nicht zuletzt wegen ihres apokryphen Charakters – nur vereinzelt Aufnahme.

6. Die *Anmerkungen* zu den abgedruckten Texten enthalten die zum Verständnis nötigen Informationen über Zusammenhänge, Personen und Sachprobleme. Die Herausgeber konnten bei der Ermittlung der Fakten auf bereits vorliegende Kommentare zurückgreifen.
Außerdem wird auf parallele Aussagen Rilkes in anderen Briefen verwiesen; erschien die Nuancierung den Herausgebern wichtig genug, ist die entsprechende Stelle wörtlich zitiert.

7. Die nötigen Informationen zur Biographie Rilkes können aus den *Zwischentexten* entnommen werden; in ihnen finden sich außerdem Hinweise auf die Entstehung wichtiger Dichtungen und auf Rilkes vielfältige produktive Beziehungen zu seinen Zeitgenossen. Hier war natürlich ebenfalls nur eine Auswahl möglich; für nähere Einzelheiten sei daher auf zwei Standardwerke der Rilke-Forschung verwiesen: Ingeborg Schnacks ›Rilke-Chronik‹ und den Katalog der Marbacher Rilke-Ausstellung, denen auch die Herausgeber sehr verpflichtet sind.

8. Die verstreuten Angaben über die bisher bekannt gewordenen Elegienabschriften Rilkes sind in einem *Handschriftenverzeichnis* (Anhang, Teil B) gesammelt, das auch eine Aufstellung der von Rilke zusammengestellten ›Anfänge und Fragmente aus dem Umkreis der Elegien‹ enthält und die für einen geplanten zweiten Teil zur Elegiendichtung – unter dem Titel ›Fragmentarisches‹ – vorgesehenen Texte aufführt.
Eine *Tabelle zur Entstehung der ›Elegien‹* (Anhang, Teil C) sammelt die von Ernst Zinn ermittelten Daten zur Chronologie der ›Elegien‹ und Elegienfragmente.

9. Die diesem Materialienband beigefügten *Register* tragen seinem Charakter als Arbeitsbuch Rechnung; sie sollen primär die aufgenommenen Selbstzeugnisse Rilkes aufschlüsseln helfen, beziehen jedoch, wo dies sinnvoll erscheint, auch Zwischentexte und Anmerkungen ein. Im *Personenregister* wurde auf nähere biographische Angaben verzichtet, da in Ingeborg Schnacks ›Rilke-Chronik‹ und

im letzten Band von Ernst Zinns ›Werkausgabe‹ (WA 12, 1565 ff.) zwei ausgezeichnet kommentierte Personenregister vorliegen. Im *Sachregister* wird über die Aufschlüsselung des Materialienbestandes nach Themengruppen hinaus auch auf zusätzliche Briefstellen verwiesen, deren Aufnahme den Rahmen dieses Bandes gesprengt hätte.

Unser Dank gilt Herrn Christoph Sieber-Rilke und seiner Gattin für freundlich gewährte Einsicht in die ›Elegien‹-Manuskripte und tatkräftige Unterstützung beim Entziffern der Entwürfe. Er gilt ferner Ernst Zinn für wertvolle Auskünfte zu Fragen der ›Elegien‹-Philologie, sowie Klaus W. Jonas und Rätus Luck, die uns handschriftliches Material zur Verfügung stellten.

Das Rilke-Archiv in Gernsbach, das Deutsche Literaturarchiv in Marbach und das Rilke-Archiv der Schweizerischen Landesbibliothek in Bern ermöglichten uns, mit freundlicher Genehmigung der Rilkeschen Erben, den Abdruck bisher unveröffentlichter Manuskripte aus ihren Beständen.

Besonders verpflichtet sind wir Joachim W. Storck für unermüdliche Hilfsbereitschaft und wichtige Auskünfte sowie den Mitarbeitern der Bamberger Staatsbibliothek, die die zahllosen für diesen Band durchzusehenden Rilkeana bereitstellten.

Die Herausgeber

Personenregister

Auf die Empfänger von Rilkes Briefen, auf Gesprächspartner – bei Gesprächsnotizen – und auf die Adressaten von Widmungsgedichten wird mit kursiven Kennziffern verwiesen. Ein beigefügtes »A« steht für Anmerkung.

Abraham, Dr. K. Z59
Albert-Lasard, Lou Z82
Alcoforado, Marianna 22, 25, 29
Andreas-Salomé, Lou *2, 18, 20, 23, 41*A, *44,* Z58, *58,* 59, Z60, *68, 75,* Z78, *81, 115,* 118Z, *147, 188, 197, 200,* 213, *222*A, *236, 250, 260*
Angela da Foligno 41
Aman-Volkart, Elisabeth *209*
Aretin, Erwein Freiherr von 177a
Augustinus, Aurelius 92

Battenberg, Anna von 208
Baudelaire, Charles 164
Baumgarten, Antonie *11*
Baumgartner, Frida 165
Beethoven, Ludwig van 66, 91
Bellmann, Carl Michael 146
»Benvenuta« (Magda von Hattingberg) *18*A, *47*A, *59*A, *65, 66, 67,* 70, Z71, Z72, *74*A, Z76, *127*A
Bernhard, Hedwig *59*A
Betz, Maurice *161*A, *257, 267*A
Bjerre, Dr. Paul Z59, 59
Bodländer, Rudolf, *191*A, *202,* 203
Bonsels, Waldemar 151, 259
Breughel, Pieter der Jüngere 260
Briod, Blaise *240*
Bruckmann, Elsa *15*
Brüstlein, Francine *146*
Bunin, Iwan 264
Burckhardt, Carl Jacob 201, Z267
Busoni, Ferrucio Z70

Carossa, Hans *243*
Cézanne, Paul 91, 175
Chevron, Isabelle de 159
Clavel, Fanette *241*
Crouy-Chanel, Gräfin Livia 219, 227

Dante Alighieri 22
Dehmel, Richard 205
Delp, Ellen *95, 97, 170,* Z225
Dietrichstein, Gräfin Aline *111*
Dostojewski, Feodor M. 29
Dobrženský, Gräfin Mary 142, *190, 195*

Eeden, Frederik van *59*
Eisner, Kurt 99A, Z113, 118Z
Erdmann, Ilse *94, 94*A, *104*
Escher, Nanny von 167, *235*

Faesi, Jenny *242*
Faesi, Robert *242*
Fischer, Hedwig *14*
Fischer-Colbrie, Arthur *262*
Flaubert, Gustave 87
Fließ, Prof. Dr. Wilhelm *169*
Franck, Henry 202
Franz von Assisi 191
Freud, Sigmund 2A, 20, 59
Freundin, eine junge *266*
Freyhold, Edmund Karl von 227

Gautier, Théophile 205

Gebsattel, Victor Emil Freiherr von *19*, 20, *23*A
George, Stefan 205
Gide, André *162*A, *206*
Gisler, Leni 147
Goethe, Johann Wolfgang von 29, 205
Goldschmidt-Rothschild, Marianne von (Marianne Mitford) *85, 87, 92, 96*
Greco, El (Dominico Theotokopuli) 37, 39, 42, 48, 68
Greenham, Miss 16
Guérin, Maurice de 12
Gulbransson, Grete Z60
Guttmann, Angela 176

Haemmerli-Schindler, Dr. med. Theodor 260
Haller, Hermann *253*
Hattingberg, Magda von siehe »Benvenuta«
Hauptmann, Gerhart Z108
Heidrich-Herxheimer, Dora *1*A
Heise, Lisa *207*
Heller, Hugo 51
Hellingrath, Norbert von 78
Hennebert, Marthe 147
Hepner, Lotte *98*
Heydt, Elisabeth von der *84*
Heydt, Karl von der *47*A, *84, 118*
Heygrodt, Robert Heinz *175*
Heymel, Alfred Walter Z85
Hofmannsthal, Hugo von 26, *26*A, 51A, Z103, *244*
Hölderlin, Friedrich 78, 80
Hulewicz, Witold *2*A, *246, 261*

Jaffé, Edgar 99A, Z113
Jaffé, Else *99*
Jaffé, Peter Z99
Jahr, Ilse *224*
Jaloux, Edmond *258*
Jung, Carl Gustav Z59

Kassner, Rudolf Z7, 15, 26, 30, Z41, *49, 71, 74*A, 187
Kessler, Harry Graf *108*
Kierkegaard, Soeren 94
Kippenberg, Anton Z3, *6,* Z13, *13*A, *30, 37, 45,* Z58, Z78, *101*A, *105, 106, 111*A, *166, 183,* 186, *193, 198, 203,* 210, 213, 221, *228, 228*A, *256, 265, 265*A
Kippenberg, Katharina Z13, *54, 107, 112, 114, 120, 128, 168, 208*A, *223, 231, 267*
Klee, Paul Z88
Klopstock, Friedrich Gottlieb Z34
Klossowska, Baladine siehe »Merline«
Knoop, Gertrud Ouckama *163, 171, 226, 245*
Knoop, Wera Ouckama 171, 261
Koenig, Hertha *83, 89,* 95, Z107, Z192
Kokoschka, Oskar Z103
Kolb, Annette *22*
Kraus, Karl Z103
Kröller, A. G. *254*
Kutschera, Oswald von *133*A; *136*

Labé, Louize 22
Larsen, Johann Anker 259
Ledebur, Dorothea von *113*
Lehr, Lorenz *263*
Lenéru, Marie 219
Liebknecht, Sophie Z113
Liliencron, Detlev von 205
Lionardo da Vinci 102, 163

Mallarmé, Stéphane 163
Marc, Franz Z106
Marwitz, Adelheid von der *116, 121*
Marwitz, Bernhard von der 116
Masson-Ruffy, Marguerite *218*
»Merline« (Baladine Klossowska)

140, 145, Z148, *148, 150, 151, 152,* Z159, Z160, 164, *182, 211,* Z214, Z230, *230*
Mewes, Anni *117*A
Michelangelo Buonarroti 48, 92
Mirbach, Gräfin Marie Therese *139, 142, 153, 164, 251*
Mitford, Marianne siehe: Goldschmidt-Rothschild, Marianne von
Moodie, Alma 227
Moos, Xaver von *137*A
Münchhausen, Anna Freifrau von *78*A
Münchhausen, Thankmar Freiherr von *90, 255*
Musil, Robert Z70

Nádherný von Borutin, Sidonie *36, 52,* Z*66, 78, 103, 141, 232*
Nevar, Elya Maria *116*A
Nietzsche, Friedrich 2A
»Nike« siehe: Wunderly-Volkart, Nanny
N. N. *40, 78*A
Noailles, Anna de 116A
Nölke, Gudi *133, 155, 204, 216*
Nordeck zur Rabenau, Julie Freifrau von *18*A
Nostitz, Helene von *32, 42,* 58, *62*A, *91*

Oettingen, Sophie Fürstin von 187

Paulus Silentarius 116A
Petrarca, Francesco 29
Picard, Max *233*
Picasso, Pablo 83, 89, 90, 95
Pritzel, Lotte Z66
Purtscher-Wydenbruck, Nora *160, 162, 174, 208*A, *234, 252*

Rayson, Thérésine 26
Reinhart, Werner 206, 227
Rembrandt van Rijn, Harmensz 85
Rham, Monsieur de 159
Rilke, Christine 237
Rilke, Clara *10,* Z13, 19, 20, 59, *66*A, *160*A, *206*A, 229, 254A
Rilke, Josef 127, 219
Rilke, Rainer Maria (eigene Aufzeichnungen) *8, 9, 47, 48, 69, 181, 185, 194, 220*
Rilke, Ruth 10A, Z13, 59
Rilke, Sophie *239*
Rodin, Auguste Z1, 70, 91, 137A, 153, 266
Rolland, Romain 116
Romanelli, Mimi *22*A
Ruffy, Odette *218*

Sadée, Ilse *29*
Saint-Hélier, Monique *240*
Schaer, Alfred *249*
Schey-Rothschild, Philipp Freiherr Z101
Schlözer, Leopold von *131*
Schmidt-Pauli, Elisabeth von *119*
Schuler, Alfred 226
Sedlakowitz, Cäsar Edler von Lanzenkampf *144*A
Seif, L. Z59
Sizzo-Noris, Margot Gräfin *172, 196, 205, 219, 219*A, *227*
Stampa, Gaspara 22
Stauffenberg, Caroline Schenk von *109, 116*A, *117*
Stauffenberg, Dr. med. Wilhelm Freiherr Schenk von 78, 81, 83, 93, 109
Strohl, Jean *248*
Struve, Lev P. *264*
Studer-Goll, Claire *225*

Taube, Otto Freiherr von 136
Tausk, Victor Z59

Thurn und Taxis, Prinz Alexander von (»Pascha«) 41
Thurn und Taxis, Fürstin Marie von Z7, Z8, *8*A, Z13, *13,* Z15, *16, 17, 21, 26,* 30, *30*A, *31,* 32, *34, 37*A, *38, 39, 41, 51, 57*A, *59, 61, 62, 70,* Z71, *88, 90*A, *93, 100, 101,* Z102, *102, 110, 114*A, *129, 135, 142*A, 147, *149,* 157, *160*A, *161, 173, 187, 199, 199*A, 208, *210,* 212, *213, 214, 222*
Toller, Ernst Z113
Tolstoi, Leo 2A, 98
Turgénieff, Iwan Sergejowitsch 87

Uexküll, Jakob von *5*A
Ullmann, Regina *139*A, Z225
Ungern-Sternberg, Rolf Freiherr von *158*

Valéry, Paul 161, 163, 208, Z219, Z250, Z267, 267Z
Valmarana, Contessina Agapia (Pia) di *39*A, *73,* 147, 210, *247*
Verhaeren, Emile 116, 191
Verlaine, Paul 164
Von der Mühll, Dory *125,* 201, *201*A, *212*
Von der Mühll, Hans *137*

Walter, Reinold von *156*
Wattenwyl, Yvonne de 124, *132*
Weininger, Marianne *144*A
Werfel, Franz Z78
Wilhelm II Z113
Wunderly-Volkart, Nanny (»Nike«) *123, 124, 124*A, *126, 127,* Z133, *133*A, *134, 138,* Z140, *143, 157, 159, 159*A, *165, 167, 176, 176*A, *177, 180, 184, 186, 189, 192, 201, 206*A, *208, 213*A, *214*A, *215, 217, 219*A, *222*A, Z225, *237, 238, 259*

Zeno, Carlo 36A
Ziegler, Lily Z140
Ziegler, Richard Z140, 142
Zwetajewa-Efron, Marina Z267

Sachregister

O. Überblick

1. ›ELEGIEN‹-ORTE UND ›ELEGIEN‹-LANDSCHAFTEN
2. KUNST–LEBEN–KONFLIKT
3. WELTKRIEG UND REVOLUTION
4. ZIELSETZUNGEN UND SELBSTDEUTUNG DER ›ELEGIEN‹
5. ZU DEN ›DUINESER ELEGIEN‹
6. ZU SONSTIGEN WERKEN
7. AUFGENOMMENE KONTEXTE, LYRISCH UND EPISCH

1. ›Elegien‹-Orte und ›Elegien‹-Landschaften (alphabetisch)

Ägypten 10, 11, 66, 68, 195, 249, 261, 266

Duino Z7, 13, 14, 15, 16, 18, 26, 32, 36, 70, 88, 117, 120, 125, 128, 130, 131, 147, 172, 173, 178, 183, 184, 187, 188, 204, 205, 206

›Elegien‹-Ort, allgemein 13, 36, 62, 73, 89, 90, 93, 114, 119, 120, 121, 125, 126, 128, 129, 134, 158

Vgl. auch:
An Marianne von Goldschmidt-Rothschild, 10. 8. 18 (Schnack, 601),
An Anton Kippenberg, 29. 12. 19 (AK, 355),
An Marie Taxis, 4. 1. 20 (TT, 581),
An Prinz Schönburg, 12. 1. 20 (GB IV, 283 ff.),
An Dorothea Freifrau von Ledebur, 15. 1. 20 (GB IV, 288 f.),
An Merline, 17. 10. 20 (M, 77),
An Anton Kippenberg, 31. 5. 21 (AK, 386 f.).

Muzot 159, 160, 166, 173, 174, 182, 183, 187, 195, 196, 199, 206, 211

Vgl. auch:
An Marie Taxis, 25. 7. 21 (AB, 678 ff.),
An Rolf Freiherr von Ungern-Sternberg, 20. 12. 21 (RUS, 329),
An Lisa Heise, 27. 12. 21 (AB, 716 f.),
An Lou Andreas-Salomé, 29. 12. 21 (LAS, 436 f.),
An Hedwig Fischer, 26. 4. 22 (F, 88).

Paris 62, 131, 138, 139, 142, 146, 147, 164, 204, 260, 266
Zur Paris-Reise vom Herbst 1920

vgl. auch:
An Fanette Clavel, 24. 10. 20 (Schnack, 706),
An Elisabeth Schmidt-Pauli, 16. 11. 20 (ESP, 91 f.),
An Hans Reinhart, 19. 11. 20 (GB IV, 328 f.),
An Sidonie Nádherný, 20. 11. 20 (SN, 312 f.),
An Gudi Nölke, 21. 11. 20 (GN, 68 f.),
An Inga Junghanns, 23. 11. 20 (AB, 634 f.),
An Elya Maria Nevar, 13. 12. 20 (EMN, 165),
An Rudolf Junghanns, 18. 12. 20 (RJ, 22),
An Carl J. Burckhardt, 21. 12. 20 (GB IV, 368 f.),
An Helene von Nostitz, 5. 2. 21 (HN, 108),
An Rolf Freiherr von Ungern-Sternberg, 8. 2. 21 (RUS, 306).
Provence 2, 159, 160, 249, 257, 266
Schloß Berg 138, 142, 147, 148, 155, 158, 167
Vgl. auch:
An Elisabeth Schmidt-Pauli, 16. 11. 20 (ESP, 58 f.),
An Merline, 18. 11. 20 (M, 93 ff.),
An Hans Reinhart, 19. 11. 20 (GB IV, 328),
An Marie Taxis, 19. 11. 20 (AB, 630 f.),
An Sidonie Nádherný, 20. 11. 20 (SN, 311 f.),
An Gudi Nölke, 21. 11. 20 (GN, 69 f.),
An Inga Junghanns, 23. 11. 20 (AB, 635),
An Nanny von Escher, 9. 12. 20 (GB IV, 345 ff.),
An Merline, 12. 12. 20 (M, 116 ff.),
An Elya Maria Nevar, 13. 12. 20 (EMN, 165 f.),
An Marie Taxis, 15. 12. 20 (TT, 628),
An Rudolf Junghanns, 18. 12. 20 (RJ, 21 ff.),
An Carl J. Burckhardt, 21. 12. 20 (GB IV, 367 ff.),
An Georg Reinhart, 30. 12. 20 (WA 12, 1504),
An Helene von Nostitz, 5. 2. 21 (HN, 108),
An Marie Taxis, 7. 5. 21 (TT, 658),
An Anton Kippenberg, 31. 5. 21 (AK, 386 f.).
Soglio 120, 121, 126, 142
Vgl. auch:
An Lotte von Wedel, 1. 8. 19 (Katalog, 248),
An Elisabeth Schmidt-Pauli, 14. 8. 19 (ESP, 84 f.),
An Resi Hardy, 25. 8. 19 (Schnack R, 19),
An Anton Kippenberg, 29. 12. 19 (AK, 355).
Spanien 37, 38, 39, 41, 42, 45, 48, 54, 65, 68, 97, 116, 117, 119, 159, 160, 204, 249, 266
Venedig 31, 36, 133, 147, 249
Wallis 137, 159, 160, 173, 199, 248
Vgl. auch:
An Gertrud Ouckama Knoop, 26. 11. 21 (AB, 700 f.),

An Lisa Heise, 27. 12. 21 (AB, 716f.),
An Ilse Erdmann, 24. 2. 22 (AB, 754 f.),
An Lou Albert-Lazard, 19. 3. 22 (LAL, 172 f.),
An Veronika Erdmann, 1. 3. 26 (AB, 925 f.).

2. Kunst–Leben–Konflikt

Alleinsein – Sehnsucht nach Menschen 9, 13, 15, 16, 17, 18, 32, 34, 41, 44, 47, 75, 119, 120, 125, 126, 127, 128, 129, 140, 145, 148, 163, 164, 165, 196, 201, 202, 205, 249, 251
Psychoanalyse als Ausweg 19, 20, 23, 59, 81
Vgl. auch:
An Lou Andreas-Salomé, 28. 12. 11 (AB, 302),
An Gertrud Ouckama Knoop, 12. 9. 19 (AB, 609).
Arbeitsunterbrechung 1921 148, 149, 150, 151, 152, 153, 154, 155
Vgl. auch:
An Gudi Nölke, 19. 2. 21 (GN, 73 f.),
An Katharina Kippenberg, 9. 3. 21 (KK, 397 f.),
An Simone Brüstlein, 28. 11. 21 (Katalog, 265).
»Rückschlag« nach Vollendung der ›Elegien‹ 197, 219, 223, 232, 250, 251, 260

3. Weltkrieg und Revolution

Stellungnahme zum Krieg 78, 84, 85, 87, 88, 90, 91, 93, 95, 96, 105, 107, 109, 110, 111, 114, 131
Militärdienst als Arbeitsunterbrechung 100, 101, 102, 103, 105, 106, 108, 114
Stellungnahme zur Revolution 113, 115, 118

4. Zielsetzungen und Selbstdeutung der ›Elegien‹

4, 5, 6, 40, 41, 75, 85, 90, 93, 94, 97, 98, 99, 104, 108, 111, 116, 117, 119, 120, 121, 122, 130, 134, 135, 136, 141, 151, 156, 162, 163, 170, 171, 175, 191, 194b, 194c, 195, 196, 201, 202, 203, 207, 208, 212, 216, 219, 223, 224, 227, 232, 235, 239, 249, 251, 252, 258, 261, 262, 264, 265, 266, 267

5. *Zu den ›Duineser Elegien‹*

Einzelne Elegien:
1. Elegie 12, Z13, Z21, 21, 22, 26, 30, 39, 44, 45, 51, 66, 67, 120, 132, 167, 181, 261
2. Elegie 9, 10, 11, 18, 22, 25, 30, 39, 44, 45, 51, Z55, 61, 68, 181, 261
3. Elegie Z26, Z59, Z60, 60, 157, 181
4. Elegie 3, Z66, 67, Z100, 101, 118Z, 157, 181, Z219
5. Elegie 1, 82A, Z83, 89, 90, 95, 123, 191, 192, 193, 197, 200, 201, 220, 222, 223
6. Elegie 10, Z29, 49, 50, 52, Z60, 67, Z181, 181, 184, 188, 201
7. Elegie 10, 29, 31, Z177a, 181, Z200, 200, 261
8. Elegie Z21, 68, 69, 71, 72, 177a, 181, 187, 188, 226, 252, 259, 264
9. Elegie Z29, 29, 92, 94, Z179, 179, 181, 200, 249, 254, 261
10. Elegie Z26, 63, 66, Z122, 181, Z185, 185, 186, 187, 188, 191, 193, 195, 209, 218, 261

›Gegen-Strophen‹ (ehemalige 5. Elegie) Z35, Z181, 181, 184, 192, 197

Entwürfe zur
2. Elegie 25
3. Elegie 60
4. Elegie Z100
6. Elegie 50
8. Elegie 177a
9. Elegie 179

›Anfänge und Fragmente aus dem Umkreis der Elegien‹ 24, 27, 28, 33, 35, 53a, 53b, 57, 63, 77, 86, 144

›Fragmentarisches‹ (geplanter 2. Teil zu den ›Elegien‹) Z178, 178, 181, 183, 192, 197, 198

›Elegien‹-Handschriften Z13, 21, 26, Z57, 58, 59, Z86, 112, 118Z, 124, 132, 176, 181, 185, 186, 188, 189, 192, 198, 200, 201, 204, 213, 214, 221

Briefe zur Vollendung der ›Elegien‹ 180, 182, 183, 184, 186, 187, 188, 189, 190, 192, 193, 195, 196, 197, 198, 200, 204, 205, 206, 207, 212, 225, 229, 234, 237, 239, 262

Vgl. auch:
An Ilse Erdmann, 24. 2. 22 (AB, 754 f.),
An Lou Albert-Lazard, 19. 3. 22 (LAL, 172 f.),
An Hedwig Fischer, 6. 4. 22 (F, 86),
An André Gide, 19. 4. 22 (AG, 136),
An Hedwig Fischer, 26. 4. 22 (F, 88 f.),
An Nora Purtscher-Wydenbruck, 14. 7. 22 (GB V, 157 f.),
An Gallarati Scotti, 10. 8. 22 (GaS, 9),
An Elisabeth von der Heydt, 17. 8. 22 (GB V, 160 f.),

An Sidonie Nádherný, 30. 11. 22 (SN, 322),
An Inga Junghanns, 5. 4. 23 (IJ, 222 f.),
An Elya Maria Nevar, 7. 12. 23 (EMN, 188),
An Nanny von Escher, 22. 12. 23 (AB, 851 f.),
An Fanette Clavel, 9. 1. 24 (Schnack, 889),
An Hedwig Fischer, 29. 1. 24 (F, 91 f.),
An Hans Carossa, 7. 2. 24 (GB V, 232 f.),
An Witold von Hulewicz, 15. 2. 24 (GB V, 245 f.),
An Dorothea Freifrau von Ledebur, 15. 4. 24 (GB V, 272 f.),
An Arthur Fischer-Colbrie, 18. 12. 25 (AB, 914 f.),
An Veronika Erdmann, 1. 3. 26 (AB, 925 f.).
Widmungsgedichte zu den ›Elegien‹ 230, 233, 238, 240, 241, 242, 243, 244, 245, 246, 247, 248, 253, 254, 255, 263
Siehe auch: 236
Vorlesen der ›Elegien‹ 30, 70, Z78, 157, 187, 198, 199, 201, 208, 210, 212, 227, 267Z
Zur Veröffentlichung der ›Elegien‹ 30, 51, 109, 198, 210, 213, 214, 215, 216, 217, 220, 222, 228, Z230, 231, 256
Vgl. auch:
An Anton Kippenberg, 5. 7. 17 (AB, 534 f.),
An Marie Taxis, 4. 1. 20 (TT, 581),
An Reinold von Walter, 4. 6. 21 (RvW, 401),
An Hedwig Fischer, 26. 4. 22 (F, 89),
An Anton Kippenberg, 7. 4. 23 (AK, 429),
An Katharina Kippenberg, 18. 4. 23 (KK, 495).

6. Zu sonstigen Werken

Ach, da wir Hülfe 34
Ach wie du ausholst, Vogel 57A
An den Engel Z41
Die Aufzeichnungen des Malte Laurids Brigge Z1, 2A, 6, 7, 8, 11, 17, 18, 22, 23, 29, 34, 36, 37, 45, 67, 93, 98, 108, 147, Z154, 223, 252, Z257, 257, 261
Auguste Rodin Z1
Aus dem Nachlaß des Grafen C. W. 10, 143, 167
Ausgesetzt auf den Bergen des Herzens Z82
Bestürz mich, Musik Z57
Das Buch der Bilder Z1, Z122, 257
Die Bücher einer Liebenden 22
Cornet 67
Elegie an Marina Zwetajewa-Efron Z267
Erinnerung 81
Erlebnis I und II Z 21, 116, 117, 259

Das Füllhorn 267
Die fünf Briefe der Nonne Marianna Alcoforado 22
Fünf Gesänge Z78, 84
Fünf Sonette Z60
Gedichte an die Nacht Z41, Z64
Der Geist Ariel 23, Z41
Geschichten vom lieben Gott 17
Gong Z259
Handinneres Z251
Idol Z259
In Karnak wars 10
Jetzt wär es Zeit Z259
Jugendbildnis meines Vaters 127
Klage Z76, 267
Laß dir, daß Kindheit war Z66, Z144
Das Marien-Leben Z21, Z60, 172, 199
Mausoleum Z251
Mitsou. Quarante images par Baltusz: Préface 154, 172
Narziß. Narziß verging Z55
Narziß. Dies also: dies geht von mir aus Z55, 75, 116, 117A
Neue Gedichte Z1, 18, Z122, 257, 261, 266
Ode an Bellmann 146
O Sorge oft um euch 72A
Der Panther 266
Perlen entrollen Z34
Puppen. Zu den Wachspuppen von Lotte Pritzel Z66
Quatrains Valaisans Z251
Requiem auf den Tod eines Knaben Z99, 101
Rose, oh reiner Widerspruch Z259
Siehe das leichte Insekt 71
Die Sonette an Orpheus Z177a, 184, 188, Z195, 197, 199, 205, 207, 208, 210, 212, 213, 216, Z225, 226, 227, 251, 261, 265, 266, 267
Die Spanische Trilogie Z41
Das Stunden-Buch Z1, 30, 44, 93, 224, 261, 266, 267A
Das Testament Z154
Der Tod 98, Z99, 101, 116, 117A
Vergers Z243, 250
Waldteich, weicher Z74
Wendung Z74, 75
Wir in den ringenden Nächten 181
Wo wir uns hier 126, 127

Übertragungen:
Marianna Alcoforado, Portugiesische Briefe 22

Maurice de Guérin, Le Centaure Z12
Louize Labé, Die vierundzwanzig Sonette der Louize Labé/Lyoneserin 22
Michelangelo-Übertragungen Z106, 166
Anna de Noailles, Les vivants et les morts 116, 117A
Paul Valéry, L'âme et la danse 267Z
Eupalinos 267Z
Fragments du Narcisse Z267

7. Aufgenommene Kontexte, lyrisch und episch

Ach, da wir Hülfe 34
Alle die Stimmen der Bäche 238
An den Engel 46
An Hölderlin 80
Antwort zu geben 255
Auch noch Verlieren ist *unser* 243
Aus: Die Aufzeichnungen des Malte Laurids Brigge 3, 4, 5
Ausgesetzt auf den Bergen des Herzens 82
Blicke hielten mich 27
Aus: Der Brief des jungen Arbeiters 191
Ciel Valaisan 248
Da stehn wir mit Spiegeln 233
Erfahren in den flutenden Verkehren 245
Es winkt zu Fühlung 79
Et à la lampe 240
Das Füllhorn 244
Aus: Gegen-Strophen 35
Glücklich, die wissen 246
Die große Nacht 64
Ich bins, Nachtigall 57
Immer wieder 86
Klage 76
Laß dir, daß Kindheit war 144
Musik (Die, welche schläft) 263
Nach so langer Erfahrung 254
Nachwort zu »Fragmentarisches« 178
Narziß. Narziß verging 55
Narziß. Dies also: dies geht von mir aus 56
Perlen entrollen 43
⟨Saltimbanques⟩ 1
Schaukel des Herzens 230
Schweigen 241
Siehe das leichte Insekt 72

Si la langue 247
Solang du Selbstgeworfnes fängst 177
Soll ich die Städte rühmen 24
Soll ich noch einmal 28
Aus: Das Testament 154
Tränen, die innigsten, steigen! 218
Unser ist das Wunder 253
Unwissend vor dem Himmel 53a
Aus: ⟨Vorrede zu einer Vorlesung aus eigenen Werken⟩ 122
Was, was könnte 53b
Wen aber des Leidens 33
Wendung 74
Wo sich langsam 242
Wo wir uns hier 77
Zehnte Elegie (1. fragmentarische Fassung) 63

Abbildungsverzeichnis

Seite 41 Schloß Duino. Radierung nach A. A. Tischbein. Mit freundlicher Genehmigung des Rilke-Archivs, Gernsbach
Seite 97 Der Sphinx von Gizeh. Zeitgenössische Photographie aus Rilkes Besitz. Mit freundlicher Genehmigung des Rilke-Archivs, Gernsbach
Seite 120 Pablo Picasso, La famille des saltimbanques, 1905. © SPADEM/Paris, Bild-Kunst/Bonn 1979
Seite 212 Château de Muzot, Ansichtskarte. Mit freundlicher Genehmigung des Rilke-Archivs, Gernsbach
Seite 275 Faksimile der 4. Elegie. Mit freundlicher Genehmigung des Rilke-Archivs, Gernsbach

Quellen- und Abkürzungsverzeichnis

AB	[Ausgewählte] Briefe. Hg. vom Rilke-Archiv in Weimar. In Verbindung mit Ruth Sieber-Rilke besorgt durch Karl Altheim (Wiesbaden o.J. = 2. Auflage).
AG	Rainer Maria Rilke/André Gide, Briefwechsel 1909-26. Eingeleitet und mit Anmerkungen versehen von Renée Lang. Deutsche Übertragung von Wolfgang A. Peters (Wiesbaden 1957).
AK	Briefe an seinen Verleger [Anton Kippenberg]. Neue erweiterte Ausgabe (o.O. 1949).
B	Briefwechsel mit Benvenuta. Hg. von Magda von Hattingberg. Vorwort und Anmerkungen von Kurt Leonhard (Esslingen 1954).
Bassermann	Dieter Bassermann, Der späte Rilke (München 1947).
Betz	Maurice Betz, Rilke in Frankreich. Erinnerungen, Briefe, Dokumente. Aus dem Französischen übersetzt von Willi Reich (Wien 1938).
EB	La dernière amitié de Rainer Maria Rilke. Lettres inédites de Rilke à Madame Eloui Bey avec une étude par Edmond Jaloux (Paris 1949).
EMN	Freundschaft mit Rainer Maria Rilke. Begegnungen – Gespräche – Briefe und Aufzeichnungen mitgeteilt durch Elya Maria Nevar. Nachwort von Marcel Pobé (Bern 1946).
F	Briefe. An das Ehepaar S. Fischer. Hg. von Hedwig Fischer (Zürich 1947).
GaS	Lettres Milanaises 1921-26 [an Gallarati Scotti]. Introduction et textes de liaison par Renée Lang (Paris 1956).
GN	Die Briefe an Frau Gudi Nölke. Hg. von Paul Obermüller (Wiesbaden 1953).
GB	[Gesammelte] Briefe in sechs Bänden. Hg. von Ruth Sieber-Rilke und Carl Sieber:
GB I	Briefe aus den Jahren 1892-1904 (Leipzig 1939).
GB II	1904-1907 (Leipzig 1939).
GB III	1907-1914 (Leipzig 1939).
GB IV	1914-1921 (Leipzig 1938).
GB V	Briefe aus Muzot 1921-1926 (Leipzig 1937).
GS	Briefe an Gräfin Sizzo 1921-26. Hg. von Ingeborg Schnack (Frankfurt 1977).
HN	Rainer Maria Rilke/Helene von Nostitz, Briefwechsel.

Hg. von Oswalt von Nostitz (Frankfurt 1976).

HvH — Rainer Maria Rilke/Hugo von Hofmannsthal, Briefwechsel. Hg. von Rudolf Hirsch und Ingeborg Schnack (Frankfurt 1978).

IJ — Rainer Maria Rilke/Inga Junghanns, Briefwechsel. Hg. von Wolfgang Herwig (Wiesbaden 1959).

Kassner — Rudolf Kassner, Rilke. Gesammelte Erinnerungen 1926-56. Hg. von Klaus E. Bohnenkamp (Pfullingen 1976).

Katalog — Rainer Maria Rilke 1875-1975. Eine Ausstellung des Deutschen Literaturarchivs im Schiller-Nationalmuseum Marbach a. N. Besorgt von Joachim W. Storck u. a. (Stuttgart 1975).

KK — Rainer Maria Rilke/Katharina Kippenberg, Briefwechsel. Hg. von Bettina von Bomhard (Wiesbaden 1954).

LAL — Lou Albert-Lasard, Wege mit Rilke (Frankfurt 1952).

LAS — Rainer Maria Rilke/Lou Andreas-Salomé, Briefwechsel. Hg. von Ernst Pfeiffer (Frankfurt 1975).

LH — Briefe an eine junge Frau [Lisa Heise]. Hg. von Carl Sieber (Leipzig o.J.).

M — Rainer Maria Rilke et Merline [Baladine Klossowska]. Ed. Dieter Bassermann (Zürich 1954).

Ma — Lettres françaises à Merline [Baladine Klossowska] 1919-22 (Paris 1950).

NWV — Briefe an Nanny Wunderly-Volkart. Im Auftrag der Schweizerischen Landesbibliothek und unter Mitarbeit von Niklaus Bigler besorgt durch Rätus Luck (Frankfurt 1977).

RJ — Briefe an Reinold Rudolf Junghanns und Rudolf Zimmermann (Olten 1945).

RUS — Unveröffentlichte Briefe zwischen Rainer Maria Rilke und Rolf Freiherr von Ungern-Sternberg. In: Sinn und Form 29 (1977), S. 300-42.

RvW — Gert Buchheit, Unveröffentlichte Rilke-Briefe an Reinold von Walter. In: Der Gral 23 (1928/29).

Schnack — Ingeborg Schnack, Rainer Maria Rilke. Chronik seines Lebens und seines Werkes (o.O. 1975).

Schnack R — Ingeborg Schnack, Rilke in Ragaz (Bad Ragaz 1970).

SN — Briefe an Sidonie Nádherný von Borutin. Hg. von Bernhard Blume (Frankfurt 1973).

Steiner — Jacob Steiner, Rilkes Duineser Elegien (Bern 1962).

Storck — Joachim Wolfgang Storck, Rainer Maria Rilke als Briefschreiber. Diss. Freiburg 1957.

T — Das Testament., Edition und Nachwort von Ernst Zinn

	(Frankfurt 1975).
TT	Rainer Maria Rilke/Marie von Thurn und Taxis, Briefwechsel. Besorgt durch Ernst Zinn. Mit einem Geleitwort von Rudolf Kassner (Zürich 1951).
	Marie von Thurn und Taxis-Hohenlohe, Erinnerungen an Rainer Maria Rilke (München 1932).
Übertragungen	Übertragungen. Hg. von Ernst Zinn und Karin Wais (Frankfurt 1975).
WA	Sämtliche Werke in zwölf Bänden [Werkausgabe]. Hg. vom Rilke-Archiv. In Verbindung mit Ruth Sieber-Rilke besorgt durch Ernst Zinn (Frankfurt 1976).
Wodtke	Friedrich Wilhelm Wodtke, Rilke und Klopstock. Diss. Kiel 1948.

Rainer Maria Rilke
im Insel Verlag und im Suhrkamp Verlag

Werke

Werkausgabe in zwölf Bänden. *Erschienen zum hundertsten Geburtstag am 4. 12. 1975. 5600 Seiten*

Sämtliche Werke in sechs Bänden. 5060 Seiten. *Lederausgabe*

Sämtliche Werke. *Ausgabe in 6 Bänden. 5060 Seiten. In Kassette*

Werke in drei Bänden. *1672 Seiten*

Briefe und Briefwechsel

Briefe in einem Band. *Herausgegeben vom Rilke-Archiv. In Verbindung mit Ruth Sieber-Rilke besorgt durch Karl Altheim. 1064 Seiten*

Briefwechsel mit Lou Andreas-Salomé

Briefe über Cézanne. *Bibl. Ausgabe mit 16 farbigen Bildtafeln in limit. Auflage*

Briefe an Sidonie Nádherný von Borutin

Briefwechsel mit Hugo von Hofmannsthal

Rainer Maria Rilke und Inga Junghanns: Briefwechsel

Briefwechsel in Gedichten mit Erika Mitterer

Rainer Maria Rilke – Helene von Nostitz. Briefwechsel

Briefe an Gräfin Sizzo. 1921-1926

Briefe an Nanny Wunderly-Volkart

Einzelausgaben

Aus dem Nachlaß des Grafen C. W. *Ein Gedichtkreis*

Ausgesetzt auf den Bergen des Herzens.
Gedichte. insel taschenbuch 98

Ausgewählte Gedichte. *Ausgewählt und handgeschrieben von Rainer Maria Rilke. Mit Illustrationen von Max Slevogt. Faksimile-Ausgabe. 180 Seiten*

Ausgewählte Gedichte. *Bibliothek Suhrkamp 184*

Der ausgewählten Gedichte erster Teil. *Insel-Bücherei 400*

Der ausgewählten Gedichte anderer Teil. *Insel-Bücherei 480*

Briefe an eine junge Frau. *Insel-Bücherei 409*

Briefe an einen jungen Dichter. *Insel-Bücherei 406*

Das Buch der Bilder. *insel taschenbuch 26*

Das Marien-Leben. *Insel-Bücherei 43*

Das Stunden-Buch. *insel taschenbuch 2*

Das Testament. *Faksimile der Handschrift*

Das Testament. *Bibliothek Suhrkamp 414*

Der Brief des jungen Arbeiters. *Bibliothek Suhrkamp 372*

Die Aufzeichnungen des Malte Laurids Brigge. *Bibliothek Suhrkamp 343*

Die Weise von Liebe und Tod des Cornets Christoph Rilke. *Insel-Bücherei 1*
Duineser Elegien. Die Sonette an Orpheus. *insel taschenbuch 80*
Ewald Tragy. *Insel-Bücherei 680*
Geschichten vom lieben Gott. *insel taschenbuch 43*
Gedichte an die Nacht. *Bibliothek Suhrkamp 519*
Neue Gedichte und der Neuen Gedichte anderer Teil. *insel taschenbuch 49*
Requiem. Insel-Bücherei 30
Sämtliche Gedichte in französischer Sprache
Tagebücher aus der Frühzeit
Über Dichtung und Kunst. *Prosastücke. Bibliothek Suhrkamp 409*
Wladimir, der Wolkenmaler. *Frühe Erzählungen. insel taschenbuch 68*
Zwei Prager Geschichten. *insel taschenbuch 235*

Übertragungen

Übertragungen. *Herausgegeben von Ernst Zinn und Karin Wais*
André Gide: Die Rückkehr des verlorenen Sohnes. *Aus dem Französischen übertragen von Rainer Maria Rilke. Insel-Bücherei 143*
Die Sonette der Louize Labé. *Übertragen von Rainer Maria Rilke. Insel-Bücherei 222*
Portugiesische Briefe. Die Briefe der Marianna Alcoforado. *Übertragen von Rainer Maria Rilke. Insel-Bücherei 74*

Literatur über Rilke

Chronik von Rilkes Leben und Werk. *Von Ingeborg Schnack. 2 Bände*
Rilkes Leben und Werk im Bild. *Von Ingeborg Schnack. Mit einem biographischen Essay von J. R. v. Salis. Mit 387 Abbildungen*
Rilkes Leben und Werk im Bild. *insel taschenbuch 35*
Rilke in seiner Zeit. *Von Norbert Fuerst*
Nacht, Mensch und Engel. *Rainer Maria Rilkes Gedichte an die Nacht. Von Anthony Stephens*
Das Bildnis des Dichters. Rainer Maria Rilke/Paula Becker-Modersohn. *insel taschenbuch 198*
Materialien zu Rainer Maria Rilke, ›Aufzeichnungen des Malte Laurids Brigge‹. *suhrkamp taschenbuch 174*
Materialien zu Rainer Maria Rilke, ›Cornet‹. *suhrkamp taschenbuch 190*
Rilke heute, Beziehungen und Wirkungen. *suhrkamp taschenbuch 290*
Rilke heute, Bd. 2. *suhrkamp taschenbuch 355*

st 2001 Brechts »Leben des Galilei«
Herausgegeben von Werner Hecht

Erstmals vor fast zwei Jahrzehnten erstellte Werner Hecht einen Materialienband zu Bertolt Brechts *Leben des Galilei.* Daß die Rezeption eines literarischen Werkes Bestandteil seiner Geschichte, seines Fortlebens in der Zeit sei, gilt heute wie damals. Die Neubearbeitung des alten Materialienbandes unternimmt die Verbindung des Aktuellen mit der Tradition, indem sie einerseits das Verbürgte und Beständige wieder bezeugt, andererseits Veränderungen in der Einschätzung, Entwicklungen in Forschung und Theaterpraxis sowie neuen philologischen Funden gerecht wird.

st 2002 Thomas Bernhard, Werkgeschichte
Herausgegeben von Jens Dittmar

Bernhards großem und bereits singulärem Werk – seinen Anfängen und seiner Entwicklungslinie – gilt der zweite Band der neuen Materialienreihe des Suhrkamp Verlages: eine Werkgeschichte, die sowohl germanistischen als auch außerfachlichen Ansprüchen Rechnung trägt. Sie erfaßt alle Texte, die als Einzelveröffentlichungen, in Zeitschriften oder Anthologien erschienen sind und gibt eine Auswahl der kritischen Stimmen mit dem Ziel, das Spektrum möglicher Standpunkte, aber auch Stereotypien der Literaturkritik sichtbar zu machen. Die Werkgeschichte dient damit gleichzeitig als Lesebuch und als Bibliographie der Primär- und Sekundärliteratur.

st 2003 Martin Walser
Herausgegeben von Klaus Siblewski

Martin Walser hat seit den Anfängen der Bundesrepublik auf deren Entwicklung schreibend reagiert. Darüber eingehend Aufschluß zu geben, hat sich der neue Materialienband über Martin Walser zum Ziel gesetzt. Bei allen literarischen Detailfragen – nach Romanaufbau oder Sprachkritik – steht Martin Walser als ein Autor von Gesellschaftsromanen, von politischen und sozialen Dramen im Vordergrund der hier vorgelegten Untersuchungen. Eingeleitet wird dieser Band mit einem literarischen Porträt. Ihm folgen Interviews und exemplarische Studien zum Roman-Werk und zur Rezeption seiner Dramen sowie des Romans *Jenseits der Liebe.* Die Faksimilierung fast aller Romananfänge in Manuskriptform – darunter der ersten drei Fassungen von Kapitel 1 des *Sturzes* – gewährt erstmals Einblick in die Werkstatt des Dichters.

st 2004 Peter Handke
Herausgegeben von Raimund Fellinger

Im deutschen Sprachraum wie international hat das literarische Werk Peter Handkes ein großes Echo hervorgerufen. Im Zentrum des neuen Materialienbandes stehen detaillierte und umfassende Analysen der einzelnen Werke. Ein zweiter Teil gilt einmal der Untersuchung übergreifender Zusammenhänge: der Zusammenhänge zwischen Werken aus einer bestimmten Periode, zwischen Texten verschiedener Genres. Zum andern werden hier aber auch die Unterschiede in den Schreibhaltungen herausgearbeitet. Der dritte Teil gibt ein Bild der bisherigen Rezeptionsgeschichte und ihrer Phasen. Den Band beschließt eine komplette Bibliographie der Primär- und Sekundärliteratur.

st 2005 Ödön von Horváth
Herausgegeben von Traugott Krischke

Nach dem Erscheinen des Bandes *Über Ödön von Horváth* vor neun Jahren war es an der Zeit, eine neue Sammlung vorzulegen, die die wichtigsten neuen Fakten und Erkenntnisse in Beiträgen namhafter Wissenschaftler gesammelt präsentiert. Besondere Akzente liegen dabei auf der Prosa Horváths, auf der Frage nach seiner thematischen Beeinflussung, auf Spätwerk und Rezeption: Probleme, die erst in letzter Zeit verstärkt ins Blickfeld getreten sind, Fragestellungen, die das Horváth-Bild wieder aus vorschnellen Festlegungen gelöst haben. Ein ausführlicher Anhang mit der auf den letzten Stand gebrachten Zusammenstellung »Daten und Dokumente« sowie einer ausgewählten Bibliographie unter Berücksichtigung der wichtigsten Sekundärpublikationen bis zum Sommer 1981 schließt den Band ab.

st 2006 Geschichte als Schauspiel
Herausgegeben von Walter Hinck

Eine Wiedereroberung der Geschichte hat begonnen; überall macht sich das Bedürfnis nach Aufklärung über unsere Vergangenheit bemerkbar. Keine literarische Gattung aber vermag Geschichte so unmittelbar zu vergegenwärtigen wie das historische Drama. Gegenstand der – teilweise kritischen – Deutungen dieses Bandes sind bedeutende Beispiele eines Geschichtsdramas, das den vergangenen und den gegenwärtigen Zustand so miteinander verknüpft, daß im Geschichtlichen die Gegenwart zu einem vertieften Verständnis ihrer selbst und zugleich zu einem Ungenügen an sich selbst gelangt, aber auch zu einem Bild oder zur Ahnung möglicher Zukunft. Von Gryphius über Goethe, Schiller und Kleist, Büchner und Grillparzer führt die Reihe zu Brecht und Dürrenmatt, R. Schneider und Hochhuth, P. Weiss und Kipphardt, Hacks, M. Walser und H. Müller.

st 2007 Ludwig Hohl
Herausgegeben von Johannes Beringer

Auf ungewöhnliche, auf unbedingte Weise ist Ludwig Hohl dem nachgekommen, was er als seine Berufung erkannt hatte: dem Schreiben. Er hat sich nicht dazu hergeben können, aus solcher Berufung einen Beruf zu machen, hat sich zugleich geweigert, vor der Höhe und Schwierigkeit seiner Aufgabe abzudanken und in eine Nebentätigkeit auszuweichen. Der Band stellt die wichtigsten Aufsätze, Rezensionen und Berichte über Hohl aus einem Zeitraum von vierzig Jahren wieder vor. Eine sorgfältig erarbeitete Bibliographie wird neben den Sekundärtexten erstmals auch den ganzen Umfang von Hohls Schaffen erkennbar machen.

st 2010, 2011 Rilkes »Duineser Elegien«
Zweiter und dritter Band
Herausgegeben von Ulrich Fülleborn
und Manfred Engel

Mit diesen beiden Bänden und dem ersten bereits als st 574 erschienenen liegen die Materialien zu R. M. Rilkes *Duineser Elegien* in einer bisher einmaligen Vollständigkeit und

Abrundung vor. Der erste Band belegt zum ersten Mal umfassend und genau die krisenreiche äußere und innere Entstehungsgeschichte von Rilkes lyrischem Hauptwerk und enthält alle Selbstdeutungen des Dichters. Während der zweite Band die Forschungsgeschichte von 1930–1981 dokumentiert und daraus die Konsequenzen für ein angemessenes künftiges Verständnis der Elegien in einem eingehenden Vorwort erarbeitet, gibt der dritte Band eine reiche Auswahl der allgemeinen Rezeption. Wie der zweite Band wird auch dieser dritte durch ein Vorwort erschlossen und enthält überdies eine erschöpfende Bibliographie der internationalen Rezeption.

st 2012 Literarische Utopie-Entwürfe
Herausgegeben von Hiltrud Gnüg

Wie eine bessere Welt als die jeweils gegenwärtige zu denken sei, welche Chance auf heilere Zukunft diese in sich berge, darüber sind die Ansichten verschieden. Von mittelalterlicher Gralsutopie bis zur Utopie-Diskussion unserer Zeit spannt sich der Bogen dieses Materialienbandes von über dreißig Essays und Texten namhafter Literaturwissenschaftler, Philosophen, Literaturkritiker und Autoren, der nicht nur den Utopismus der ›hohen‹ Literatur, sondern auch die politische Perversion utopischer Wunschphantasie, auch Genres wie Science-fiction oder Schlager-Utopien thematisiert.

st 2013 Plenzdorfs »Neue Leiden des jungen W.«
Herausgegeben von Peter J. Brenner

1972 in der DDR, 1973 in der Bundesrepublik erstmals erschienen, in der Theaterbearbeitung hüben wie drüben zugleich umstrittenes und umjubeltes Ereignis, hat Plenzdorfs »Neuer Werther« den Erfolg seiner klassischen Vorlage eingestellt. Wie diese 200 Jahre zuvor, so enthält auch Plenzdorfs *Werther* das Gefühl, trägt ihn die Strömung seiner Zeit, artikuliert er einer Generation Trauer und Sehnsucht. Den Mythos von Plenzdorfs Werther historisch und kritisch zugleich zu belegen und aufzuhellen, gleichzeitig aber zum ersten Mal Plenzdorfs Erstling einzuordnen in den größeren Zusammenhang eines umfassenderen Schaffens: dies macht der neue Materialienband sich zur Aufgabe.

st 2014 Horváths »Lehrerin von Regensburg«
Herausgegeben von Jürgen Schröder

Horváths Dramenfragment über »den Fall E.« fußt auf einem Fall von Berufsverbot und seinen tragischen Folgen im Jahre 1930. Die Voraussetzung für das Verständnis von Horváths Arbeitsweise als des »Chronisten« der Weimarer Republik bildet eine möglichst genaue Dokumentation des authentischen Falles. Sie ist in den letzten beiden Jahren fast lückenlos gelungen. Neben der Edition des Dramentextes und aller Varianten, ausführlicher historischer und literaturwissenschaftlicher Interpretation bietet der Materialienband u. a. die umfangreichen Personalakten der seinerzeit zuständigen Kreisregierung, die Protokolle des bayerischen Landtags, ein handschriftliches Tagebuch des Opfers, Fotografien und mündliche Äußerungen noch lebender Zeugen.

st 2015 Herbert Achternbusch
Herausgegeben von Jörg Drews

Der Bezeichnungen für Herbert Achternbusch, den Mann und das Werk, sind viele: Den Ungebändigten, Wütenden, den Eigensinnigsten, den Anarchisten hat man ihn genannt, zugleich aber den Schwierigen, den Versponnenen. In seinem Werk, ob Dichtung oder Film, entdeckte man den »Sog des Existentiellen« ebenso wie das Sentimentale, das Satirische wie das Utopische, das Volkstümliche wie das Exzentrisch-Esoterische. Auf eines jedoch wird man sich wohl verständigen: Achternbusch steht in der Reihe der wenigen wirklich großen Unzeitgemäßen, der Schöpfer ihres provokant eigenen Lebens, der wahren Poeten. Der Materialienband von Jörg Drews unternimmt eine Annäherung, ohne hinter den Facetten dieses Autors den großen Nenner, dem er sich und sein Schaffen verweigert, zu suchen.

st 2016 Brechts »Mutter Courage und ihre Kinder«
Herausgegeben von Klaus-Detlef Müller

Mutter Courage und ihre Kinder ist Brechts vermutlich erfolgreichstes, mit Sicherheit aber folgenreichstes Stück. Der neue Materialienband mit dem Bestreben, »Einschüchterung durch Klassizität« zu verhindern, ersetzt und ergänzt die ältere Sammlung von Werner Hecht (edition suhrkamp 50). Der Offenheit und Aktualität von Brechts Werk wird er gerecht durch den Abdruck weiterer Dokumente zur Entstehung des Stücks und bisher unveröffentlichter Varianten, eine Zusammenstellung von Äußerungen Brechts zum Werk und zur Aufführung, eine Dokumentation zur Rezeption, den Wiederabdruck wichtiger Deutungen, Bibliographie und Aufführungsverzeichnis. Er versteht sich als Anregung zu erneuter Auseinandersetzung mit dem Stück in Theater, Universität und Schule.

st 2017 Brechts »Gewehre der Frau Carrar«
Herausgegeben von Klaus Bohnen

Die Gewehre der Frau Carrar gehören zu Brechts weniger zitierten, wohl aber meistgespielten Stücken. Im Blick auf das Gesamtwerk ist seine Bedeutung die einer Zwischenstellung: in der Nachfolge der »Lehrstücke« (engeren Sinnes) und als Vorbereitung der späteren »klassischen« Werke. – Der von Klaus Bohnen herausgegebene Materialienband geht über die Kommentare Brechts und seiner Mitarbeiter sowie die Sammlung vorliegender sekundärliterarischer Interpretationen hinaus: Exemplarisch werden hier, indem die historische Lage auf der Basis des von Brecht selbst gesammelten Materials dokumentiert ist, Verarbeitungsprozesse im Werdegang eines Dramas einsichtig. Zugleich gibt eine Untersuchung der Varianten des Stücks einen nicht unwesentlichen Hinweis darauf, wie Brecht die im marxistischen Denkmodell signifikante Klassenkampf-Typologie während der Überarbeitung dem dramatischen Anschauungsbild erst im nachhinein aufsetzt.

st 2018 Weimars Ende
Herausgegeben von Thomas Koebner

Daß die Intellektuellen, zumal die Schriftsteller, den Gang der Ereignisse vor und nach 1933 sehr viel besser vorausgesehen hätten als die ›professionellen‹ Politiker, diese provozierende Behauptung aus den Exil-Tagebüchern von Alfred Kerr ist Ausgangspunkt des Materialienbandes *Weimars Ende*. Stimmt aber diese Behauptung? Und – wenn sie stimmt – aus welchen Gründen vermochten die Intellektuellen besser, schärfer, weiter zu sehen als andere? In einem internationalen Symposium der Forschungsstelle Deutsche Literatur 1933–1945 hat eine Runde von Fachleuten sich um Überprüfung dieser angeblichen Prophetenleistung deutscher Intellektueller an repräsentativen Beispielen bemüht, um Antwort auf die Frage, über welche diagnostischen und prognostischen Fähigkeiten Schriftsteller und Publizisten in den Jahren 1930–1933 verfügten. Angeschlossen an diese Diskussion ist die Fragestellung nach bestimmten Paradigmen der Epochendeutung, nach den charakteristischen Mustern, Mythen, Motiven, Metaphern der Zeitkritik.

st 2019 Horváths »Geschichten aus dem Wiener Wald«
Herausgegeben von Traugott Krischke

Der Band enthält im wesentlichen Originalbeiträge namhafter Forscher und Wissenschaftler. Der feuilletonistischen Einführung von Hansjörg Schneider folgt ein, den biographischen und werkgeschichtlichen Aspekten gewidmeter, Beitrag des Herausgebers Traugott Krischke. Mit der »Spießer-Ideologie« befaßt sich Hermann Glaser, während Martin Hell sich mit »Kitsch« und »Sentimentalität« in Horváths *Geschichten aus dem Wiener Wald* auseinandersetzt. Winfried Nolting untersucht »Individualität und Totalität Horváthscher Sprachdarstellung«, Ingrid Haag zeigt Horváths dramaturgisches Verfahren auf, und Jürgen Wertheimer behandelt »Horváths *Geschichten aus dem Wiener Wald* im Unterricht«. Im Exkurs zum Thema Mittelstand wird der Umbruch gesellschaftlicher Strukturen und die damit verbundene Problematik durch Texte der Jahre 1929 bis 1932 verdeutlicht. Umfangreiche Literaturhinweise ergänzen diesen Band.

st 2020 Ernst Weiß
Herausgegeben von Peter Engel

Ernst Weiß hat auf exemplarische Weise die Zeitströmungen vom Expressionismus bis zur Neuen Sachlichkeit verarbeitet und dabei als Chirurg seine eigenen, meist von medizinischer und psychologischer Problematik bestimmten Themen gestaltet. Sein unverwechselbares, mit allen Dämonien menschlicher Verhaltensweisen vertrautes Werk hat in der Presse und unter den Literaturwissenschaftlern die widersprüchlichsten Reaktionen ausgelöst. Der Materialienband überliefert dieses spannungsreiche Spektrum mit den wichtigsten der zu Ernst Weiß' Lebzeiten verstreut in Zeitungen und Zeitschriften veröffentlichten Reaktionen auf sein Werk. Er dokumentiert aber auch bedeutende oder charakteristische Publikationen, die seit dem Tod des Dichters über ihn erschienen sind, ohne die Widersprüche, Irrtümer und Fehlspekulationen zu verbergen, die sich aus der zögernden und halbherzigen Erforschung und Rezeption eines Schriftstellers ergaben, dessen Werk weder Konzessionen an den populären Publikumsgeschmack enthält noch von einem der politischen und ideologischen Lager zu vereinnahmen ist.

st 2021 Brechts »Guter Mensch von Sezuan«
Herausgegeben von Jan Knopf

Neben die gänzlich neu gearbeiteten Bände zu Stücken Brechts, die bisher nicht in der edition suhrkamp mit Materialiensammlungen zu finden waren, treten Bearbeitungen jener Materialienbände zu den großen klassischen Stücken, die über Jahre hinweg ihr Publikum gefunden und sich selbst den Rang von Klassikern erworben haben. Nach *Brechts Leben des Galilei* und *Mutter Courage* präsentiert sich auch *Brechts Guter Mensch von Sezuan* in neuem Gewand. Wie in jenen Bänden werden die Selbstäußerungen durch bislang nicht publizierte Texte aus dem Nachlaß ergänzt, sind neue Forschungsansätze und Beiträge der letzten Jahre vertreten, wird die Rezeption des Theaters mit ihren Weiterungen in verstärktem Maße berücksichtigt. Ein aktualisierter Bild- und Dokumentarteil gemeinsam mit einer neuen Bibliographie machen das theoretisch Erörterte sinnfällig und prädestinieren den Band für das weiterführende wissenschaftliche wie das allgemeiner interessierte Studium.

st 2022 E. Y. Meyer
Herausgegeben von Beatrice von Matt

Insistierend auf philosophiegeschichtlich vorgeprägten Fragestellungen, hat E. Y. Meyer stilistisch zwar – wie ihm die Kritik bescheinigte – den Weg zu einer klaren, beruhigten und ganz selbständigen Prosa zurückgelegt. Nicht gering bleiben dennoch die Schwierigkeiten, die Meyers Werk dem spontanen Verständnis entgegensetzt: sei es die starke autobiographische Verankerung seiner Themen, die präzise, nicht ablassende, penetrierende Art seiner Darstellung, die Verhäkelung des Gesamtwerks infolge seiner Technik motivischer wie inhaltlicher Wiederaufnahme und Weiterführung. Hier wie dort ist der eindringlich fragende Leser auf einführende und ordnende Hilfestellung angewiesen. Beatrice von Matt unternimmt diese Aufgabe mit einem abwechslungsreich komponierten Materialienband, versucht Meyers Werk durch eine Vielzahl von Näherungen konzentrisch zu fassen: im Gespräch mit dem Autor, durch Präsentation philologischen Materials zu Entstehungsbedingungen und Entwicklungen, im Spektrum der Originalbeiträge ausgesuchter Interpreten.

st 2023 Brechts »Mann ist Mann«
Herausgegeben von Carl Wege

Kaum ein anderes Stück Brechts ist zugleich so sehr Dokument seiner Entwicklung, ist so oft, je nach »Lebensphase« und den zugehörigen Ansichten des Autors, wieder umgebaut worden, kaum ein anderes auch wurde so oft und so weitgehend mißverstanden.
Zum ersten Mal nach Druck und Uraufführung von 1926 macht daher der Materialienband von Carl Wege die Erstfassung des Stücks wieder zugänglich, zum ersten Mal überhaupt bietet er Auszüge aus dem sogenannten Hauptmann-Manuskript, jener frühesten, 1924 in Zusammenarbeit mit Elisabeth Hauptmann entstandenen Rohfassung. Hinzu tritt ergänzend eine Dokumentation der Vorarbeiten zum selben

Thema: so etwa des Galgei-Fragments und bislang unveröffentlichter Notizen und Anmerkungen.
Die Auseinandersetzung mit Stoff und Entstehungsprozeß des Stückes in Äußerungen von Freunden und Mitarbeitern Brechts wird im zweiten Teil des Bandes belegt, ergänzt durch zeitgenössische Theaterkritiken von Alfred Kerr und Herbert Ihering.

st 2024 Brasilianische Literatur
Herausgegeben von Mechtild Strausfeld

»Erst in der zweiten Hälfte des neunzehnten Jahrhunderts tritt mit zwei wahrhaft repräsentativen Gestalten, mit Machado de Assis und Euclides da Cunha, Brasilien in die Aula der Weltliteratur ein.«
Das schrieb Stefan Zweig 1941. Seitdem sind vierzig Jahre vergangen, und die moderne brasilianische Literatur zählt wie die hispanoamerikanische zu den interessantesten und vielseitigsten der zeitgenössischen Literaturen der Welt. Ziel des vorliegenden Bandes ist es, grundlegende Informationen über Autoren und Werke zu vermitteln, um einem größeren Leserkreis den Zugang zu dieser Literatur zu erleichtern.
Chronologisch werden die wichtigsten Namen dieses Jahrhunderts vorgestellt: Machado de Assis, Euclides da Cunha, Lima Barreto, Mario de Andrade, Carlos Drummond de Andrade, Graciliano Ramos, Jorge Amado, Gilberto Freyre, Guimarães Rosa, Clarice Lispector, Joao Cabral de Melo Neto; dazu noch ein kurzer Abriß der Entwicklung von Kurzgeschichte und Roman von 1964 bis 1980. Biobibliographische Angaben komplettieren den Band.

st 2025 Karl May
Herausgegeben von Helmut Schmiedt

Der Name Karl May stand jahrzehntelang für eine als kindlich bis kindisch geltende Unterhaltungsliteratur, die Interesse allenfalls unter pädagogischen und kommerziellen Aspekten zu verdienen schien. Andersartige Kommentare, für die vor allem Literaten wie Ernst Bloch und Arno Schmidt verantwortlich waren, blieben weitgehend wirkungslos, und erst neuerdings entwickelt sich in größerem Umfang eine engagierte, ernst zu nehmende Forschung, die in perspektivenreicher Annäherung an das Werk des vermeintlichen Trivialschriftstellers erstaunliche Dimensionen erschließt: Psychologische und ideologiekritische Interessen kommen dabei ebenso zu ihrem Recht wie formal-ästhetisch und literaturgeschichtlich orientierte Ansätze. Der Materialienband unternimmt es erstmals, die Geschichte und den aktuellen Stand der May-Forschung anhand repräsentativer Beispiele nachzuzeichnen, er führt sie mit einigen neuen Beiträgen weiter. Das bisher umfangreichste Verzeichnis der Werke Mays und eine ausführliche Bibliographie der Sekundärliteratur beschließen das Buch.

st 2026 Kafka. Der Schaffensprozeß
Von Hartmut Binder

Der Band dokumentiert erstmals umfassend die verschiedenen Aspekte, die für die Entstehung der Erzählungen und Romane Kafkas wichtig sind: die lebensgeschichtlichen Konfliktlagen, die spontan als Anlässe des Schreibens in Erscheinung treten und mit seismographischer Genauigkeit seinen Fortgang bestimmen; die damit konkurrierende Eigengesetzlichkeit des Ästhetischen; die Bedeutung literarischer Vorbilder; das Problem des Fragmentarischen und schließlich die Gesetzmäßigkeiten, nach denen das Entstandene stilistisch für den Druck überarbeitet wird. Eine günstige Quellenlage erlaubt ungewöhnlich detaillierte Einblicke in die Werkstatt eines großen Sprachkünstlers, besonders in die psychischen Gegebenheiten, die den eigentlichen kreativen Prozeß bewirken und begleiten.
Entgegen weitverbreiteter Ansicht erweist sich Kafkas Œuvre weder als literarisch voraussetzungslos noch von hermetischer Abgeschlossenheit. Es ist vielmehr Glied einer Traditionskette und mit seinem geistigen Umfeld Prag auf überraschend vielfältige Weise verknüpft. Rahmenbedingungen sinnvoller Deutung sind damit vorgegeben.

st 2027 Horváths »Jugend ohne Gott«
Herausgegeben von Traugott Krischke

Dem verstärkten Interesse am Prosa-Werk Horváths, vor allem im schulischen Bereich, ist mit einer Zusammenstellung

Rechnung getragen, die neben dem umfassenden Angebot werkbezogener Analysen einen Schwerpunkt in der Aufhellung des historischen Umfeldes setzt. Der Bedeutung des Werkes als ein Zeugnis deutscher Exilliteratur und dem speziellen Motivhintergrund ›Jugend im Faschismus‹ gelten daher die einführenden Beiträge. Die Untersuchung der Strukturen und Motivparallelen des Romans im Kontext von Horváths Gesamt-Werk, der Sozialkritik und Darstellung faschistischer Ideologeme sowie des vielschichtigen Horváthschen Gottesbegriffs steht anschließend gemeinsam mit einem für den Gebrauch des Buches im Unterricht konzipierten Kursmodell im Zentrum des Bandes.
Wie in den anderen Titeln der Horváth-Materialien gilt auch in diesem Band ein besonderes Interesse der Rezeption des Werkes.
Eine Auswahlbibliographie zu Horváth unter besonderer Berücksichtigung des Themas »Jugend ohne Gott« beschließt den Band.

st 2028 Frischs »Homo faber«
Herausgegeben von Walter Schmitz

Nach dem Künstlerroman *Stiller* hat Max Frischs *Homo faber* – so behauptete man – die Krisensymptome des technischen Zeitalters illustriert. Inzwischen ist es möglich, die Genese des Bildes von Max Frisch und seinem zweiten Romanerfolg *Homo faber* zu überprüfen und dieses Bild dort zu korrigieren, wo es nötig ist. Dazu hat die neuere Frisch-Forschung, deren ganze Spannweite in den Beiträgen zu diesem Materialienband dokumentiert wird, bereits wichtige Vorarbeiten geleistet; sie reichen von erzähltechnischen Analysen, die zeigen, wie der Roman jene platte Antithetik von »Technik« und »Natur« befragt und auflöst, bis hin zu kritischen Fragen an den Roman selbst, der die Wirklichkeit nur im Reflex des Bewußtseins gelten läßt. Das Spektrum der Beiträge reicht von engagierter ›feministischer‹ Polemik bis zur handwerklich gediegenen Einführung in die Bauformen des Erzählens. Überdies soll der vorliegende Materialienband die in Frischs Werk einmal fixierte historische Bewegung mit Analysen und Dokumenten bewußt machen und zeigen, wie dieser Roman selbst bereits ein Teil jener Tradition geworden ist, welche die jüngeren zeitgenössischen Autoren wie ihre Leser noch unmittelbar betrifft;

der Wirkungsgeschichte des Werkes von Max Frisch sind zwei weitere Originalbeiträge gewidmet.

st 2029 Brechts ›Aufhaltsamer Aufstieg des Arturo Ui‹
Herausgegeben von Raimund Gerz

Brechts *Aufhaltsamer Aufstieg des Arturo Ui*, diese Verhüllung als Enthüllung, hat mit ihrer zupackenden Verbindung von Gangster-Story und hohem Stil der Tragödie theatralische Wirksamkeit unter Beweis gestellt. Der Materialienband geht hinter die unleugbaren Oberflächeneffekte des Stücks zurück; er konfrontiert die letzte Textfassung mit den von Brecht gesammelten und der ersten (im Nachlaß überlieferten) Fassung eingeklebten dokumentarischen Fotos; er bietet unter den Materialien zum Stück neben Brechts ›Anmerkungen‹ und Eintragungen ins Arbeitsjournal verstreute Texte aus dem Nachlaß und die *Geschichte des Giacomo Ui*, umfaßt in einem Kapitel zur Rezeption Kritiken der Aufführungen in Stuttgart und Berlin. Ausgewählte ›Texte zur Erläuterung des historischen Hintergrunds‹, darunter Auszüge aus den Braunbüchern und aus Hitlers Reden, erfassen den historischen Kontext und belegen dessen Bezugspunkte für Brechts dramatische Arbeit.

st 2030 Die deutsche Kalendergeschichte
Ein Arbeitsbuch von Jan Knopf

Die kurze überschaubare Prosaerzählung, deren Gegenstand eine dem Leben des Volkes entnommene unterhaltende oder nachdenkliche Begebenheit ist, und zwar mit lehrhafter und moralischer Tendenz, erweist sich offenbar als unverwüstlich. Im Schulunterricht hat die »Kalendergeschichte« schon traditionell einen festen Platz, und es scheint, daß sie einem Leserbedürfnis entgegenkommt, das sich immer weniger auf ausgiebige und umfangreiche Lektüre einzulassen bereit ist.
Das vorliegende Arbeitsbuch bietet repräsentative Texte von Grimmelshausen bis hin zu Oskar Maria Graf und Bert Brecht, die Darstellung ihres historischen und medialen Kontexts, Erläuterungen zum Autor, soweit sie für das Verständnis der Geschichten wichtig sind, ausführliche Kommentare zu den Geschichten selbst, die auch für die Analyse

anderer Geschichten des Autors oder für die anderer Autoren heranziehbar sind. Es enthält zu jedem Abschnitt Arbeitsvorschläge und Literaturhinweise. Eingeleitet wird der Band durch Erläuterungen zur Gattungsfrage und zu den historischen Grundlagen.

st 2031 Brechts ›Tage der Commune‹ Herausgegeben von Wolf Siegert

Als Brecht 1949 in der Schweiz den Entwurf seines Stückes *Die Tage der Commune* mit der Absicht fertiggestellt hatte, ihn baldmöglichst in Berlin auf die Bühne zu bringen, während alle Kräfte für den Wiederaufbau mobilisiert wurden, ging es zugleich um die Frage, ob eine wirkliche Revolutionierung der Verhältnisse ohne einen Volksaufstand möglich sei. Daß in der damaligen Zeitlage eine Aufführung des Stücks, dieser »kämpferischen Morgengabe für das Selbstverständnis des neuen [Berliner] Ensembles wie seines Publikums« (Ernst Schumacher), nicht möglich war, mag im Rückblick wie ein Omen künftiger Theaterpraxis erscheinen. Ihre verschüttete Aktualität beweisen die *Tage der Commune* gleichwohl immer wieder dort, wo sie als engagierte Literatur auf die Zeitläufte bezogen werden: aus Anlaß ihrer Frankfurter Inszenierung 1977 ebenso wie vor dem Hintergrund der Ereignisse im Chile des Septembers 1973. Der Materialienband von Wolf Siegert stellt dementsprechend die Dokumentation der Theaterarbeit in den Mittelpunkt seines Interesses. Wie die anderen Materialienbücher zu Brecht bietet er darüber hinaus Zusammenstellungen der Selbstäußerungen Brechts, der Aussagen seiner Freunde und Mitarbeiter, der wichtigsten Analysen sowie eine exemplarische synoptische Konfrontation des Stückes und seiner Genese mit den ihnen zugrundeliegenden Quellen.